〈憧憬《しょうけい》〉の明治精神史

高山樗牛・姉崎嘲風の時代

長尾宗典

ぺりかん社

〈憧憬〉の明治精神史＊目次

【凡例】

一、年代の表記にあたっては、元号と西暦を適宜併用したが、註に示した文献の刊行年は西暦を用いた。

一、漢字の表記については、引用史料を含めて通行の字体とした。ただし、一部の固有名詞についてはこの限りではない。また、引用史料の仮名遣いは原文の通りとした。なお、姉崎正治はしばしば署名に「姉﨑」や「姉嵜」の表記を用いているが、多くの先行研究の表記に従い、本文中では「姉崎」に統一した。

一、引用史料はできるだけ原文通りとするように努めたが、適宜句読点を付すほか、改行などの整理をほどこした。ただし、変体仮名や合字については現行の字体のかなに改めた。

一、引用者による注記や省略は〔　〕内に示した。また、引用中の傍点（圏点）及びルビについては原則として省略した。

一、引用史料及び参考文献等で原文が外国語のものに関しては、邦訳がある場合にはそれらを参照し、それ以外の場合については拙訳を掲げ、注記に原文を補った。

一、引用史料及び参照文献等の註は、各章末に一括して掲げたが、初出の場合を除いて刊行年等を省略した。

一、本文内の図・表・写真には掲載順にそれぞれ通し番号を付した。

一、人物の雅号については、頻出する高山・姉崎の場合を除き、慣用に従って使用した。

序章——研究の視角

第一節 〈憧憬〉の発見

如何なる星の下に

如何なる星の下に生れけむ。われや世にも心よわきものなるかな。暗にこがるゝわが胸は、風にも雨にも心にして、果敢なき思をこらすなり。花や採るべく、月や望むべし。わが思には形なきを奈何にすべき。恋か、あらず。望か、あらず。あはれはいねはわが為にそを語りき。(1)

樗牛《ちよぎゆう》こと高山林次郎《たかやまりんじろう》（一八七一―一九〇二）の文章中で、おそらく最も人口に膾炙したであろう「わがそでの記」の一節である。この文章は、明治二十八年（一八九五）の暮れから翌年にかけて、彼が熱海で病気療養をしたときの体験をもとに書かれたものであった。現在のところ高山樗牛に関する最も詳細な伝記である工藤恒治『文豪高山樗牛』によると、高山は明治二十八年十一月、帝国大学の遠足会で日光に出かけた際に体調を崩し、帝国大学附属病院に入院した。病名は気管支カタルであった。ベルツの診断により長期療養が必要とされた彼は、十二月十八日、熱海に転地し年を越すことになる。冬季休暇中は、大学の同級生である嘲風《ちようふう》・姉崎正治《あねざきまさはる》（一八七三―一九四九）や、雑誌『太陽』の発行元である博文館の大橋乙羽をはじめとする友人たちが見舞いに訪れて、彼を慰めた。元日は十七夜であったので、高山の部屋で月見の会を催したという。姉崎や大橋らは七日に帰京したので、高山にとっては、療養のなかとはいえ、賑やかな正月を迎えたといえそうである。[2]

高山は、この頃の日課を、第二高等中学校以来の友人で後に京都帝国大学教授となる藤井健治郎に事細かに書き送っている。それによれば高山は、午前中は九時ごろから海辺の散歩に費やし、午後は囲碁に大弓、あるいは散歩を試みたという。藤井宛の手紙で、高山は「一巻のハイネ集を携えて山腹の芝原に仰臥し、大海の浩蕩に対して吟朗することは、まことに塵外のたのしみと被思候」[3]とも述べている。一月四日の晩、まさに床に就こうとしたとき、高山は水平線に懸かる欠けた月を見とめた。そこで彼は、宿にいって雨戸を開けさせ、欄に寄り添って海と月に向かいハイネの詩句を朗吟した。藤井には、「其節の心地よさ、あはれ吾れこのまゝ石にも金にもなれかしと被思候ひき」[4]と書いているけれど、高山の手許にあったハイネの『歌の本』には、「難破者」の次の詩句に二重線が引かれていた。[5]

のぞみも恋も　すべてはくだけた
そして　おれ自身まるで骸のように
海の怒濤にうちあげられて
この浜べに
荒れはてた浜べに身を臥している。[6]

療養中の書簡から立ち上がってくるのは、家族や友人に対して、夢心地の体験を語り、朗らかに振舞う高山の姿である。だが、来たる七月に帝国大学卒業を控えながら、夜の海に月を眺めてハイネを口ずさむ高山の胸に去来したのは、やはり「わが思は形なきを如何にすべき」との思いであったのだ。年の瀬に美しい円を描い

写真１　明治29年帝国大学文科大学卒業生（四列目左から５人目が高山。最後列右から４人目が姉崎。東京大学文学部宗教学研究室蔵）

た月は更待月に変わっていた。

吸い込まれそうな冬の海を前に、文字通り人生の岐路に佇んでいた青年の心に抱かれた想念は、後に雑誌『太陽』の文芸欄の編集担当として八面六臂の活躍を見せ、三十一年の生涯を駆け抜けた高山の内奥に、ひそかに、だが絶えず存在し続けたものではなかったろうか。彼の形なき思いとは、恋や立身の望ではなく、無窮の世界へと向けられていた。高山が晩年につけていた手帳には、「人ハ己レノ脚ノ立テル所ニノミ生活スルモノニ非ズ、久遠ノ未来、久遠ノ過去是我生也」(7)と書かれているが、刹那的な現実生活を超えた「久遠ノ未来、久遠ノ過去」という世界は、高山樗牛が抱いた〈憧憬〉の精神と深く関わりあうものだったといえよう。

〈憧憬〉という言葉

この「憧憬《しょうけい》」という言葉は、ほかならぬ高山樗牛と、彼の親友である姉崎嘲風が共同して編み出した造語であった。『日本国語大辞典』には、次のような記述がある。

> 高山樗牛の「文は人なり」の序言（姉崎嘲風）に「憧憬といふ新熟字も、この思ひを表はすために、初めは悄として居たのを、僕と二人で憧憬と作り上げたので、この時代の心持ち

を表はしたかったのである」とあるように、この二人が、ともに「あこがれる」ことを意味する「憧」と「憬」を組み合わせて造ったといわれる和製漢語。「理想の状態を望む」ことを意味する抽象的な語は、それまで日本語には存在せず、漢籍に基づく「憧」が用いられていた。(8)

この〈憧憬〉については、谷沢永一も指摘しているように、諸橋轍次の『大漢和辞典』を見ても、漢籍からの用例は採録されていない。(9) 姉崎は、後年、高山について次のように語っている。

彼は能く「あこがれ」といふ字を使つた。あの憧憬と云ふ字は、彼と私とが——白状致しますが、——二人で字引を引張つて拵へた字であります。「あこがれ」と云ふ字を段々調べて行つた所が、憧といふ字がある。一字ではをかしいと、段々それに似寄つた字を探しました所が憬といふ字があつた。何んでも同じような字を二つ、くつ付けて「あこがれ」と読むやうにしたのであります。（中略）あれは適当な文字が無かつた。昔の平安朝時代の文章には、さう云ふ意味の言葉があるけれども、非常にやわらか過ぎて、最少し剛健な意義を現したいといふので、あの「憧憬」といふ字を拵へたのであります。(10)

久保忠夫によれば、当初高山が「惝怳《しょうきょう》」の語を用い、姉崎が「憧憬」の語を用いていたとされる。(11) ただし、晩年の高山の論文や書簡などでも「憧憬」が用いられているため、言葉としては次第に「憧憬」の語に統一されていったと考えられる。「憧憬」は、「ショウケイ」と読み、慣用読みでは「ドウケイ」とも読むが、初めに用いられた「ショウキョウ」と読む「惝怳」の字の代わりに「憧憬」が用いられるようになったとすれば、高山や姉崎において、「憧憬」は、やはり音の通じる「ショウケイ」と読まれていたと考えるのが妥当だろう。以下、久保の考証を参照しながら、高山たちが生んだ〈憧憬〉の意味を考えてみたい。そのことは、毀誉褒貶に富む高山の思想活動に、従来あまり重視されてこなかった一つの見通しを与えると思われるからである。
〈憧憬〉が一般に定着して、単純にあこがれの感情を意味するようになるのは、明治四十年以降のことだったと考えられる。例えば夏目漱石は、次のように語っている。

> 花でも足りない。女でも面白くない。あゝでもない、からでもない、ともがくようになります。之を形容して、よく西洋人抔の云ふ口調を借りて申しますと、無限の憧憬（infinite longing）とかになるのでせう。私は昔し大学におった頃此字を見て何の事だか分りませんでした。それでも難有がつて振り廻してゐました。今でも実は分りません。(12)

〈憧憬〉は、夏目のような英文学者から見ても、「何の事だか分」らない言葉だったのである。夏目はさらに長塚節の『土』に寄せた序文で「余はとくに歓楽に憧憬する若い男や若い女が、読み苦しいのを我慢して、此「土」を読む勇気を鼓舞する事を希望するのである」(13)と語ってもいた。どうやら夏目は、〈憧憬〉を、恋愛問題や人生問題に「煩悶」する若い学生層の間に広がる、軽薄で悪しき思考態度と認識していたようだ。小説『吾輩は猫である』にも、博士論文執筆中に恋愛に悩む理学士寒月君に対して、苦沙身先生の口から「寒月君抔もそんなに憧憬したり惝怳したり独りで六づかしがらないで、篤と気を落ち付《ママ》けて珠を磨るがいゝよ」(14)と語るシーンがある。作家として立つ以前から高山を意識していた夏目は、明治三十九年二月、鈴木三重吉に宛てた書簡で「樗牛なんて崇拝者は沢山あるがあんなキザな文士はない」(15)と高山を酷評しているが、してみると夏目は、『吾輩は猫である』の一節に高山と姉崎への当て擦りを込めていたとも考えられる。

森鷗外も〈憧憬〉を奇妙な語だと認識していた一人である。明治十九年生まれで群馬県出身の青年羽鳥千尋からの手紙を素材として書かれた大正元年（一九一二）の小説「羽鳥千尋」では、羽鳥が自己の性格を披歴する場面に次のような一節がある。

最初に申したいのは、私が憧憬の子だと云ふことである。憧憬とは独逸語の Sehnsucht の翻訳で、あくがれと訓ませるのださうだ。無理な詞かも知れぬが、私は高崎中学にゐた時、高山樗牛の書を愛読して、今の天才を欽仰し英雄を崇拝する心も樗牛のお蔭で萌したのだから、此詞を用いる。(16)

森のもとに実際に届いた羽鳥の書簡には、自分が「憧憬の子」であるという記述はあっても、「憧憬とは独逸語の Sehnsucht の翻訳で、あくがれと訓ませるのださうだ」という注釈は存在せず、また、「無理な詞」という言明もない。つまり、〈憧憬〉を「無理な詞」と思っていたのは、ドイツ語に精通していた森本人なのである。羽鳥の書簡には、たしかに高山樗牛への傾倒が随所に語られているが(17)、羽鳥が〈憧憬〉と高山樗牛を直接的には結びつけていなかったことにも注意すべきであろう。

以上のことが示すのは、〈憧憬〉という言葉が、夏目漱石や森鷗外ら高山よりも年長世代の文学者たちからは奇異な言葉に映ると同時に、羽鳥のような高山よりも一回り年下の世代からは、自らの思いを託するに相応しい言葉として、積極的に選ばれているという事実である。明治三十八年（一九〇五）に出版した処女詩集の題名に『あこがれ』の文字を冠した石川啄木は、詩作に没頭していた十七、八歳当時の心理を「朝から晩まで何とも知れぬ物にあこがれている心持(18)」だったと振り返っているが、彼もまた高山や姉崎の言論に魅了された一人であった。つまり〈憧憬〉とは、ある世代の青年にとっては、時代精神そのものを意味していたことになる。〈憧憬〉の対象は、英雄でも天才的な芸術家でも構わない。必ずしも理性的な認識を伴う必要もなく、また、対象が人である必要もない。崇高な自然の景色、異国の地や、失われた古代のモニュメントでも〈憧憬〉の対象となるのである。このように設定された理想に美を見出し、現実に処していく方法を模索しようとする精神が、明治中・後期における我が国の思想界に生まれつつあったのである。

思考様式の刷新

先行する言語の存在が対象の認識を可能にするという言語論的転回（linguistic turn）以降の議論に従えば、高山樗牛の活動以前には、〈憧憬〉の感情が存在しなかったということができるが、そのような指摘にはあまり意味がないだろう。むしろ〈憧憬〉という思考様式に注目して明治中・後期の思想史を振り返ってみることの方が重要である。明治三十一年（一八九八）、内村鑑三が高山に向けた批判のなかに、次のような一節がある。

小生の暗愚なる、理想と実際とを識別するの明なく、理想とは是れ直ちに実際に施すべきものなりと信じ、脳の一隅に理想を存して他の一隅を以て実際を語るが如きは、小生は此種の人を以て経世家と称せざるのみならず、嘘つき又は偽善者と呼ぶ者に御座候。(19)

これが、直接には高山からの「実在てふ観念は、早く足下の思想より游離して、足下は一切の事物を仮象として見る者なり。足下は理を談ぜずして情を述べ、経済を語らずして詩歌を唱ふ、故に足下の意見なるものは、極めて単調、極めて簡易なり」(20)という挑発に対する応答であることを差し引いても、両者の思考の差異は明白である。内村のような厳格なクリスチャンにとっては、現実と理想を一致させることが思想の本来的な役割であった。これに対し、〈憧憬〉とは、極めて高く純粋な理想の世界を設定するものの、ある意味では理想と現実との一致を断念するところに初めて成立可能な思考様式である。〈憧憬〉というとき——それが古代への〈憧憬〉であれ、異国への〈憧憬〉であれ——あこがれの対象は、現実の「いま、ここ」からは到底手のとどかない場所にあるか、あるいはすでに失われてしまっていて、取り戻すことができないのである。

明治三十四年十一月、ニーチェの人格を称揚したために、世間からニーチェ主義者との非難を浴びていた高山は、「世にはニイチエの歎美者と謂へば、直に其の所説の実行者として驚怖する者があるが、まあ何と謂ふ馬鹿気た事であらう[21]」と述べ、批判に答える形で、理想の賛美と実行の次元を峻別した。そのうえで、ゲーテの歎美者が自らファウストたりうるか、ハイネや日蓮の真似をすれば一日とてこの国に居られなくなるだろうとして以下のような弁明を行なっている。

吾人が天才を歎美するのは、吾人の精神的生活を豊富にし、是によりて自ら慰め、自ら励み、かねて是の世に処する安立の地盤を求むるにあるのだ、俗学者流の生活する世界以上に於て、吾人の理想的天地を建設するの希望は、是等天才偉人の前蹤によりて少からず確かめられ、且励まさるゝのだ。吾人は是の希望によりて吾人の人格を修養し、吾人の信仰を堅むるのだ。[22]

すなわち、高山における〈憧憬〉とは、直接的に理想の状態を現出させるような実践的な次元においてではなく、現実に処する自らの精神的生活をより豊かにし、人格を修養していくことを目的とする限りにおいて積極的な意義を有するものだった。とすれば、高山と姉崎とが共同して編み出した〈憧憬〉という精神の働きとは、現実を省みない急進的な「理想主義」とも、理想を排して物事に対処する無目的な「現実主義」とも一定の距離を保つ、全く新しい思考様式の発見だったといえるのではないか。

高山樗牛と姉崎嘲風

以下本書では、高山・姉崎によって編み出された〈憧憬〉が、明治二十年代以降の思想界に理想と現実の解釈をめぐる新しい思考様式を提示し、その後明治四十年代に至るまで、日本の思想史上に特異な位置を占め続けたのではないかという仮説を立て、〈憧憬〉という思惟が日本の近代思想史にもたらした意味を、高山樗牛・姉崎嘲風の両者の思想活動の展開に即して考察していく。

これまで、高山樗牛については、日清戦後の社会のなかで「うたがいもなく第一級の影響力をもった思想家」[23]とされ、「明治三十年代の文化問題、ひいては明治文化の断層の究明には、この樗牛を媒介としてみるとたいへん有効である」[24]という観点から数多くの研究が重ねられてきた。[25]また、高山の思想については、彼が活動初期に「日本主義」を主張した後、ニーチェを紹介し、さらに「美的生活」論を唱えて「個人主義」の傾向を深め、最晩年に日蓮に傾倒していったことから、思想的振幅の大きい、一貫性のない思想家と捉えられることが多かった。[26]古くは「日本主義」の提唱者として、日清戦後の論壇で権力の意志を代弁したイデオローグと見なされ、批判の対象となってきた高山であるが、[27]その後、一九七〇年代後半から八〇年代にかけて、彼の「個人主義」が近代思想の一定の達成として評価もされるようになった。[28]一九九〇年代以降は「国民国家」のイデオローグとして捉え直されるようになり、二〇〇〇年代には、一九三〇年代に展開された反近代主義的な文化論の先駆者として位置づけられることもあった。[29]今日では彼の文学論、美術論、道徳論、教育論、宗教論が個々に深められつつある。[30]こうした対象を扱うに当たっては、歴史学のみならず、文学や哲学、美術史学、宗教学や政治思想史など周辺領域の研究動向にも配慮した態度が、当然求められてくるであろう。

橋川文三は、「問題となるのは、彼のいわゆる「日本主義」から「個人主義」への転換をどのようにとらえるかということである。その場合、その「日本主義」との矛盾を論理的に指摘し、いずれもの曖昧性を嘲笑することはやさしいが、それでは樗牛論の興味は初めから減殺されてしまう。むしろその二主義を統一的にとらえる視点を見出すことが、今後の樗牛論の一方向ではないかと私は思う」[31]と述べ、高山の思想を一貫して捉える視点の必要性を訴えた。また、広島一雄は、高山が議論を展開する際、「幾多学説の異るあれども」と述べている点に注目し、高山が複数の方法を選択しながら、彼の内面に幸福の具現への志向と、絶対を求める意識が一貫して存在していたと指摘している。[32] 近年では、先崎彰容や花澤哲文らによって、高山が帝国大学在学中に専攻した「美学」に着目して彼の思想を把握しようとする試みがなされており、一定の成果を収めつつある。[33] こうした動向は、停滞しがちだった高山研究にとって朗報といえよう。とりわけ、先崎の評伝『高山樗牛』が描きだした高山の思想像は、戦後日本の価値観のもとに否定的に描かれてきたものとは異なる、繊細で悲劇的だが力強い像であり、今後の高山樗牛研究の出発点に位置づけられるものである。しかし、同書では、高山樗牛のテキストの重要性が繰り返し主張されながら、初出論文ではなく不完全な形で編まれた戦前の全集に依拠して立論している点が、歴史研究として見た場合に問題である。花澤の著書でも、高山の『瀧口入道』などの小説作品や歴史小説・歴史画論争について、従来の研究水準を凌駕する成果を挙げているが、検討の対象とされる時期が限定的である。花澤がその後、高山樗牛に言及した伝記、雑誌特集、回想集などを集め『高山樗牛研究資料集成』全九巻を刊行したことは、高山樗牛研究の基盤整備の上で高く評価されるが、[34] 同資料集は収録対象を活字史料に限定しており、書簡等の一次史料を発掘し、統一的な高山の思想像を、歴史研究に基礎をおいた思想史学の立場からあらためて再構築していく作業は、なお意義を失っていないと考える。

また、高山と並び明治三十年代の言論をリードした嘲風・姉崎正治については、近年とくに「宗教学」形成の観点から、その意義と限界を検討する作業が積み重ねられているほか、[35] 比較思想史的なアプローチにより、姉崎が他の思想家に与えた影響や、彼の紀行文が注目されつつある。[36] しかし、姉崎が雑誌『時代思潮』などで行なった文芸批評など、宗教学以外の分野における活動については、考察の余地が残されており、日露戦争前後の思想史上の位置づけは、まだ十分になされていない。

高山や姉崎の学問形成に注目する近年の研究動向は、彼らの活動した日清・日露戦争の時期が、近代日本におけるアカデミズムの形成と重なっていたという事実に照らし合わせるとき、きわめて妥当なものである。だが同時に、人文諸科学を中心とする学問分野の編成は、かつて無価値とされてきた事象を、集合的な主観的意識の表れとして取り扱うことを可能にし、講壇から社会に向けて、「国家」や「民族」、「文明」に対する新たな語り口を提供していったことも想起しておかなければならない[37]。人文学の形成と批評領域の拡大は相互に関連していたのであり、そのような意味では、彼らの思想活動における「美学」や「宗教学」の理論の一貫性を指摘するだけでは不十分なのである。時事的な主張と美学・宗教学の理論構成をより根底で規定している思考様式のレベルから高山・姉崎両者の思想活動を見直し、あわせて同時代の思想史像を再検討する課題は、依然として未解決のまま残されているように思われる。基底的レベルでの思考が一貫していたか否かの検証は、高山のように、一見して主張内容が大きく変転した人物の評価においては、とくに厳しく問われることになろう[38]。そこで注目されるのが〈憧憬〉という思考様式にほかならない[39]。

以下本書では、右に掲げた〈憧憬〉の語が独自の意味を持った明治二十年代から明治四十年代にかけての時期を中心に、高山樗牛、姉崎嘲風の思想活動が占めた歴史的位相を解明していくことにしたい。

第二節　〈憧憬〉の精神史の意義

日清・日露戦争期の思想的課題

〈憧憬〉という思考様式の生成と展開の過程を跡づけることは、歴史研究、ことに思想史研究の上でどのような意義を有するのか。筆者は、近代日本を対象とする「ナショナリズム論」の文脈において、〈憧憬〉の思考を、美や伝統などの諸価値とともに考察することにより、従来の視角からは捉えきれなかった思想史の側面に光を当てることができるのではないかと考えている。丸山眞男は、昭和二十四年(一九四九)の時点で、ナショナリズムを風土や山水、あるいは家族に対するプリミティブな愛情と、他民族や自国の少数支配者に対する国家の国民化の要求という最も高度な精神形態の二つの構成要素の矛盾的統一として規定しているが[40]、前者の心性の事例として挙げられている石川啄木のふるさとへの愛情とは、プリミティブな感情というよりも、現実に郷里を離れて、美化された郷里の像を〈憧憬〉の対象として思い描いているといえないだろうか。日露戦争を経て「一等国」の地位に昇りつめた時代を生きた一人の知識青年が抱いた、美的な〈憧憬〉はいかにして育まれていったのだろうか。

高山や姉崎が活動した明治中・後期の時代は、明治初期から形成されてきた国民主義的な思想構造と昭和前期における超国家主義的な思想構造とを架橋する、近代日本のナショナリズムの転機として従来から位置づけられてきた。その背景に、官僚閥と政党との提携による「明治憲法体制」の形成、重工業を中心とする資本主義の成立、不平等条約の改正等々の様々な要因が含まれていることは論を俟たないが、一方で、思想の第一次的な生産と消費に最も敏感に関わっていったと考えられる知識青年層の間で、ネーションの中核を構成する民族意識に関わる諸価値——言語、宗教、伝統、美術——への関心が、かつてないほど高まっていたことも注目される。高山が自らの思想的課題を具体的に表明した論説として、日清戦争後の明治二十八年（一八九五）十一月に発表された「東西二文明の衝突」が挙げられる。この論文で彼は、「東西文明の衝突」が、「政治社会」から「文学美術」の領域に移りつつあることを強調し、演劇改良、裸体画、翻案小説、国字改良といった当時の文化事象の問題が、東洋と西洋という二つの文明の衝突に起因するものであることを論じ、文明の衝突によって生じる混乱に対して、「適当の準備」を行なっていくことが文学者の課題であると主張した。右のような思想課題に有効な理論的根拠を提供するものこそが、高山の「美学」にほかならなかった。彼は「美学は美術を説明するものなるも、しかも美学は単に美術によりて立てられたるものに非ず（中略）美学の原理に至りては元より平等普遍の人心に根拠し、牢として抜くべからざるもの無くむばあらず[41]」として、美学が東西文明の差異を超える普遍性を備えた学問であること、さらに美学が人心に根拠を有する哲学の一部であることを述べる。その上で彼は、自己の思想的課題を次のように総括する。

今日我邦は、残念ながら未だ西欧の思想を理解するに至らざるなり。よし東西思潮の優劣は暫く之を言はざるも、吾等は尚ほ未だ西洋の文明を綜合するの位置に達せざるなり、まして二思想の上に超駕して之を勧解裁断し得るの日に至ては尚甚だ遠からずとなさず、大なる事業は大なる準備を要す、深く考へ、博く学び、古今東西の思想を尋究し、拆いて分朱と為し、打つて一団となし、急がず、逼らず、着々歩武を占めて不退転に精進するの向上的精神を興奮し、以て世界的大思潮の先鋒たらんことを期せざるべからず、東西思想の牴触を見ては急遽狼狽して東洋的科学の創作を叫び、先哲古典の浩瀚解し難きを見ては意気俄かに沮喪して漫りに独創の意見を唱ふるが如き、之れ近眼者流に非ずむば、薄志弱行の徒のみ、吾等は再び前言を提起す、日本将来の学者に要する所のもの三つあり、曰く忍耐、曰く精勤、曰く遠大なる目的と。(42)

高山の議論の中心は、文明論の位相における文学や美術に関する領域の重要性を語ることにおかれていた。明治二十年代も後半に至って、憲法制定や議会開設といった近代国家のいわばハード面の整備が青年層の思想課題の後景に退いたとき、今日の文化領域に相当するソフト面での精神的価値の確立は、「日本将来の学者」が取り組むべき新たな思想課題として浮上してきたのだった。換言すれば、明治初年代に生まれ、日清戦争後に自己形成・思想形成を遂げて学窓を巣立っていった高山や姉崎の世代にとっては、明治二十年代を通じて形成された「国民」を「国民」たらしめる内実を確保することが、切迫した思想的課題となっていったのである。彼らの問題意識は、大正期の「文化主義」を経て、例えば昭和期における日本浪曼派の思想へも形を変えて流れ込んでいったと考えられるが(43)、日清・日露戦争期の社会に対して、高山や姉崎が、文学、美術あるいは宗教をめぐる価値をいかに提起していったかは、彼らの思想活動を評価していく際の一つの軸となる。

もう一つ、日清・日露戦争期の文化に関する議論で重要な事柄として、文展の開設や自然主義の取締りに至るまで、文化事象に積極的に行政が介入し始めた点を指摘できる。高山・姉崎の指導教員であった井上哲次郎は、政府寄りの発言を繰り返した御用学者として否定的に評価されることが多いけれども、帝国大学で修得した専門的な知識にもとづいて言論活動を行なった高山や姉崎は、どのように政治との距離を取っていったのか。彼らの言論が、美や伝統に注目したナショナリズムの形成に棹さすものだとすれば、その主張はどのように特徴づけられるのか。この点は、思想の自律的な展開という意味で、彼らの活動を評価する際のもう一つの軸としなければならない。

そこで次に本書の問題意識を、近年の研究動向を踏まえつつ整理したい。

「日本的なるもの」と文化ナショナリズム

伝統的な文化価値に美を見出し、それがあたかも脈々と受け継がれてきた自明の価値であると見なす心性については、一九九〇年代以降、盛んに議論された国民国家論や「創られた伝統」論の立場から、近代になってから創出された虚構に過ぎないとの批判が加えられてきた(44)。文学研究における「文学」概念の成立過程の検証や(45)、美学および美術史学における制度論の展開は(46)、従来の歴史研究で見落とされてきた問題点を提示し、近代国家における「文化」の意味の問い直しを進展させてきた。また、いわゆるカルチュラル・スタディーズの研究動向は、大衆文化や表象の分析などを通じて、実体的な「文化」の虚構性を暴き出している(47)。しかし、美的価値の場合、まさに意図的につくられた虚構であるからこそ、かえって多くの人々の心を強く惹きつけるともいえる。美の虚構性を指摘し批判することは、むしろ問題の矮小化であり、そもそも何故日本的な美が絶えず人々を魅了するのかという理由の解明にはつながらないのである。そこでまず必要なのは、近代日本の精神構造のなかで美意識が占めた具体的な位相を、歴史的過程に即して解明することである。これが本書の第一の問題意識である。

「日本的なるもの」と呼ばれる特殊日本的な美的価値を、実体化し顕彰する言説は、今日では、「文化ナショナリズム」の構成要素として位置づけられる。[48] これは、思想史の分野では、戦後の経済成長にともなう自国の優越性を過信したナルシシズムとして否定的に捉えられてきた。[49] だが、国家なり社会なりが集団の正統性を基礎づける際に、在来の文化価値に着目するのはごく自然なことであり、「文化ナショナリズム」の一切を否定し去ることには疑問も残る。この点につき、「近代日本におけるナショナリズムの解明に一歩踏み込んでいこうとするならば、我が内なる「近代性」をいったん相対化して、共感するにせよ反発を抱くにせよ、歴史的個性のもつ感情の機微に寄り添ってみるような方法的自覚が必要なのだろう」[50] という問題提起がなされていることは重要である。[51] ナショナリズムの定義が困難であり、かつ、それが近代思想に不可欠な構成要素であるとすれば、歴史学的なアプローチからする思想史学の対象として取り上げていく際には、「文化ナショナリズム」批判に耐えうる形で、文化価値のプレゼンスを高める言葉を歴史のなかに探っていくことが重要な解決課題の一つとなってくるはずである。様々な立場に立つ人々の言説を扱う思想史の方法は、右の問題に一定の有効な視座を提供してくれるだろう。これが本書の第二の問題意識である。

以上の問題は、非常に多くの課題を孕んでおり、様々な視点からの検討を経て初めて解明されうる性質のものだが、検討の端緒として、日本的美意識なるものが、いつ、どのように成立してきたのかを確認することが、まず必要であろう。

例えば、苅部直が、「〈日本的なるもの〉は、過去のある時点で語り始められ、一定の歴史状況のなかで紋切型として定着したのである」[52] と述べて評価した和辻哲郎の「古代文化の発見」は、まさに前節で指摘した〈憧憬〉の精神の延長上になされたものといえる。高山や姉崎の〈憧憬〉の検討は、和辻などの大正期以降に活躍していく哲学者たちの思想形成を促した文脈を把握する上でも重要と考えられる。また、日本的美意識の問題について、鈴木貞美は、「わび」「さび」「幽玄」に集約される日本的美意識の成立を、岡倉覚三が『東洋の理想』を著した日露戦争前後の時期に求め、その背景に、二十世紀初頭の象徴主義の受容と、物質文明に対する「生命」の維持を核とする自然主義の受容とを指摘している。しかし、日本的美意識を顕彰していく思考態度の問題については、同時代の言論に即したさらなる検討の余地を残しているように思われる。(53)

ロマン主義思想の諸問題

次に、明治二十年代以降の日本的美意識をめぐる思想的営為に関連して、いわゆる「ロマン主義」の問題にも触れておきたい。一般にロマン主義という場合、普遍的なものを志向する合理主義に反発し、芸術運動を通じて恋愛の価値や民族精神を説いた思想と理解できるが、そのような思想運動は「日本的なるもの」という美的価値の発見に多大な思想的根拠を提供したと考えられ、ナショナリズムの思想とも無縁とはいえないため、「ロマン主義」を近代日本思想史にどのように位置づけるかが大きな問題となってくる

「ロマン主義」の古典的な評価としては、封建的な道徳に反抗して近代的自我の確立を目指した運動とする文学史上の評価と、(54)現実批判の目を失い、民族主義と結びついて反動化する危険を常に有する思想と見なす政治思想史上の評価が併存してきた。(55)「ロマン主義」の民族性への着目という論点が肯定的に語られるようになるのは、ロマン主義とポストモダニズムの思想的近似性が確認された一九九〇年代以降のことと考えられるが、(56)近代日本思想史の分析概念として通用するような有効な定義は未だなされていない。(57)加えて、文学史研究では、一九九〇年代以降、「ロマン主義」から「自然主義」への展開を語ることは少なくなりつつある。その背景には、発展段階説に立つ歴史解釈が後退し、西洋近代の文学史から抽出した諸要素によって構成される「ロマン主義」の概念が、擬制的な枠組みと見なされ、説得力を失ったことが影響していると考えられる。(58)

そのような「ロマン主義」の思想をどのように捉えればよいのか。例えば、A・O・ラヴジョイが、ロマン主義と呼ばれる多数の事柄の存在に触れながら、「様々な学者たちによって、これらエピソードのすべてに同

じ名が与えられているという事実は、それらが本質において同一であるという証拠ではないし、前提として確立されてもいない[59]」と述べ、様々な社会状況のもとで時代批判の論理として提示されたロマン主義の複数性を指摘しているのは示唆的である。西欧圏との整合性から「ロマン主義」と呼ばれた思想を捉えるのではなく、近代日本思想史の上で持った意味をこそ、まず問うべきなのである。その上で、次に、「ロマン主義」という不確かな概念を分析に用いることの是非を考えなければならないだろう。まして、「ロマン主義」の系譜に位置づけられる思想家の国家主義的・民族主義的な発言を「ロマン主義的ナショナリズム」の名称の下に一括して評価することは、非歴史的で本末転倒な評価を導くことになりかねない。

もとより、概念的な混乱が著しいとはいえ、西欧における「ロマン主義」の紹介が同時代の新聞や雑誌等で全くなされなかったわけではない。しかしながら、明治三十一年（一八九八）に、戸川秋骨が「世の文運は一転の機に際せり。現世紀終葉の文華別に異彩を放つて今や漸く開かれつゝある時、ゼンチメンタリズムを説くものなく、ロォマンチシズムの気焔また揚らず[60]」と語って『文学界』が終刊した後、明治三十三年に高山樗牛が再び「今の形式的方便主義の社会に、純粋なるロマンチック、ムーブメントの起らむことを希望する旨[61]」を説き、さらに夏目漱石が明治三十九年になって「浪漫主義」の訳語を完成させるという、近代日本における「ロマン主義」受容史上の錯綜した事実関係も、整合的な解釈を困難にしている。「ロマン主義」の紹介が相次いだ明治二十年代後半から四十年代初頭にかけての時期を、一律に「ロマン主義」の時代と総括することは問題があるが、文学が統一的な「主義」を求めた時代として見ることは可能であろう。必要なのは、多分に擬制的な「ロマン主義」概念を相対化した上で、それに代わる汎用性の高い分析概念を、個々の言説に通底する思考様式のうちに探ることである。そのような意味で、前節で述べた〈憧憬〉の思惟の内実を問うことは、右の「ロマン主義」のパラダイムを乗り越え、時代の固有性を剔抉していくアプローチとして一定の有効性を持つと思われる。

以上のような問題意識に立つとき、高山樗牛の思想活動は非常に重要な意味を帯びてくる。彼は美学者として、また雑誌『太陽』の文芸欄の編集担当として、日清戦争後の思想界のなかで、青年層に向けて専門的な知識をもとに美的価値の意義を説いた最初期の思想家だったからである。(62) 以下本書では、従来の研究で用いられてきた国民国家論に基づく文化批判の評価軸や「ロマン主義」の枠組みを相対化しつつ、高山樗牛と姉崎嘲風の思想を、日清・日露戦争期において、文学美術あるいは宗教の次元で「国民」の内実を探求した文化的なナショナリズムの一つの型として捉え、彼らの思考様式と時代状況に対する主張の対応関係を描きだすことを基本的な課題として設定したい。

本書の課題と方法

ここで、本書の課題と方法を整理しておこう。

従来の研究では、ナショナリズムや「ロマン主義」の内容をあらかじめ定義し、それに高山や姉崎の主張を当てはめて評価するという観念的な志向が強く、彼らが時代状況のなかで抱いた課題に具体的に迫る契機には乏しかった。逆に、例えば高山の言論を肯定的に受け止めた伝記的研究では、個々の発言の掘り下げた理解が示される反面、それを統合した思想像は、時代状況を超越した個性の顕彰に傾きがちであり、同時代の他の思想家と比較した場合に高山の思想がどのような特質を持つのかについて、曖昧な点を残してきたきらいがある。だが、時代の刻印を受けない思想というものは存在しない。本書が、高山と姉崎の思想的比較を意識し、個々の発言だけでなく、それを導く〈憧憬〉という思考様式に注目するのは、なによりも先行研究の隘路を乗り越えるためであり、以下に掲げる具体的な研究の課題と方法も、以上のような目的の下で設定されなければならない。

本書では、まず、高山・姉崎らの著作を、全集未収録のものも含めて収集し、積極的に活用することにより、高山・姉崎の言論活動を具体的に跡づけることを第一の課題として設定したい。そもそも高山の基礎史料となる『樗牛全集』には、本文校訂上の問題が多く、戦前、三度にわたって刊行されたいずれの版に依拠しても新しい高山像を打出すことは難しいと思われることが、こうした課題設定の理由である。

第二の課題として、高山樗牛の「美学」思想を中心としつつ、美的価値をめぐる主張が、いかなる哲学的基礎に支えられていたのかを、同時代の西洋哲学、とくにドイツ哲学の受容水準を視野に入れながら検証する。明治期の美学は、感性についての普遍的な哲学的省察よりも、むしろ同時代の美術や文学に積極的に理論的根拠を付与した点に特色があった。そして、近代的な文化範疇である「美術」は、展覧会や博物館などの様々な制度やメディアを通じて人々の美意識形成に影響を与えた。ゆえに、美学の理論的展開と同時代の文学や美術のあり方に着目することで、近代日本の精神構造における美的価値の位相を知るための手がかりを得ることができると考えられる。

高山・姉崎らの思想形成は、今日人文学のもとに包摂される学問領域が、アカデミズムの内部で形成され始める時期にあたっていた。「美学」や「宗教学」の理論水準を考察することは、思想の構造的側面の把握ということができるが、日本的美意識の青年層への浸透過程という、いわば思想の機能的側面を問題にする場合、美学の理論と同時に、芸術作品の批評のあり方にも着目する必要がある。そうした言論のあり方を規定した同時代のメディアの存在形態に関する実態解明を行なうことを第三の課題として設定したい。理論としての「美学」と、具体的な言論活動としての文芸批評から文明批評までの幅をもった批評と、それらが交錯するアリーナとしてのメディアの存在形態の三者に注目して検討を進めていくことにより、上述の問題意識に応えうる歴史像を提示することができると考える。

その上で、高山・姉崎らの思想の意義について、先に掲げた二つの評価軸、すなわち「文化」のプレゼンスを高める努力と、政治に対する距離の取り方の二点から考察することを第四の課題として設定し、彼らの言論活動の具体像に迫っていくことにしたい。

第三節　史料と構成の概観

高山・姉崎研究の史料論

歴史研究の立場から思想史を構想する場合、立論の前提として史料の残存状況が大きな意味を持ってくる。とくに、高山樗牛のように、その思想像に様々な批判が加えられてきた人物を対象とする場合には、旧来のパラダイムを覆すだけの史料を、新たにどれだけ発見できるかということが、殊更厳しく問われることになろう。そこで本節では、「歴史学における史料解釈の一つのあり方は、テクストを非人称的なものとして構造論的に解釈するのではなく、作者の主体的意図とそれを取り巻く客観的条件の複合の産物と見なして、時代のコンテクストのなかで位置づけていくところにある[63]」という提言を踏まえつつ、本書がいかなる史料論的な試みを行なうのかについて、実際の史料の残存状況を合わせて、先に述べた課題との関連から以下の三点に整理しておきたい。

人物の思想像を再構成する場合、当然ながら著作が何よりも重要な位置を占める。高山の場合は博文館から数種類の全集が刊行されている。また姉崎は、全集ではないが、主要な著作が国書刊行会発行の『姉崎正治著作集』全一〇巻と、クレス出版発行の『姉崎正治集』全九巻にまとめられている。著作目録は昭和女子大学編の『近代文学研究叢書』の各巻、『姉崎正治先生書誌』などがあるが、遺漏もある。前節で第一の課題として設定したように、これらを適宜参照しながら、史料収集に努めていくことがまず必要になってくる。本書の第一の史料論的試みとしては、『樗牛全集』本文の批判的読解という点が挙げられる。『樗牛全集』は、戦前、三回にわたって増補版、改訂版が刊行され、戦後は日本図書センターから複製が刊行されている。これらの全集は、高山の友人である姉崎や笹川臨風、および高山の実弟である齋藤信策の手によって、高山の「最期の意志」を前提に作られたとされるが、そもそも「予は矛盾の人也、煩悶の人也」[64]という自意識を持っていた高山の「最期の意志」が何であるのかを正確に窺い知るのは極めて困難である。また、高山の評論集である『時代管見』や『文芸評論』に収められた論説に関しては、初出誌ではなく評論集を底本としているため、全集に依拠したアプローチでは、初出時の高山の問題意識が捨象されてしまう。全集には誤植も散見され、原稿の残存状況も芳しくない。加えて、高山の論説発表当時に付された夥しい数の傍点・圏点が、第二次版以降の全集では省略されていることも問題である。それゆえ、時代状況のなかでの彼の意思を的確に位置づけるためには、初出誌に拠るのがもっとも合理的である。[65]この点で朗報といえるのは、高山の言論発表の中心舞台となった『太陽』全誌面がデジタル化され、オンラインのデータベースとして参照が容易になった点である。[66]書簡については、量が豊富な第三次版全集に頼らざるをえないのが実情だが、現存する書簡と対比してみると編者の判断で省略されている個所があり、問題がないわけではない。高山の郷里である山形県鶴岡市教育委員会や、墓地のある静岡県静岡市清水区の観富山龍華寺が保管している史料のなかには、全集未収録著作の草稿、書簡類も確認できる。姉崎についても、東京大学文学部宗教学研究室に所蔵されている草稿類が存在する。適宜これらの史料を活用していくことにしたい。

第二の試みとしては、全集批判と関連するが、講義録等、従来活用されてこなかった図書資料にも史料批判を加えながら活用していくことを挙げたい。思想家の著作の異版本・異刷本の書誌学的検討は、前近代の思想史にあってはむしろ常識に属するが、我が国近代の思想史に限定していうと、そのことは遺憾ながら必ずしも自明ではないようである。かつて丸山眞男は、『「文明論之概略」を読む』のなかで、自身の研究歴を振り返りながら、「思想史というと、明治以後は現代史ですから、特別に訓練しなくても資料も読めますし、書誌学的な勉強も必要としない」[67]と述べていた。丸山の発言が、初学者に向けて思想史の門戸の広さを説いた発言であることは差し引いて考える必要があるものの、思想史学が今日でもなお全集に拠って思想像を再構築する手法を基本的に継承しているのは、はなはだ問題があるように感じられる。

視点を転じて、第三の課題として設定したメディアの存在形態に関わる史料について述べておこう。思想史研究において、著作の分析が重要な位置を占めることは当然だが、同時に、著者が誰に向けて語ったのかを把握することも、思想の歴史的な評価のためには重要な意義を有する。「思想がいかに表現されたかは、メディアがいかに存在していたかという問題と密接に関連しており、メディアの存在態様をぬきにしては、言論の発現形態や意義も正確には把握できないであろう[68]」あるいは「思想的著作の影響の問題は、この著作者の文脈と読者の文脈とのズレ、ないしはその相互作用の力学を測定することによって、始めてトータルに把えられるはずである[69]」といった問題提起を踏まえ、高山らの支持基盤となった読者がどのような集団的特徴を持つ人々だったのかを解明する必要がある。

そこで注目したいのが、明治三十年代になって地方で発行された文芸雑誌である[70]。地方の文芸雑誌には、いわゆる三号雑誌として、継続的な発行がされずに廃刊に至ったものが多く、また残存状況も不完全なことから、従来の研究ではあまり注目されてこなかった[71]。しかし、明治三十年（一八九七）以降明治末年までの間に、東京を除く地域で発行された文芸雑誌は百七十タイトルを超えており、決して少ない数とはいえない[72]。これらの雑誌の多くは、十代後半から二十代前半の青年層が編集に携わり、同年代の青年たちからの投稿作品を多数掲載していた。さらに特筆すべきは、彼ら青年層は、相互に雑誌を交換することにより、「誌友交際」というべき、非対面的・匿名による独自の交際圏をも築き上げていたことである。これらの雑誌は、東京大学大学院法学政治学研究科附属近代日本法政史料センター（以下、明治新聞雑誌文庫）に所蔵されているほか、近年では県立図書館等が、地域資料活用のために精力的に郷土雑誌等のデジタル化を推進しているため、かなりアクセスが容易になった。これらの史料を用いて投稿雑誌・地方雑誌と中央の批評との相互関係を見極めていくことが、本書第三の史料論的試みである。

本書の構成について

最後に、以上の視点からする本書の全体像についてあらかじめ概観しておこう。本書では、高山や姉崎が思想形成を遂げ、評論壇で活躍していく時期を中心とし、彼らが高等中学校に入学する明治二十年代前半から、〈憧憬〉の思惟が広く定着していったと考えられる明治末年までの約二十年間の時期を検討の対象に据え、全編をクロノロジカルな構成としている。前半の二章は、高山らの思想活動のいわば前史に相当し、第一章は、本書の全体の議論の前提となる明治前半から明治二十年代までの美学受容の問題と「誌友交際」の形成について考察する。第二章は、高等中学校、さらに帝国大学文科大学に進学した高山・姉崎の内面の軌跡を軸に分析を試みる。とくに明治二十六年（一八九三）に大学に進学した彼らが、どのようにドイツ哲学を受容したかに注目しながら彼らの思想形成過程を辿っていく。後半の三章は、本書全体の課題を踏まえ、高山らの言論活動を「美学」思想の展開と批評活動の相互連関に注目して、明治三十年から三十二年、三十三年から三十四年、三十五年から明治末年までの三期に区分して考察を試みる。これは、時代状況としては日清戦後期、世紀転換期、日露戦争前後に相当する。高山・姉崎の学問上の主要業績である美学と宗教学に関する単著が、明治三十二年から翌年にかけて集中的に刊行されていることから、この三期区分は彼らが大学を卒業後、批評と運動に関与しながら自己の学問の体系化をはかっていった形成期、学問の確立期、新たな時代状況下に学問を適用させていった展開期と捉えることができる。それぞれの段階において彼らの学問を支えた〈憧憬〉の思惟のレベルから彼らの思想活動に考察を加えてみたい。

右の三期区分はそれぞれ第三章・第四章・第五章に対応している。各章の時期区分は、奇しくも従来の高山研究で用いられてきた「日本主義」の時代、「個人主義」の時代、「日蓮主義」の時代と近似しているが、画期とした時期にはおのずから違いがある。それは本書において、あくまでも高山や姉崎における学問の形成と展開、さらにメディアの盛衰も視野に入れた時期区分を設定したことによる。以上の構成にもとづき、高山・姉崎の思想を対比させながら検討を進めることで、従来の研究とは異なった日清・日露戦争期の思想史像を提示していくことを、以下では目指していきたい。(73)

註

(1) 高山林次郎「わがそでの記」(『反省雑誌』一二年七号夏期附録、一八九七年八月)一七頁。
(2) 工藤恒治『文豪高山樗牛』(一九四一年、文豪高山樗牛編纂会)九四頁以下。
(3) 明治二十九年一月六日付藤井健治郎宛高山林次郎書簡、引用は姉崎正治・笹川種郎編『改訂註釈樗牛全集』第七巻(一九三三年、博文館)四三九頁。以下、高山樗牛書簡の引用は、とくに断りがない限り同全集第七巻を用い、出典は全集と略記する。
(4) 同前、四四〇頁。
(5) 齋藤信策「亡兄高山樗牛」(『中央公論』二二年六号、一九〇七年六月)七五~七六頁による。ハイネに仮託された高山の内面については、橋川文三「高山樗牛」(『日本の思想家』第二巻、一九六三年、朝日新聞社)、伊東勉「高山樗牛とハインリヒ・ハイネ」(『ドイツ文学研究』一四号、一九八二年十月)も参照。なお、このとき高山が携帯していたと思われる『歌の本』が鶴岡市に寄託された旧蔵書のなかに残っている(鶴岡市教育委員会所蔵「高山樗牛資料」七四四)。
(6) ハインリヒ・ハイネ(井上正蔵訳)『歌の本』下巻(一九七三年、岩波文庫)二五〇頁。
(7) 高山樗牛「樗牛雑記」(一九〇二年)、姉崎正治・笹川種郎編『改訂注釈樗牛全集』第六巻(一九三一年、博文館)五四五頁。原本は静岡県静岡市観富山龍華寺所蔵。
(8) 『日本国語大辞典 第二版』第七巻(二〇〇一年、小学館)八八頁。
(9) 谷沢永一『文豪たちの大喧嘩』(二〇〇三年、新潮社)二二五頁。なお、現代中国語の「憧憬」は日本語から輸入されたものと考えられる。
(10) 姉崎正治「美的生活と意的生活」(『帝国文学』一八巻二号、一九一二年二月)五〇頁。
(11) 久保忠夫「高山樗牛三題」(『東北学院大学東北文化研究所紀要』二八号、一九九六年八月)六六頁以下。

(12) 夏目漱石「創作家の態度」(『ホトヽギス』一一巻七号附録、一九〇八年四月)四〇頁。
(13) 漱石「「土」に就て」(長塚節『土』一九一二年、春陽堂)序言一一頁。
(14) 夏目漱石『吾輩は猫である』中巻(一九〇六年、大倉書店)三〇頁。
(15) 明治三十九年二月十三日鈴木三重吉宛夏目金之助書簡。引用は、『漱石全集』第一四巻(一九六六年、岩波書店)三六九頁。
(16) 森鷗外「羽鳥千尋」(一九一三年)。引用は、木下杢太郎他編『鷗外全集』第一〇巻(一九七二年、岩波書店)五二七頁。
(17) 例えば以下のような記述がある。「第一に特筆せざる可からざるは児が極端なる憧憬の子たることとこれに候。児が少時より可笑しき程平凡を嫌ひたるは児が当時の記憶中最面白き回想に富む所の件に候(幼なき繰言を略し候、)この情に目鼻がつきて狂せる如き天才渇仰英雄崇拝の情と育ちたる径路こそ実に児が心性の歴史中最注目に値する「シーン」に御座候らへ。第一に想ひ出づるは高崎中学四五年頃に受けたる樗牛博士の言説の感化に御座候」(「羽鳥千尋書束 全(その一)」、『鷗外全集』第一〇巻月報、一九七二年、岩波書店、一五頁)。
(18) 石川啄木「弓町より 食ふべき詩」。引用は、石川啄木『時代閉塞の現状・食うべき詩』(一九七八年、岩波文庫)五三頁。
(19) 内村鑑三「文学士高山林次郎先生に答ふ」(『東京独立雑誌』一三号、一八九八年十一月)一九頁。
(20) 高山林次郎「内村鑑三君に与ふ(開書)」(『太陽』四巻二三号、一八九八年十一月)三一頁。
(21) 樗牛生「ニイチエの歎美者」(『太陽』七巻一三号、一九〇一年十一月)五一頁。
(22) 同前。
(23) 鹿野政直「『太陽』」(『思想』四五〇号、一九六一年十二月)一四二頁。
(24) 色川大吉『新編明治精神史』(一九七三年、中央公論社)四九三頁。
(25) とくに文学分野での研究蓄積が豊富である。本書で参照した文献は、適宜註でも言及していくが、戦前から一九八〇年代までは、長谷川泉編『現代文学研究』(一九八七年、至文堂)における小野寺凡の整理、作家研究大事典編纂会編『明治・大正・昭和作家研究大事典』(一九九二年、桜楓社)の重松泰男の整理が参考になる。
(26) 高山樗牛の思想を論じる際、多くの先行研究が、「日本主義」「個人主義」「日蓮主義」という彼の思想の三期区分の枠組みに依拠してきた。だが、この三期区分は、高山の追悼講演で桑木厳翼が提唱し、姉崎が最初の『樗牛全集』編集の際に採用してから一般に流布していったもので、高山の主体的な意識とは関係がない。
(27) こうした視点に立つ研究としては、前掲鹿野「『太陽』」、色川『新編明治精神史』のほか、飛鳥井雅道「国民的文化の形成㈠」（『岩波講座 日本歴史』第一八巻、一九六二年）などを参照。また、高山のジャーナリストとしての側面に注目したものとして、安世舟「高山樗牛」（田中浩編『近代日本のジャーナリスト』一九八七年、御茶の水書房）がある。

(28) こうした視点に立つ研究として、前掲橋川「高山樗牛」のほか、渡辺和靖『明治思想史』（一九七八年、ぺりかん社）、橋川文三『昭和維新試論』（一九八四年、朝日新聞社）、松本三之介『明治思想史』（一九九五年、新曜社）などを参照。

(29) ハリー・ハルトゥーニアン（梅森直之訳）『近代による超克』上巻（二〇〇七年、岩波書店）四頁。

(30) 林正子「『太陽』文芸欄主筆期の高山樗牛」（『日本研究』一七集、一九九八年二月）をはじめとする一連の研究のほか、綱澤満昭「高山樗牛」（『近畿大学教養部紀要』三三巻三号、二〇〇一年三月）、雨田英一「高山樗牛の「国家教育」の思想」㈠〜㈧（『東京女子大学紀要論集』五二巻一号〜五七巻二号、二〇〇一年九月〜二〇〇七年三月）。

(31) 前掲橋川「高山樗牛」一七〇頁。

(32) 広島一雄「豹変について」（『文学論藻』三三号、一九六五年十一月）一二一頁。

(33) 先崎彰容『個人主義から自分らしさへ』（二〇一〇年、東北大学出版会）、同『高山樗牛』（二〇一〇年、論創社）、花澤哲文『高山樗牛』（二〇一三年、翰林書房）参照。平成十年一月には、遺族のもとに残されていた旧蔵書や史料九九一点が、高山の遺族から郷里の鶴岡市に寄託され、平成十三年に公開された（資料の概要は、鶴岡市教育委員会編『高山家寄託高山樗牛資料目録』二〇〇一年、鶴岡市の解題を参照）。これらの史料は平成二十二年から鶴岡市教育委員会が管理しており、閲覧については事前に相談が必要である。また、高山の郷里にあたる山形県鶴岡市では高橋通『高山樗牛』（二〇〇五年、荘内日報社）も刊行されている。このほか近年の伝記としては、理崎啓『青年の国のオリオン』（二〇一〇年、哲山堂）などが挙げられる。なお、本書の元となった博士論文の提出後、木村洋『文学熱の時代』（二〇一五年、名古屋大学出版会）が刊行された。

(34) 花澤哲文編・解説『高山樗牛関係資料集成』全九巻（二〇一四年、クレス出版）。

(35) 明治期の姉崎正治に関する主要な先行研究としては以下のものが挙げられる。杉崎俊夫「姉崎嘲風論ノート」（瀬沼茂樹編『高山樗牛 齋藤野の人 姉崎嘲風 登張竹風集』明治文学全集40、一九七〇年、筑摩書房）、谷沢永一「批評家姉崎嘲風」（『國學院雑誌』七五巻一一号、一九七四年十一月）、柳川啓一「官の科学・野の科学」（『展望』一八八号、一九七四年八月。『祭と儀礼の宗教学』一九八七年、筑摩書房に再録）、鈴木範久『明治宗教思潮の研究』（一九七九年、東京大学出版会）。なお、一九九〇年代後半から、「宗教学」という学知の形成を批判的に検証する問題意識に立った優れた姉崎研究が相次いで発表されており、その過程で東京大学文学部宗教学研究室が所蔵する姉崎関係資料も整理された。その成果は、磯前順一・深澤英隆編『近代日本における知識人と宗教』（二〇〇一年、東京堂出版）にまとめられている。このほか、山口輝臣『明治国家と宗教』（一九九九年、東京大学出版会）、高橋原「解説」（島薗進編『姉崎正治集』第九巻、二〇〇二年、クレス出版）、磯前順一『近代日本における宗教言説とその系譜』（二〇〇三年、岩波書店）、深澤英隆『啓蒙と霊性』（二〇〇六年、岩波書店）、磯前順一『宗教概念あるいは宗教学の死』（二〇一二年、東京大学出版会）などで研究が重ねられている。

（36）例えば、古賀元章「一九一三—一五年における姉崎正治の宗教論」（『比較文化研究』八五号、二〇〇九年一月）では、文芸批評家のT・S・エリオットに与えた影響が、また小林武『章炳麟と明治思潮』（二〇〇六年、研文出版）では、清末の革命家章炳麟に与えた影響が論じられている。

（37）與那覇潤『翻訳の政治学』（二〇〇九年、岩波書店）一八一～一八二頁。

（38）この点について、藤田省三が、鶴見俊輔・久野収『現代日本の思想』の書評のなかで、思想にとって重要なことは、状況判断や視角の変化ではなく、それを貫く価値意識と一定の「思惟方法」が一貫していることだと述べているのは参考になる（藤田省三『天皇制国家の支配原理』一九六六年、未来社、一八六頁）。基底的な思考に注目する意義に関しては池田元『長谷川如是閑「国家思想」の研究』（一九八一年、雄山閣）八頁以下も参照。

（39）この点について、松本健一が高山の思想活動を論じて、「要は己の本然を充足させる生き方を、日本をかり、ニーチェをかり、日蓮をかりて何度となく謳いあげているのだ。ロマンを満足させるための対象はさまざまに異なり移り変わりながら、そこに慕い寄っていく樗牛の思想に対する態度は、不変である」（松本健一『革命的ロマン主義の位相』一九七三年、伝統と現代社、一三頁）と述べているのは示唆的である。

（40）『丸山眞男講義録』第二冊（一九九九年、東京大学出版会）二二頁。

（41）無署名（高山）「東西二文明の衝突」（『太陽』一巻一〇号、一八九五年十月）四五～四六頁。

（42）同前、四六頁。

（43）この点について、橋川文三が、日本的支配構造の特徴を「政治に対する美の原理的優越」とし、「わが国の精神風土において、「美」がいかにも不思議な、むしろ越権的な役割をさえ果してきたことは、少しく日本の思想史の内面に眼をそそぐならば、誰しも明かにみてとることのできる事実である。日本人の生活と思想において、あたかも西洋社会における神の観念のように、普遍的に包括するものが「美」にほかならなかったということができよう」（橋川文三『日本浪曼派批判序説　増補版』一九六五年、未来社、九三～九四頁）と述べたことは、重要な問題提起である。

（44）西川長夫・渡辺公三編『世紀転換期の国際秩序と国民文化の形成』（一九九九年、柏書房）などを参照。

（45）ハルオ・シラネ、鈴木登美編『創造された〈古典〉』（一九九九年、新曜社）、鈴木貞美『日本の「文学」概念』（一九九八年、作品社）などを参照。

（46）北澤憲昭『眼の神殿』（一九八九年、美術出版社）、佐藤道信『〈日本美術〉誕生』（一九九五年、講談社選書メチエ）および同『明治国家と近代美術』（一九九九年、吉川弘文館）、東京国立文化財研究所編『語る現在、語られる過去』（一九九九年、平凡社）、北澤憲昭・佐藤道信・森仁史編集委員『美術の日本近現代史』（二〇一四年、東京美術）等を参照。

（47）本書が扱う時期に関する研究で、カルチュラル・スタディーズの潮流に掉さす成果としては、小森陽一・高橋修・紅野謙介編『メディア・表象・イデオロギー』（一九九七年、小沢書店）、金子明雄・高橋修・吉田司雄編『ディスクールの帝国』（二〇〇〇年、新曜社）などがあげられる。カルチュラル・スタディーズは、文化を語る素材を大幅に拡張することに貢献したといえるが、多種多様な論点の提示によって、逆にある時代についての統一的な歴史像が描きにくくなるという難点を抱えているように思われ、本書とは若干問題意識を異にする。

（48）吉野耕作『文化ナショナリズムの社会学』（一九九七年、名古屋大学出版会）、鈴木貞美『日本の文化ナショナリズム』（二〇〇五年、平凡社新書）。

（49）青木保『「日本文化論」の変容』（一九九〇年、中央公論社）一二四頁。

（50）中野目徹「〝国粋〟の発見者たち」（『書生と官員』二〇〇二年、汲古書院）一二頁。

（51）中野目徹『政教社の研究』（一九九三年、思文閣出版）一〇頁。本書は、既存の「ナショナリズム論」への批判と、思想史学における克服の方途について、同書および中野目徹『明治の青年とナショナリズム』（二〇一四年、吉川弘文館）の問題意識から多くの示唆を得ている。

（52）苅部直『光の領国　和辻哲郎』（一九九五年、創文社）八頁。

（53）鈴木貞美・岩井茂樹編『わび・さび・幽玄』（二〇〇六年、水声社）第一章参照。

（54）例えば、吉田精一は、次のように規定している。

元来一八世紀末から一九世紀後半にかけて全ヨーロッパに展開された一大精神運動で、文芸にもっとも顕著にあらわれている。歴史的には特定の時期、すなわちブルジョアジーの上昇発展期、もしくは市民社会の成立期において啓蒙主義に次ぐ時代思潮を形成し、封建的体制や道徳からの解放、自我の拡大、思想・感情の自由をもとめる。日本では明治維新以後の実用主義、功利主義、主知主義、合理主義の方向をとる啓蒙思想に次いで出、その根本をなす自由主義、個人主義をうけつぐとともに、物質的、現実的、悟性的な境界をこえて、世界と人生を内部から、主観的に理解しようとする自我至上主義を根底にすえた。（吉田「浪漫主義」、『増補改訂　新潮日本文学辞典』一九八八年、新潮社、一三三〇頁）

また、笹淵友一は、「自我と憧憬と想像の三位一体を西欧浪漫主義の主要な性格と見なす」見解を打ち出し、さらに明治二十年代から大正初期にかけての膨大な用例を整理して、「純粋の文学史的観点」として「浪漫主義」の完全な認識が成立するのは大正期以降だとしている（笹淵友一『浪漫主義文学の誕生』一九五八年、明治書院、「序説」第一章および第三章参照）。

（55）その典型的なものとして、丸山眞男の以下の指摘がある。「分析論理を排して、生きた直感と内面的情緒の燃焼を重んずるロマン主義は、しばしば歴史的形象のなかに直接自己との生命的なつながりを認めることによって、対象に対する理性的批判の眼を曇らせてしまう」（前掲『丸山眞男講義録』第二冊、一九六頁）。

（56）ロマン主義とポストモダニズムの共通点と差異については、小野紀明『美と政治』（一九九九年、岩波書店）序論を参照。

（57）アイザイア・バーリンが、「実際、ロマン主義についての文献はロマン主義自体よりも沢山あり、また、ロマン主義についての文献が扱っている事柄を定義する文献の方もたっぷりとある。そこには一種の逆立ちしたピラミッドが存在する。それは危険な、混乱した主題であって、その中で、多くの人々が、自らの意味するところをとはいわないまでも、少なくとも方向感覚を失ってしまっているのである」（アイザイア・バーリン〈田中治男訳〉『バーリン　ロマン主義講義』岩波書店、二〇〇〇年、一～二頁）と述べているように、ロマン主義の定義はもともと不可能に近いのである。

（58）長尾宗典「ロマン主義・自然主義」（石田一良・石毛忠編『日本思想史事典』二〇一三年、東京堂出版）二〇〇～二〇一頁。

（59）アーサー・O・ラヴジョイ（鈴木信雄他訳）『観念の歴史』（二〇〇三年、名古屋大学出版会）一八四頁。原著は一九四八年刊行。

（60）秋骨「塵窓余談」（『文学界』五八号、一八九八年一月）五頁。

（61）明治三十四年一月一日付姉崎正治宛高山林次郎書簡、全集六六一頁。

（62）もちろん、明治二十年代における天心・岡倉覚三の存在を忘れてはならない。しかし、筆者の見るところでは、逆説的な表現だが、岡倉は美学的な意味での美的価値に対する関心を、ほとんど持たなかったように思われる。彼は確かに優れた美術品の鑑定家であり、多くの画家を育てた教育者だが、彼の活動は全て、社会のなかでの「美術」の価値をいかに高めるかという一点に捧げられていた。岡倉については、長尾宗典「岡倉天心」（前掲『日本思想史事典』）四三〇～四三一頁。

（63）中野目徹「『明六雑誌』の用紙分析」（前掲『書生と官員』）二二一頁。

（64）樗牛生「姉崎嘲風に与ふる書」（『太陽』七巻七号、一九〇一年六月）四六頁。

（65）『樗牛全集』の編纂方針に関する問題点は、すでに谷沢永一により「姉崎嘲風と笹川臨風は、歴史的実態としての樗牛の文業を一度ときほぐし、明治大正期の教養主義的な読者の志向に適応するよう、樗牛にいささかの整形をほどこしたのである。その結果、美文家樗牛は生き永らえたかわりに、評論家樗牛の容貌が紙背に埋められてしまった」（谷沢永一『読書人の立場』一九七七年、桜楓社、一〇四頁）と指摘されている。中島国彦も、『改訂註釈樗牛全集』収録の文芸時評の数々が抄出であるという問題点を指摘している（中島国彦「解説」、『文芸時評大系明治篇』別巻、二〇〇六年、ゆまに書房、一四頁）。また、初出誌においても、全ての論説が、高山が期待したとおりの組版にならなかったであろうことは、「其文末に記入せる文字「高山生…」の中に、編輯者か活版屋か「先」の贅字を入れ、見苦しき事に致し、心外に御座候」（明治三十四年二月十三日付齋藤信策宛高山林次郎書簡、全集六七九頁）という書簡が残されていることからも察せられる。

(66) 『太陽』誌面のデジタル化については、マイクロフィルムからの画像をデジタル化した日本近代文学館編『太陽』CD-ROM版（一九九九年、八木書店）によって先鞭がつけられ、現在は株式会社ネットアドバンス社の提供するジャパンナレッジのコンテンツとして、オンラインの有償データベースとしても提供されている。

(67) 丸山眞男『「文明論之概略」を読む』上巻（一九八六年、岩波新書）二八頁。

(68) 山室信一「国民国家形成期の言論とメディア」（松本三之介・山室信一編『言論とメディア』日本近代思想大系11、一九九〇年、岩波書店）四七九頁。

(69) 前田愛『近代読者の成立』（二〇〇一年、岩波現代文庫）一一六頁。

(70) 読者からの反応を知る方法としては、従来から投書を用いた研究が蓄積されてきた（山本武利『近代日本の新聞読者層』一九八一年、法政大学出版局、第二部第二章を参照）。しかし、高山が言論活動の舞台とした博文館の雑誌『太陽』の場合、広範な読者を対象としていたこともあって、彼の発言に対する青年読者の反応のみを直接的に抽出して分析することが難しい（永嶺重敏『雑誌と読者の近代』一九九七年、日本エディタースクール出版部、一一六頁）。

(71) 民衆思想史の立場からは、色川大吉、鹿野政直の諸氏によってそれぞれ自由民権運動家の漢詩文集や、大正期の時報などが注目されているが（色川大吉『明治の文化』一九七〇年、岩波書店、鹿野政直『大正デモクラシーの底流』一九七三年、日本放送出版協会を参照）、時期的に両者の中間に発行された明治三十年代の地方文芸雑誌はいまだ十分に顧みられていない。管見の限りでは、小池善吉『明治青年の思想と行動』（一九九四年、近代文芸社）が、群馬県下の地方青年を例に明治三十年代の雑誌発行に言及しているが、明治三十年代という時期に発行された雑誌の特殊性については掘り下げた検討がなされていない。このほか、文学の分野では、高松敏男「明治中期に於ける大阪の文界と出版の動き」（『大阪府立図書館紀要』一〇号、一九七四年三月）、明石利代『関西文壇の形成』（一九七五年、前田書店出版部）や、林眞「明治後期の地方文芸雑誌」（『書誌索引展望』三巻二号、一九七九年五月）など若干の蓄積がある。個別の雑誌については、近年、いくつかの自治体史で注目されつつあるほか、横瀬隆雄「『鳳翔』と大塚香夢」(『茨城工業高等専門学校研究彙報』二一号、一九八六年一月)や、太田登『日本近代短歌史の構築』(二〇〇六年、八木書店)などで触れられている。

(72) 明治三十年以から明治四十三年までの地方文壇を描いた小木曽旭晃『地方文芸史』(一九一〇年、教育新聞発行所)に登場する雑誌タイトル数は一七八件あり、うち筆者が現存を確認しえたものは八一件であった。

(73) タイトルに「精神史」を用いる本書の内容についてありうる誤解を避けるため、あらかじめ一言述べておきたい。ここでいう「精神史」は、ドイツのディルタイやマイネッケによって発展させられた精神史(Geistesgeschichte)の方法、すなわち文化所産としての芸術作品からそこに表現された時代精神を読み解く方法とは必ずしも一致しない。「精神史とは、最終的には所与の時代の不定形な気分を「理解」することであるが、その手がかりとして政治思想を含む種々の「表現」を「理解」しようとする。つまり、思想家の主観的意図を越えて、時代の気分に肉薄する」(小野紀明『西洋政治思想史講義』二〇一五年、岩波書店、六頁)という立場からすれば、もっぱら批評言説を扱い、具体的な作品論を欠く本書の方法は、はなはだ不完全に見えるであろう。むしろ本書では、右の考え方を踏まえながらも、歴史学としての思想史のあり方を模索する立場から、民衆思想史の分野における「精神史」の用法にも学びつつ、明晰な言語に表しにくく、体系化されない観念を扱う「思想史」に対する「精神史」の意味においてこの語を用いることにしたい(安丸良夫『〈方法〉としての思想史』一九九六年、校倉書房参照)。

第一章——明治期における「美術」の語り方と「美学」の誕生

第一節　「美術」の語り方

美学と批評

高山樗牛の言論活動は、明治三十年（一八九七）、彼が博文館の編輯局に招聘され、雑誌『太陽』の文芸欄担当となって以降、本格的に展開していった。同年五月、「発動の辞」として発表した「我邦現今の文芸界に於ける批評家の本務」において、高山は「文芸批評の必要は蓋し今日よりも大なるは無し」と述べ、文芸作品の根拠となる「国民的立脚地」を明らかにした上で、「文明史的観察」のもとに作家を叱咤し、我が国の文化の向上に尽力する覚悟を宣言した。その際、高山が批評活動の標準に据えたものこそ、自身が帝国大学文科大学で学んだ「審美学」にほかならない。高山は次のようにいう。

> 精緻、且確実なる審美学の知識は、芸術批判の規準なり。蓋し美学なるものは素と吾人が審美的意識を説明する系統的知識にして、三千年の歴史に於て人類の到達したる思想の最高産物の一なり。其説くところ、所生国民の性質に従ひて、各々其色彩を異にするものありと雖も、其原理にいたりては素平等遍通の性質を有するものたり。芸術批判の規準とすべきもの、是を外にして何くにか求むべき(1)。

人文諸学の専門知を武器として、先行世代を批判するという言論スタイルは、日清戦後における帝国大学を中心とするアカデミズムの確立に負うところが大きい。この点は、「宗教学」の知識を背景に批評活動を行なっていった姉崎にも当てはまる。高山や姉崎の言論の新しさとは、日清戦後の国際秩序再編のなかで、西洋文明の覇権に対抗するための精神的価値の創出を、体系的な専門知に則った文学や美術の振興を通じて図ろうとした点に、まず求められよう。

もちろん、坪内逍遙や森鷗外、尾崎紅葉や幸田露伴のように、高山に先行する世代において文学領域の自律化を図った人物がいなかったわけではない。美術の分野でも、フェノロサや天心こと岡倉覚三による古美術の保存と日本画振興の運動があり、それに対抗する黒田清輝らの洋画派の活動も、一定の成果を収めていた。高山・姉崎の思想活動の歴史的意義を見極めようとする本書では、先行世代と高山・姉崎の世代の差、とくに高山らの世代が引き受けることになった思想的課題に対して、彼らが依拠した専門知が当時いかなる性質を帯びていたかという点から検討をはじめてみたいのである。

そこで本節と次節では、明治期日本における美学（Aesthetics）と美術（芸術）作品をめぐる言説の歴史的展開を跡づけ、西洋起源の学問体系である美学の受容が、近代日本の思想史上において、人々にどのような認識の転回をもたらしたのかを検証することを課題としたい。第三節と第四節では、批評の在り方を軸に、高等中学校時代の高山や姉崎を包摂したメディア環境の特質について考察を試みる。美学の理論的水準とメディアの存在形態の二つは、高山・姉崎両者の言論活動の前提条件にほかならない。

美学受容の歴史

我が国における美学受容の歴史については、すでに戦前期から研究が蓄積されてきた。桜田総は、昭和六年

(一九三一)刊行の『美学思想史』において、明治以降から昭和初期までの時期を三期に区分し、第一期を翻訳紹介時代(明治初年から明治三十二年まで)、第二期を紹介批判時代(明治三十三年から大正五年まで)、第三期を建設時代(大正六年から昭和初期まで)に区分しているが、当時の史料的制約もあり、今日参照可能な文献を網羅しているわけではない[2]。また、土方定一は、「明治美学史の発展を、一般的に見れば、心理学美学の発展史ということができる[3]」と指摘し、評論史の立場から、森鷗外、大西祝、大塚保治、島村抱月の美学思想の系譜を考察している。

明治期の美学史に関して、今日なお古典的な価値を占めるのは、山本正男による美学史研究である。山本は明治期の美学思想の受容・展開を以下の三期に区分している。

前期――明治十年代末までの啓蒙時代。美学は西洋の知識体系の要素に止まっており、啓蒙的性格を持つが、我が国の芸術の時流からまったく遊離していた、と位置づけられる。

中期――明治十年代末から三十年代前半。批評時代であり、美学が芸術活動に基準を与え、芸術界の動向に対して指導的役割を果たしたとされる。

後期――明治三十年から明治末年まで。反省期と位置づけられている。この時期にあっては、美学は学問それ自体として自律的な展開を示すようになり、芸術界の時流とは直接交渉を絶っていく過程として把握される[4]。

そのほか、金田民夫、加藤哲弘、佐々木健一らによって近代日本美学史が論じられており、近年でも、神林恒道、濱下昌宏によって新しい問題提起がなされつつある[5]。

これらの研究の成果をまとめるならば、受容された西洋美学は、明治十年代末から日清・日露戦間期に至る時期に、文学や美術の指導理念として批評の根拠として積極的に用いられたが、明治三十年代のいわゆる官学アカデミズムの成立とともに、人文学の一分野として、芸術の発展とは別個に自律深化していく道を歩んでいったものと位置づけられる。

しかしながら、これらの先行研究においては、思想史を含む歴史学の成果との認識の共有が十分に行なわれておらず、単純な事実誤認も少なからず見受けられる。また、学説史という性格上、西洋美学思想の理解の程度ないしは美学に対する学問的姿勢が評価の対象とされており、哲学の一分野である美学が、どのような論理によって批評の根拠とされ、同時代の道徳論や文明批判とも結びついていったのかという思想史的な評価にあたっては、なお検討の余地が残されているように思われる。

翻訳語としての「美」と「美術」

近代日本における美学や美術を扱うときに意識しなければならない第一の点は、それが翻訳の概念だったことである。柳父章は、「美」という単語が幕末期から用いられた翻訳語であることを指摘しているが、今日私たちが「美」という単語から連想する感情のあり方は、日本近代化の過程でもたらされたものだった(6)。第二に、「美術」の持つ意味合いが、明治初期から二十年代にかけて、大きく変化したという点も重要である。

美術史学の領域を中心に、今日ではかなりの共有された見解となっているが、日本語の「美術」という単語は、明治五年（一八七二）に公布されたウィーン万国博覧会列品分類に関する規約の訳文において初めて用いられた(7)。そこでは以下のように「美術」が規定されていた。

第二十二区

美術 西洋ニテ音楽、画学、像ヲ作ル術、詩学等ヲ美術ト云フ 博覧場《ムゼウム》ヲ工作ノ為ニ用フル事。

此博覧場ノ利益ニ依テ人民ノ好尚ヲ盛美ニシ、且術業ノ理ニ明カナルコトヲ著スベシ。[8]

当時の「美術」は視覚芸術に限定されず、音楽や文学も含めた今日の芸術概念に相当するものだったことがわかる。こうした芸術＝「美術」という図式は、明治九年の工部美術学校の設立、さらに明治十年の内国勧業博覧会において「第三区　美術　但シ此区ハ、書画、写真、彫刻、其他総テ製品ノ精巧ニシテ其微妙ナル所ヲ示ス者トス」[9]というように、視覚芸術・造形芸術に限定された形で用いられ、法令上の規定では、次第に今日の語感に近づいていくことになる。ただし、高山樗牛の場合は、次のような論理で文学と美術の親和性を強調し、雑誌『太陽』の文学欄で美術について語ることを正当化していたので、一般化は慎重になるべきであろう。

文学、美術、及び美学の三つのものは、同じ根より萌え出でたる三つの幹とも見るべからむ。其きざせる源は何れか審美的意識に非るや。所謂審美的意識は其体を言へば渾一にして素二つなし、されど其相を言へば、主なるもの別れて三つとなる。精しく言へば、可感的方便に縁りて表はるれば美術となり、文字言語の媒介に縁りて人の感情に訴る時は詩歌と為り、理性の思弁に任ずる時は美学となる。されば文学と美術とは末の流れの各々途を殊にすれども、素を糺せば同じ源の水に非るは無し。されば吾等が文学欄に於て絵画を論らはむに誰か是を理り無しと言ふや。[10]

こうして明治期の「美術」の語り方のなかに「文学」も含まれていくことになった。

「美妙学説」の成立

話を明治初期に戻して、「美学」についての初期の言及例を確認していきたい。最初に名前を挙げなければならないのは西周である。西は、明治三年の「百学連環」においてエステティック（Aesthetics）を「佳趣論」と紹介し、幕末に書かれ明治七年に公刊された「百一新論」では「善美学」という訳語をあてていた。この時点では、美学の訳語も一定していなかったのである。

ところで、素朴な疑問ではあるが、「美学」と「美術」は、どちらが先に成立したのであろうか。近年の美学や美術史学における明治初期の研究は数多く積み重ねられているにも関わらず、不思議なことに何故かこの点はあまり問題にされていない。[11]

西周が著した本邦初の本格的な美学書が「美妙学説」であるが、実はその成立年代については諸説が並立してきた。すなわち、明治五年（一八七二）とする麻生義輝の説と、明治十年（一八七七）前後の成立とする大久保利謙の説とである。麻生説によれば、「美学」と「美術」の成立はほぼ同時となり、大久保説が正しいとすれば、「美術」が「美学」に先行して成立したことになる。

麻生義輝は、「美妙学説」が天皇への御進講覚書として起草されたものとし、西が侍読に就任したのが明治四年であることや、「美妙学説」の稿本と同じ用紙・書風を用いて書かれた著作が、森鷗外著『西周伝』の一節に明治五年前後に記載されていることなどを根拠として、「美妙学説」の成立は明治五年であると断定した。[12]これに対し、大久保利謙は、麻生が根拠とした用紙・書風を用いて書かれた西の「日本文学会社創始の方法」が、明治十二年十一月に行なった学士会での講演草稿であることに注目し、「美妙学説」の成立は「十年前後まで引下げなければなるまい」[13]と指摘している。

近年になって書かれた日本美学史の文献でも、「美妙学説」の執筆年は不明との見解が見受けられるが、森県は、「美妙学説」を御談会の草稿であるとした上で、宮内庁書陵部所蔵の史料から、実際の口述が行なわれたのが明治十二年一月十三日であることを立証し、全部で四編からなる「美妙学説」の第二、第三、第四編は、以後の進行に合わせて書き継がれていったものと推定している。[14]また、中野目徹は、『明治天皇紀』等の史料を用いて、明治天皇の修学の全貌を「講書始」「御講学」「御談会」の三点から明らかにしたが、そのなかで西が「美術美妙学」を講じたのは明治十二年一月の御談会であることを指摘している。(15) 以上のことから判断して、西の「美妙学説」が御談会の題目として論じられたのは、明治十二年一月と考えて間違いあるまい。したがってその草稿の成立も、明治十二年初頭ないしは明治十一年末と考えることが妥当と思われる。

「美妙学説」が早くても明治十一年末の成立だとすれば、「美学」の性格規定はおのずから独自の意義を有することになる。「美学」が「美術」の成立後に登場してきたことになるからである。西は、「美妙学説」冒頭において、「哲学ノ一種ニ美妙学《エッセチック》ト云アリ。是所謂美術《ハインアート》ト相通ジテ其元理ヲ窮ムル者ナリ(16)」と述べ、さらに「美妙学」の対象を以下のように規定した。

此美妙学ニテ論ズル所ハ、独リ此音楽ノ事ノミナラズ、関係スル所尤広シトス。西洋ニテ現今美術ノ中ニ数フルハ画楽《ペインチグ》、彫像術《スカルプチユール》、彫刻術《エングレーキング》ナレド、猶是ニ詩歌《ポエト》、散文《プロス》、音楽《ミジウク》、又漢土ニテハ書モ此類ニテ、皆美妙学ノ元理ノ適当スル者トシ、猶延イテハ舞楽、演劇ノ類ニモ及ブベシ。(17)

「美妙学」＝「美学」が、その成立の時点から、音楽や書までを包摂する諸ジャンルにわたる「美術」の価値を論じる学問として、換言すれば「美術」の語り方に関わる学問として位置づけられていた点は重要である。明治期の美学とは、つまるところ今日の芸術学に近かったといえる。したがって、「美学」という学問の名称に対して、しばしば問題にされる感性の学とのズレや、視聴覚に対する味覚などの問題、あるいは自然の美の判断といった、美術の埒外に置かれた美学上の問題群は、明治前期の美学の射程に入っていなかったのである。(18)

西は「美妙学説」の末尾において、「抑モ美術ノ人文ヲ盛ニシテ、人間ノ世界ヲ高上ナル域ニ進メルハ、固ヨリ言ヲ待タザル所(19)」と、美術が文化の発達に有益なものである点を強調しながらも、「是政法上直接ノ目的ニハ非ズシテ政略上間接ノ目的タリ(20)」と記すことを忘れなかった。西にとっての「美妙学」とは、法律、道徳、経済それぞれの振興のバランスのなかに位置づけられる一学問分野だったのである。

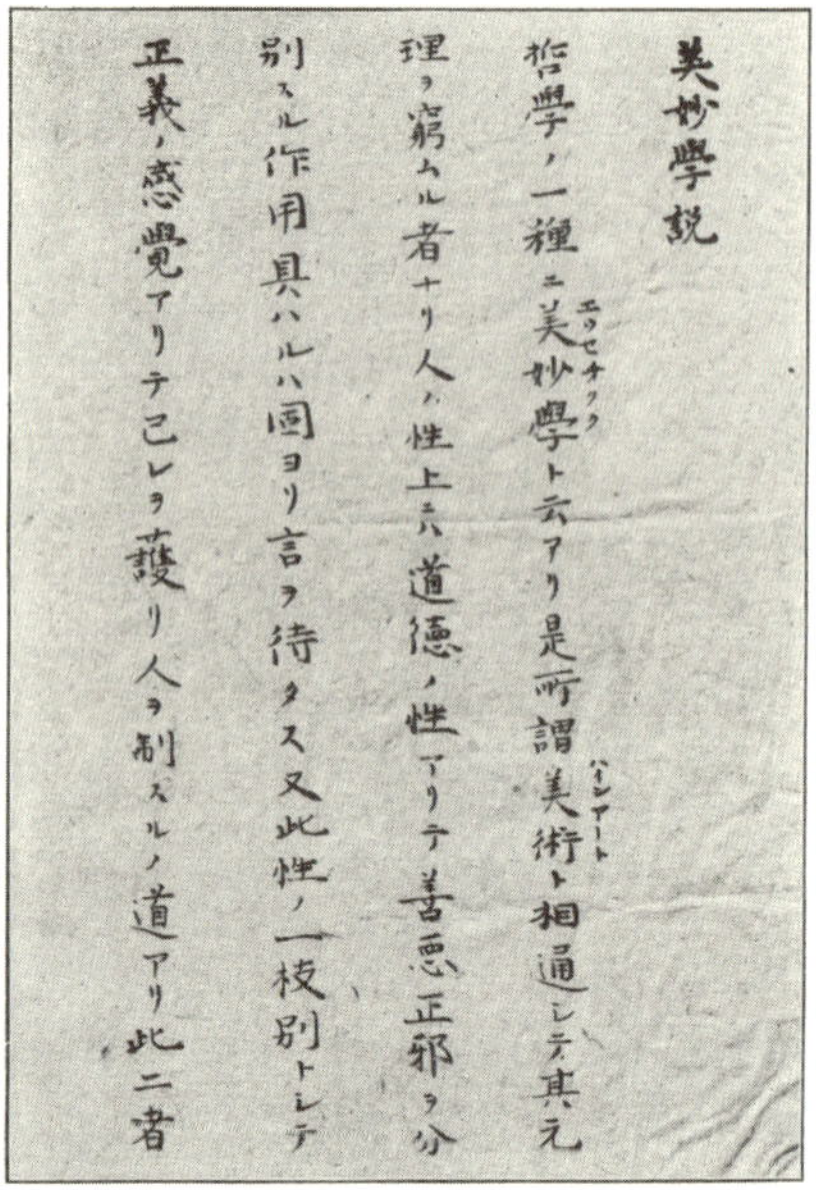
美妙學説
哲學ノ一種ニ美妙學《エウセチック》ト云アリ是所謂美術《ハインアート》ト相通シテ其元
理ヲ窮ムル者ナリ人ノ性上ニハ道徳ノ性アリテ善悪正邪ヲ分
別スル作用具ハルハ固ヨリ言ヲ待タス又此性ノ一枝別トシテ
正義ノ感覚アリテ己レヲ護リ人ヲ制スルノ道アリ此二者

写真２　西周「美妙学説」（『太陽』13巻９号，1907年6月，口絵）

『美術真説』と『維氏美学』

西の「美妙学説」はあくまで宮中で行なわれた講義筆記であったため、一般に知られることはなかったが、アーネスト・フェノロサが明治十五年（一八八二）五月に龍池会で行なった演説筆記である『美術真説』と、翌十六年から十七年にかけて、文部省の委託を受けて中江篤介（兆民）が訳したヴェロンの『維氏美学』上下冊は、社会に向けた新しい「美術」の語り方を代表する点で画期的だった。両者は明治十年代から二十年代にかけて登場してくる演劇や詩歌などの様々な改良論を先取りする論点を孕んでいたといえる。それは、美術における理想の問題である。

フェノロサが、『美術真説』のなかで日本固有の美術の価値を力説したとき、その基準は、「妙想《アイデヤ》」の有無に求められていた。フェノロサによれば、「妙想ハ外面関係ノ間ニ存セスシテ唯内面関係ノ中ニアリ(21)」というように、美の「妙想」は作品に内在する価値として位置づけられるものだった。外面の事柄としての精巧な技術や、作品を享受する側の感性、あるいは実物そっくりに模写しているかどうかといった問題は、美術の本質から排除されていた。これは、かなり通俗化したものとはいえ、芸術作品を絶対精神の顕現と捉えたヘーゲルの美学説に通ずる見解と見ることができる(22)。

これに対し、美術の理想をあらかじめ想定する美学を徹底的に批判したのが、フランスのアカデミズムを強く批判するヴェロンの説であった[23]。『維氏美学』の緒論において、彼はプラトンからアカデミーの論説に至るまで、芸術が神妙で高遠な議論に彩られてきたことを痛罵し、「凡ソ此等ノ言ハ皆臆構妄架ノ説ニシテ、芸術ノ実施ニ於テ害有リテ益無キ者ナリ[24]」と断言したのである。ヴェロンによれば、そのようななかにあって、唯一、疑いようのない芸術の「旨趣」とは、「作者自ラ其情性ヲ発揮スルノ一事[25]」に求められた。それゆえ、『維氏美学』では、「夫レ芸術ノ士ナル者ハ自家ノ自由ヲ保ツコトヲ貴ブコト、此ヨリ甚シキハ莫シ[26]」という作者の個性が強調されていくことになる。

『維氏美学』は、上下冊あわせて千二百頁を超える浩瀚な著作であり、建築・彫刻・画学・舞踏・音楽・詩学等の西洋芸術の諸ジャンルについて一通りの説明を加えた本邦最初の美学出版物であった。同書の価値について、後年、森鷗外は、「これは我国の文学美術には、殆何の影響をも及ぼさなかつた[27]」といい、高山も「今日より是を見れば、其選択の無謀、訳文の粗笨は、当時の人が如何に斯学の歴史及び意義に昧かりしかを証するの一標章たるに過ぎず[28]」と酷評している。しかし、これらの評価が同書出版から十数年の時を隔てて書かれていることに注意すべきである。『維氏美学』の受容については、『小説神髄』脱稿後に同書に接したという坪内逍遙や、洋画を専攻する工部美術学校生徒の事例が知られているが、明治二十四年（一八九一）十二月に博文館から廉価に販売されるようになり、明治二十年代の高等中学校生の間でかなり広く読まれていったことが知られており、実際には多くの読者を得ていたのである[29]。高山が同書を学生時代に読んだかどうかについては、残念ながら確証がないが、第一高等中学校では、大町芳衛（桂月）と上田敏が、『校友会雑誌』誌上にて、同書を引用しつつ論争を行なっていたことが判明している[30]。また、後に高山の盟友となる竹風・登張信一郎は、「余は明治二十四年、山口高等中学の予科三年生（十八才）の時、たま〳〵図書館で、この書を発見し、驚喜して、三ヶ月を費やして、この書を読了し、未だ美学の何たるかを少しも知らなかつた余は、文芸の何たるかを始《ママ》めておぼろげながらに解し得た思ひがして雀躍感奮したのであった[31]」と回顧している。明治二十年代における美学の展開のなかで重要な点の一つは、地方の高等中学校生の間に密かな関心を喚起するまでの社会的な広がりをもちえたことであろう。

第二節　「世界の美術国」という認識

「日本は美術国である」

高山の美学に関する論説を紐解いていくと、しばしば、「世界の美術国」として日本を位置づける表現が目に留まる。高山の場合、そのことを手放しで礼賛するのではなくて、例えば「我邦人は謂ふ、我邦は美術国なりと。洵に然らむ、吾等も亦然らむことを望む。されども斯言を作すもの丶多くは、西洋人の然か云ふを以て然りと信ぜるものには非るか[32]」というように、通常、日本の美術界が「世界の美術国」と称されるに相応しい実質を備えていないことを批判する文脈で用いられていた。しかし、そもそもこのような前提はいつ成立したのであろうか。

右の点について、明治二十一年（一八八八）末に大西祝が次のように述べているのは示唆的である。

日本は美術国である、日本人は美術心に富んで居るとは、此頃世間の流行語となつて居る様に見える、何かにつけて議論のやかましき時節ではあるけれど、此事ばかりは左まで異論のある様には見えぬ、日本人は、大概の事には西洋人に後れて居て之と肩を並べるのは到底も急の事ではないと思はる丶に、唯々美術の一点に於ては、西洋人に対して恥からぬばかりでなく、却て遙に其上に出て居ることもあると云ふが、今の流行の議論であると思われる[33]。

大西の発言は、直接的には政教社に集う学士たちの発言に向けられていた。志賀重昂が、「国粋とは大和民族が固有特立の精神と、其最長所たる美術的の観念を唱導するものなり[34]」と論じたのは、大西の発言に先立つ明治二十一年六月のことであった。このほかに、明治二十一年初頭には、杉浦重剛が、『読売新聞』紙上に「両極道人」の筆名で数回にわたって「美術論」を連載し、日本画と西洋画との争いは「主義の戦場」であり、「思ふに此事たる国家の命脈に大関係を有する処にして決して忽諸に付すべからず[35]」と論じていた。徳富蘇峰も、「美術国」という呼称は用いていないものの、明治十九年十月の『将来之日本』において、「世人或ハ美術ノ我邦ニ進歩シタルヲ見テ我邦ノ光栄トナスモノアリ。然レトモ是レ豈誇称スヘキモノナランヤ。試ニ思ヘ。我邦ノ如キ貧国ニシテ何故ニ斯カル一国ノ身代ニ不釣合ナル高尚ノ美術ハ生シタル乎。唯貴族的ノ需要アルカ故ナリ[36]」と述べている。徳富は、日本の「美術」が貴族的需要に応じる見栄に過ぎず、平民的のものではないとして、日本が世界の「美術国」として自ら誇るような言説を鋭く退けたのである。こうした見解は大西をはじめとする『国民之友』執筆陣にも共有されていたと考えられる。明治二十年代の思想史を画する「欧化」と「国粋」の争いの一端は美術の領域にも持ち込まれていたことになる。

明治維新後、廃仏毀釈の結果として、多くの日本の絵画や仏像彫刻が、海外に流出していったことはよく知られている。明治十四年三月に上野公園で開かれた第二回の内国勧業博覧会では、天皇・皇后が臨幸し、優秀な製作者を表彰する等、美術品の製作は、殖産興業の一翼として国家との結び付きを深めていった。輸出についても、すでに明治十年代から美術工芸品の海外輸出は、決して小さくない影響を海外に与え、いわゆるジャポニズムの流行を生んでいた。林忠正らがパリを店舗として美術品店を開業し、ルイ・ゴンスらと協力して、しばしば日本美術の回顧展を行なっていたことも知られている[37]。こうした論議を見る限り、総体として見れば、美術はますます発展していく傾向にあったようにみえる。

にもかかわらず、明治十年代後半までは、農商務省の官吏によって、「近頃我邦陶漆器ノ外邦ニ輸送スル額日ニ月ニ衰状ヲ現出シ工人頗ル菜色アルガ如シ[38]」と、我が国の陶漆器輸出衰退が危惧されており、第二回内国勧業博覧会の報告を書いたお雇い外国人のワーグナーも、「日本ノ進歩ハ之ヲ泰西諸国ニ比スレバ更ニ遅々タラザルヲ得ズ。是レ務メテ外人ノ学術ニ頼ラズ、外人ノ資本ヲ仮ラズ、又外人ノ助力ヲ求メズ、依然トシテ孤立ノ位置ヲ保持セント欲スルノ情アルヲ以テナリ[39]」と批判するような状況が生じていたことに改めて注意しておきたい。ワーグナーの批判は、直接には外国人の技術指導を受け入れない点に向けられていたが、それは結局のところ、美術工芸品振興に関する議論が、専門的技術者集団である職人たちと農商務省の官吏の間で限定的な形で行なわれていたことを意味し、国内的な関心が低かったことの証左と考えられるのである。

さらにワーグナーは、先の報告書中で「工芸ニ干スル書冊ヲ発行シ、広ク執業者ノ心思ヲ補ヒ工夫ヲ助クベシ[40]」との提言を行なっているが、この時期、美術書の数は洋書も含めて圧倒的に少なく、岡倉覚三が学んだ最高学府である東京大学の図書館でさえも、美術工芸分野に関する書籍は極めて少なかったという指摘もある[41]。また、多くの書生が利用していた東京府下の貸本屋の目録中に、前節で触れたフェノロサの『美術真説』やヴェロン著、中江訳の『維氏美学』は発見できない[42]。美学史や美術史の分野では、主要著作の系譜的な祖述に力点が置かれるため、「美術」の語り方の社会的な広がりについては見落とされがちだが、明治十年代には、少なくとも学者や評論壇、そしてその予備軍としての書生たちを巻き込む形での美術への関心は、いまだ十分には形成されていなかったのではなかろうか。

したがって、右のような実態から、日本を「世界の美術国」と評する認識が成立するまでの間には、やはり大きな認識の転回が存在していたのである。この転回において、フェノロサや岡倉覚三の活動が果たした役割は大きいが、全てを彼らの功績のみに帰するわけにはいかない。日本在来の美術品の価値が認められることと、日本が「美術国」であるという自己規定を獲得することの間には、なお大きな隔たりがあるからである。では何があったのか。広範な美術への関心は、明治十九年五月から井上馨外相が開始した条約改正交渉と、鹿鳴館時代に象徴される「欧化主義」への様々な対応のなかから生まれてきたと考えざるをえない。

演劇改良会の活動

そこで注目されるのが明治十九年(一八八六)八月に結成された演劇改良会である。演劇などの芸能や舞台芸術は輸出可能な工芸品ではなく、いわば無形の文化財であるため、美学史ではさほど注目されてこなかったように思われるが、その意義は決して小さくないと考える。同会は、井上馨外相、森有礼文相、箕作麒祥元老院議官のほか、重野安繹、末松謙澄、齋藤修一郎、依田学海、高木兼寛を発起人としてスタートした。加えて、外山正一文科大学長、菊池大麓理科大学長をはじめとして、矢田部良吉、桜井錠二、箕作佳吉、穂積陳重、和田垣謙三ら大学関係者、民間からは渋沢栄一、さらに福地源一郎、矢野龍渓、藤田茂吉、中上川彦次郎ら新聞関係者も発起人に加わっていた点で、学界、言論界を巻き込む一大プロジェクト――中心人物だった末松謙澄の言葉を籍りれば「朝野聯合一致の企て」[43]――だったことが察せられる。

井上外相が発起人になっていることから、条約改正を睨んだ同会の政治的意図は明白であるが[44]、本書の課題から無視できないのは、同会の活動のなかで、頻りに演劇を「美術」として位置づけよとの主張が繰り返しなされていることである。明治十九年十月三日――この日は、ほかならぬ高山林次郎少年が、第一高等中学校受験準備のため、初めて汽車に乗って福島から上京した日でもあるのだが――末松謙澄は、第一高等中学校文学会の「演劇改良意見」と題する二時間余りの演説を行ない、次のように述べている。

芝居は勧善懲悪の主旨に基くなどむつかしき講釈をなす事なるが、左る講釈はあまりなさず、美術と云ふを眼目とするがよし。勧善懲悪も自ら其中にあるなり。美術とて強ち有形のみならず。若し美術といふ字を換へ、what is beautiful 何が美であると云ふ事を穿鑿せば、道徳上にも其関係あるものにて、残任苛酷なるもの、不正、不義、不条理なるものは、人心に真の満足を与るものならず。即ち美ならざるものなければ、勧善懲悪など云ふ事のみを主として騒がずともよきなり。(45)

もちろん、明治十五年におけるフェノロサの『美術真説』や、同年から始まった絵画共進会など、美術の理論や実作について語られる場が、それまでにも存在しなかったわけではない。しかしながら、それはあくまでも製作者や書画の蒐集家・愛好家という、もともと美術に一定の関心を有する人々を対象に語られていたものに過ぎない。これに対し、第一高等中学校という、将来の国家を担う若き人材たちを前にして、演劇を「美術」として改革するという宣言がなされたことは、従来とは比較にならない広範な人々が、美術について思考する契機となったのではないか。末松の意見に対しては、すでに前年に『小説神髄』を発表して文学の理論化に努めていた坪内逍遙が、直ちに『読売新聞』紙上に反論を寄せているが、このような論争過程と相俟って、演劇と文学、さらに従来主として殖産興業政策のなかに位置づけられてきた工芸品が、美術とは何かという問いのもとに再編され、直接美術品の製作に関わらない人々の間でも、美術についての意見が交わされていくようになった。井上外相の条約改正交渉が頓挫したことで、演劇改良会の運動自体は、当初企図していた事業を十分実現しないままに終息していったが、演劇改良会の活動がもたらした美術観の変化の上に、さきの「欧化」と「国粋」をめぐる美術の争いがあったのであり、政教社の志賀重昂が「国粋」を「美術的の観念」と主張したことが広く受け止められたとき、日本を「美術国」とする認識が成立したと考えられるのである。

「美術」の思想性

演劇改良会における末松の発言について、注目すべき点がもう一つある。それは美術の思想性に関わる問題である。この点に関しては、前節で見たフェノロサとヴェロン・中江の美学思想それぞれに、その萌芽が認められる。すなわち、優れた美術を規定するのが、作品に内在する「妙想《アイジヤ》」であるのか、あるいはむしろ作者の才能であるのかという問題である。もしも美術が輸出品の優劣の問題に限定されるならば、優れた美術とは何かという問いは、さして大きな問題とならなかっただろう。しかし、演劇改良の議論ではそうはいかない。演技の巧拙は、「美術」としての演劇では何をもって評価されるべきなのか。演劇の改良を志す末松の批判は、「第一に日本の俳優が演ずるものは、その精神よりは寧ろ変な身振手振り勝に居り、詞の遣ひ様もあまり人造に過る[46]」という点に向けられた。日本の俳優は、悲しい場面では「ヲン〳〵」と声を挙げるばかりで、真に涙を流すことをしないが、「其身、其場にあらば斯くも悲しき者ならんとの精神より演ずれば、自然に涙も出るなりといへり。演劇は此境に入るに至らざれば、未だ充分とは云ひ難し[47]」というのが末松の意見であった。彼の議論の素朴さはしばらく措くとしよう。ここで重要なのは、末松が精神的な表現の優劣をもって、「美術」としての演劇を捉えようとしている点である。演劇改良運動は、思想表現の器として美術が観念される契機をも孕んでいたのであり、これを一つの分水嶺として、明治二十年代の美術は、新たな意味を包摂することになった。明治十年代に「妙想」の有無や、作者の才をめぐって展開された「美術」の語り方は、明治二十年代になると、思想表現の器として美術を規定する新たな観点のもとで、優れた美術を創出するために、作者の抱いた理想をどのように表現すべきかという論点を生み出していくことになったのである。

「日本絵画ノ未来」論争

美術と思想が接近していくもう一つの画期として、明治二十三年（一八九〇）四月二十七日、明治美術会第二回例会における外山正一の「日本絵画ノ未来」演説を挙げることができる。外山は、第三回内国勧業博覧会で展示された作品を観た感想として、日本画家・西洋画家ともに画題に苦しんでいることを指摘し、今後の展望として、人事をコンセプチュアルに描いた「思想画」が必要であることを、具体例も含めて以下のように論じた。

古来吾邦の絵画たる大概皆形状を表せるものなり、活動を表せるものなり、情緒を表せるもになり、思想を表せるものに至つて稀なり、歴史画の如き宗教画の如き想像的のものと雖も画人の想像ハ専ら形状に拘はるものなり、専ら活動の様子に拘はるものなり、専ら単純なる情緒の表象に拘はるものなり錯雑なる思想に拘はるものにあらざるなり。（中略）今日迄ハ吾邦の画人ハ、尚ほ感納的段階即ち「レセプチブ、ステイジ」（receptive stage）にある者なり、未だ思想的段階即ち「コンセプチブ、ステイジ」（conceptive stage）には登らざるものなり、然れども今後ハ勉めて思想的段階に登らずんバあるべからざるなり、之をなすにあらずんバ吾邦の絵画をして新面目を顕はさしむることは出来ざるなり。[48]

この演説は大きな反響を呼び、西洋画の技法を重視する立場から林忠正が、また、審美学を奉じて森鷗外が、それぞれ痛烈な反論を発表している。その際林が「近世西洋ノ美学者中」の説として美術の定義を引き[49]、森はハルトマンやユングマンを引証するなど、両者が、水準の差こそあれ、美学の説に則って反論を展開していることは注目される。とくに森は、外山が講演のなかで批判的に言及した「騎龍観音」の作者原田直次郎と友人であることから、熱心に原田を擁護し、「時代の好尚」を口にする外山の説が「殆理財的に美術を説きたるが如き[50]」であると、その功利主義的な発想を難じている。森は、「尋常審美学の用例」や定義を随所に挟み、執拗に外山の概念上の矛盾を突いていった[51]。外山の演説内容に関する評価は、先行研究でも毀誉褒貶が半ばしているけれども、以後、「美術」の語り方においては、作者の思想性が大きな論点の一つに浮上し、そして、そのような思想性を評価する学問的な素養として、美学への理解が決定的に重要な意味を帯びるに至ったことは確かなことのように思われる。この時期、帝国大学で学んでいた正岡子規も審美学に並々ならぬ関心を寄せていた。明治二十四年に高橋健三がフランスに出張した際、正岡が叔父の加藤恒忠を経由して、「独逸文のエステチックの書物」購入を依頼したという挿話は、正岡においても、西洋の美学が無視できない存在となっていたことを物語るだろう[52]。

かくして、「美術」の語り方は、明治二十年代に入りこれまでと違った相貌を見せ始める。その一つは、大学等における美学講義の開始である。明治二十年代前半から東京美術学校ではフェノロサや森鷗外が、また哲学館では内田遠湖が、それぞれ美学を講義していたが、明治二十五年（一八九二）に入ると、慶應義塾でも森鷗外が、また東京専門学校では小屋（大塚）保治がそれぞれハルトマンの美学を講じるようになっていった[53]。さらに明治二十六年九月には、ハルトマンの弟子にあたるラファエル・ケーベルが着任し、帝国大学で美学を講義するようになっていく。美学が教育機関や政策を通じて社会的に定着していく過程を制度化と呼ぶならば、大学における講義の開始は、専門家の育成という意味で、制度化の第一段階と見なすことができよう。明治三十年代に入ると、高山樗牛や島村抱月のように、体系的な美学の知識を文芸評論に活用する文芸批評家が台頭してくることになるが、高山らは美学の制度化のなかで思想形成を遂げた最初の世代だった。

以上論じてきた、日本を「美術国」として規定する意識と、思想表現の器として「美術」を捉える見方は、一見相互の関係がないように見えるけれども、美学の受容という観点から見るとき、画期的な意味を帯びて浮上してくる。もしも日本の美術が西洋に比べて取るに足らないものと広く認識されていたならば、そもそも明治二十年代の高等中学校生の間で、『維氏美学』のような書物が広く読まれることはなかったに違いない。またもし「美術」に思想性が求められなかったならば、美学が哲学の一科としてアカデミズムのなかに定着することはなく、高山のような美学者が、評論壇において活躍することは不可能だったであろう。先行研究では、二十年代の美学が芸術運動に対して指導性を発揮した点が強調されるけれども、そもそもそのようなことが可能であるためには、美術を振興することが、大西祝の言葉を借りていえば、「流行の議論」となり、かつ、「美術」が、学問的な検討に足るだけの思想性を備えている必要があったのである。

第三節　「批評」の成立

「文芸批評家」の本務

本章冒頭に引用した高山の「我邦現今の文芸界に於ける批評家の本務」は、「審美学」の重要性ばかりでなく、批評そのものの在り方をも問うていた。

文芸批評のこと豈言ひ易からむや。吾れ常に以為らく、人文の進捗は批評の必要を増し来る。社会万般の変化につれて、思想感情亦漸く複雑となるに随ひ、三世を通じて一軌の渝らざるを求め、時尚日に新に、褒貶月に革まるが中に、大勢推移の跡を究めて、世をして向背に惑はざらしむる所以のもの、是れ豈文芸批評家の務めにあらずや。(54)

高山は「文芸批評の必要は蓋し今日より大なるは無し」という。ここには、維新以来三十年という時間を経たにも関わらず、なお文学は「国民的立脚地」を占めるに至っていないという彼の時代認識があった。そこで高山は、日清戦争後の「国民的意識」の勃興を背景に、「国民文学」の樹立を、まず文芸批評の課題と定めたのであった。

「自然主義」が文芸界を席巻しつつあった明治四十二年（一九〇九）の時点で、島崎藤村は、「批評といふものを高い位置へ引上げた最初の人は誰だらう。私は先づ指を故大西祝氏に屈したい。それから次第に高い意味の批評が起つて、高山樗牛君のやうな人も出たり、北村透谷君のやうな人も出たりして、吾々の思想に就き、生活に就き、芸術に就いて、見る眼を開けて呉れたと思ふが、未だ批評と云ふものが、どうも一般世間から十分に了解されて居ない所もあり、又、誤解されて居るやうな所もある[55]」と述べている。高山が求めた文芸批評は、作品の価値判断に加えて、思想や感情をも動かしうる「高い意味の批評」であったといえるだろう。そのような意味で、批評という言論形式の成立が持った意味は、高山の思想を論じる上で無視することのできない論点である。

我が国における「批評」の成立については、文学や芸術学を中心にすでに多くの先行研究が存在しているが、必ずしもその定義は一様ではない。以下で問いたいのは、例えば芸術批評のように、元来メタ言説として構成される批評が、誕生以来、明治二十年代を通じて、いかに自律的な思想表現のレベルにまで高められていったのかという点である。

多くの先行研究では、明治期の批評が、近世以来の伝統をもつ快楽産業の評判記を脱して自律してくる画期を、明治十九年（一八八六）に高田早苗が『中央学術雑誌』に寄せた坪内逍遙『当世書生気質』の批評に求めている[56]。高田は伝統的な東洋の批評を「讃美」「コンメンタリー」とし、西洋の批評を「刺衝」として分類したうえで、「批評の要は切磋に在り批評の要は琢磨に在り[57]」とする立場から、『当世書生気質』の得失を論じた。

翌明治二十年に入ると、批評はますます活性化してくる。四月、『読売新聞』の主筆となった高田早苗は、「批評家の必要」を著し、さらに十一月に「批評を盛んにする建議」を書いていた。また、同じ年の八月、高橋健三らを中心として『出版月評』のような本格的書評誌が登場したことに象徴されるように、最初期の批評が、まず、大量の出版物に対する商品選定の役割を担っていたことは、出版史の分野でも夙に指摘されているとおりである。しかし同時に、そのような批評が、例えば「近代日本の知性の精髄[58]」と呼ばれるような実質をいまだ備えるには至っていなかったことも、確かであろう。

言論とメディアの編成史の上では、明治十六年（一八八三）の新聞紙条例以降の言論弾圧と、憲法発布・国会開設を睨んだ政治状況のなかで、新聞の性格が変貌し、特定党派ないし政府支持の言論からは相対的に自立した「政論」が活性化していたことも、「批評」の成立とともに想起されるべき事柄であろう。(59) こうした「政論」と「批評」の活性化を、自由民権運動が最盛期を迎えていた明治十五年の集会条例改正で、「学術会ニシテ政治ニ関スル事項ヲ講談論議スルコト」が禁じられることによって、法令上区別されてきた「政談」と「学術」の領域の再編過程として捉えることも可能かもしれない。(60) とりわけ明治二十年末に保安条例が制定・公布され、それまで政治言論の中核を担ってきた壮士たちが東京府下から一斉に退去を命じられたことも、言論の変質に少なからぬ影響を与えたと思われる。「政論」が、例えば実業界の動向を見据えることによって実質的な言論を志向していたように、「批評」もまた、哲学や宗教、あるいは文学美術といった非政治的な領域を対象として取り込みながら、その思想化をはかっていった。

明治二十年（一八八七）が批評拡大の画期となるのは、やはり保安条例とほぼ時を同じくして行なわれた新聞紙条例の改正に伴なう規制緩和が大きな要因だったと考えられる。明治二十年十二月二十八日の新聞紙条例の改正では、十六年改正で追加された保証金制度は残されたが、創刊に際し、内務卿（内務大臣）の許可が必要と定めていた条項は削除され、代わりに「発行ノ日ヨリ二週日以前ニ発行地ノ管轄局東京府ハ警視庁ヲ経由シテ内務省ニ届出ヘシ」（第一条）という届出制が採用された。保証金は主として時事に渉る論説を掲載する刊行物が対象であって、同第八条が定める「学術、技芸、統計、官令又ハ物価報告ニ関スル事項ノミヲ記載スルモノ」は適用外であったから、逆にいえば批評が専ら対象とするような学術や文学美術に関する論評の掲載を旨とする文芸雑誌は、かなり発行が容易になったことになる。二十二年二月十一日に公布された大日本帝国憲法でも、第二十九条において法律の範囲内における言論・表現の自由を定めていたから、批評の活性化は確たる制度的保障があって可能になったものだったともいえよう。(61)

雑誌の時代

明治二十年創刊の雑誌『国民之友』や翌二十一年創刊の雑誌『日本人』は、右のような時代状況のなかで誕生し、二十年代の思想界をリードしていったのだった。『国民之友』が、表紙に「政治社会経済及文学之評論」と記し、また『日本人』が「創刊の辞」のなかで、「眼前ニ切迫スル最重要ノ問題」として「宗教、教育、美術、政治、生産」を掲げていたことなどは、いずれも右の「政論」と「批評」を両極とする世界を言論の射程に捉えていた点で象徴的である。そうして、彼らの言論が、高山らの世代に対しいかに強い影響を与えたかは、後年、高山自身が「今の青年子弟の文を称するもの、曰く雪嶺、曰く蘇峰、曰く矧川、今の時に於て文名を青年者流の間に擅にしたるもの、蓋しこの三人に及ぶもの無からむ(62)」と述べていることからも知られるのである。

大西祝の「批評論」は、明治二十一年月五月の『国民之友』に発表された。同論文のなかで、大西は批評を、「夫れ此一二年間新聞雑誌の紙面を一変したるもの」と論じた上で、批評の対象を以下のように規定した。

然らば則ち今日の批評家たらんと思ふ者は将に何をか批評せんと欲する、其欲する所、小説の訳書の出づる度に之に数言の愛憎を呈せんとするに在る乎、寺子屋の文字にホゼクリ批評を下さんとするに在る乎、それも或は益あるならん、然れども是れ只だ批評の末端なるのみ、若し又其欲する所は筆を飛ばして政治経済詩文小説歴史哲学の近著に悉皆掻撫の批評を下し猶ほ飽き足らずして数学の書物迄も品評せんとするに在る乎、其批評家の多能なる、或は「八人芸する様な」との世間の大評判を博するに足らん、其批評の効能は少くとも千金丹位はあるならん、然れども凡べて其種類の批評家は予が所謂批評家にあらざるなり、我国文化の先導者たらんと欲するの批評家は宜しく活眼を開て今日の思想界を洞察せよ、善く其真相を看破し得る者は是れ予が所謂批評家たることを得る者なり(63)。

また、「文学」発展のため、『読売新聞』紙上で盛んに批評の必要を説いていた高田早苗は、「談論批評著作を能くするを教ふる学問」として明治二十二年五月に『美辞学』上下二巻を刊行した。同書は、古今東西の名文、美文を紹介しながら、嗜好、崇高、優美、諧謔等々の美学上のテーマについて論じるという体裁を採ったものだが、高田によればその効用は、「即ちこの学は余輩をして己の思想を吐露するに巧妙の手段を取らしめ且つ他人の文章の長短美醜ある所以を看破弁識することを得せしむるものなり」[64]というものであった。高田は同書において二つの意味を「美辞学」に与えている。一つは、「談論批評著作」の形で「思想」を社会に向け発表するとき、それを人によく理解させる「巧妙の手段」を研究すること、もう一つは、他の「談論批評著作」や、文学上の作品解釈の上で長短を識別するための原理を研究するという目的である。こうして批評に一定の思想性が期待されるなかで、「美学」への注目が高まってくる。

「理想」と「没理想」——森鷗外と坪内逍遙

そのようななかで、「審美学」を批評の基準に据え、明治二十年代前半の議論をリードしたのが、鷗外こと森林太郎であった。森は明治二十二年(一八八九)十月に創刊した『しがらみ草紙』の巻頭で次のように高らかに謳いあげる。

今の文学者には歌人あり、詩人あり、国文を善くするものあり、真片仮名体に長ずるものあり、言文一致体を得意とするものありて、本国、支那、西欧の種々の審美学的分子は此間に飛散せること。此混沌の状は、決して久しきに堪ふべきものにあらず。余等はその澄清の期の近きにあるを知る。而してそのこれを致すものは、批評の一道あるのみ。[65]

混沌たる思想界を明確に秩序だてる役割を批評に負わせた森は、坪内逍遙の『小説神髄』、高田早苗の『美辞学』に触れて「我邦操觚家の為めに此文学上の標準を得たるを賀したり」と一定の評価を与えた。その上で森は、「邦人の歌論」「支那人の詩論文則」とともに「西欧文学者が審美学の基址の上に築き起したる詩学」をもって批評の標準とするのは当然のことだと論じたのである。その際森が準拠したのが、ドイツの哲学者エドゥアルト・ハルトマンの美学説であった。

一方、森とは別の立場から文学の振興に努めてきた坪内逍遙は、明治二十三年に東京専門学校に文学科を設置し、さらに明治二十四年十月に『早稲田文学』を創刊した[66]。

同誌第一号に、逍遙は「シェークスピア脚本評註」を載せ、シェイクスピアの作品は、「読む者の心々にて如何やうにも解釈せらるゝ[67]」という点で、「造化」に通じると指摘した。ここでいう「造化」とは、森羅万象、自然と同義に解釈してよいであろう[68]。坪内によれば、自然とは、古今東西の哲学がどのような解釈を加えても余りあるものである。したがって坪内は、祇園精舎の鐘の音や、沙羅双樹の花の色というとき、厭世家の眼には諸行無常の形と見えるものも、愁いを知らぬ乙女にはまた違った像を結ぶはずだと論じている。自然に善悪の標準はなく、勧善懲悪という理想を内包するものでもない。ゆえに、あらゆる解釈を容れる造化に譬えられるシェイクスピアの作品は、理想が高いためではなく、むしろ「没理想」であるが故に傑作なのだというのが坪内の主張であった。

これに対し、森鷗外は『しがらみ草紙』誌上において、ハルトマンを模した「烏有先生」なる人物を登場させ、彼に語らせる形で、以下のように坪内に反論していった。

さばれ破がねならぬ祇園精舎の鐘を聞くものは、待人恋ひしともおもひ、寂滅為楽とも感ずべけれど、其声の美に感ずるは一なり。沙羅双樹の花の色を見るものは、諸行無常とも観じ、また只管にめでたしとも眺むめれど、其色の美に感ずるは一つなり。この声、この色をまことに美なりとは、耳ありて能く聞くために感ずるにあらず、目ありて能く視るために感ずるにあらず。先天の理想はこの時暗中より踊り出で、此声美なり、この色美なりと叫ぶなり。これ感応性《レチエプチヰチエイ》の上の理想にあらずや。[69]

論争は森がハルトマン美学の体系性を力説する一方、坪内が「没理想」の語義の釈明に追われる形で半年間続けられた。両者の争点となったのは、「美術」の批評において、「先天の理想」を認めるか否かであり、これはフェノロサとヴェロン―中江の「美術」観の対立をより具体化したものといえよう。違っていた点は、森がハルトマン美学に依拠しつつ、美の本質を、鑑賞者の主観や実際の作品のうちにではなく、対象の刺激を受けて主観が投影する「仮象」に求めたこと、さらに、一貫して「美なる仮象」に階級を設定し、批評の標準としたことの二点であった。[70] 森は、友人である洋画家原田直次郎との関係もあって、フェノロサらの日本画振興運動からは距離を置いていたとされるが、[71]「美術」の語り方の文脈に即してみるとき、「想」を重視する点では坪内逍遙よりもフェノロサに近い立場にいたということもできる。『維氏美学』が、当時の高等中学校生たちの間で読み継がれていた点はさきに触れたが、森鷗外は、ヴェロンが妄説と断じ、坪内逍遙が『小説神髄』以来排してきた理想を復権させ、ドイツ観念論を基礎とする美学の原理を、批評の標準として定位することに成功したのである。[72]

明治二十六年という画期

没理想論争が終了したとき、「美術」の価値を説明する学としての美学は、一定の社会的地位を得ることに成功した。だが、一見奇妙なことに、論争で優位に立っていた森本人の批評活動は、論争以後むしろ沈静化した[73]。坪内との論争期間中、『しがらみ草紙』の巻頭に掲げられていた山房論文欄は姿を消し、明治二十五年（一八九二）十月からは「審美論」と題するハルトマン美学の翻訳が掲載されるようになる。明治二十六年六月になると『しがらみ草紙』誌上には、読者からの投書に答える形で左のような意見が掲載された。

柵草紙の評論の部はいかにも仰せのとほり、久しく中絶いたし居候。さりながら、敢て非を飾ることをばなさず、一通り我志の在る所をば、おん聴に入れ度候。そもく柵草紙の評論は、厳に審美の区域を守り居り候へば、世上に審美に関する事多きときは、其評論も亦多かるべく、少きときは少かるべきこと当然に候。さて山房論文止みてより後の世上の模様は如何といふに、日刊新聞には審美問題殆全く絶え、文学雑誌には、或は批評を止めたるがために審美問題減じ、或は其方向の実世界の事に傾きたるがために審美問題減じたること、誰も認め得るところならんと存候。日刊新聞に審美問題殆全く絶えたるは、忍月、不知庵、抱一庵等この比此区域より出で去りたるや、主なる原因に候ふべき。文学雑誌にて批評を止めたるは、早稲田派の所謂記実主義の勢力あるために候はん[74]。

明治二十六年の森鷗外の状況認識は、右のようなものであった。引用にあるとおり、明治二十年代初頭にレッシングの美術評論に親しみ、森の論敵の一人として活躍していた石橋忍月は、この頃になると評論の筆を執らなくなっていた。彼は明治二十五年十一月に勤務していた内務省を退官し、二十六年の十一月には北国新聞編集顧問として招聘されるまで、「苦悩と焦燥とが交錯した呻吟の時期[75]」を過ごしていたとされる。森の見た「審美問題」の不在とは、正確には美学の担い手の新旧の交替の時期に生じた、思想的な真空状態を意味するものだったともいえるかもしれない。ケーベルの来日と高山の帝国大学進学は、まさにこの明治二十六年の出来事だったからである。

「事業」としての文学、「人生」としての文学

高山が高等中学校を卒業して大学に進学した明治二十六年（一八九三）は、文学や美術の批評に従事することの意味が問われる重要な年でもあった。この年創刊された雑誌『文学界』を舞台とした北村透谷の批評活動は、そのことを最もよく示していると考えられる。

先行研究ですでに論じ尽くされた感のある北村透谷の思想だが、(76)彼の文学活動には、高山樗牛の批評活動を考える前提として重要な点が二つある。一つは、山路愛山との「人生相渉論争」を通じての批評の事業化である。先行研究では、「純文学」の理念を奉じた北村透谷と、通俗的・功利的な文学観を披歴した山路愛山との対立として描かることの多い同論争であるが、「文章即ち事業なり」と論じた山路を批判する際に北村が採用した戦術が、「文学」=「事業」の否定ではなく、「事業」の定義に係る問題だった点は改めて注目してよい。『文学界』の第二号に掲載された論文「人生に相渉るとは何の謂ぞ」において、北村が理解した山路の「事業」は、以下のようなものであった。

> 愛山生は之を解いて曰く　第一　為す所あるが為なり。第二　世を益するが故なり。第三　人世に相渉るが故なりと。而して彼は又た文章の事業たるを得ざる条件を挙げて曰く。第一　空を撃つ剣の如きもの。第二　空の空なるもの。第三　華辞妙文の人生に相渉らざるもの。而して彼は此冒頭を結ひて曰く「《ママ》文章は事業なるが故に崇むべし、吾人が頼襄を論ずる即ち渠の事業を論ずるなりと。(77)

北村は、「世を益する」ことを目的とした事業の枠を、文学に適用することを忌避したのである。だからこそ、「愛山生が文章即ち事業なりと宣言したるは善し、然れども文章と事業とを都会の家屋の如く相接近した

るものゝ如く言ひたるは不可なり。敢て不可といふ[78]」という発言が導かれる。「都会の家屋」は狭小である。そして、そのような限界を設けて自足するのは「浅薄なる楽天家」にほかならない。「高遠なる虚想」をもって初めて真に雄大な事業とは何かを見ることができる。同論文の末尾を、北村は「而して求めよ、爾の Longing を空際に投げよ、空際より、爾が人間に為すべきの天職を捉り来れ、嗚呼文士、何すれぞ局促として人生に相渉るを之れ求めむ[79]」と締めくくった。彼が事業一般を軽視したわけではないことは、本人が「兎に角吾人に対して「事業を賤しむ」といふ御冷評は願下にしたく候[80]」と弁解していることからもわかる。

「事業」という些細な字句に拘るようだが、同じ頃、企業勃興のなかで鉄道業や紡績業などの分野で続々と会社が設立されており[81]、衆議院議員辞職後の中江兆民まで、北海道に渡って山林伐採や鉄道設立などの実業に従事していたこと[82]、また、政教社の志賀重昂が、積極的に「生産」=「殖産興業」を論じていたことなどを勘案すると[83]、北村と山路が「事業」としての文学観を共有しながら論争していたことの思想史的な意義は小さくない。民友社を代表する徳富蘇峰もまた、「知る可し、明治の社会にありて小説家となるは、決して気楽の閑事業にあらざることを[84]」と語っているが、後進の世代から見れば、北村と山路の論争は、文学が立身出世の階梯を上った後に従事する甲斐のある「事業」であるとの認識を結果的に強化したともいえよう。三文字屋金兵衛こと内田魯庵が、『文学者となる法』を刊行するのはこの翌年のことだが、すでに「文学」は、こうしたパロディの存在を許容する程度に定着しつつあったともいえる。

北村の文学活動のうち、高山樗牛の批評を考える前提としてもう一つ重要な点は、誤解を恐れずにいえば、批評活動それ自体の思想化である。北村もまた、明治二十五年秋の時点で「批評界も太だ賑はしからず。鷗外漁史の没理想攻撃の後久しく論壇に立ず、逍遥子も記実報道の外万丈の気焔を吐かず、忍月居士は官海の底深く沈みて評界に浮み出でず不知庵主人も翻訳に従事して批評に倦めりと言ふものあり[85]」という形で、森鷗外の観察に似た形で批評の不振を憂慮していた。その北村が、人生相渉論争を経て明治二十六年五月に発表した論文が「内部生命論」である。未完に終わったこの論考のなかで、彼は「文芸は宗教若くは哲学の如く正面より生命を説くを要せざるなり、又た能はざるなり。文芸は思想と美術とを抱合したる者にして、思想ありとも美術なくんば既に文芸にあらず、美術ありとも思想なくんば既に文芸にあらず、華文妙辞のみにては文芸の上乗に達し難く、左りとて思想のみにては決して文芸といふこと能はざるなり[86]」と「思想」と「美術」の関係を整理している。

北村の「思想」論は、「内部生命論」の発表と同時期に創刊された雑誌『評論』誌上においてさらに展開されていく。先行研究における「透谷は、掲載誌の性格をおそらくは十分意識して書いていた[87]」という指摘を踏まえれば、同誌上において彼が「明治文学管見」を著し、「国民と思想」などの問題を論じていったことは、批評の思想表現としての可能性に、北村が十分自覚的だったことを示唆しているだろう。「国民と思想」において、彼は次のようにも述べている。

今や、思想に対する世界は日一日より狭くなり行かんとす、東より西に動く潮あり、西より東に流るゝ潮あり、潮水は天為なり、人功を以て之を支へんとするは癡人の夢に類するものなり。東西南北は、思想の側のみ、思想の城郭にあらざるなり、思想の最極は円環なり。叨りに東洋の思想に執着するも愚なり、叨りに西洋思想に心酔するも癡なり、奔流急湍に舟を行るは難し、然れども舟師は能く富士川を下りて、船客の心を安ふす、富士川を下るは難し、然れどもその尤も難きは、東西の二大潮流が狂湧猛瀉して相撞突するの際にあり。此際に於て、能く過去の勢力を無みせず、創造的勢力と、交通の勢力とを鉄鞭の下に駆使するものあらば、吾人は之を国民が尤も感謝すべき国民的大思想家なりと言はんと欲す[88]。

引用に述べられている課題は、かつて大西祝が批評家の課題として設定したものとほぼ同一である。北村はそれを踏まえて、批評家の最大のものを「国民的大思想家」に擬したのだった。ちなみに、この頃を境として、「思想家」という呼称が一般に拡大していくことも、見逃せない事実である。[89] 北村の用例が初出であるとは断言できないけれども、彼が「思想家」という表現を自らの言論活動でしばしば意識的に用いていることは確からしく思われる。考えてみれば、それまで新聞雑誌上で思想の生産・流通に携わってきた者の多くは、大学に属する「学者」か、政党や新聞に属する「政論家」か、または「記者」「文士」であったのに対し、北村は、そのいずれでもない存在だった。したがって彼が「思想家」の名称を獲得していくことは、批評が思想表現として自立し始めることと表裏一体の事柄だったといえるかもしれない。

第四節　「書生社会」と「誌友交際」

「書生社会」の変容

これまで、高山・姉崎における言論活動の前提について、美学の定着、「美術」の変容、「批評」の成立といった論点について検討を加えて来た。しかし、高山らの世代が積極的に文学や美術の領域に向かっていった歴史的経緯を論じるにあたっては、諸観念の同時代的な位置づけを確認するだけでは不十分なのであって、むしろ、彼らを取り巻いていた学習環境や交友関係のあり方も考察の俎上に上せなければならない。

ここで注目したいのは、明治二十年代の思想の基盤となる学習環境・交友関係がどのような特徴を有していたかにほかならない。議論の前提となるのは、中野目徹の提唱する「書生社会」論である。[90] 明治二十年（一八八七）当時、中等学校以上に在籍するかあるいはそれらに入学するための受験勉強をしている書生たちは、東京だけで六万人を数え、全国的にも十万人に達していた。中野目は、「書生社会」を、明治十二、三年頃から明治二十七、八年の日清戦争にかけての時期に存在し、〝参議熱〟に象徴される強烈な政治志向を内包した社会集団であったと評価している。右のような「書生社会」を基盤に成立したのが、学士を核とする政教社の『日本人』であった。そうして「書生社会」は彼らの言論の受け皿としても機能する、一種の言論空間でもあったのである。また、木村直恵は、自由民権運動の担い手として登場してきた政治的主体である「壮士」たちが、雑誌発行などの文筆に従事することを媒介として、非政治的な主体である「青年」に取って代わられる明治二十年代の転換期を描いている。[91] このような分析視角は、本書の検討においても重要な意味を持つ。

以下で筆者が検討したいのは、政教社に集った三宅雪嶺や志賀重昂、あるいは民友社の徳富蘇峰たちから一回り下の世代に属する高山と姉崎が置かれていた環境である。「書生社会」は、高山たちが高等中学校に進学した明治二十年代初頭に微妙な変質を余儀なくされていたともいえる。明治十九年の帝国大学令を始めとする教育関係法規の制定と官僚制機構の整備によって、書生たちの立身への志向は徐々に狭められていったからである。

「読書社会」の到来

そして、文芸雑誌を中心にして「書生社会」と入れ替わる形で登場してきたのが「読書社会」という言葉だった。[92] その嚆矢とされる『早稲田文学』掲載の「読書社会」という論説では、「読書社会」に等級があるとし、次のように分類している。

　字を読む者
　最も広き意味にて謂ふ読者
　批評的読者（「客観的批評者」及びそれより上級の「主観的批評者」）
　批評家（第一流の読者）。[93]

おそらく坪内逍遙と思われる本記事の著者の分類では、「字を読む者」から次第に高次に移り「批評家」に至る階梯が説かれている。本記事の著者はまた、「最も広き意味にて謂ふ読者」を「俗に博覧家、大学者と称する分際の人々も尠からず含まれたれば、蔵書家、好事家、雑書家、新聞雑誌の愛読者、小説好、官吏、商人、書生、旦那、若旦那、ぼッちゃま、奥さま、御亭主、お神さん、芸者、娼妓、車夫、小僧、小間使、小使、おさんどんまでも含まれたり[94]」と定義し、「兎にも角にもよく売らんと思はゞ此の等級の読者を忘るべからざるなり[95]」と強調している。要するに読者層は従来と比べものにならないほど拡大したので、著者の側もそれを念頭に置いて文章を書くべきだという心構えを説いているわけだが、彼(彼女)らが、「著作社会」にも少なからぬ影響を与えるという判断が、当時を代表する文芸雑誌『早稲田文学』の記者にも働いていたことは注意してよいであろう。

明治二十年代初頭における活字コミュニケーションの成立は、読者のあり方をも変えた。以後、学術演説会に名を借りた政談演説会や運動会の開催など、自由民権運動が盛んであったころの書生の風俗は影を潜め、次第に印刷物の寄贈交換や、匿名による相互の論説批判などを媒介とした、非対面的なコミュニケーションが主流となっていく。政治的な「書生社会」から、非政治的・文学的なコミュニケーションへの転換である。そうした流れにおいて注目されるのが、明治二十年代から三十年代にかけての校友会雑誌の隆盛である。校友会雑誌は、生徒と教員が一体となって編集発行する団体の機関誌であるが、文学的な素養にめざめる生徒層が、同級生と意見交換をし、文章を練る格好の場でもあった[96]。第一高等中学校の『校友会雑誌』は、明治二十三年に創刊されたが、これに続いて、第三高等中学校では明治二十五年に『壬辰会雑誌』が、明治二十六年には仙台の第二高等中学校で『尚志会雑誌』が創刊されていった。

明治二十年代に文芸雑誌の創刊が目覚ましかった点にはすでに触れたが、『早稲田文学』が創刊された二十年代中葉には、新しい雑誌が、自律的に文学を批評する場にまで成長していった。『早稲田文学』第一号の時文評論欄には、おそらく逍遙の筆により、「時文に多少因縁深きものを思ひいづるまゝに（次第不同）」(97)として、図1に示したような興味深い表が掲載されている。学校・雑誌・新聞紙・講義録・共同文庫という項目は、当時の主要な文学メディアの全体像を示すものだといえよう。表中にも見えるように、私立や地方の中学校においても、文芸作品を掲載した校友会雑誌の発行が相次いでいく。(98)

學校	文科大學　高等中學校　哲學館　慶應義塾　青山英和學校　錦城學校　國學院　文學院　國民英學會　日本英學院　明治學院　明治女學校　東京專門學校
雜誌	しがらみ草紙　國民の友　女學雜誌　日本評論　亞細亞　國文學　國文　文則　文壇　出版月評　哲學會雜誌　東洋學藝雜誌　東海北斗　玉乾坤　都の花　史海　史學會雜誌　少年園　早稲田文學
新聞紙	讀賣　國民　報知　東京新報　國會　朝日　改進　日本　經世新報
講義錄	國文國史講義錄　國語講義錄　支那文學　漢文學講義錄　漢文學　此他外史とか政記とか一種の書物を限りて講義するもの七八種あり　早稲田文學
共同文庫	東京圖書館　帝國大學圖書館　教育圖書館　共益館 京橋區三十間堀　大川屋 淺艸三よし町　本鐵 淺草今戸町　加藤 淺草今戸町　よしのや 京橋南鍋町　長門屋 新橋　丸惣 深川洲崎　本惣 深川　櫻井吉兵衛 本郷東片町　池清 牛込　いろはや 神田鍋町　伊勢新 下谷

図1　『早稲田文学』1号掲載の時文評論関係メディア一覧
（国立国会図書館蔵）

また、木村直恵が指摘するように、明治二十年代初頭には、東京府下で発行される雑誌数が大幅に増加したばかりでなく、『国民之友』や『日本人』のエピゴーネンとされる大量の地方青年会の雑誌が続々と刊行されていった。(99)木村が紹介しているように、保安条例で東京を離れていた幸徳伝次郎（後の秋水）もまた「日々六時間余ハ新聞雑志ニ消費シ居ル」有様で、「一種ノ病」と自覚するほど、雑誌の世界に没入していた。(100)以後、学術演説会に名を借りた政談演説会や運動会の開催など、自由民権運動が盛んであったころの書生の風俗は影を潜め、次第に印刷物の寄贈交換や、匿名による相互の論説批判などを媒介とした、非対面的なコミュニケーションが主流となっていく。

『早稲田文学』は、明治二十五年に地方文学欄を設け、「此ごろ羽陽文学の青年チャムピオン一論文を草して『早稲田文学』に寄せぬ下に元のまゝを掲げて都下の文客並に地文の読者に紹介す[101]」と報じた。このとき紹介されたのが第二高等中学校在学中の高山だった。日頃地方で回覧雑誌を作って楽しんでいた少年が、会心の文章を作って中央の雑誌に送り、大家の手によって、「青年チャムピオン」として紹介されることで、一挙に同世代からの注目を集めていく。それは明治二十年代前半の「書生社会」の変容と、文学雑誌の叢生が重なるところに生じたまったく新しいタイプの言説空間の誕生だったといえるのではないか。

「誌友交際」の萌芽

右のような転換を意識するとき、桑木厳翼が明治三十六年(一九〇三)に発表した高山追悼文は特別な意味を持ってくる。桑木が初めて高山の名を知ったのは、彼が第一高等中学校に在学していた明治二十五年、さきに紹介した『早稲田文学』の地方文学欄に掲載された高山の文章「文学者の信仰」を読んだときであった。これを読んだ桑木は深い感銘を受け、その著者の名を胸に刻みつけることになる。

此文章と云ひ着眼の点と云ひ、当時の私が読んで実に感服したのです、併ながら高山林次郎と云ふ人は如何なる人であるか、又それが樗牛と云ふ号の人であるかなどと云ふ事は全く知らなかつた、或は新聞記者として既に一家をなして居る方か、或は私共の当時好んで居つたバイロンを貶してヲルヅヲースを揚げる処を見ると、基督教の文学者ではないかと云ふ風に考へて居つたのです。所が翌年即ち明治二十六年九月文科大学に私が入りまして、さうして始業の第一日に、今日も矢張教師をして居られるケーベル先生の哲学の講義を聴いた。其講義には同級の各科生が残らず参列するので、中々大勢の人が集つて聴いて居ました。其時私の近くに立派な偉丈夫が一人居る、誰であるか知らない、何れ他の高等学校から来た人だから分らない、其人が講義の了つたケーベル先生と話をして居る、所が私と同じく一中から来たものが私に向つて、彼は羽陽文壇の暁将高山樗牛子であると云つて告げた。そこで始めて私は、高山と云ふ人は、矢張我々と同じ径路を取つて来た人であつたと云ふ事を知つたのであります。それで予ねて服して居つた人でありますから、斯う云ふ人と交際をするのは実に愉快であると考へ、忽ちにして交を結ぶことを得ました。[102]

故人を偲ぶ出来過ぎた話と見ることは可能であるが、問題は、桑木を含む複数名が入学以前に高山の名を知っていた事実であろう。高山にしても、高等中学校生の身分で『早稲田文学』に何故投稿できたのか。文章に感服することで雑誌の一隅に載っただけの雅号を記憶し、その人を認めるや否や、「忽ちにして交を結ぶ」ことを愉快とする心性が育まれていたこと、そして、桑木が知らずとも、同じように大学に進学した者の中に、這般の事情に通じているものがいたこと自体が、「書生社会」に対する活字コミュニケーションの優位を物語っているといえよう。

こうした傾向は、高山よりも一回り年下の明治十年代生まれの世代が中学校に進学する日清戦争以後になると一層顕著となっていく。『中学世界』や『文庫』などの雑誌は、中学校在学程度の十代の少年層を、詩歌や短文などの投書の掲載によって取り込むことによって、商業的な成功を収めていった。当時、投書雑誌の掲載作品には、著者氏名だけでなく市町村レベルで住所を併記することが慣例となっており、ここから、雑誌の読者同士で文通を行ない、作品評価を交換し合うという機運が生まれてきた。『文庫』の愛読者であった吉野作造は、「あの頃流行した、紙上を通しての誌友交際といふものを自分も人並に試みたことを思ひ出す。私も数名の人と文通し、写真なども交換した」[103]と回顧している。吉野はあるとき、学級に中途編入されてきた青年が、自分が感銘を受けた『文庫』誌上の投書家であることを知り、「多年夢寐の間に焦れて居つた恋人にでも遇つた様に狂喜した」[104]とも述べていた。

「誌友交際」の特質

「誌友交際」の特徴を、仮説的にまとめるならば、以下のようになる。

第一に、始期と終期である。「誌友交際」の始期は、すでに述べたように中等教育の整備と新聞紙条例改正による雑誌の増加が進んだ明治二十年代半ばと考えられる。明治二十年代初頭から金港堂の雑誌『都の花』、少年園の雑誌『少年園』などのように、文芸投稿を受け付ける雑誌が現れていたが、日清戦争を経て雑誌の普及が進むと、地方でも文芸同人誌が発行されるようになった。(105) 明治三十年（一八九七）以降は、各地で発行された雑誌の交換が進み、また投書雑誌も読者を招く誌友会を開催することによって、(106)「誌友交際」の圏域はますます拡大して行った。吉野作造が『文庫』に投稿していたのもこの時期である。終期は、日露戦後の検閲強化と戊申詔書に端を発する地方改良運動によって、同人雑誌に載った自然主義系の文学作品が摘発対象になる明治末期であったと考えられる。(107)

第二に、「誌友交際」を促した大きな要因として、雑誌発行者側の読者獲得戦略がある。例えば詩歌の『明星』や『ホト、ギス』のような雑誌でも、読者からの投稿を歓迎する体制を敷き、また地方支部を置いて、支部からの作品投稿を積極的に誌面に掲載するという編集方針を取った。『明星』発行元である東京新詩社の地方支部では、與謝野鉄幹夫妻が直接支部を訪れて指導を行なうこともあり、一層青少年たちを惹きつけた。地方支部は会費を集めることによって、雑誌をまとめて購読し会員に配布していたので、経営側から見れば、安定的な会費雑誌購読のための組織でもあった。事実、この支部制度は、多くの地方同人雑誌でも取り入れられ、雑誌の彙報欄には毎号、何人の会員の増加に努めたといった類の支部報告が、各会員から競い合うように掲載されていくことになる。

そして第三に、「誌友交際」に進んで参加した少年たちは、自ら文章を書き発表したいという要求を、かつての世代には見られないほどに強固に有していたことも指摘しておかねばなるまい。もちろん、明治二十年以前にも新聞における投書は存在し、名もなき声の表出としてその重要性を指摘する研究の蓄積もすでにある。[108]だが、明治二十年代以降の雑誌を主舞台とする「誌友交際」は、従来の新聞投書が中央―地方ラインの構造を取っていたのに対し、中央―地方だけでなく地方―地方という独自のネットワークを築き上げていった点で質的に異なっていた。雑誌投書に自己表現を求めていく二十年代以降の少年たちの要求は、大量の印刷物が供給されるに従い、読み手が書き手への参入を促されたことにより起こったものといえる。ヴァルター・ベンヤミンが書籍の歴史的状況として、「十九世紀の終わり頃、ある変化が生じた。新聞がますます拡大し、たえず新しい政治的・宗教的・経済的・職業的・地域的機関が読者に提供されるに従い、しだいに多くの読者が――はじめは散発的に――書き手の側に加わっていった」[109]と述べているように、読者が投書を通じて書き手側に参入することは、印刷技術の普及に伴う必然的な過程でもあったのである。

明治三十年代の青年層は、投書という自己表現の手段を用いて、雑誌というメディアを通じた非対面的なコミュニケーション＝〝想像の共同体〟のうちに、現実生活の不満から解き放たれた、内面の充足を得ていたのである。[110]この時期多くの文例文範の図書が相次いで刊行されたことは、投書から発展して相互の文通が活性化していたことを示しているし、やや時代が下るものの、明治三十六年に刊行されたある文例集には、なんと「今や我が郷友同志相会して以て茲に文学雑誌を発刊せんとす其挙や余輩の大に賛成する所今や其第一号成らんとするに当り如何ぞ其れ黙するに忍びんや」[111]との一節を含む「郷友文学雑誌発行の祝辞」の例まで載っている。また、明治三十九年、『少年世界』に初めて投書が採用された木村毅は、「一度投書欄に名が出ると、その反響は甚大で、各地から文通を求めてくるし、また同人雑誌の入会を勧めてくる」[112]状況だったと振り返っている。いくつかの例から、少年たちの文学熱の高揚が感じられよう。

しかも、そのような少年の志望は、必ずしも文学者への道に限られたわけではなかった。明治十五年（一八八二）生まれの生方敏郎が、「私のゐた中学分校の同級生の中には、軍人志願が一番多かつた。成績の良い生徒は、皆軍人を志望した」[113]と回顧しているように、日清戦争後における軍人志望は、中学生の間で一種の流行だったといえるが、同時期に、岩手県の盛岡中学校において、石川啄木が後の海軍大将となる及川古志郎や内務官僚となる田子一民らから回覧雑誌の発行に誘われ、文学的趣味の薫陶を受けていたのである。[114]

こうした地方青年の一人を、田山花袋の『田舎教師』が以下のように描写している。

町でも屈指の青縞商の息子で、平生は角帯などを締て、常に色の白い顔に銀縁の近眼鏡を懸けて居た。田舎の青年に多く見るやうな非常に熱心な文学好で、雑誌といふ雑誌は大抵取つて、初めはいろ〳〵な投書をして、自分の号の活字になるのを喜んで居たが、近頃ではもう投書でもあるまいといふ気になつて、毎月の雑誌に出る小説や詩や歌の批評を縦横に其夥伴にして聞かせるやうになつた。それに、投書家交際をすることが好きで、地方文壇の小さな雑誌の主筆と常に手紙の往復をするので、地方文壇消息には、武州行田には石川機山ありなどゝよく書かれてあった。時の文壇に名のある作家も二三人は知つて居た。[115]

この石川機山は、埼玉県に実在した石島薇山という人物をモデルとしている。彼ら地方文学者の活動は、第四章でも詳述するが、石島は「生粋の地方文士として実力曠才最も豊かに、上村雲外と共に地方文壇の元勲として功労あり[116]」と評されるほど、積極的に全国各地の小雑誌へ寄稿を行なっていた。

明治二十年代中葉から形成された「誌友交際」のネットワークは、それが強烈な政治志向ではなく、文章の練磨と相互批評のうちに充足を得るようになる、「文学青年」の誕生を促すものであった。[117] そのように考えるならば、「書生社会」から「誌友交際」への漸次の移行とは、これまで盛んに論じられてきた「政治」と「文学」の対立を下支えする、共同体的な基盤の変容であったということもできる。高山、姉崎はそのなかから自らの言論活動を出発させた最初の世代なのであった。

註

（1）高山林次郎「我邦現今の文芸界に於ける批評家の本務」（『太陽』三巻一一号、一八九七年五月）四〇頁。

（2）桜田総『美学思想史』（一九三一年、向山堂書房）四八八～五一八頁。

（3）土方定一『近代日本文学評論史』（一九七三年、法政大学出版局。初版は一九三六年、西東書林）一〇九頁。

（4）山本正男『東西芸術精神の伝統と交流』（一九六五年、理想社）一三～一一五頁。

（5）金田民夫『日本近代美学序説』（一九九〇年、法律文化社）、加藤哲弘『明治期日本の美学と芸術研究』（二〇〇二年、文部省科学研究費補助金研究成果報告書）、佐々木健一『日本の近代美学（明治・大正期）』（二〇〇四年、文部科学省科学研究費補助金研究成果報告書）、神林恒道『美学事始』（二〇〇二年、勁草書房）、同『近代日本「美学」の誕生』（二〇〇六年、講談社学術文庫）、濱下昌宏『主体の学としての美学』（二〇〇七年、晃洋書房）。

（6）柳父章『翻訳語成立事情』（一九八二年、岩波書店）六七頁以下を参照。

（7）北澤『眼の神殿』（序章註（46））、佐藤『明治国家と近代美術』（序章註（46））などを参照。

（8）「ウィーン万国博覧会列品分類」（青木茂・酒井忠康校注『美術』日本近代思想大系17、一九八九年、岩波書店、四〇四頁）。『法令全書』によれば、本布告は明治五年正月十四日に太政官布告第七号として公布された。

（9）「内国勧業博覧会出品区分目録」（同前、四〇五～四〇六頁）。引用は明治十年（一八七七）開催の第一回のもの。

（10）無署名（高山）「文学と美術と」（『太陽』第二巻第六号、一八九六年三月）一三〇頁。小説や詩歌を中心とする文学と、絵画を中心とする美術は、新聞や雑誌上でかなり親和性をもつものとして語られ、かつそれが違和感なく読者に受け入れられていたといえる。

（11）管見の限りでは、武藤三千夫「天心の憂鬱」（神林恒道編『日本の芸術論』二〇〇〇年、ミネルヴァ書房）が、西におけるベイン心理学の影響と合わせて、「美妙学説」の作成時期を問題視している。西の美学思想については、本章註（2）～（5）に掲げた研究のほか、小坂国継『明治哲学の研究』（二〇一三年、岩波書店）一〇三頁以下も参照。

（12）麻生義輝「解説」（同編『西周哲学著作集』一九三三年、岩波書店）三八九頁以下を参照。また、麻生義輝『近世日本哲学史』（一九四二年、近藤書店）二四四～二四六頁では、さらにウィーン万国博覧会に見る「美術」概念と、西の著作との対応関係を指摘しつつ、同様の見解が示されている。

(13) 大久保利謙「解説」(『西周全集』第一巻、一九六〇年、宗高書房)六七〇頁。
(14) 森県「西周「美妙学説」成立年時の考証」(『国文学 解釈と教材の研究』一四巻六号、一九六九年五月)二〇六～二〇七頁。
(15) 中野目徹「洋学者と明治天皇」(沼田哲編『明治天皇と政治家群像』二〇〇一年、吉川弘文館)一一二頁。なお、宮中での西洋起源の学問の進講が、衣食など生活スタイルの改革の一部を担っていた点については、西川誠『明治天皇の大日本帝国』天皇の歴史7(二〇一一年、講談社)九六頁以下を参照。
(16) 西周「美妙学説」(一八七八年末筆と推定)。引用は前掲『美術』日本近代思想大系17、三頁。
(17) 同前、四頁。
(18) 味覚などを下位の感覚と位置づける感性学の成立については、谷川渥『美学の逆説』(二〇〇三年、ちくま学芸文庫)などを参照。
(19) 前掲西「美妙学説」一四頁。
(20) 同前。
(21) アーネスト・フエノロサ『美術真説』大森惟中筆記(一八八二年、龍池会)一五頁。
(22) 来日したフェノロサは東京大学においてドイツ哲学を講じており、ヘーゲルの美学にもある程度通暁していたと考えてよい。彼の弟子にあたる岡倉覚三(天心)についても、フェノロサを通じたヘーゲル美学の影響が顕著であるという指摘もある(例えば、前掲武藤「天心の憂鬱」、木下長宏『岡倉天心』二〇〇五年、ミネルヴァ書房などを参照)。しかし、岡倉の西洋美学の認識は、フェノロサがテキストにしたシュヴェーグラーの『西洋哲学史』に紹介されたヘーゲル美学の紹介の域にとどまっており、岡倉の美術思想におけるヘーゲルの影響を過度に強調することにも問題があるように思われる。
(23) この点に関連して、当時のフランスにおける葛飾北斎の人気が、反アカデミーで民衆画を代表するという視点に支えられており、古典主義的な芸術評価の観点に立つフェノロサの美術観との間に懸隔があったとする指摘は重要であると思われる(稲賀繁美『絵画の東方』一九九九年、名古屋大学出版会、一六八頁等を参照)。
(24) ユージェーンヌ・ウェロン著、中江篤介訳『維氏美学』上冊(一八八三年、文部省編輯局)一～二頁。
(25) 同前、五頁。
(26) 同前、四七頁。なお、この引用部分は、『中江兆民全集』別巻(一九八六年、岩波書店)によれば、中江自身が原文にない箇所を補ったものである。中江訳の特徴については、松永昌三が、西洋の芸術事情に疎い日本人読者の理解を助けようと補足説明を加えたものであると指摘している(「中江篤介訳『維氏美学』自筆草稿について」、『岡山大学文学部紀要』二〇号、一九九三年十二月を参照)。

(27) 森鷗外「叙」(『月草』一八九六年、春陽堂)叙七頁。

(28) 無署名(高山)「現今我邦に於ける審美学に就いて」(『太陽』二巻一一号、一八九六年五月)一三八頁。

(29) 井田進也「解題」(『中江兆民全集』第三巻、一九八四年、岩波書店)によると、同書は明治十七年から全二冊一円七〇銭で販売されたといい、どのような経路で民間に流布したかは不明だという。井田は、本書が通常の流通機構に乗らない政府刊行物であったため、頒布先が政府部内と主要な学校・図書館等に限られていたのではないかと推測している。井田はさらに、明治二十四年の『国民之友』誌上に、博文館から上下巻揃いで八〇銭の価格で販売する旨の広告が掲載されていることを指摘し、博文館が文部省から本書の残部を譲り受けて、これを「非常の減価にて発売」した事実があったと述べている(四四二頁)。博文館が同書を販売することになった経緯はいまひとつ判然としないが、同社出版年表の二十四年十二月の欄に『維氏美学』を見出すことができる(「博文館出版年表」、坪谷善四郎『博文館五十年史』一九三七年、博文館、四頁)。明治三十年五月の博文館創業十周年を記念して作成されたものと考えられる『博文館発行図書いろは別目録』(一八九七年か、博文館)によると、明治二十九年末の段階で、『維氏美学』は二冊三五銭(各冊二〇銭)になっていて、二十四年以降、徐々に値引きして販売されたようである。

(30) 上田敏が『校友会雑誌』第一八号(一八九二年六月)に掲載した「美術論」を皮切りに、上田と大町の間で裸体画をめぐる議論のやり取りがあった。吸江釣徒(大町芳衛)は、「前号批評」『校友会雑誌』第二一号(一八九二年十一月)で、直接ヴェロンに言及している。

(31) 登張竹風「一老文学者の回想」(登張竹風遺稿・追想集刊行会編『登張竹風遺稿追想集』一九六五年、郁文堂出版)二九四頁。

(32) 無署名(高山)「大塚文学士を送る」(『太陽』二巻八号、一八九六年四月)九四頁。

(33) 大西祝「日本人は美術心に富める乎」(『女学雑誌』一三九号、一八八八年十二月)六頁。

(34) 志賀重昂「日本国裡の理想的事大党」(『日本人』五号、一八八八年六月)五頁。なお、志賀重昂、三宅雪嶺ら政教社同人の「美術」観については、中野目徹「「国粋主義」と伝統文化」(熊倉功夫編『遊芸文化と伝統』二〇〇三年、吉川弘文館。『明治の青年とナショナリズム』〈序章註(51)〉に再録)を参照。また、中川未来「一九世紀末日本の世界認識と地域構想」(『史林』九七巻二号、二〇一四年三月〈『明治日本の国粋主義思想とアジア』二〇一六年、吉川弘文館に再録〉)が、明治二十年代京都における美術振興と国粋主義の結び付きを論じており、示唆的である。世界の文明国に対する「美術」の価値を強調する論理は、明治二十一年に九鬼や岡倉が行なった京都・奈良の宝物調査においても展開され、『日出新聞』等の紙上には連日宝物調査の紹介が載ったが、このことが当時の「美術」観の浸透に与えた影響は大きいと思われる（竹居明男編『日出新聞』記者金子静枝と明治の京都』二〇一三年、芸艸堂参照）。

(35) 両極道人（杉浦重剛）「主義の戦場」（『読売新聞』一八八八年一月二十八日付）一面。

(36) 徳富猪一郎『将来之日本』（一八八六年、経済雑誌社）一六一～一六二頁。この点については、ケネス・パイル（松本三之介監訳・五十嵐暁郎訳）『新世代の国家像』（一九八六年、社会思想社）六五頁から示唆を得た。

(37) 木々康子『林忠正』（二〇〇九年、ミネルヴァ書房）六七頁。

(38) 塩田眞「陶漆器ノ販路ヲ拡張スル方策」（『龍池会報告』二号、一八八五年七月）。引用は、『近代美術雑誌叢書5 龍池会報告』第一巻（一九九一年、ゆまに書房）三五頁。

(39) 「ワーグナーの第二回内国勧業博覧会報告（抄）」（一八八一年）。引用は、中村政則他校注『経済構想』日本近代思想大系8（一九八八年、岩波書店）四〇七頁。

(40) 同前、四〇九頁。

(41) 高野彰『帝国大学図書館成立の研究』（二〇〇六年、ゆまに書房）三九六～三九七頁。

(42) 浅岡邦雄・鈴木貞美編『明治期「新式貸本屋」目録の研究』（二〇一〇年、作品社）掲載の「共益貸本屋目録」（一八八八年版）、「東京貸本社目録」（一八八九年版）を参照。なお同目録からは、中江篤介『理学沿革史』や坪内逍遙『小説神髄』、菊池大麓『修辞及華文』、高田早苗『美辞学』などが貸出されていたことも判明する。鈴木が「序」で述べるとおり、保存を目的とする図書館と異なり、貸本屋は「営利が目的であり、読書の需要を、それなりに反映している」（八頁）とすれば、美学や美術に関する書籍は、明治十年代にはそれほど読者を持たず、明治二十年代に新たな語感を伴って思想的に受け止められたと考えるべきかもしれない。

(43) 末松謙澄「演劇改良演説」、引用は倉田喜弘校注『芸能』日本近代思想大系18（一九八八年、岩波書店）三七頁。この演説筆記は『時事新報』に一八八六年十月六日から十二日まで掲載された。

(44) この時期政府が推進した欧化政策は、皮相という一語で片づけられない側面を有していた。欧化政策とは、当局が深く「日本の国際的地位の不安定さを認識していた」が故に行なわれたものであり、洋装や鹿鳴館建設は、総理大臣の年俸の十数倍にあたる巨額の費用を投じてまで、西洋文明の受容を強く決断した政府による「国策」にほかならなかった。坂本一登『伊藤博文と明治国家形成』（一九九一年、吉川弘文館）一八六～一八七頁。演劇改良が、「朝野聯合一致の企て」として開始された必然的な理由も、ひとえにこの点に存するであろう。

(45) 前掲末松「演劇改良演説」五三頁。

(46) 同前、五七頁。
(47) 同前、五八頁。
(48) 外山正一「外山博士の絵画演説（承前）」（『東京朝日新聞』一八九〇年五月十三日付朝刊）二面。『明治美術会第五回報告』（一八九〇年六月）にも収められている。この演説筆記は、例会の三日後にあたる四月三十日から五月十六日まで十四回にわたって新聞紙上に掲載されており、反響の大きさが窺われる。
(49) 林忠正「外山博士の演説を読む」（『明治美術会第六回報告』一八九〇年七月）二二頁で、林は美術の定義として以下の項目を挙げている。

美術ハ物ニ感ジテ心ニ生ズルモノナリ。
美術ハ感情ノ内ニ溢レテ外ニ発スルモノナリ。
美術ハ我ガ感情ヲ動カシタルモノ、形跡ヲ止ムルモノナリ。
美術ハ我ヲ感動セシモノヲ写シテ我ガ感動ヲ人ニ伝フルモノナリ。
美術ハ無形ノ思想ヲ有形ニ転作スルノ術ナリ。
美術ハ才能ノ産子ナリ。
美術ハ性理学的ノモノナリ、心理学的ニ反対スルモノナリ。

(50) 森林太郎「外山正一氏の画論を駁す」（『しがらみ草子』八号、一八九〇年五月）三五頁。
(51) 森と原田との関係については、小堀桂一郎『森鷗外』（二〇一三年、ミネルヴァ書房）のほか、文京区立森鷗外記念館『鷗外と画家原田直次郎』（二〇一三年、文京区立森鷗外記念館）を参照。
(52) 陸羯南「一芸に秀でたる人」（河東碧梧桐編『子規言行録』一九三六年、政教社）四頁。なお正岡本人は、当時を回顧して「目的は哲学なり　詩歌は娯楽なりと揚言せしが　陰には哲学と詩歌の間には何か関係あれかしと常に思へり其後漸く審美学なるものあるを知り詩歌書画の如き美術を哲学的に議論するものなることを知りしより　顔色近々として雀躍する思ひを生し　遂に余が目的を此方にむけり」（正岡子規「筆まかせ第一編」一八八八年、正岡忠三郎等監修『子規全集』第一〇巻、一九七五年、講談社、四一～四二頁）と述べている。
(53) この点については、明治二十五年十月の『早稲田文学』の彙報記事が詳しい。「府下の書肆を経めぐりて見るに原本のハルトマン又ロッチエ、ヘーゲルが美学の英訳はたまさかに見あたれど其の他のは名をだに知らぬさまなりとぞ、さて高等なる文学を教授する諸学校の模様はいかにと聞くにさすがにそれらの学校にては此の学の講義行はれたり文科大学にては独逸人ブッセ氏此の科を担任し口授のかたはら参考書として各生徒に独人リユブケ氏“History of Arts”を読ましむといふ

（中略）扨専門学校文学科にては本年始めて三年級を設けたれば新に美学の一科を設け美術史と共に文学士小屋保治氏担当せり又慶應義塾にても森林太郎氏講師となりてハルトマンの美学を講ずと聞けり」（「美学講義」、『早稲田文学』二六号、一八九二年十月、一八頁）。なお、森鷗外は明治二十二年から東京美術学校でも「美術解剖学」の名称で講義を行なっていたようである。

（54）前掲高山「我邦現今の文芸界に於ける批評家の本務」三八頁。

（55）島崎藤村『新片町より』（一九〇九年、左久良書房）一八三〜一八四頁。

（56）例えば、稲垣達郎「批評の成立をめぐって」（『岩波講座 文学』第九巻、一九七六年、岩波書店）二五五頁以下。

（57）高田半峰「「当世書生気質」の批評」（一八八六年二月）。引用は、土方定一編『明治芸術・文学論集』明治文学全集79（一九七五年、筑摩書房）二二六頁。

（58）柄谷行人編『近代日本の批評』昭和編上（一九九〇年、福武書店）二頁。

（59）松田宏一郎『陸羯南』（二〇〇八年、ミネルヴァ書房）四一〜五〇頁。

（60）明治十五年前後における「政談と学術」問題については、中野目『政教社の研究』（序章註（51））九一〜九二頁。

（61）佐々木隆『メディアと権力』日本の近代14（一九九九年、中央公論新社）九八〜九九頁。

（62）高山林次郎「現代文章私見」（『中学世界』四巻六号、一九〇一年五月）一頁。

（63）西堂居士（大西祝）「批評論」（『国民之友』二二号、一八八八年五月）二七頁。

（64）高田早苗『美辞学』前編（一八八九年、金港堂）四頁。なお、高田によればこの「美辞学」は、「天稟の文才」の法則を考究するという点で「論理学」や「文法学」とは区別されている。

（65）S・S・S「しがらみ草紙の本領を論ず」（『しがらみ草紙』一号、一八八八年十月）二頁。

（66）『早稲田文学』の歴史については、保昌正夫・栗坪良樹編『早稲田文学人物誌』（一九八一年、星雲社）を参照。

（67）坪内逍遙「シエークスピヤ脚本評註緒言」（『早稲田文学』一号、一八九一年九月）三四頁。

（68）和田垣謙三等編『哲学字彙』（一八八一年、東京大学三学部、五七頁）でも、"Nature"の訳語の一つに「造化」が挙げられている。

（69）無署名（森鷗外）「山房論文其七 早稲田文学の没理想」（『しがらみ草紙』二七号、一八九一年十二月）六頁。

（70）この点は、「唯官能的に快きばかりなる無意識形美より、美術の奥義、幽玄の境界なる小天地想までは、抽象的より結象的に向ひて進む街道にて、類想と個想（小天地想）とは、彼幽玄の都に近き一里塚の名に過ぎず」（無署名〈森鷗外〉「山房論文其一 逍遙子の新作十二番中既発四番合評、梅花詞集評及梓神子」、『しがらみ草紙』二四号、一八九一年九月、五頁）

というように、坪内逍遙との没理想論争に突入する以前から、森の批評基準として明確にされていた点であった。

(71) 芳賀徹『絵画の領分』（一九八四年、朝日新聞社）二三九頁。

(72) 森とハルトマン美学については、前掲神林『美学事始』八一頁以下を参照。

(73) 谷沢『文豪たちの大喧嘩』（序章註(9)）八九頁。

(74) 鷗外漁史「無名氏に答ふる書」（『しがらみ草紙』四四号、一八九三年五月）一頁。

(75) 千葉眞郎『石橋忍月研究』（二〇〇六年、八木書店）三三九頁。

(76) 北村の批評については、新保祐司編『国文学 解釈と観賞 別冊 北村透谷』（二〇〇六年、至文堂）所収の各論考および先崎彰容・浜崎洋介『アフター・モダニティ』（二〇一四年、北樹出版）参照。

(77) 透谷庵「人生に相渉るとは何の謂ぞ」（『文学界』二号、一八九三年二月）一頁。

(78) 同前、二〜三頁。

(79) 同前、八頁。この発想が、三ヵ月後に発表された「内部生命論」に接続していることは明らかであるが、透谷が未だ〈憧憬〉の訳語を持たず、“Longing”と書かざるを得なかった点にも注目しておきたい。なお、先行研究では、両者の差異を強調することが多かったが、永渕朋枝は、高山が北村に一定の理解と共感を示しながらも、北村の自殺という死因故にそれを公にすることを避けたという注目すべき見解を示している（永渕「透谷の読者」、『国語国文』七二巻三号、二〇〇三年三月、七四九〜七五〇頁）。

(80) 透谷「賤事業弁」（『文学界』五号、一八九三年五月）八頁。なおこの号より、『文学界』の発行所は、女学雑誌社から文学界雑誌社に変更となり、本文中には、「編輯者申上候」という署名で「区々たる吾が一小雑誌の為めに一部の殿原を御騒がせ申候段近頃恐入候次第」（「駁撃を辱ふせし方ぐに」八頁）、「此冊子の責めは巌本善治氏に帰す可らざるは固よりの事と覚召可被下候」（「一言御客様方へ」八頁）という断り書きが付されている。山路の内面では、『文学界』『女学生』『女学雑誌』が結び付けられていたとされ、実際、彼の『国民新聞』紙上における批判は、北村だけでなく巌本善治にまで及んでいた（笹淵友一『「文学界」とその時代』上巻、一九五九年、明治書院、二七一頁）。北村と山路の論争が『文学界』の編集体制に動揺を来たしたことは確かであろうし、また同論争が投げかけた反響の大きさをも物語っているように思われる。

(81) いわゆる第一次企業勃興の具体像については、高村直助『会社の誕生』（一九九六年、吉川弘文館、一三七頁以下）、宮本又郎『企業家たちの挑戦』日本の近代11（一九九九年、中央公論新社、二五一頁以下）などを参照。なお、北村と山路が論争を繰り広げていた明治二十六年三月六日には、明治二十三年四月二十六日に公布され、施行が延期されていた「商法」の会社等に関する部分が施行されている。

(82) 利権ブローカーへと転じていった中江の「実業」に対する北村透谷の批判については、飛鳥井雅道『中江兆民』(一九九九年、吉川弘文館) 二一七頁以下を参照。
(83) 中野目徹「志賀重昂の思想」(犬塚孝明編『明治国家の政策と思想』二〇〇五年、吉川弘文館) 二六五頁 (前掲『明治の青年とナショナリズム』に再録)。
(84) 無署名 (徳富蘇峰)「近来流行の政治小説を論ず」(『国民之友』六号、一八八七年七月) 七頁。
(85) 脱蝉子 (北村透谷)「文界要報」(『女学雑誌』三三〇号甲の巻、一八九二年十月) 二〇頁。
(86) 北村透谷「内部生命論 (第一)」(『文学界』五号、一八九三年五月) 一一頁。
(87) 藪禎子「透谷における批評の生成と展開」(前掲新保編『国文学 解釈と観賞 別冊 北村透谷』) 二一〇頁。
(88) 北村透谷「国民と思想」(『評論』八号、一八九三年七月) 一二頁。
(89) 言葉の初出の特定は容易ではないが、国立国会図書館デジタルコレクションにおいて、標題ないし目次情報に「思想家」の文字が使用されている書籍は、日清戦争後の刊行が多いようである。
(90) 前掲中野目『政教社の研究』二八～二九頁。なお「書生社会」論については、同書のほか、中野目『書生と官員』(序章註(50))、前掲『明治の青年とナショナリズム』所収の諸論文を参照。
(91) 木村直恵『〈青年〉の誕生』(一九九八年、新曜社) 参照。
(92) 永嶺『雑誌と読者の近代』(序章註(70)) 一一頁。なお、「読書社会」の初出は明治二十五年十月の『早稲田文学』二六号掲載論説とされる。
(93) 無署名 (坪内逍遙か)「読書社会」(『早稲田文学』二六号、一八九二年十月) 九頁以下。
(94) 同前、九頁。
(95) 同前、一一頁。
(96) 紅野謙介『投機としての文学』(二〇〇三年、新曜社) 六二～六三頁。
(97) 無署名 (坪内逍遙か)「やたら附」(『早稲田文学』一号、一八九一年十月) 六七～六八頁。
(98) 各中学校における校友会雑誌の創刊年・発行頻度・残存状況などの基本的なデータについては、斉藤利彦・市山雅美「旧制中学校における校友会雑誌の研究」(『東京大学大学院教育学研究科紀要』四八号、二〇〇九年三月) を参照。
(99) 前掲木村『〈青年〉の誕生』一六四頁以下。
(100) 幸徳秋水「後のかたみ」(一八八九年。『幸徳秋水全集』第九巻、一九六九年、明治文献) 一九頁。
(101) 「地方文学」(『早稲田文学』一六号、一八九二年五月) 五一頁。

(102) 桑木厳翼「文学者としての高山樗牛」(太田資順編『樗牛兄弟』一九一四年、有朋館)四九～五一頁。初出は、『太陽』九巻三号(一九〇三年三月)七八～七九頁。
(103) 吉野作造「投書家としての思ひ出」(『文芸春秋』四年六号、一九二六年六月)五頁。
(104) 吉野作造「少年時代の追憶」(『文芸春秋』四年九号、一九二六年九月)六七頁。なお、『吉野作造選集』第一二巻(一九九五年、岩波書店)の解題では、吉野の筆名は「松か風琴」だと推定されている。
(105) 明石『関西文壇の形成』(序章註(71))、林「明治後期の地方文芸雑誌」(序章註(71))などを参照。また、明治三十年代の投書家の活動については、関肇『新聞小説の時代』(二〇〇七年、新曜社)を参照。
(106) 「誌友」という単語がいつ頃から用いられたか判然としないが、明治三十三年(一九〇〇)以降になると、『文庫』等いくつかの雑誌で、編集部が読者を招いて、著名な記者と引き合わせる「誌友会」の催しが行われていることを確認できる。猪瀬直樹『作家の誕生』(二〇〇八年、朝日新書)一五頁以下。
(107) 小木曽『地方文芸史』(序章註(72))は、同書が発行された明治四十三年の状況を「空前の不振」と形容している(一七一頁)。すでに「誌友交際」のブームが終焉に向かいつつあったことの表れといえよう。また内田茜江「地方文芸史の片鱗」(『明治文学逸話』一九四二年、女性時代社)は、小木曽の著書に触れながら「華麗を極めた地方文芸も過去の夢である」(二二二頁)と書いている。少年たちの投書の歴史については木村小舟『少年文学史』別巻(一九四三年、童話春秋社)も参照。
(108) 前田『近代読者の成立』(序章註(69))のほか、平田由美『女性表現の文学史』(一九九九年、岩波書店)、宗像和重『投書家時代の森鷗外』(二〇〇四年、岩波書店)などを参照。
(109) ヴァルター・ベンヤミン(浅井健二郎訳)「複製技術時代の芸術作品」(『ベンヤミン・コレクション』1、一九九五年、ちくま学芸文庫)六一二頁。ベンヤミンにおける著者と読者の議論については、柴野京子『書物の環境論』(二〇一二年、弘文堂)から示唆を得た。
(110) この点に関連して、例えば山本瀧之助が、新聞『日本』の読者団体として明治三十四年九月に日本青年会を結成し、雑誌『日本青年』を発行していた事実は重要である(山本『近代日本の新聞読者層』〈序章註(70)〉三〇〇頁以下)。新聞の読者親睦会と文芸同人雑誌とを同列に論じることは慎まなければならないが、両者が全国的な投書家の交流を前提に読者基盤の形成を企図していたことは、興味深い一致といえよう。
(111) 槐堂居士『男女交際文範』(一九〇三年、聚栄堂)一八四～一八五頁。
(112) 木村毅著・筑摩書房編『明治文学余話』(二〇〇一年、リキエスタの会)四八～四九頁。

(113) 生方敏郎『明治大正見聞史』(一九二六年、春秋社)七四頁。
(114) 金田一京助『新編石川啄木』(二〇〇三年、講談社文芸文庫)二七〜二八頁。
(115) 田山花袋『田舎教師』(一九〇九年、左久良書房)六三頁。
(116) 前掲小木曽『地方文芸史』一八六頁。なお、ここに述べられている上村雲外は、旧姓近藤雲外という熊本県の地方文人である。
(117) 前田愛は、地方無名青年たちによる投書雑誌が同人雑誌に切り替わる明治末から大正初期を文学青年誕生のメルクマールとしている。加藤秀俊・前田愛『明治メディア考』(一九八〇年、中央公論社)六〇〜六一頁。

第二章——高山樗牛・姉崎嘲風におけるドイツ哲学の受容

第一節　高等中学校時代の高山と姉崎

高山樗牛と第二高等中学校

前章では、高山・姉崎が〈憧憬〉という新たな思考様式を見出していく前提として、明治二十年代前半までの美学受容のあり方や批評の存在形態、さらに学生独自の文化として「誌友交際」の実態について考察を試みてきた。本章では、こうした前提に支えられて、高山・姉崎がどのように思想形成をしていったのか、彼らの史料をもとに具体的に考察することを課題としたい。

検討に先立ち、高山のプロフィールを確認しておきたい。[1]図2に示すとおり、高山林次郎は、明治四年（一八七一）一月十日、旧荘内藩主酒井家の家臣であった齋藤親信の次男として羽前鶴岡高畑町（現・山形県鶴岡市）に生まれた。実父親信は、高山家から齋藤家に養子に入った人だが、親信の兄である高山久平夫婦に子がなかったため、明治五年、林次郎が鶴岡新士町にある高山家に養子に入った。実父齋藤親信は、廃藩置県後に酒田県の雇となり、その後大宝寺村（現・鶴岡市）の村長を務めた。また、養父親信も酒田県、のちに山形県、次いで酒田郡の吏員となっている。林次郎少年は、明治十四年秋の東北巡幸に際し、酒田琢成学校生徒を代表して「奉祝巡幸」と題する作文を奉読した。その後、養父久平は、県令三島通庸の転任に付き従う形で翌十五年二

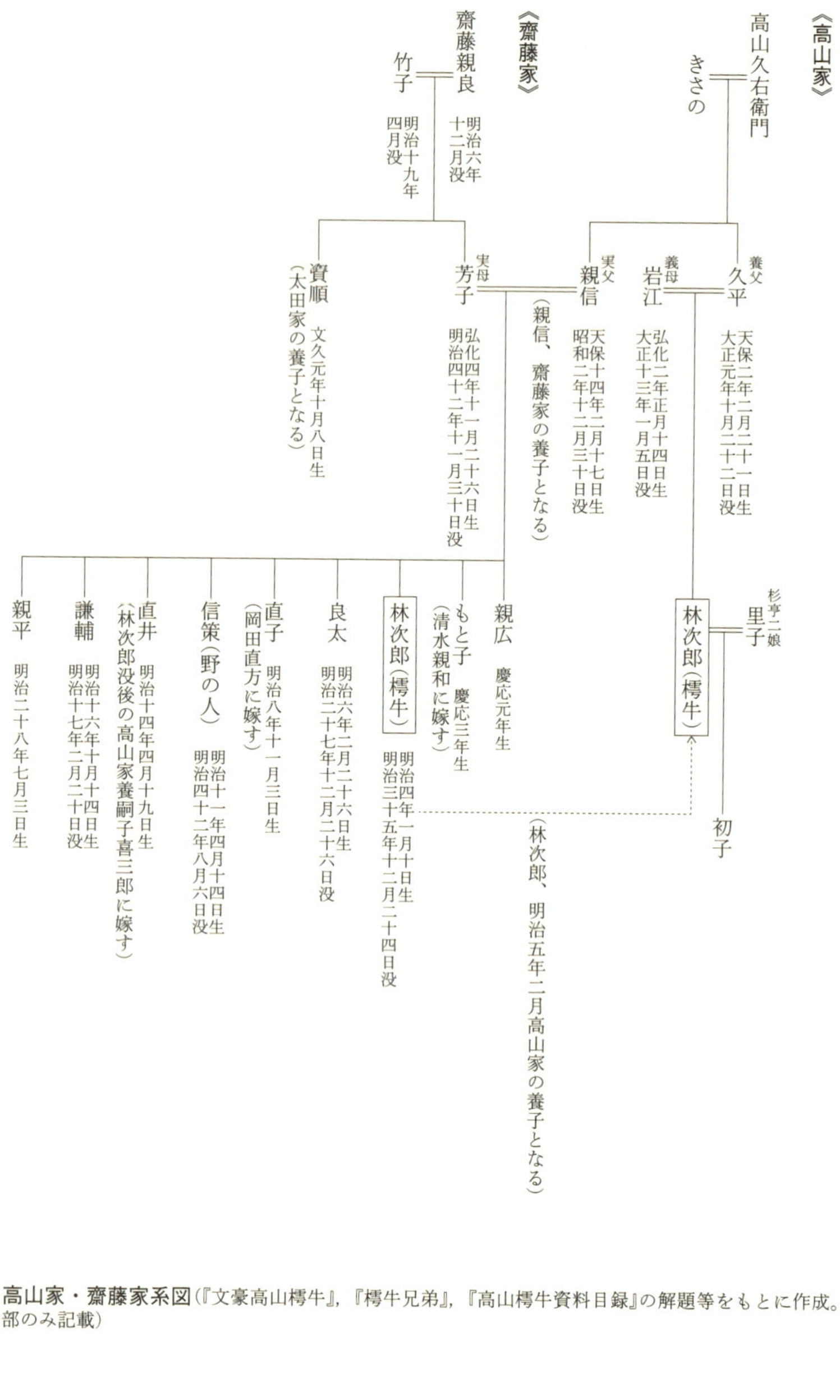

図2　高山家・齋藤家系図（『文豪高山樗牛』，『樗牛兄弟』，『高山樗牛資料目録』の解題等をもとに作成。生没年は一部のみ記載）

月に山形県から福島県に転任となり、林次郎少年も養父とともに福島小学校に転校、その後福島中学校へと進学した。ここで注目すべきは、養父久平の異動と三島通庸の転任の時期が重なることである(2)。

　明治十八年十二月、三島が警視総監に就任すると、翌年に養父久平は警視庁勤務となった。これにより林次郎自身も明治十九年九月に福島中学を退学、上京し、高等中学校入学準備のため、神田錦町にある東京英語学校に入学した。当時の東京英語学校では、志賀重昂や松下丈吉ら、政教社に集う人物が教鞭を執っていた(3)。林次郎少年も志賀の講義に魅了され、とくに志賀が講ずるマコーレーの文法論に熱心に耳を傾けた(4)。高山は、明治二十年七月、第一高等中学校を受験するが失敗し、この年の試験で定数に満たなかったため同年十二月に実施された仙台の第二高等中学校の補欠試験を受けて合格する。こうして高山は二十一年一月、第二高等中学校の予科に入学し、二十四年九月に本科に進級した。

　高等中学校は、明治十九年四月十日の中学校令により、指導的人材の養成のため高等教育機関への進学ルートを整備する目的の下に設置された(5)。森有礼文相がその意図につき、「高等中学校ハ上流ノ人ニシテ官吏ナレハ高等官、商業者ナレハ理事者、学者ナレハ学術専攻者ノ如キ、社会多数ノ思想ヲ左右スルニ足ルヘキモノヲ養成スル所ナリ(6)」と述べていたことは高等中学校の性質をよく物語っているであろう。高山たちは、近代的教育ルートの成立期において、「国家の人材《ナショナル・リーダー》(7)」として養成された最初の世代だったのである。

　高山や姉崎は、浜口雄幸、井上準之助、幣原喜重郎、伊沢多喜男といった大正・昭和期に活躍する政治家たちと同世代にあたり、高等中学校に通うなかで互いに交流を持っていた。このことは、「政治」と「文学」の主題を考える上でも興味深い。第二高等中学校予科で同級生だった高山樗牛と井上準之助は、畔柳都太郎、三浦菊太郎、小濱松次郎、新城新蔵らとともに「遠足をするのにも、或は加留多遊びをするにも、又は討論会をするのにも(8)」一緒というほど親密な仲であったといい、終生手紙のやり取りを続けていた(9)。また、姉崎正治も第三高等中学校の寄宿舎に居たおり、伊沢多喜男や幣原喜重郎らと同室になり、伊沢が兄修二から習った「蛍の光」などの唱歌を教え聞かされたという。[10]

彼らが高等中学校に進学する明治二十年前後は、例えば政治史のうえで官僚的立身の階梯が確立することで、「高張提灯をおしたてて天下国家を論ずる民権名士になることよりも官界・軍部における立身が遊学の目標になった」[11]とされる時期とも符合する。彼らはまた、自らの「奮発努力」による栄達が社会の進歩や国民の幸福と直結すると信じ得た[12]世代ともいわれる。要するに、高山らは、「社会多数ノ思想ヲ左右スル」国家有為の人物としてエリート意識の涵養を促され、彼ら自身もそうした自意識を有していたのである。

先行研究では、思想形成期における国家との距離が指摘される高山だが、[13]明治二十年代の少年の心を悩ませた「政治」と「文学」の思想課題についていえば、彼が中等教育の段階から、国家エリートたる意識の涵養を促され、強い政治志向を有していた点は見逃せない。高山は、三大事件建白運動と、それに保安条例以下の強権をもって応じた伊藤内閣との衝突で盛り上がりを見せる政局に対して、「書生ノ中ハ政治ニ関係スベカラズ」[14]と嘯いてみせる同級生に、絶えず不満を感じていたらしい。一種の無菌状態の中でエリートの養成が行なわれていたことが窺われるが、寄宿舎生活や校則に縛られる日々に嫌気がさした高山は、同校を「圧制学校」[15]と呼んで憚らなかった。彼の不満は入学から一年の月を隔てても変わらないばかりか一層亢進し、「所謂沢庵漬主義の器械的教育には実に恐入申候」[16]と、福島中学校時代の同級生に宛てて手紙を書いている。

そのような高山の学校生活のなかで注目されるのは、彼の内面で、友人・家族らとの談話に加えて「文章ニテ鬱念ヲ瀉スコト」「文章ノ旨ク出来テ我ナガラ感服シタルトキ」を「愉快の種」とする心性が徐々に芽生えてきていることである。[17]明治二十一年には、『福島青年会雑誌』に「数学の進歩は果して教育社会の吉兆なる乎」と題する一文を寄稿しているほか、[18]明治二十二年には自らも同郷の友人と諮って『山形県共同会雑誌』なる雑誌を発行して主筆を務めている。[19]同会の活動実態は、残っている史料からは判然としないが、元来政治志向の強かった高山が、同窓の縁を核とした雑誌発行という最初期の「誌友交際」の実践を通じて、次第に文学への傾倒を深めていった画期として重要である。養父の勤務の関係で転居が多く、繰り返し友人との離別を経験するという彼の家庭環境が、高山をして一層手紙の執筆や文章の研鑽に没入させたということもいえるかもしれない。

翌明治二十三年五月、数え年で二十歳となった高山の身辺に重大な事件が起こっていた。養父高山久平が病により警視庁を退官し、学資の送金が困難になったのである。養父母からその事実を知らされた手紙の返信には、「昨夜よりよく〳〵考え候処、私事もよう〳〵こゝまで勉強致し、高等中学の予科一年とも相成候事にて、モウ二年二三ヶ月も過れば大学校へ入学致得ることなれば、此処にて学問を退くは実に此上もなき残念之事にて候得ば、何卒御都合之上、資金御続被下度奉願上候[20]」という思いが吐露されている。

その高山が学資問題の打開策として編み出したのが、新聞への寄稿による原稿料の獲得だったと考えられる。学資問題が浮上した二カ月後の明治二十三年七月付で書かれた、左のような書簡がある。

拝啓只今奥羽日々新聞号外にて佐藤宮城両氏当撰之趣領承致し大賀に候元来小生一片之愛郷心願くは学識ある宮城氏をして衆議院之席に就かしめ度思居候処今回之好結果、眇然たる寒書生の喜は扨置き我か愛する郷国之為不堪謹賀之至、畢竟之れ貴下之管理せらるゝ山形日報与て力ありしに相違なかるべく何にせよ男子之快事業高言成嘯虎之風豪挙破湧山之浪とは這般事を言ふべきか小生此報を聞て欣喜自ら不堪遂に不顧失礼聊か賀意を表するに立至申候関山雲は場門之十里知らず小生の微衷貴下の一顧に価するや否

恭々不尽

明治二十三年七月四日　午後五時

高山林次郎

保野時中様

侍史[21]

七月一日に執行された第一回総選挙の結果を受けてのもので、わざわざ時刻まで記しているあたり、高山の国家や政治への一定の関心がなお持続していることが看取できるが、なんとも俣野に阿った内容である。高山はこの年の秋頃から『山形日報』に羽陽文壇なる欄を設けて評論を発表していたが、本史料はその契機を作った書簡と見てよいだろう。高山は明治二十四年から『山形日報』紙上に「准亭郎の悲哀」と題してゲーテの「若きウェルテルの悩み」の訳出を掲載していくことになる。

「吾」を超える文学の希求

高等中学校時代の高山の文学への傾斜の頂点を示すものとして、明治二十四年（一八九一）に結成された第二高等中学校の文学会への参加を挙げることができる。文学会結成の理由として、高山の同級生の一人である山内晋は、政教社同人の松島見物と第二高等中学校訪問を挙げている。高山が彼らの旅館を訪問した際、ある同人は「水清ければ魚棲まず」と語ったといい、さらに志賀重昂は「校中の子弟俊才多し。誰か是当年の独眼龍」という一首を披露したという[22]。既述のとおり、高山は第二高等中学校を受験する以前、志賀が教師を務める東京英語学校に通っていたので、両者は既知の間柄であった[23]。こうして、東京大学や札幌農学校を卒業した学士たちに奮起を促されて、鬱勃とした思いが出口を求めて文学会結成に至ったのではないか、というのが山内の回顧である。明治二十四年一月以降、文学会結成までの経緯を、現存する機関誌『文学会雑誌』の彙報欄から年表風に抜き出して見ると、次のようになる。

一月二十四日　役員選挙。吉村寅太郎校長を会長に選出したが、吉村が固辞したため、当面欠員とされる。

副会長は平沼淑郎。高山は文部委員に就任。また井上準之助が事務部委員に就任。
二月一日　文学会発会式（於第二高等中学校内通学生徒控所）。
三月十四日　第二回例会。演説会あり。高山が「苦楽論」と題する演説を披露。その後討論会を実施。
四月二日　第三回例会。演説会あり。
五月二十八日　第四回例会。演説会あり。高山が「文学ヲ修ムル目的ヲ論シ併テ学生諸君ニ告ク」と題する演説を披露。
六月十日　機関誌『文学会雑誌』第一号発行。
六月十二日　第五回例会。討論会。
十月二日　第六回例会。演説会あり。高山が自作の文章「吾妹の墓」を朗読。
十一月十九日　第七回例会。演説会あり。
明治二十五年一月十一日　機関誌『文学会雑誌』第二号発行。

これらの高山の活動が、坪内逍遙の眼に留まったのである。明治二十五年五月九日付で高山が坪内に宛てた書簡には「早稲田文学其都度々々御送被下感佩之至ニ御坐候、兼て御約束之当校文学会雑誌俄之障害之為ニ遷延候段御海容可被下候(24)」とある。「俄之障害」とあるので、その後無事に雑誌が発行されたかは不明だが、高山が坪内に雑誌を送る約束をしていた点は重要である。地方で細々と発行されていたに過ぎない校友会雑誌が、当時の文学界の頂点に位置していた『早稲田文学』と交換される可能性があったことを意味するからである。このような手ごたえがあったからこそ、国家エリートとして育成されてきた彼らは、「事業」としての文学に対して存分に没入することができたのだといえよう。

さて、この頃高山の胸中を占めていた問題は、人生解釈の問題であった。『文学会雑誌』第一号に発表した

「文学及人生」において、彼は文学の目的は何かを問う。人の気韻を高くするものか、巧妙な詩文を作ることか、人生を解釈し古今の社会の状態を知ることにあるのか。高山はそのいずれもが人生の境域内に止まる浅薄な目的だという。文学には「啻に吾人の性行風格を修成するもののみならず。此の紛々たる俗界より吾人を抜て直に自然《ネーチユア》と同化せしむる[25]」という高尚な目的があると高山は述べる。

論じて茲に至り顧みて我邦方今の学生を見るに実に長大息に堪へざる者あり、渠れ等の真理を認むることは吾人之を知る、渠れ等の「善」を認むることは吾人又之を知る、然れども敢て問ふ。渠れ等は果して完全に「美」を理解するの能力を有するか、渠れ等は花を見て之を愛し月を見て之を楽む、然れども其の興起する感情は単に其の美なるを認め其艶なるを識るに止るのみ。(中略)渠れ等は能く事物を分析し又能く事物を測量す、然れども能く自然《ネーチユア》の美を感受する者幾何かある、渠れ等は人間に意識あるを知りて精霊あるを忘れたるなり。吾人は之を以て主として当今教育の無風流なる罪に帰せんと欲するなり[26]。

こうした超世俗的な志向が高山の文学観の根底にあったことは注目してよい。しかし、『文学会雑誌』第一号の高山が書いたとされる漫録欄で、明治二十四年一月の内村鑑三不敬事件に触れて「吾等ハ将来ノ我文学者ガ徳義上ノ責任甚ダ軽カラザルヲ見ルナリ[27]」と述べていることも見逃せない。いかに俗界からの超越が文学の意義だとしても、時としてそこに国家による規制が加えられることも、高山は自覚していたのである。

右の文章発表から三ヵ月後の同年九月、高山は予科から本科(文科)に進級するが、その頃、仙台から国許の実父に宛てて「私事は文科の哲学か或は歴史かの中を専修可致決心罷在候[28]」と書き送っている。高山が最終的に美学を選んだ理由について明確に語った史料は存在しないものの、例えば高山と同い年である美学者の島村抱月が、「早稲田の文科で哲学と文学の交叉点に立ちたい[29]」という動機から美学を学んでいった事情を考えるならば、高山も同様に哲学と文学という二つの志望を同時に満たす学問として美学を専門的に学び、研究者として身を立てようと考えていったのではないかと推測される[30]。

右の主題は、前章でも触れた明治二十五年の「文学者の信仰」や、明治二十六年の『尚志会雑誌』第一号掲載の「近松戯曲に於ける女子の性格を論ず」でも繰り返し論じられ、「吾」を超える理想を捉えることによって文学の基礎が確立されるという主張が展開されていく。こうした思考の延長線上に、批評の基準として美学が据えられたのはごく自然なことであっただろう。この問題は、高山が帝国大学文科大学に進学し、とりわけドイツ哲学を受容することでいかに解決されたか、次節以降引き続き問われるべき課題となってくる。

姉崎嘲風と第三高等中学校

では、姉崎正治はどのような高等中学校生活を送っていたのだろうか。高山と同じように、まずは彼の出生から第三高等中学校までの足跡をたどってみたい。

姉崎は明治六年（一八七三）七月二十五日に、京都府に姉崎正盛・そでの一人息子として生まれた。彼は自伝のはじめに、「自分が、宗教学に志したもとの起りは、姉崎家の家系による[31]」と書いているが、姉崎家は浄土真宗仏光寺派の絵所の家系であり、家は京都を東西に走る四条通の南、同じく市内を南北に走る烏丸通の東側という、京都のほぼ中心地にあった[32]。彼自身、仏具屋や鍛冶屋、指物師などが軒を連ねる「職人の多い町内[33]」だったと回顧している。姉崎家は禁門の変で京都中が大火に見舞われた際に消失しており、姉崎が生まれた当初はまだ仮建の家であったという[34]。父正盛は、仏光寺の絵所とともに、桂宮家の監察方をも務めていたが、明治十四年（一八八一）十月、桂宮家淑子内親王薨去の直後、宮の墓所の検分に赴いた際に危篤に陥り、急逝してしまう。以後姉崎は、祖母と母の手で育てられることになったのである。

姉崎は下京区の豊園小学校の初等科を経て中等科に進むが、ほどなく退学する。明治十七年、数えで十二歳のときからは、劉秋所の漢学塾で漢学を、また仏教教育者である平井金三のオリエンタルホールで英語を学んでおり、このときにスペンサーの社会進化論も受容したとされる。[35]次いで明治十九年（一八八六）九月には、当時大阪にあった第三高等中学校別科に入学するが、別科であること、実家を離れての生活を苦にしてほどなく退学、再度予科を受験し、明治二十一年九月に予科第三級に入学した（第三高等中学校は、明治二十二年八月に京都吉田町に移転完了している）。実家に出入りする僧侶たちの口から、井上円了の哲学館の話題などを聞かされていた彼は、入学当初から漠然とした哲学への関心を持っていたようで、明治二十二年に三宅雪嶺の『哲学涓滴』が刊行されると、これを愛読したという。三宅雪嶺にとって、「自己の「哲学」の出発点を探るための習作」との評価が与えられている同書では、「批判法」以下のドイツ観念論の叙述に力を入れた構成と、東西哲学の融合の契機とが注目されている。[36]「苟も世に志あるもの、何為そ経典を渉猟して、醇乎として醇なる大道理を開発し、理想上東洋の妄りに軽視す可らざることを表示せざるか。已みなん、已みなん、鏡に対せざれば顔面の汚点を知らず[37]」という、東洋哲学の価値を説いた『哲学涓滴』の一節は、文部省で日本仏教史の編纂を志した三宅ならではの発言といえようが、同時に「姉崎家の家系」を意識し続けていた姉崎にとっても強く心に残る一節だったに違いない。後年、三宅と姉崎との間には確執があったとも指摘されるが[38]、先行研究でも指摘されているとおり、姉崎が留学まで持ち続けるドイツへの強い憧れの感情と、東西哲学の調和という問題意識の淵源が同書に求められることは間違いない。[39]姉崎の在学中、三高壬辰会では三宅を招いて演説討論会を行なっていることからも[40]、少なくともこの時点において、姉崎が三宅の「哲学」から少なからぬ影響を受けていたことは疑いない。「欧化」と「国粋」の対抗を軸に語られる明治二十年代の思想史において、「国粋主義」を唱える政教社のメンバーを代表する志賀と三宅から、高山と姉崎がそれぞれとくに強い影響を受けていたことは興味深い事実である。高等中学校という大学への進学を前提とした教育機関に身を置いていた彼らが、学士を中心に結成された政教社により親近感を覚えていたともいえるであろう。

理学と世界観への関心

もう一つ、高等中学校在学中における姉崎の自伝の記述で興味深いのは、当時彼が逓信省の電信講習生に応募しようとしていたことである。「自分は職業の上では電気学をやり、暮し向きがたてばその上で哲学をやろうと考えたのである」[41]と彼は言っている。時期は不明ながら、あるとき三宅雪嶺の『哲学涓滴』の参考資料とされたシュヴェーグラーの『西洋哲学史』と、電気学の本を注文したところ、何故か前者のみが届き、冬休みに辞書を引きながら読破したと回顧している。自伝ゆえに「この書物の来たと来ないとで、自分の一生がきまったようなもの[42]」という出来すぎた挿話の意味は割り引いて考える必要がある。ただし、第三高等中学校在学中の文章において「積極的に近世哲学の興起を促したる者は何ぞや。曰く、万有の実践的講究なり、語を換ふれば、理学の精神是れなり[43]」と論じ、シュヴェーグラーの哲学史記述において、中世教父哲学からデカルトに至る過程での万有学の説明が曖昧であると不満を述べた件があることを踏まえれば、あながち作り話ともいえなさそうである。ちなみに、姉崎は自宅には天体望遠鏡を備えており、晩年まで自然科学に及ぶ広い関心を持ち続けていたという[44]。一見全く脈絡がないかに見える電気学（理学）と哲学という二つの領域への関心が、姉崎の内面において、万有学、すなわち現象の成り立ちを説明する世界観的な志向に支えられていたということはできよう。それは同時に、高山の「吾」を超える理想とは異なる側面から、姉崎においてもまたドイツ観念論哲学を受容する下地が確かに形成されつつあったことを示唆しているようにも思われる。

また、明治二十年代半ばに高等中学校に通った姉崎も、「誌友交際」の実践と無縁ではなかった。高山が『早稲田文学』に投稿していたように、実は姉崎も三宅米吉が主催する雑誌『文』に、「言文一致論ニ就テ」と題する小論を発表していた[45]。内容は、同誌上で展開されていた言文一致論を批評したもので、文章は雅文より基礎となる語を書いた方が分かりやすく、かつ言文を一致すれば将来地方の言語も統一できると論じ、言文一致への賛意を示したもので、発表年は明治二十二年（一八八九）だった。[46] 姉崎もまた、雑誌への関与を早くから始めていたのである。その後、彼の主要な言論発表舞台となったのは、校友会機関誌である『壬辰会雑誌』であった。

第三高等中学校において、「我第三高等中学校ニ関係アルモノ互ニ一致団結シテ文武諸般ノ技芸ヲ攻究錬磨シ兼テ我校ノ気風ヲ養成スル」[47] ことを会則第一条に掲げて、校友会の壬辰会が結成されたのは、明治二十五年二月のことである。これは全国のナンバー・スクールにおいて、二番目のことであった。同年二月十一日、紀元節の祝賀式が行なわれ、校内で壬辰会発会式が挙行された。式では、折田彦市校長が会則第一条にもある「我校の気風」を「一旦緩急あらば義勇公に奉ずと云ふの気風即忠君愛国の気風」[48] と定義する一場の演説を行なった。また、姉崎の同級生だった笹川種郎（臨風）も、文科一年の総代として、学術の宝庫である学び舎の洋々たる前途に甘んずることなく、壬辰会の目的である「校友の一致団結」と「我校の気風養成」に向け、決意をもって邁進していく抱負を語っていた。[49] 壬辰会は、さらに二月二十三日、委員会を開いて雑誌部理事に服部宇之吉と幣原喜重郎を選出、同編集委員に平井深造、藤田豊八、山崎直方、笹川種郎、笹川潔をそれぞれ選出した。また、各級に置かれた総代の名簿には、文科一年に姉崎の名前が確認できるほか、法科二年に浜口雄幸の名前も見出せる。[50]

壬辰会では演説討論会も活発に開催された。同年三月十八日に行なわれた演説討論会では、姉崎が「政府と学術」という演題で演説をしている。[51] また、四月三十日の討論会では、浜口雄幸が「所感を述ぶ」、下岡忠治が「代議政体に就きて」という興味深い演題で演説を行なっていることが彙報欄から知られる。[52] しかし、残念ながらこれらの筆記は『壬辰会雑誌』には掲載されていない。明治二十五年三月に壬辰会の機関誌『壬辰会雑誌』が創刊されると、姉崎は創刊号からかなりの頻度で同誌に寄稿を行なっている。二十五年九月、新年度にともなう役員改選後は編集委員として、批評欄にも健筆を揮った。

論説から彼の当時の関心事を探ってゆくと、大きく三つの傾向を指摘することができる。第一に、「幼稚園ノ教育ニ於ケル位置」（一～二号）や「劣等動物に於ける心意現象」（四号）のように、進化論的な発想に依拠しながら、生物（ひいては人類）が未熟な段階から徐々に発達していく過程において、知識の育成や心理の発達について論じていることが注目される。第二に、「山城国内の御陵墓」（第七号、第九号）のように、皇室に対する篤い崇敬の念を吐露したものが存在する。この心理は、南朝ゆかりの真宗仏光寺派の絵師の家系に生まれた彼の家庭環境とも関係しており、折田彦市が第三高等中学校の気風として述べた「忠君愛国」に対応するものでもあったといえる。姉崎の皇室崇敬は、後年の南北朝正閏論争にも見られるように終生保持されたものであった。そして第三に「唱歌吟詩」（第六号）、「イルメナウの夕景色」（第九号）、「シユワーベン詩壇の盟主ウーランド」（第一二号、第一三号）に見られるような文学への関心である。

当時の彼の思想的な特徴は、先行研究でも指摘されているように、ドイツ思慕の情、ナショナリスティックな国民文学への関心、陵墓紀行文に見られる皇室崇敬の念の三点にまとめることができる[53]。高山が絶えず校風への不満を吐露していたのに比べ、姉崎の場合は、自伝からも当時の文章からも学校への明示的な不満は見出せず、また高山のように人生問題に関心を寄せていた形跡も認められない。明治二十四年五月十一日に大津事件が発生した際、大津からほど近い京都ではこの報が大きな衝撃をもたらした。笹川臨風らは、十二日に新橋を経ち、見舞いに訪れた明治天皇を、二一〇名の同級生とともに七条駅前で奉迎する列に加わっている。時刻は午後十時を回っていたというが、まだ電燈のない時代で、笹川は「此時ほど情けない、薄暗い、勿体ない感じのしたことはなかつた[54]」と回顧している。大津事件に際しては数々の見舞いが寄せられ、全国各地で驚くほど様々な反応があったことは尾佐竹猛が紹介しているが[55]、姉崎は生徒代表として、学生から金を集めて購入した『国華』を携え、ロシア皇太子への見舞いに赴いている。姉崎は「忠君愛国」を掲げる第三高等中学校の校風にある程度忠実であり、文学への関心も素朴な愛国心の上に存在していたといえる。

その上に付け加えることがあるとすれば、『壬辰会雑誌』の論調とメディア的特質を挙げることができる。同誌では、しばしば「東信」と題し東京の帝国大学に進学した卒業生による意見を掲載していた。[56]例えば幣原喜重郎が第七号に寄せた短信には、次のような誌面改革の意見が含まれていた。

生は本誌に関して望む所一二あり、試に之を述べむ。

一、小説の類は断然本誌に登載なからむことを願ふ、必ずしも第五号に於て這般の文字ありといはず、只将来にも万々かゝることのなからむを希望する也、その学校雑誌の品位を失墜するを以てなり、編輯委員諸君幸に之をして迂生の一杞憂たらしめよ。

二、懸賞文の募集あらむことを望む、本部規約には之に関する規定あり、而も去学年に於ては之を実行するを得ざりき、是れ本会創刱日尚浅く遂に止むを得ざるの理由ありし也、本学年は如何、願はくは一たび当路諸君の尽力を煩はしてその実行せらるゝことを得む、卓見健筆の争、戦ふもの観るもの共に亦一快にあらずや。

三、批評欄を今少し盛にせられむことを望む、批評の彼我を益するは固より述ぶる迄もなし、然るに本欄の常に寂寥落日の観あるは如何にぞや。[57]

右のように小説を忌避した幣原自身、ひそかに雑誌『都の花』に小説を寄稿していたのだが、[58]壬辰会では、「今日の文学社会には批評大に流行し新聞といひ雑誌といひ大かた批評のなきはなしこれぞ吾明治文学が一段の歩武をすゝめたる兆か」[59]という見地から、「小説の類」を排して、創作よりもむしろ批評を活発にしていく論が多かったようである。

『壬辰会雑誌』において注目すべきは、もう一つ、その流通範囲である。第五号の会報欄末尾に記載された壬辰会宛寄贈雑誌を観ると、第五高等中学校龍南会の『龍南会雑誌』、岡山医学会『岡山医学会雑誌』、鹿児島造士館学友会の『学友会雑誌』、郡山尋常中学校扶桑会の『扶桑』といった校友会関係の雑誌ばかりでなく、例えば東京駒込の少年園から雑誌『少年園』の第二号が送られている。『少年園』が投書雑誌の先駆けとして明治二十年代における学生たちの投書熱を煽り、中核となっていった雑誌であることを考えれば、明治二十年代中葉に成立した各高等中学校の校友会は、東京府下で『早稲田文学』のような文芸誌とも投書雑誌とも接点を持ち、「誌友交際」の核を形成する、重要な存在となっていったことがわかるのである。

第二節　井上哲次郎の「現象即実在」論

写真3　独逸六大哲学者（カント，ショーペンハウアー，ヘーゲル，ハルトマン，シェリング，フィヒテの肖像画。『太陽』6巻8号，1900年6月，口絵）

その頃の帝国大学文科大学

高山は、明治二十六年（一八九三）九月に帝国大学文科大学哲学科に入学し、第一高等中学校出身の桑木厳翼、第三高等中学校出身の姉崎正治らと同級になった。後年、西田幾多郎から「二十九年の天才組」[60]とも称された彼らは、明治二十九年に卒業するまでの三年間、[61]本格的に哲学を学ぶことによって、いかなる視点を獲得したのだろうか。桑木厳翼は『明治の哲学界』において、明治二十五、六年頃を哲学が本格的な形を整えてきた画期とし、ケーベルがドイツの学風やギリシャ哲学への興味を学生間に普及した点や、帰朝して間もない井上哲次郎が、やはりドイツで流行していたショーペンハウアーやハルトマンの学説を紹介に加えて印度哲学を講じ、「東西

表1　高山が履修した科目・担当教員（工藤恒治『文豪高山樗牛』98頁掲載の卒業証書より作成）

科目名	担当教員
哲学概論・西洋哲学史・美学及美術史	文科大学教師　Dr. R. Köeber
国文学	文科大学教授正六位勲六等文学博士　黒川真頼
漢文学支那哲学	文科大学教授正五位勲五等文学博士　島田重礼
漢文学	文科大学助教授正七位　田中義成
羅甸語	文科大学講師従六位勲六等　神田乃武
英語	文科大学教師　Dr. A. Wood
独逸語	文科大学教師　Dr. K. Florenz
史学	文科大学教師　Dr. Ludwig Riess
史学	文科大学講師従六位理学士　箕作元八
動物学	理科大学教授正六位理学博士理学士　飯島魁
論理学及知識論・倫理学	文科大学教授従六位　中島力造
社会学	文科大学教授正四位勲三等文学博士　外山正一
比較宗教及東洋哲学・哲学	文科大学教授正六位文学博士文学史　井上哲次郎
支那哲学印度哲学	旧文科大学教授正四位勲四等文科大学講師　村上専精
心理学	文科大学教授従六位文学博士　元良勇次郎
教育学	文科大学講師正七位　野尻精一
精神病論	医科大学教授正六位医学博士医学士　榊俶

思想を打て一丸とした哲学を建設せん」[62]とした点を述べている。当時の帝国大学文科大学哲学科においては、それまでの流行思想であった進化論に代わり、新たに理想主義の哲学――いわゆる「ドイツ観念論」[63]の哲学――が講壇の中心を占め始めていた。エドゥアルト・ハルトマンの哲学思想については、今日ではほとんど省みられることはないものの、前章で見た森鷗外が自己の美学思想の標準となし、写真3に見るように、後年、『太陽』がドイツの代表的な哲学者の肖像を口絵に掲げた際もその中央に掲げられる等、明治二十年代から三十年代にかけてはドイツの代表的な哲学者と目されていた。ドイツ哲学が我が国に本格的に導入された際の状況を考察するにあたっては、今日の哲学史の研究水準をいったん離れて考察する必要がある。当該期が桑木のいう哲学の画期だった点は、制度的側面からも確かめうる。明治二十六年八月十一日勅令第八二号により公布された改正帝国大学令では、第十七条に「各分科大学ニ講座ヲ置キ教授ヲシテ之ヲ担任セシム」の条文が追加され、初めて講座制が導入された。施行は同年九月十一日、つまり高山らの入学と時を同じくする。

このとき文科大学に設置されたのは、国語学・国文学・国史、漢学・支那哲学、史学・地理学、哲学・哲学史、心理学・倫理学・論理学、社会学、教育学、美学、博言学、英語学・英文学、独逸語学・独逸文学、仏蘭西語学、仏蘭西文学で[64]、美学講座の設置は、世界初だったともいわれている。明治二十年代を通じて議論されてきた講座制の導入は、「専門とする各分野について教授の担当責任を明確にし、その教育・研究への専念を求めることに主要な狙いがあった[65]」と評されるように、学術の専門化を推し進め、いわゆる官学アカデミズムの形成を促すものであった。高山の卒業証書から、彼が履修した科目と担当教員を一覧化したものが表1である。このときの文科大学長は外山正一、総長は浜尾新であった。

先行研究では、外国人教師を中心としてきた体制から日本人教授を中心とした教員構成にシフトし、さらに文科大学に国史・国文・東洋哲学等の講座が新設されることによって、「日本的大学の建設」に至る画期となったこと、また、学風の上では、ドイツ系統の学問が一層重視されるようになったことが指摘されている[66]。高山と姉崎は以上のような帝国大学の再編のなかに学生生活を開始したのである。

ドイツ学の受容

このようななかで、日本人の哲学科教授として、ドイツ哲学の鼓吹に努めた一人が、高山や姉崎の指導教官であった井上哲次郎である。井上哲次郎は、安政二年（一八五六）に福岡県に生まれ、明治十三年（一八八〇）に東京大学哲学科を卒業した。自伝によると、在学中はフェノロサの哲学史と原担山の仏教に興味を覚え、明治十七年にドイツに留学すると、クーノー・フィッシャーらの哲学史の講義を聴講し、またハルトマンにも面会して意見を闘わせ、さらにイギリスにも渡ってハーバート・スペンサーにまで会ったという。明治二十三年に帰朝した井上は、自伝のなかで「西洋哲学としては主として独逸の哲学を紹介し、且つ之を学生に教へ込んだのである。而して其の他哲学及び精神科学研究の為めに西洋に派遣せらるゝ留学生には主として独逸に往くことを勧誘したのである。我が国に於いて独逸哲学の重要視せらるゝやうになつたのは自分等の努力に依るところが多大である」[67]と回顧し、従来の英、米哲学中心の状態から大きく形勢が変わったことを指摘している。高山や姉崎の思想形成途上における大学の講義の意味を検討することが以下の課題だが、本節ではまず、井上哲次郎に即して、ドイツ哲学受容の意味を考察していきたい。

井上によってもたらされたドイツ哲学の性格はどのようなものだったのか。受容期の特徴については、唯物論の立場に立つ三枝博音らによって、戦前から研究が重ねられてきたが[68]、その性格規定に関していえば、先行研究では、いわゆる保守的な講壇哲学の中心に位置づけられたために、やや否定的なニュアンスをもって評価されてきたようである。丸山眞男は「ドイツ観念論はその発祥地に於てまさしく国民的（国粋的ではない）哲学であった。それはドイツの最も進歩的な国民層の意欲の凝集的表現であった。しかるにそれが我国に受入れられたとき、それは著しい「貴族的」性格を帯び、現実遊離的な高踏的思索であるかの如く取扱われた」[69]といい、高尚・幽玄・超絶といった態度が東洋の伝統的な哲学と同化され、国民を内面から規定する思想となりえなかったことを批判している。また、山崎正一は、普仏戦争以後、新興資本主義国家として国民のエネルギー結集を図ろうとするドイツと、明治中期の日本が置かれた状況の類似性を指摘した上で、英仏の哲学に比べたときのドイツ観念論の特性として、行動性が希薄であり、現状肯定に傾きがちであることを述べている[70]。その後もドイツ観念論の受容を考察した研究は見受けられるものの[71]、明治二十年代以降の定着過程にまで論究したものは少ないようである。明治二十年代以降のドイツ観念論については、その積極的な提唱者であった井上自身の評価——すなわち、『勅語演義』や、「教育と宗教の衝突」論争のなかで果たした役割の評価[72]——と相俟って、体制擁護的で国家主義を弁証する思想として消極的に評価が下される傾向が強かったように思われる。

もちろん、右のような特徴は、導入されたドイツ哲学の主要な一側面であった。そもそも我が国にドイツ学が移植されるにいたった背景に、ドイツ学が国家形成のために有用であるという認識があったことは否定できない。高揚する民権運動の只中にあった明治十四年十一月の時点で、井上毅は「今天下人心ヲシテ稍ヤ保守ノ気風ヲ存セシメントセバ、専ラ孛国ノ学ヲ勧奨シ、数年ノ後、勝ヲ文壇ニ制スルニ至ラシメ、以テ英学ノ直往無前ノ勢ヲ暗消セシムベシ(73)」と述べていた。井上のドイツへの選好が、単なる贔屓ではなく、ごく早い段階から「漸進」の立場への共感にあったとする指摘は、ドイツ哲学受容の意味を考察する本書の問題意識にとっても貴重である。(74) また、井上毅の意見書に先立つ十四年九月には、東京大学理学部と文学部でドイツ語が必修となり、同じ年には品川弥二郎、桂太郎、加藤弘之、西周らによって独逸学協会が結成された。さらに、帝国大学では明治二十年一月に哲学教師としてブッセが来日し、ドイツ哲学を講じていくことになる。

「哲学」の意義

ところで、明治二十年代初頭に、国家形成の学として着目されてきたドイツ学の中で、哲学はどのような位置を占めていたのだろうか。ブッセは、明治二十二年(一八八九)、独逸学協会の機関誌『学林』第一号に「道徳哲学論」を寄せ、「今哲学ノ目的、哲学ノ仕事ハ何デアルヤト云フニ、其目的トシ其仕事トスル所ハ、世界ノ説明デアリマス(75)」と述べて、哲学の意義を「世界万般ノ事物ノ説明」に求めていた。ブッセの発言は、まさに高山・姉崎の世界観への希求に応え得るものが、もたらされたドイツ哲学に備わっていたことを示唆している。また、ロエスレルは、「独逸学方針」と題する論説のなかで、政治学及び国家に関する諸学科の学派を説明しながら、とくに「哲学派」の項目を立てて、カントの『道徳形而上学原論』や、フィヒテの『ドイツ国民に告ぐ』およびヘーゲルの『法哲学要綱』などを例示しながら、「普通の主義」を知らしめるために緊要のものとして哲学を位置づけている。(76) ブッセもロエスレルも、それぞれ哲学と政治学の立場から、ドイツ哲学の道徳の問題に言及していることが注目される。ごく数例を挙げたに過ぎないが、「国家学」から「純正哲学」が独立してその価値を認められるに至る理由に、カント以後のドイツの道徳哲学の問題が関心を集めていたことは、我が国におけるドイツ哲学受容の特質として強調してよいだろう。この点は、右の論説が出た翌年に帰朝した井上哲次郎や、高山の初期の思想活動において道徳の問題が思索の中心を占めた遠因と考えられる。一般にドイツ観念論の思想家たちは、カントが区別した認識の対象となる現象と物自体の境界を再統合し、根源的な「絶対者」を求める形で思索を展開していったとされる。[77] 井上哲次郎が、「勅語は元来日本に行はるゝ所の普通の実践倫理を文章にしたるもの」[78] だといい、また「勅語の主意は、一言にて之れを言へば国家主義なり、然るに耶蘇教は甚だ国家的精神に乏し」[79] という形で、道徳的存在として国家を絶対化しながらキリスト教を排撃していった論理は、何よりもまず当時のドイツ哲学の受容水準に起因していたと見るべきであろう。

また、井上の思想については、明治十年代に流行し、加藤弘之の『人権新説』によって広められたスペンサー流の社会ダーヴィニズムからの影響が指摘されている。[80] この点は井上自身が東京大学在学中に進化論の影響を受けたと回顧していることからも確かめうる。井上は自らの立場をしばしば「理想主義」であると論じているが、[81] その彼が帰朝直後、理想を未来に向かって置くべきことを力説していたことも記憶しておいてよいであろう。「堯舜ノ時ノ文化ガ盛ンデアツタカラドウカ日本モ堯舜ノ時ノヤウニ致シタイ抔トイフ考ヘデハ実ニ憐レナモノダ迚モ国会抔ハ出来ナイ、詰ラヌモノニナツテ仕舞フソレダカラ日本ハ将来ニ於テ是迄ニ無イ文化ニ達シヤウトイフ、目的デナケレバナラナイ、理想ヲ古ヘニ取ラズシテ未来ニ理想ヲ取トイフノガ欧羅巴文化ノ精神デ御座イマス」[82] とは、明治二十四年の井上の弁である。後に東洋哲学の研究を進める過程で儒学三部作を著わしていく井上の姿からは想像しにくいものの、こうした未来志向を有する点でも、井上は、世界観の根底に西洋哲学が目指す普遍的原理への志向を持つ、明治期に自己形成を遂げた新しいタイプの知識人なのであった。[83]

しかし他方で、井上が加藤弘之を「極端な唯物論者」とし、「進化論はただ物質的方面の進化のみを以て満足すべきではない。精神的進化という方面を考えなければならぬ」[84] と、加藤と自らの立脚点を区別していることも見逃せない。経験的世界としての現象よりも、対象を把握する精神の在り方を重視するドイツ哲学は、国家形成の学としてその有効性を認められると同時に、「物質主義」に不満を持ってきた井上の問題意識ともよく合致するものだったのである。

おおよそ以上のような性格を持つ井上のドイツ哲学の理解は、教場で行なわれた彼の講義にどのように反映されていったのか。高山・姉崎が入学した明治二十六年、井上は「東洋哲学及比較宗教」の講義を担当していた。その内容は、原始仏教を素材としたもので、明治二十七年度まで仏教以前のインド哲学が、次いで翌年度からは仏教の起源が論じられた。同講義については、すでに翻刻がなされているほか、[85]先行研究でものちの宗教学の形成にとっての意義が分析されているが、[86]原始仏教のうちヴェーダーンタ派の哲学とカント・ショーペンハウアーの一致を説くなど、東西思想を比較しつつその共通性を説く内容であった点に特徴があったとされる。高山が、大学の最終学年に「古代印度思想概論」を執筆し、後に博文館から『釈迦』の伝記を刊行した点を見る限り、宗教学を志した姉崎はもちろん、高山にとっても強い印象を与えた講義だったと考えられる。

「道徳の理想」とグリーンの倫理学説

高山と井上哲次郎との関係は、従来にも多く論じられてきたが、その大半は、井上の主張する「国家主義」と、高山の「日本主義」との親和性についてであった。[87]しかし、私見では、たんなる「国家主義」の継承ということではなく、高山は井上から重要な視点を引き継いでいる。その視点とは、当時井上哲次郎が主張していた「現象即実在」の視点にほかならない。

井上が「現象即実在」論の構想を初めて世に問うたのは、明治二十七年（一八九四）七月、『哲学雑誌』第八九号の巻頭に掲載された「我世界観の一塵」においてである。同記事は、五月二十三日に哲学会席上で行なわれた講演筆記であるが、『勅語演義』や『教育と宗教の衝突』のような時論とは趣を異にし、本格的な哲学の構想を述べたものでもあった。

同講演において井上は、思索によって真理に到達しうる立場と、そうでない懐疑派とを分け、さらに真理に到達しうる哲学の立場を、観念派と実在派の二種に区分する。観念派は、客観を主観の結果とみなす一元的な立場であり、逆に主観の外に客観世界の存在を認めるのが実在論の考え方であるという。実在論にもいくつかの考え方があるが、「現象即実在論」は、客観世界の中に現象を認め、それを実在と同一視する立場である。ちょうど、物質とそれを構成する目に見えない元素の関係のように、理論上において現象と実在を区別して思惟することを認め、実際には二元一致の立場を採るものがこれにあたる。

井上は、以上のような観点から、唯心論・唯物論の立場を批判していく。彼は、ヘーゲルやショーペンハウアーの思想を紹介しつつ、彼らの思想が結局のところ唯心論であると述べる。これに対し、近年では「窮理の学」の発達によって、ドイツでも唯心論が哲学界全体を占有する状況は変わってきたという見解を示す。また、井上は東洋思想のなかからインドのヴェーダーンタ派の哲学を紹介しながら、同派の説も、世界を夢や幻影とみなして客観的な存在の一切を認めない点で健康な世界観ではないと批判する。次いで井上は、明治二十年代まで哲学界の主張を占め続けた進化論についても、以下のような批判を加えていった。

進化論は世界観を構造するに於ては不充分なるものと云はねばならぬ、何故なれば進化論は根本的の実在といふものは最早始から予想して夫れを解釈して居らぬ、夫で物質といふ様なものは何であるかと云ふ様な事には深く注意しない、物質といふ様な物はモウ初めから物質として自明である様に仮定してさうして其抑々末の方丈を研究して居ります、夫で哲学といふものは基本を仮定してさうして其末を研究するよりも、末から本の方へ遡つて先へ〳〵と進んで大根本を研究しやうといふ学問であります。(中略)進化論では進化するものは何が進化するのであるかと云へば客観的現象の進化と云はなければならぬ、其客観的現象は何であるかと云つたならば夫は物質であると答へるが其物質は何であるかと云つたならば物質

といふ位に止まつて仕舞ふ、夫では到底表面の研究に止つて幽奥深遠の境界に達することは出来ぬ。(88)

ここに示されているのは、ドイツ哲学受容の過程で井上が選びとった、物質から精神への立場であるとともに、表面の研究から「幽奥深遠の境界」の研究という方向性である。井上自身がこのような立場を有していたからこそ、彼の指導を受けた高山や姉崎によって、「美学」や「宗教学」という、精神的活動によって産出された諸現象の統合原理を模索する人文諸学の新たな領域が切り開かれていったのだともいえよう。

では、右のような井上の講義は、受講した高山・姉崎の内面において、思想形成上どのような意義を有するものだったのだろうか。すでに述べたドイツ哲学受容の意義と合わせてここでは二点ほど指摘しておきたい。

第一に、研究手法としての「比較」の視点の獲得である。姉崎は明治二十八年、『哲学雑誌』に、「比較的研究の精神」を発表し「蓋し世界交通の自由は自然の研究のみならず、精神界の討尋にも亦豊富の材料を供し、之に依りて比照校量し、偏見独断の蒙を破りたる者あればなり、現時学術研究の旗幟は実に比較的研究にあり(89)」と論じた。哲学に限らず、来るべき新しい学術の自立にあたって、何よりもまず収集した材料の比較が必要という視点である。この視点は、直接には姉崎の「比較宗教学」へと受け継がれ、また高山の批評活動においても重視されたものであった。

第二に、より重要な点として、井上の講義を通じたドイツ哲学の理解が、彼らの内面において理想と現実の関係性についての思考を促したことが挙げられる。井上が自らを「理想主義者」と称していたことにはすでに触れたが、その立場は、経験的に把握されうる現実のなかに、実在たる理想の一端を見出し、理想の実現に向けて邁進していこうとするきわめて漸進主義的な立場だったといえる。

この仮説を裏づけるのが、高山が明治二十八年六月から『哲学雑誌』に発表した論文「道徳の理想を論ず」である。高山は同論文の冒頭で「道徳は理想を予想す。凡ての道徳的活動は是理想に到達する為の煩悶に外ならず。吾人が善悪と謂ふ所のものは所詮是理想の現化に対して言へるものにして、是現化に利あるものは善にして之に害あるものは悪なりと言ふを得ん」[90]と論じて、「理想主義」の立場を打ち出している。その上で、高山のいわゆる「道徳の理想」とは、行為の意志やあるいは行為の結果のみに係るものではなく、「一般人生の幸福」を増進するか否かに求められるとする。理想と現実が矛盾する世界は「不円満」ではあるが、理想に向かって不退転に精進することこそ、人間生活の第一義であるとも述べる。高山は、当時中島力造らによって紹介されていたトマス・ヒル・グリーンの学説も引用しながら、道徳の理想について自らの見解を述べている。また、同論文の結論について、高山は以下のように要約している。

個人は独り以て道徳を成すに足らず、必ずや社会に於てす。社会は個人の集合に非ずして一の道徳的団体として其人格を有す。国家亦然り、人類亦然り。個々体を離れて素より全体無きも、而かも全体の中には個々体中に見るべからざる一の生命と人格とを具ふ。是人格を高め、是生命を進むるは個々体最終の目的にして、是目的に達することに依りて、個々体亦自己の円満なる個体的理想に達することを得べし。個々体の人格愈々明なれば同時に全体の人格亦愈々明となり、個々体愈々円満に近けば、全体亦益々其理想に近く。全体は個々体の人格を没却して自己を完成するに非ずして、只全体の中に個々体を収め、個々体の中に全体を現ずるのみ。差別即平等、平等即差別の妙境即是なり。[91]

高山が同論文で、快楽主義の説く理想を目的と手段を取り違えたものとして批判し、自己現化を理想として設定したこと、道徳の実現について、個人の内面における完成ではなく社会的な契機を重視していることなどは、以後の彼の「日本主義」思想においても重要な意味を持ってくる。

トマス・ヒル・グリーンの倫理学説は、人が元来備えている自我を完全に実現させることを究極の目的とし、それに適う行為を善であるとする自我実現説（Self-Realization）といわれる主張で、当時多くの学者に受け入れられていた。ヘーゲルの影響を受けたイギリス新理想主義の立場に属するグリーンは、経験主義的ないし現実主義的なミルやスペンサーの哲学上の立場を批判して精神の価値を強調したため、儒教道徳をドイツ哲学と接合しようとしていた当時の帝国大学の風潮によく合致したという評価もなされる。先崎彰容は、功利主義も批判しながら公共空間への関心を促すグリーンの著作が、高山にとって「厭世主義」を克服するための「自己救済の書」[92]であったと評価している。また行安茂は、グリーンの主張する完全な自己現化について、高山が実際にはあり得ないという消極的な評価を下したことから、高山におけるグリーン受容の限界を指摘している。[93]鶴岡市教育委員会が所蔵する高山の旧蔵書中にグリーンの著作は見出せないことから、直接的な影響の立証は困難なのだが、国家を共通善の実現のために不可欠の存在とみなし、個々人の権利も共通善の実現のために正当化するといったグリーンの思想が、のちの「日本主義」で前面に押し出されてくる高山の国家や個人の権利に関する発想と一定の共通点をもつことは留意しておいてよいだろう。[94]

ついで、同論文中、理想と現実との関係を論じるくだりで、高山が「惝怳」という語を用いていることも注目される。[95]「惝怳」の語は、同論文に先立つ四月に、『太陽』に初めて寄稿した「戯曲的人物と近松巣林子」でも、元禄文学の現実主義的傾向に触れて「元禄文学は一般に具体現実の世界を超えず、夫の上代を惝怳し、来劫を夢想し、円満なる理想の中に社会人生の標準を求むるが如き、其能くする所に非りしなり」[96]という形で使われており、明治二十八年の春以降しばしば論文で用いられていた。序章でも述べた「惝怳」＝〈憧憬〉という新しい思考様式は、井上哲次郎を介したドイツ哲学の受容と、「現象即実在」という視点の獲得によって、高山の内面において発見されたということができるのである。

第三節　ケーベル講義と「文明」批判の視座

教壇のケーベル

高山や姉崎の思想形成を考える上で、もう一人逸することのできない人物がいる。高山らが帝国大学に入学した明治二十六年（一八九三）九月に着任し、以後大正時代まで教鞭をとったラファエル・ケーベルである。彼の門下からは、多くの哲学者が育っていったことは有名だが、高山とケーベルの関係に着目した研究は多くないようである。[97] ケーベルに深く傾倒した姉崎は、彼の思想と学問について、ドイツ・ロマン主義的な教養の上に立脚した、「プラトー的空気の中に呼吸する人が安静、超然、離脱の生活を養ふ為に取り入れる為の淡白な食餌」[98] のようなものだったと回顧している。ケーベルは、ドイツ系ロシア人を父に持ち、一八四八年、ロシアのモスクワの東部にあるニジニ・ノブゴロドで生まれた。彼は、十九歳のときにモスクワ音楽院でチャイコフスキーから作曲を習い、音楽院卒業後イェナ大学、ハイデルベルク大学にて哲学、文学を修める。一八八一年、『ショーペンハウアーの解脱論』を刊行し、さらに一八八四年『ハルトマンの哲学体系』を刊行したことを機に、ハルトマンの知遇を得た。留学中の井上哲次郎が文科大学にハルトマンの招聘を企画したとき、ハルトマンが代わりに推薦したのがケーベルであった。

では、高山と姉崎は、ケーベルから何を学び、自らの思想に取り入れていったのだろうか。ケーベルの最初の講義である「哲学概論」は、姉崎の回想によると明治二十六年九月十五日に開講されたようだ（なお、当時の帝国大学の修業年限は三ヵ年で、各学年は九月始業・七月終業であった）。講義初日の模様について、姉崎は以下のように述べている。

始業のはずの十一日学校へ行って見ると、先生の影さえ見えぬ。その頃一寸見た外国人はケーベル先生であったが、その哲学概論講義は十五日にはじまった。今はやけうせた法文科旧館の二階北側で、元図書室であったのを、その年教室に作りかえた所で、机や椅子は臨時製品であり、一室に二百余人を容れ得たか。これは此年から法科と文科とに入学生が増して、今までにはなかった多数の学生を一室に入れる為に作ったもので、我々文科の新入学生全体が出席した。先生は先ず口を開き、まわらない英語で Gentlemen! というた。これで先生が学生に向ってかくいうのだと知ったが、自分等を Gentlemen と言われた最初であった。又今までは小さな組で授業をうけていたのが、広い室で一緒に講義をきくのも物珍しく、而して互に他の高等中学から来た人について何というか知ろうとした。あとで考えると、講義が終ってから高山が何か先生に質問していた。(99)

同様の回想は、前章で引用した桑木厳翼の高山追悼文にも見られたものだが、とにかく講義初日から高山はケーベルに話しかけ、質問に赴いたらしいことがわかる。そのとき高山が何を質問したのかについては、なんとケーベル自身の回想が存在する。

私の赴任後まだ日もたゝぬ時早くも——一人の学生は、幾枚もつぎ合せた何尺の長さにもなりそうな、両面にぎっしり書かれた紙を私の所へ持って来た。それにはあらゆる時代と国民との哲学者、神学者、歴史家、詩人、音楽家その他の著名なる人物の名や著述があった、——それも年代順とかその他の順序とかがあるのでなく、ただ乱雑に滅茶苦茶に置かれていたのである。およそホメロス、ゾラ、ヘーゲル、ツァラトゥストラ、ロッシニー、シュライエルマッヘルといった風に。そして質問——それは殆ど信じがたいほどである！——はといえば、これらすべての偉人の中で誰が最も偉大なる者であり、またその表にある千をもって数うべき著書の中でいずれが最上のものであるか、といった風である。——また他の一学生からは、私は、彼が他日仏陀か然らざればキリストになるには、何をなさざるべからざるかを教えてくれといわれた。けだし彼の生涯の不変の目的はたゞこの一事に存して、これ以下は眼中にないからだと言うのであった！ 私の就職の初め一二年間はこんな風に過ぎた。しかし次第々々に私は若い人たちにかような質問の愚なることを理解せしめるに成功した。(100)

姉崎や桑木の回想を信頼するならば、ケーベルを不快にさせた学生は高山だったことになる。ケーベルと高山の折り合いの悪さは、つとに指摘されているが、(101)その不和の原因は、すでに最初の対面のときから萌していたといえる。ケーベルの開講科目を『東京帝国大学一覧』所収の文科大学学科課程によって整理すると以下のようになる。

〈一年次〉明治二十六年九月〜十二月　哲学概論
〈一・二年〉明治二十七年一月〜十二月　西洋哲学史
〈三年次〉明治二十八年九月〜明治二十九年七月　美学及美術史

なお、三年次に相当する明治二十八年末から翌年にかけては、序章で触れたように高山が病気療養で東京を離れている期間があり、「美学及美術史」講義の一部は聴講していないことになるが、卒業証書の「美学及美術史」講義の欄にはケーベルの署名が確認できる。井上哲次郎の回想によると、高山は試験の成績は休んだ割には一三人中五位と「稍々好い方」(102)だったという。

表2　ケーベル講義録の種類および残存状況

タイトル	形態	刊行年	備考
Lectures on introduction to philosophy（哲学概論）	iii, 138 p., [1]; 20cm	1893年のみ。	
An intoroduction to philosophy（哲学概論）	139 p.; 20cm	1895年・1899年の二種類。	1893年版の哲学概論からの改題か。
Lectures on aesthetics and history of art（美学及美術史）	264 p.; 20cm	1894年・1898年の二種類。	1900年より同講義は大塚保治が担当。
Lectures on history of philosophy vol.1（西洋哲学史 第一巻）	8, 310 p.; 20cm	1894年・1896年・1901年の三種類。	1894年版は二巻合わせて古代・中世のみ。 形態のページ数は1901年版, 1903年版による。
Lectures on history of philosophy vol.2（西洋哲学史 第二巻）	419 p.; 20cm	1894年・1897年・1903年の三種類。	

ケーベルの講義録

やはり気になるのはケーベルの講義内容についてである。『東京大学百年史』によると、美学の講義では西洋美学の学説史としてプラトンの美学説から説き起こしてドイツ観念論に至るまでの歴史的解説と、ドイツ観念論に依拠した芸術に関する省察や美的認識と直感の問題などが論じられたという[103]。また、美学講義を通じてもたらされたケーベルの美に対する認識については、近年、芸術に解脱、救済を求めていく性格であったことも指摘されている[104]。ケーベルの講義については表2に掲げた各種の講義録が存在するものの、一部の紹介を除いて[105]、思想史研究の上では本格的な検討が今日までなされていない現状にある。そこで以下、同講義録の史料批判も含めてケーベルの講義内容を検討していくことにしたい。

ケーベルに私淑していた長谷川天渓の回想によれば、この講義録は、学生たちが資金を出し合い、ケーベルの校正を経た上で印刷に付したものであったという。当初は講義が進むにつれ、順次印刷に回されたらしい。また、一冊にまとめて製本された後は、ケーベルの師にあたるハルトマンにも一冊贈呈されたという[106]。講義録が、公共図書館にはほとんどなく、複数の大学図書館等に残されているのは、教員として着任した元受講生が旧蔵書を大学に寄贈したのであろう[107]。

残存する講義録についてどのような違いがあるか、筑波大学・東京

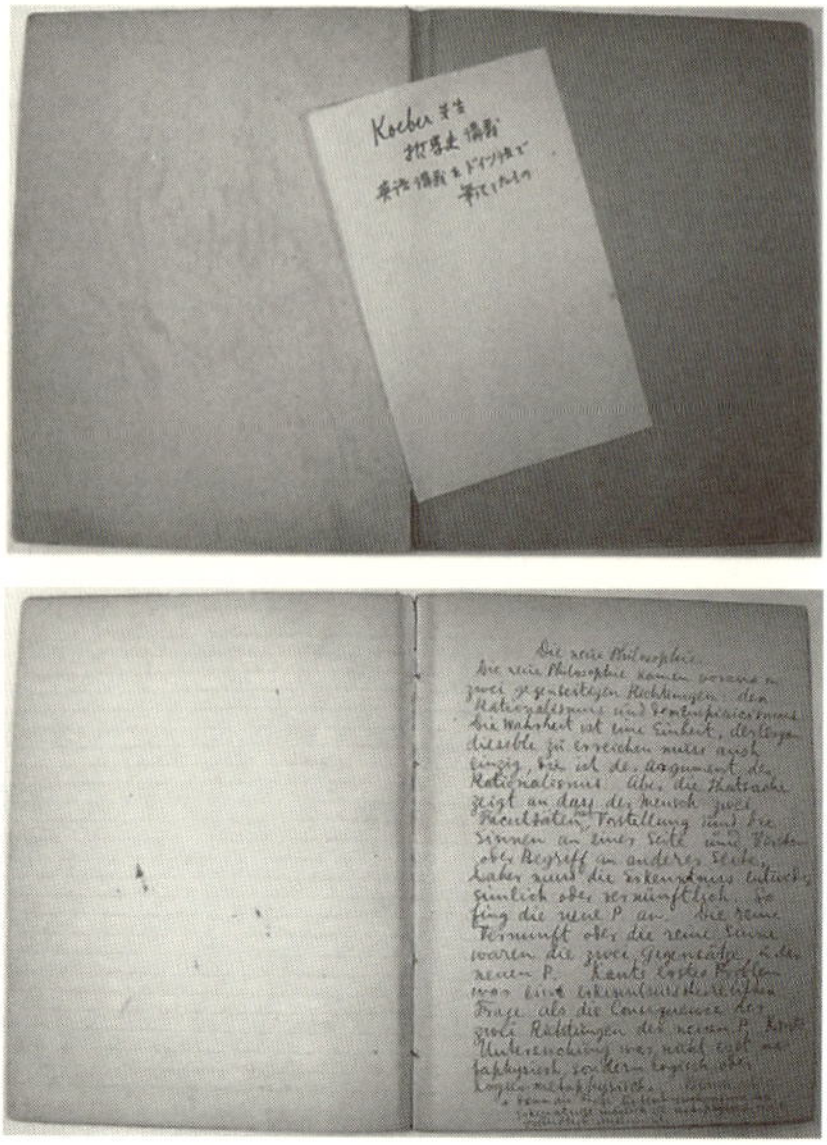

写真4　姉崎正治の受講ノート（姉崎の筆と思われる字で書かれた「Koeber 先生哲学史講義 英語講義をドイツ語で筆記したもの」のメモが挟まれている。「姉崎正治関係資料」文18。東京大学文学部宗教学研究室蔵）

大学・京都大学および国立国会図書館に所蔵されている各年版を校合したところ、以下の点を確認することができた。詳細は註に譲ることにして(108)、概要を掲げると以下のとおりである。

①各講義とも、各年に文字間やフォント、飾り罫線等に違いが認められ、同じ年記のものでも最低二種類は異刷のものがある場合がある。

②ただし、内容部分に関しては、一部新しい版で丸々一行脱落している箇所が存在するが、その他は誤植の訂正程度で、大きな差異は認められない。

③「西洋哲学史」講義に関しては、一八九四年版は、一、二巻を通じて古代・中世部分の記述に終始しているが、一八九七年以降の版では、二巻目にようやく近世哲学が登場する。一八九四年版の古代・中世編の記述に関して、プラトン・アリストテレスなど主要哲学者を論じた箇所は一八九六年版以降と一致している。

このうち③については補足が必要であろう。高山がケーベルの「西洋哲学史」講義を受講したのは、先に論じたとおり明治二十六年から二十七年にかけてのことであるから、講義録の刊行年から判断すると、高山は在学中、ケーベルから古代・中世哲学しか学んでおらず、高山が後年、『近世美学』等で中心的に論じていくことになる近世哲学の範囲については学んでいないことになってしまう。しかし、写真4に見られるとおり、姉崎の受講ノートには、「英語講義をドイツ語で筆記したもの」というメモが自筆で書かれている上に、"Die neue Philosophie" 即ち近世哲学から書き起こされており、彼らの在学中にも近世分が講義されたことを示唆している。姉崎は、ケーベルの英語講義をドイツ語に訳し直した上で、筆記体で書き直しているので、断片的な上に判読が困難なものの、取り上げられている哲学者、論述の順序に注目してみると、一八九七年版以降の講義録第二巻の一二五～二九三頁に対応している。他の学生のノートがないため断定はできないが、以上のことから一八九四年の西洋哲学史講義においても、一八九六年以降の講義録とほぼ同内容の講義がなされたと考えてよいと思われる。

ケーベルの「西洋哲学史」「美学及美術史」の各講義については、講義が開始された一八九三年から最後の講義録が刊行された一九〇三年ごろまでの十年間に関しては根本的な変化はなかったと推定される。おそらく、講義録は残部が無くなる都度、旧版をもとにして増刷されたと考えることが可能であろう。

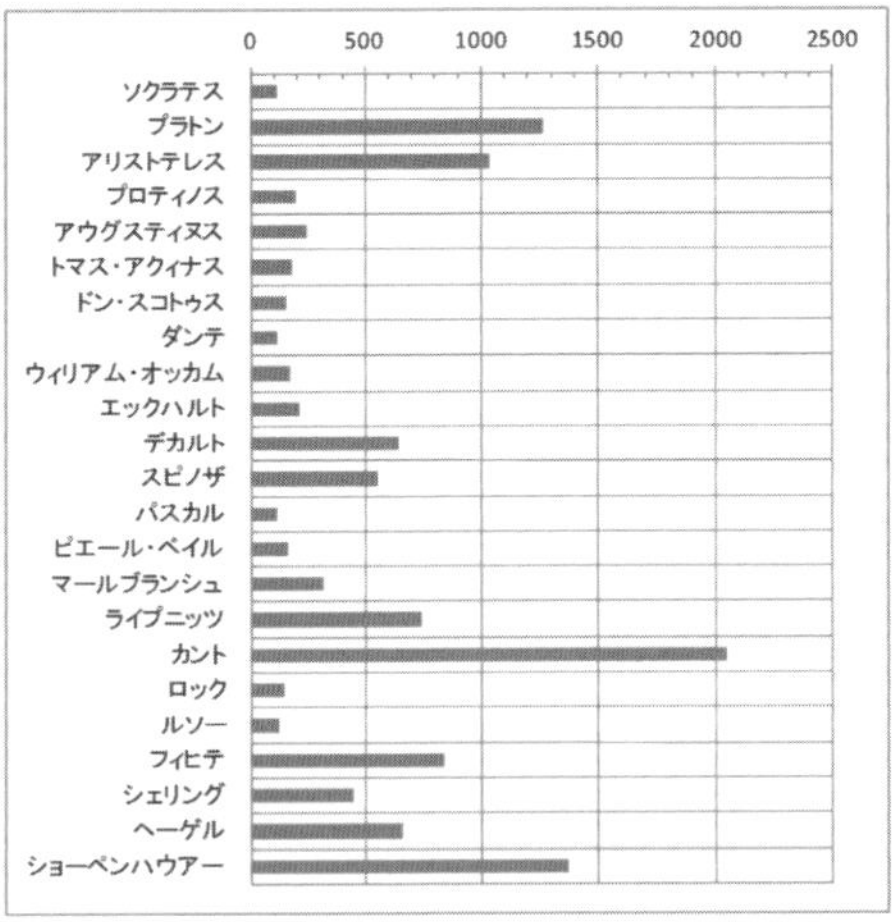

図3　ケーベル哲学史講義の分量（単位：行。百行以下の人物省略）

さて、気になる「西洋哲学史」講義の内容だが、テキストとなったのはシュヴェーグラーの『西洋哲学史』である。同書の増補改訂版はケーベルも一部執筆を担当しており、講義の際に参照したことはうたがいない。

図3は、ケーベルの講義内容の特徴を調べるために、彼が誰の思想の紹介に時間を割いたか、講義録中の哲学者の行数を集計したものである。ギリシャから、ドイツを中心にショ

ーペンハウアーまで論じられているが、カントに最も多くの時間が割かれている。これはヘーゲル哲学を重視したフェノロサの哲学史講義との差異として重要である。[109] フェノロサは、ヘーゲルの弁証法について説明する際、文明の進歩を発展と衰退の波線形で説明し、社会進化論的な発想を学生たちに説いたとされている。しかし、日清戦争の最中にケーベルの「西洋哲学史」講義を聴いていた受講者たちは、むしろ、文明を支えている価値に対しての問題関心を深めていくことになる。ケーベルがカントのほかショーペンハウアーを深く学び、表象と根源的なものとの区別を重視していたことも講義に何らかの影響を与えていると考えられる。ケーベルが研究を開始した十九世紀後半の時代は、ドイツでも、ヘーゲル批判が高まり、理性以上の根源的な力が何であるかについての探求が開始されていた時期だったとされる。このことは、十九世紀の我が国におけるドイツ哲学受容にも深い影響を与えていると考えてよいであろう。

「西洋哲学史」講義

姉崎は、二年次の講義を回顧して、井上哲次郎が、東洋哲学講義においてインドの六派哲学を扱ったこと、さらに外山正一の社会学講義で、イギリスの社会学者であるベンジャミン・キッドの社会進化論を読んだことに触れ、「前年来ケーベル先生の指示でショペンハウエルを読んで興味を覚えていたのと合し、又シェリングを読んだのと合して、全体として自分の思想をその方へ向けさせる様になった[110]」と述べている。キッドは、社会進化論の立場によりながら、社会を統合する宗教の役割を強調した思想家だった。また、三年次には、「大分余裕も出来て、ショペンハウエルやシェリングを読み、「非理性主義の哲学」という論文を学年末に出した。これは公刊せずに済んだが、自分には大分得意のものであった。ケーベル先生の哲学には哲学史をつづけ、「カントとプラトン」や「シェリングの自由論」をドイツ語でかいた。此等の原稿はやけてしまった[111]」とも述べている。

右のなかで、姉崎がシェリングの思想に着目していることは重要である。「公刊せずに済んだ」という論文について、姉崎は『哲学雑誌』に「非理性主義の哲学」と題するショーペンハウアーと井上が論じたヴェーダーンタ派の思想を比較した論文を著している。またシェリング自由論については、大学卒業後の明治三十一年になって『六合雑誌』に、「シェリングの自由論――宗教哲学」を発表してもいる。この論文は、姉崎の主著『宗教学概論』にも外篇として収められている。我が国におけるシェリング受容については、一般に大正期以降のこととされており、(112) 明治期の事例としては、坂部恵が岡倉覚三との思想的類似性を、(113) 神林恒道が美学分野での受容過程を論じているが、(114) 姉崎の論文については触れられていない。しかしながら、姉崎のシェリング論が主著『宗教学概論』の外篇に収録されたことは、とりもなおさず、シェリングの自由論が姉崎宗教学成立の過程において、重要な示唆を与えていたことを意味する。シェリング研究から出発した西谷啓治は、同書の意義をハルトマンが課題としたショーペンハウアーとヘーゲルの統一という課題を先取りした点に見出し、「ドイツ観念論哲学の最後の決算」(115) だと要約している。

ケーベル講義を契機として姉崎にもたらされたシェリングの思想のうち、最も重要なのは、姉崎も読んだとされる『人間的自由の本質』に見られる〈憧憬〉の概念である。シェリングのいう〈憧憬〉(Sehnsucht) とは、神が暗黒の根源から自らを産出させようとする意志の作用とされる。(116)〈憧憬〉は悟性と合して自由に創造する意志となり、原初的な自然を無規則な状態から固有の領分に形像していく力となる。前節において、井上の「現象即実在」論から、高山が理想を「惝怳」する発想を見出していったことに触れたが、姉崎は、ドイツ哲学史の理解において、絶対者を把握する根源的な力として〈憧憬〉を位置づけたのである。このことはケーベルにもたらされたドイツ観念論の思想史的意義を考える際、一つの論点になると思われる。

ケーベルの哲学史認識のうちで、もう一つ、とくに高山らに大きな影響を与えたと思われるのは、西欧ロマン主義の評価である。ケーベルはロマン主義の意義を「画一化」に対して反抗する点に認め、講義の中で次のように述べている。

これまで誰も、私たちの文明と教育がもたらす画一化に対して個人の権利と独立を擁護してこなかった。誰もルソーほどには、冷たい省察に対する感情の価値（意義）を強調してこなかった。彼は心を論理で説明することに反対した。まさにこうした考え方を持つがゆえに、彼は（とくにエミールや新エロイーズの著者として）われわれがロマン派と呼ぶ、一八世紀から一九世紀にかけての文学上の巨大な潮流の原理となったのである。ロマン主義——哲学的・美学的な特徴やその歴史的起源はさておき——私見（my opinion）では、独仏のロマン主義はルソーから直接の系譜上にある。[117]

ケーベル自身、ロマン派については、別の箇所で、「ロマン主義は多くの異なった要素をもっているので、一つの定義にまとめることは困難というよりも不可能とさえいえる。おそらく、文学のなかでもこれほどの難問はないだろう」[118]とも論じて、一義的な規定は困難との見方を示してもいるが、ルソーを、文明の進展にともなって生じる「画一化」に強く抗議した人物と位置づけ、それがロマン派に受け継がれるという見方を示している点は、我が国において、ロマン派を反近代主義の立場に位置づけた最初期の事例として重要である。こうした視点は、後年の高山における、「学術上に於ては煩瑣学風行はれ、徳教上に於ては形式主義行はる、正に是れロマンチク運動が思想感情の自由の為に興るべき秋ならずや」[119]という問題意識にまでつながっていると思われる。ルソーがロマン派に与えた影響は今日では広範に認められているが[120]、当時の我が国のロマン主義の紹介記事では歴史趣味を奉じた文学史上の一派として見られることが多く、その意味でケーベルのいう「私見（my opinion）」は非常に画期的なものであった。高山は、ケーベルの「西洋哲学史」講義から、理想の〈憧憬〉に対応する思考様式として、「画一化」を要求する文明と距離を置き、その是非を論じる「文明批評」の基本的な視点を学んでいったのである。

「美学及美術史」講義

次に、三年次に開講された「美学及美術史」講義を見てみよう。「美学及美術史」講義の講義録には、目次がないが、まず美学の定義から説き起こし、カントの美学思想のなかで、とくに無関心説や天才論を重点的に論じた後、シェリング→ヘーゲル→ショーペンハウアー→ハルトマンにいたるドイツ観念論美学の系譜を論じている。その後、優美と崇高をめぐる美の種類を区別した後、美術史的な把握として、建築、彫刻、絵画等芸術の諸ジャンルの歴史を扱う内容となっている。

高山への影響という観点から、「美学及美術史」講義の重要な点を三点に整理したい。第一に、歴史的なアプローチを重視する発想を挙げることができる。ケーベルは次のように語っている。

今日までのほとんど全ての美学理論は、カントの著作の中に形成されている。私はまず、主要な美学理論を歴史的に辿ることから始めたい。美学的な問いに対する私たち自身の意見を持つためには、それが最良の方法だと思われる。(121)

美学史が美学を学ぶための最良の道であるという発想は、高山に直接的に受け継がれていった。高山の美学研究が歴史的な変遷の記述を軸としていたことの背景には、ケーベルの講義からの影響があったと見て間違いない。ケーベルは「西洋哲学史」講義でも「美学及美術史」講義でも、一貫してカントに高い評価を与えているが、対照的にヘーゲルへの言及はそれほど多くない。この点は、理論的には、スペンサーの進化論とヘーゲルの弁証法を合わせて講じたフェノロサ、そしてフェノロサの講義を受講した天心・岡倉覚三の「美学」思想と、高山との比較を考える際、重要と思われる。

高山の美学思想にケーベルが与えた影響の第二は、ケーベルが重視したカントの無関心説とシラーの遊戯衝動論が、晩年の「美的生活」の「本能」規定に深く関わっているという点である。とくにケーベルは、「シラー美学の中心は、カント哲学における感性と理性の対立を芸術の次元で調和した点にある。芸術とは、シラーによれば、人間の遊ぶという本能（遊戯衝動）の産物（結果）であり、人間の低次と高次の本性、すなわち感性と理性とを調和させるものである。遊ぶという本能は人間に特別な本能である[122]」と述べた。とかく性欲肯定が強調されがちな「美的生活」論を考える際、遊ぶという本能を、感受性と理性の調和の相において捉える志向は重要である。

第三に、やや意外の感もあるが、美的価値の人種的特性を語っていることである。

人間が感じることのできる美については、自然的な側面と精神的な側面を区別しなければならない。人間が動物の一部である限りにおいて、美とは、第一に「人類」（ホモ・サピエンス）という種にとっての美であり、第二に官能的な美、すなわち男性と女性に特徴的な美であり、第三に人種や環境のちがいによる美がある。精神的な美は、個人や共同的生活のなかで明確な形をとってくるもので、これらは、文明化の段階や位相によって異なる理想を具体化したものである（文化史上の美の形態[123]）。

彼は自然的な美の種類を三つに区分し、第一に種によるもの、第二に感覚的なもの、第三に、人種（race）・気性による差があることを述べ、さらに精神的な美が文明の発展段階において、芸術史において違った位相をもって現れてくると論じている。この点については、当時すでに「審美問題の多数は人種学の補助を藉らざれば解釈すること能はざるもの[124]」だとするエルンスト・グロッセの説が紹介されていたことも留意してよかろう。

後年、人種対立として世界の情勢を捉え、文明史の基礎として「日本美術史」を書いていった高山の基層にある問題意識にも接続する部分といえよう。もちろん「美学及美術史」講義については、第三年次の高山の欠席日数が多いため、その影響は慎重に評価しなければならない。しかし、講義に出られなかったからこそ、逆に講義録を丹念に読んで学んだということもありうる話なのであって、高山の「美学」思想の形成におけるケーベル講義からの示唆を完全に除外することは、困難であるように思われる。

ケーベルの講義では、高山・姉崎の内面にドイツ哲学を中心とする西洋哲学史の枠組みが据えられたことに加え、もう一つ、ケーベルが古典の価値を重視し、学生たちにも古今の哲学書を原典で読むことを強く説いたことも重要である。[125]西田幾多郎は、ケーベル追悼文のなかで、かつてアウグスティヌスの英訳本についてケーベルに質問した際、"You must read Latin at least."と窘められたことに言及した上で、「私共が物心ついた頃、我国の哲学界はミル、スペンサーなどの英国学で風靡せられてゐた様である。其後二十年代頃から、諸先輩の力によつて独逸哲学の深みが加へられたが、唯ケーベル先生によつて古典的な重みが与へられたと思ふ[126]」と述べている。姉崎は、右のような古典の価値について、『哲学雑誌』誌上で次のように論じている。

文学、哲学を問はず、我邦現時の思想界は趨新の外に温故を知らず、従て近眼的にして教科書的の講究思弁を以て足れりとす、此渦中にある一般の人は此膚浅の状態を以て自ら進歩的趨新的なりと信ずる者の如しといへども、教科書は自己の関係的位置を悟了せしむるに足らず、自己が古人に対する位置如何、将来如何の方向に進むべきや、の問題は古典の講究に非んば、到底なし能はざる所なり。[127]

このような古典の重視は、高山・姉崎らの内面において進化論的発想の相対化を促したともいえる。井上の比較の方法と、ケーベルの古典重視の態度は、後に高山・姉崎の批評活動における「科学的方法」の基盤を形成していくことになるのである。

以上述べてきた明治二十年代におけるドイツ哲学受容の意義を、高山・姉崎の思想形成に関連させてまとめておくならば、以下のようになる。第一に哲学全体の道徳哲学への開眼、第二に国家を道徳的に理想化された存在として捉えることから派生する国家主義的傾向、第三に表象よりも内面を重んじ、物質的価値に対して精神的価値を重視する態度である。これに加えて第四に、精神的活動によって生み出されたものの統合原理を追求していく態度が、高山による「美学」、姉崎による「宗教学」の形成を促したこと、そして第五に、本節で触れたように、当時のドイツ哲学界のなかでヘーゲル批判が高まっていたことを受け、ショーペンハウアーのように、理性よりもむしろ非理性的な力を核とする世界観の構築に重心があったことである。井上哲次郎とケーベルによって伝えられたドイツ観念論を中心とする哲学思想が、個人を超える普遍的な精神世界を模索していた高山や姉崎の要求を充たすものであったろうことは想像に難くない。

以上、本節での検討により、ケーベルの講義内容は、ドイツ哲学を中心にするとはいえ、カントやヘーゲルへの評価において、明治十年代に教鞭をとっていたフェノロサの講義内容とは対照的ともいえる違いがあることが明らかとなった。この点を抜きにして、明治期日本におけるドイツ哲学の受容を一律のイメージに論じることはできないのである。

高山における「美学」については、姉崎によって後年「単に理論の美学、概念の学問としての美学でなくて、人間の活きた理想憧憬の一面として美術を観察し、美学も亦、此の如き美的活動の学とすべきだと考へるに至つた」[128]と評されるけれども、〈憧憬〉の学としての「美学」の原型は、帝国大学におけるドイツ哲学の受容によってもたらされたと見るべきであろう。以上五点の特質を踏まえて、高山・姉崎がどのように最初期の言論活動を開始していったのかを検討することが次節の課題となる。

第四節 「見えざる日本の兵士」の出陣

日清戦争期の帝大生

高山らが大学の教場で講義に耳を傾けていた頃、極東の情勢はきわめて重大な局面なにさしかかっていた。日清戦争である。明治二十七年（一八九四）八月に宣戦布告がなされてから、翌年四月の三国干渉、そして日清戦後経営に向かっていく時期は、ちょうど高山や姉崎らが第二学年で学んでいた期間と重なっていた。一般に、日清戦争がもたらした社会的影響は極めて大きなものであるとされている。[129] 近年では社会史やメディア史の手法を用いた研究蓄積が増え、新聞や雑誌の報道により、戦地の情報が急速に広まるとともに、地域社会のなかにも戦勝記念の行事が浸透していったことが明らかにされている。[130] こうした情報の共有によって、国家意識の高揚とともに、自覚的な「国民」の誕生を促していった点は、本書の検討でも重要である。そのような状況下で、高山や姉崎はどのような学生時代を送っていたのか。当時の様子を、まずは姉崎正治の回想から探ってみよう。

我々学生にも戦争に関する関心は勿論あったが、その戦争のえいきょうとか、又我が国の将来についてなどいう問題は明白に浮び出ず、先ず自分の学業にいそしむという態度であった。而してその最後に近い頃、東京市初め世間には色々の戦勝祝賀会があって、たとえば不忍池に敵艦の形を浮べて、花火でそれを砲撃するという様な催しもあり、我等学生も一つ祝賀会をやろうかということになった。その事の相談で我々は祝賀会をやるよりも、皆から金を集めて恤兵か何かにしようという主張をした。それで祝賀会の代りに寄附をして、学生二人で陸軍省と赤十字病院へもっていったことがある。つまり戦争に対する態度はあまり積極的ではなかったと思う。然し、講和の後に来た三国干渉については、感は頗る深く強く、憤慨もしたが、それよりも東西両洋の関係についての思慮を促された。[131]

最晩年の回想であり、三国干渉によって促された東西両洋の関係への関心など、後からつけたような説明がなされていることには注意を要する。しかし、引用中にある不忍池の祝勝会に見られるような同時代人の戦勝報道に一喜一憂する様子と比べるとき、[132] 高山や姉崎という帝国大学の学生たちが、一歩引いた距離から日清戦争を眺めるような、ある程度消極的な姿勢を持っていたことは重要である。

帝国大学文科大学在学中の高山は、病気によって授業を欠席していた明治二十八年末から翌年初夏までを除くと、隅田川でボートを漕いだり、あるいは徒歩で鎌倉に赴いたり、文科大学生と連れだって箱根に旅行したりするなどすこぶる壮健だった。伝記や全集に収められている書簡によれば、学期末には、試験論文を完成させるため、朝から晩まで図書館に「籠城」することも多かったようである。また、明治二十八年（一八九五）九月、帝国大学の最終学年に進級するときには、丸善を通して、ハルトマン、カリエール、チンメルマンらの美学書を購入している。その購入代金を実父に宛てて用立ててもらうよう依頼した手紙には、「学者の書籍に於ける、勇士の武器に於けると一般にて、必要不可欠事に御座候。故に苟も学者として世に立つ人は、争て書籍を購入致し、何れも一の文庫を有し居候。（中略）従来とても書籍は他物を節約して少しづつ心懸買入候得共、何分高価の事故、且東京に無之為、専門書としては甚だ少なく候。此度学年も改まり、愈々専門も確定し候へば、此際何卒多少御購求被下候はば、大幸」云々とある。なかなかに意気軒昂な様子が彷彿とさせられるが、彼は大学図書館の蔵書にも相当な書き込みをしていたらしい。[133] あるいは夏目漱石の『三四郎』に登場する図書書き込みの犯人も、案外高山だったのかもしれない。これらの書き込みされた蔵書は関東大震災に際し全て灰燼に帰している。

それにしてもこの時期の高山の向学心は燃えるようであった。高山の姿は、同級生の間では、ときに傲慢で人を軽侮しているようにも見えたようだ。しかし高山はそのことを窘めた大町桂月に向かい「僕は其気を出して誰でも構はずに罵倒する、学問もする。温良恭謙譲はやつて居らぬ。それで其代りに僕は勉強する。何処に出ても誰にも敗けぬ位にやる、ぢやから威張る[134]」と言い放ったという。

「見えざる日本の兵士」

学生時代の高山の活動で注目されることの一つに小説「瀧口入道」の執筆がある。明治二十六年（一八九三）に読売新聞社が募集した歴史小説懸賞に応募し、一等がなく二等賞に入選したこの作品は、『平家物語』の一幕に取材した作品で、『読売新聞』紙上に翌二十七年の四月から五月にかけて掲載された。同作については、主人公である齋藤時頼の年齢が、史実に反して当時の高山と同じ二十三歳に設定されている等、歴史小説とはいえ大胆な改変が加えられている。選に当たった坪内逍遙が「我が中古の武士魂も自意識のおそろしく強き主我的明治男と化し去る也[135]」と暗に批判したように、同作については、平安の武士を近代的な主我的人物に読み変えた点をもって歴史小説としての欠陥とする評価が当時から存在していた。また、明治文学史の本格的な研究が始まってからも、北村透谷の活動と対比されながら、自我追求の不徹底さが批判的に言及されてきた[136]。しかし、池内輝雄は、同作について、純愛の概念を提出しただけでなく、日清戦争直前の時代状況にあって、報恩を重視する武士像を描き出した点で、荒唐無稽で皮相な作品ではなく、切実に時代の要求に応えようとしたものだと評して、著者の意図を汲み取っている[137]。

『瀧口入道』をめぐる近年の研究史を整理した花澤哲文は、この作品がゲーテの「若きウェルテルの悩み」の影響下に書かれたもので、登場人物には、後年高山が唱える「日本主義」とは異なった原理が貫かれているとする。すなわち、道徳的理想主義とは異なり、自己犠牲をも美的に眺めるような個我主義が貫徹されていると評価している。[138]

池内輝雄はまた、大正期に刊行された『樗牛全集』の口絵写真から「瀧口入道」が全三十回の予定で書かれたもの、つまり連載前提の作品であったことを指摘しているが、この写真は現在、天理大学附属天理図書館に所蔵されている稿本と考えられる。[139] この史料は無罫ザラ紙のノートに鉛筆で書かれたもので、所々にペンや朱書による推敲の跡が認められる。表紙には次のようにある。

「戯作　　明治廿六年十二月廿日
　　瀧口入道　　起稿
　　　　予定凡三十回　　」

内容を確認すると、ほぼ公刊されたものと同一で、大幅な変更点はなく、また途切れることなく一気呵成に書かれている様子が窺われる。同ノートの末尾には彼が『山形日報』に連載していた「准亭郎の悲哀」の結末部分が貼り込まれている。したがって、花澤らの先行研究でも指摘されているように、高山が「若きウェルテルの悩み」の日本版として「瀧口入道」を構想したと考えて間違いない。また、「日本主義」と「個人主義」のどちらがより「瀧口入道」を貫く基調なのかという点については、姉崎が見ていたように、高等中学校時代から高山の内面に漲っていた理想主義的な、「我を越える我」の探求が、平家衰亡の運命に仮託される形で結晶した転換期の作品と見ることが妥当と思われる。

他方、高山は明治二十七年末には、第一高等学校生だった実弟齋藤良太を病気で喪っている。高山は、二歳年下のこの弟をとくに可愛がっており、病状が悪化して国元で療養中の弟に宛て、繰り返し激励の手紙を書いた。そのなかに次のような書簡がある。

それにつけても、吾等の事業は無形の世界に目的を有するなれば、俗人のさわぐ赫々の勲績もあらはれず、吾をしれる人ならぬ人は何と思ひやせん。（中略）近刊の哲学雑誌に独逸の哲学大家クノー・フヒッシェル氏の七十の賀の景況を記載ありしが、ハイデルベルヒの町にては、氏の同府に住せらるゝを栄誉として、府民一同より名誉市民の前例なき特典をさゝげ、各州の大学、皇族、大臣等は、わざわざ代人又は本人自身に此賀筵に与り、府は全体賀意の出来るだけ表し候よし。（中略）我人民は、到底かゝる形而上的学問に適する国民なるや否や、うたがはしく御座候。我邦には哲学の歴史なし、又哲学家もなし。哲学の世界にては、我邦は朝鮮、安南、埃及にも劣り候、嘆々。我々は見えざる日本の兵士なり、物質的の見ゆる日本之状態は、今日の如く盛なるも、見えざる日本が朝鮮、安南の運命にあらば、国家千年の名誉に於て如何あるべきや。[140]

ここで述べられているのは、「見えざる日本の兵士」として「無形の事業」に従事していこうとする高山の決意表明である。高山は物質的な世界と精神的な世界を対比させ、前者を「見える日本」、後者を「見えざる日本」に対応させた。したがって「見えざる日本の兵士」であるということは、道徳や宗教、哲学や文学などの精神的事業の領域で、ときに西欧から流入してくる文物と戦い、勝利を収めねばならないという含意があるのであろう。さらにいえば、この時点では明確な形を持って自覚されていなかったにせよ、見えないものを見、「無形の世界」で目的を果たそうとする発想は、まさに理想を〈憧憬〉することにほかならない。日清戦争に沸く世論から距離を取っていた彼らは、戦勝に酔いしれることなく、「勝て冑の緒を緊めよ[141]」というような緊張感を持続させることで、自己の思想活動を深めていこうとしていたのである。

『帝国文学』の創刊

高山や姉崎は、すでに在学中から『哲学雑誌』『六合雑誌』『早稲田文学』『国民之友』など、いくつかの雑誌に論文を発表していた。これらの多くは、学年末に授業の課題として提出した論文を手直ししたものと思われるが、自らの意見を世に問おうとする意志は、彼らの内面で日に日に強くなっていったものと考えられる。その一つの現れが明治二十七年末の帝国文学会結成だった。

帝国文学会は、二十七年の秋ごろから準備が進められ、高山のほか、大町桂月、上田敏、岡田正美らの学生と、井上哲次郎や上田万年らの文科大学の教官を発起人として結成されたものであった。笹川臨風によると、高等中学校の文科を通過した秀才揃いの集団であるだけに「大に世間に打つて出よう、今の文壇が何だといふ調子」(142)だったという。ただし、笹川のように声をかけられながらも『帝国文学』に加わらない一団もいた。帝国文学会に不参加だった者は、笹川ら漢文科の関係者に多く、笹川は明治二十九年、藤田豊八(剣峰)や田岡佐代治(嶺雲)、小柳司気太らとともに東亜学院を設立し、雑誌『東亜説林』さらに『江湖文学』を創刊していた。田岡はさらに山県五十雄とともに『青年文』などの雑誌も創刊して主筆を務め、読者からの投稿を募っていた。彼ら漢文学のグループは、不平・反抗・突進を意味する「躍起」をもじって下宿を「夜鬼窟」と名づけ、高言放談していたとされる(143)。彼らは政教社『日本人』と関係が深く、文芸欄にもたびたび寄稿しており、ときには「美学」の標準をめぐって高山らのグループと批判し合うこともあった(144)。

ところで、帝国文学会については、「すくなくとも明治三〇年代の文壇にあって、鬱然たる一勢力をしめえたことは否定できない(145)」という評価を与えられながらも、会の結成や運営と雑誌発行に至る経緯が、十分に明確にされてきたとはいえないように思われる。ここで簡単な整理をしておきたい。

明治三十八年一月の『帝国文学』に掲載された特集「帝国文学創刊十周年回想録」によれば、帝国文学会は、文科大学内に存在したいくつかの雑誌創刊の機運が重なって会の結成に至ったようである。最初に企画を言い出したのは国文学科の岡田正美であった。岡田の回想によると、彼の自宅が同郷人による郷友会の雑誌発行の事務局となっており、「活版のことは大抵心得て居つた」[146]との自信をつけたことが、帝国文学会を企画する動機となったという。岡田は、大学のなかで『哲学雑誌』や『国家学会雑誌』、『史学雑誌』などが機関の雑誌として機能しているにも関わらず、文学ではそれがなく、ただ『早稲田文学』だけが活発な活動をしていることを遺憾に思っていたという。

岡田が第一高等中学校以来の友人である哲学科の桑木厳翼と語らったところ、同じ哲学科の高山を紹介された。高山に話したところ高山も賛成し、一気に話がまとまったらしい。そのときまで高山の名のみ知っていた岡田は、当時の印象を次のように語る。

アノ、ソラ、図書館の真中に字引が出してあるネ…あの字引を見に来る者の中に、頭の毛をわけた、顔の長い…頤の光つた…鼻の高い金縁の眼鏡を掛けた…イヤーに様子振る…右の手で字引を開けながら、左の手で頤をひねつたりして…終始コーロを動かしてネ、役者のやうな口つきをしたりなんかして…今なら本当のハイカラ式の…その頃にはハイカラといふ語がなかつたが…所謂キザナ、いやな奴があつた。見る度にいやな奴だ、気に喰はぬ奴だと思つて居つたが、逢つて見たら、それが高山サ。[147]

岡田らは、さらに第一高等中学校で『校友会雑誌』を編集していた経験のある島文次郎を引き込むとともに、国文科で雑誌発行を企てていた大町桂月、鹽井正男らと語らい、上田敏なども発起人に加えて準備を進めていったという。こうして明治二十七年十二月九日、帝国教育会の二階で発会式が挙行された。発起人と役員は次のメンバーである。

発起人　井上哲次郎／上田万年／三上参次／高津鍬三郎／芳賀矢一／鹽井正男／高山林次郎／姉崎正治／島文次郎／岡田正美／内海弘蔵／上田敏
役員　鹽井正男／狩野直喜／高山林次郎／島文次郎／岡田正美／内海弘蔵／上田敏[148]

登張竹風は、この体制は「学生本位、教授副位で出来上つたもの[149]」だと回顧している。狩野を役員にしたのは漢文の専攻がいたほうがよいという判断によるらしい。また、岡田は桑木もしきりに誘ったようだが、桑木が哲学専攻であることを理由に固辞したため断念したという。こうした人選を見て気づくのは、さきの岡田の回想にも現れていたが、実動部隊を司る学生役員の選出にあたり、高等中学校や郷友会などで、雑誌編集の経験が重視されていたことである。大町も上田も、第一高等中学校の『校友会雑誌』誌上で論争をするほど常連寄稿者であり、姉崎も第三高等中学校の『壬辰会雑誌』をはじめとして、文科大学では『哲学雑誌』の編集委員なども務めていた雑誌事務の経験者だった。濫觴期の「誌友交際」の文化のなかで育ってきた秀才たちが一つに合するところで『帝国文学』が生まれたことは、偶然ではなく一つの必然的な出来事であったともいえよう。

記念すべき『帝国文学』の第一号は、明治二十八年の一月十日に発行された。岡田らは最初、『史学雑誌』を出している冨山房に発行を持ちかけたが、体よく断られてしまった。そこで、高山の母方の叔父に当たる太田資順が役員を務めていた大日本図書に発行を依頼したという。ちなみに高山は一時期、太田の家に下宿し、そこから大学に通っていた。

自ら覚るものは先づ他を知るを必し、自ら立つものは先づ自覚するを要す。維新後三十年にして国民文学の声初めて今日に喧き所以のもの、吾人之を認め、又之を欣ぶ。凡そ己の足に拠りて立つことは生存第一の要諦なればなり。吁、国民文学。是れ既に当に有るべくして、而かも尚未だ見る能はざりし所のものに非ずや。文学は国民と同じく活物なり。宜しく育成すべくして、造作すべからず。自発と自由とを予想するに非ざれば、革新と謂ひ折衷と謂ふも、疣に非ざれば則ち贅のみ。所謂文学の一定とは抑々何の意ぞ、古今何れの邦にか一定の文学ある。是を物に格せず、是を己に形す、可なるを見ず。夫の預め管見私意を挟みて其発達を拘束せんと要するもの、豈真に文学に忠なるものと謂ふべけんや。既に自ら覚り、又已に自ら立つ、夫れ只自ら長するあるのみ。成心以て物を待つは吾人の事に非ず、苗を揠きて其根を枯すの過は、吾人之を再するを欲せざるなり。(150)

右に引用した『帝国文学』の「序詞」は高山の執筆によるものである。また、巻頭論文には、発会式で講演された井上哲次郎の「日本文学の過去及び将来」が掲載された。同論文は今後の文学として「国民文学」の創造を訴えるもので、同誌においては「創刊第一の旗じるし(151)」になったものだと評されている。では、以上のようにして創刊された『帝国文学』において、高山や姉崎はどのような主張を展開したのだろうか。

高山は、『帝国文学』誌上で、近松巣林子などを論じ、道徳的な理想を掲げ、文学における厭世主義を批判していくことで、理想的な「国民的性情」を探求していく後年の思索の片鱗を示していた。第二節で触れた「道徳の理想を論ず」とほぼ同時期の明治二十八年六月から八月にかけて『帝国文学』誌上に掲載された「人世の価値及厭世主義」において、高山は、人生の極致としての道徳の理想に達することを幸福としながら、「理想と現実、吁是れ吾人にとりて悲むべき差別なり、而かも現在に於ては現にあるより外にあること能はざるを如何せんや世界は常に現実なり而かも単に現実なるに非ずして理想に対して現実なり世界は其現実なる間は長へに理想に達すること能はず、而かも其存在する間は常に現実ならざるを得ず理想は遂に永遠に無窮に到達すべからざるなり(152)」と、理想実現の困難さをも語っている。いっぽう姉崎は、ギリシャの女性詩人を描いたグリルパルツァーの悲劇「ザッフォー」を論じながら、理想と現実の矛盾に注目し、「人は此束縛圧迫を脱せざれば止まず、超世無上の彼岸理想界を悩憬す[153]」と述べて、「宗教」と「文学」の接点を模索する言論を開始していた。両者において、いまだ〈憧憬〉は明確な形を取るに至っていないが、それぞれの論文において高山・姉崎の両者が大学を卒業した後に展開する議論の萌芽が認められる。

ところで、「序詞」を書き、編集にも深く関わったはずの高山だが、その後必ずしも『帝国文学』誌上の議論を牽引していったわけではない。明治二十八年の四月改選後の役員名簿からは名前が消えている。このときは岡田以外の全役員が改選されており、高山一人が辞めたわけではないが、彼の『帝国文学』に対する思いはどのようなものだったのか。

明治二十七年十一月から、国元の実弟良太に「よく考ふれば学業の妨に付、断然編輯員などにはならざる積り[154]」であるとか、結局委員を引き受けることになった後には「予は此度は雑報及び批評を引受け、第一号には発行の主旨をさへ負はされ困入候[155]」などと書いているところからは、渋々委員を引き受けているような印象さえ受ける。さらにその一年後になるが、帝国文学会の役員となった畔柳都太郎が、高山宛に「帝国文学へは是非御寄稿被下度、岡田の怒る怒らぬハ問題外として、只該文学を盛大ならしめたく存じ候[156]」と手紙を書き送っていることも気にかかる。さきの岡田の高山回顧が悪意とも揶揄とも取れることを考え合わせると、後輩から「帝国文学会の生字引で、雑誌の体裁、印刷のよしあし活字の太い細いから「カット」の大小までも細かに注意される[157]」と言われた岡田と、自らの言論に強い自負を持つ高山との間で何らかのすれ違いがあったのかもしれない。

岡田自身は卒業後も長く帝国文学会の参与委員として名簿に名を連ね、その都度学生役員からの相談にも乗っていたらしい。岡田の回想によると、明治三十三年の帝国文学会大会では、笹川臨風を中心にした岡田排斥の組織改革案まで出されて紛糾したという。いずれにせよ、同じ赤門系といっても、高山と帝国文学会編集委員の足並みが常に揃っていなかった時期があることは留意しておいてよいだろう。史料の残存が思わしくない今日では当事者のみが知る事柄ともいえそうだが、高山がしばしば『太陽』誌上で『帝国文学』記者の不注意を咎めたり、内容の不備を批判したりすることもあった。

森鷗外との論争

高山や姉崎の論文の発表舞台は、すでに見てきたように『哲学雑誌』や『帝国文学』のほか、博文館の雑誌『太陽』があった。『太陽』はよく知られているとおり、日清戦争後の出版界を代表する雑誌で、その発行部数は、浅岡邦雄の調査によれば、『警視庁統計書』掲載の数値では創刊当時およそ十万部、幹部だった坪谷善四郎が著した社史では四万から六万五千部とされている。[158] 広告では十万とも二十万ともあって、やや誇張気味であるが、いずれにせよそれまでの雑誌発行の常識からは破格の部数を誇る雑誌であった。

最初に高山と博文館を結びつけたのが誰なのかは、実は判然としないのだが、『帝国文学』誌上の言論が注目された可能性は高い。『太陽』第一巻第四号に署名入りで初めて発表した「戯曲的人物と近松巣林子」には、本文の前に「乙羽庵主人大橋又太郎君は同郷の人なり頃日人を介して文を予に求むること頗る切なり予素文筆に従事するものに非ず且学窓多忙を極むるを以て固く辞すれども聞かず乃ち此一小篇を以て責を塞ぐ[159]」云々という前書きがあり、若い書き手を求めていた博文館の大橋乙羽らが熱心に高山に声をかけた可能性もある。

こうして高山は、明治二十八年七月五日付発行の第七号から「青年文人の厭世観」などの雑報記事を『太陽』文学欄に書き始めた。このとき上田敏からは、「「太陽文学」欄の御気焔には驚き入り候。文界のものどもに一泡ふかせんと励声一番なされ候なるべし[160]」という好意的な書簡も寄せられていた。

『太陽』に活動の舞台を移した高山がこの時期に盛んに論じていたのは、美術と道徳をめぐる問題であった。明治二十八年四月一日より京都岡崎公園で開催された第四回内国勧業博覧会には、黒田清輝の「朝妝」が出品され、裸体画をめぐり、新聞各紙に囂々たる議論を巻き起こした。作者である黒田清輝は、久米桂一郎に宛てた書簡の中で「世界普通のエステチックは勿論日本の美術の将来に取つても裸体画の悪いと云事は決してない」[161]ことを強調しているが、この問題につき、「エステチック」すなわち「美学」を専門とした高山はどのように対応したのだろうか。

第四回内国勧業博覧会が終わった明治二十八年八月、高山は『太陽』に「美術と道徳」と題する文章を発表し、風紀の問題としてではなく、学理の問題として美術と道徳の関係を論じるべきだと主張した。高山はまず、一般的見解として、真善美の三位一体説を取り上げ、これを「極めて幼稚なる俗論」だと批判していた。彼によれば、真善美の一致はあくまで人類の進化の最終段階に到達すべき理想であり、進化の途中にある現実社会においては、あくまで真善美はそれぞれ独立した原理であるとされる。そして彼は真（真理）の担い手を学者、善（道徳、宗教）の担い手を道徳教育家、宗教家、美（美術）の担い手を美術家にそれぞれ対応させる。

高山は右の前提に立ち、翻って何人も第一原理とすべき価値は何かを問い直す。そこでは、カントの『判断力批判』における「美は目的なき合目的性である」という命題が援用され、次のように述べられている。

美術は道徳に衝突せざる範囲内に於て、其自由と独立とを有すべきなり、人の人たる所は道徳的生物にあり。道徳的生物として吾人は美術を制限し、又迫害するの権利否寧ろ義務を有するものなり（中略）我邦美術、文学の社会に於て道念の薄弱なる今日、道徳と美術の関係を明にするは蓋し目下の急務ならむ。[162]

哲学科の学生らしい生硬な文章だが、人類が到達すべき理想に照らして、善の実践を第一原理とするという論理は、カントの学説からの影響と考えてよかろう。そもそも裸体画の是非は、すでに明治二十四年（一八九一）の明治美術会の席上で学識経験者を交えた討論が行なわれながら、容易に結論の出ない問題として処理されていた。[163]

道徳と美術の問題については、翌明治二十九年（一八九六）に、博文館の雑誌『少年世界』の読者参加企画である討論会欄が、第一回のテーマとして「美術と道徳の関係如何」を選んでいることも注目される。同欄では大きく二つの意見が紹介された。一つは、道徳に害があると見なす美術不要論である。渡島国宿野辺村（現・北海道亀田郡森町）の松野緑なる人物は「去歳京都博覧会に於て非難の声四方に起りたりし彼の黒田某出品の裸体婦人画」を挙げ、美術には「士気人心を倦怠にし延て忠君愛国の大義をだに知らず識らずの間に沮喪」させる害毒があると断じている。[164]これに対し、美術は「其国固有の彩華」＝「国風」なのだから、もし美術を排斥して消滅させるならば、たちまちその国は精神的に亡絶するという観点に立つ「国粋保存」論も掲載されていた。北海道の少年が、京都の内国勧業博覧会における裸体画論争を知って憤慨していること、双方の意見が、美術と愛国の問題を前提に立論されていることなどに、日清戦争直後の我が国で美術に期待されていた役割がはしなくも示されているといえよう。

さて、道徳の範囲内で美術の価値を認める高山の見解は、批評活動を再開したばかりの森鷗外から反論を惹起した。[165]明治二十九年一月に新たな評論雑誌『めさまし草』を創刊した森は、右の論説記事に反論しながら「太陽文学記者は高潔なる道念、就中高潔なる愛情と宗教的熱誠を写し出せる小説を要求す。われには美術品の高下を判する尺度あり。われには審美眼あり。高潔なる道念愛情あるがために、描き小説をも取らず、正しからざる道念、偽多き愛情あるがために、巧なる小説をも捨てず[166]」と論じ、作品評価は道念の有無ではなく、あくまで審美眼によるべきだと主張したのである。

これに対し高山が、人が美に感動して恍惚とする間は一瞬であり、人が理想に近づくためには、より永続的な道徳的な意識に導かれる必要があるとして、美に対する道義の優位を再論すると、森はさらに美は道義の制裁を受ける必要がないのであって、「審美即道義」という標準に立つ高山の立論の根拠を「そはその審美の標準の完備せざるがためのみ」と反駁したのである。[167]「審美即道義」とは高山が最初に「俗論」として退けていた真善美の三位一体説で、森と高山の議論はかみ合っていないようにも思える。しかし高山が一定の美術評価の基準を明確に打ち出せていないという点では、森の批判にも一理あった。

森の言う「審美の標準」は依然としてハルトマン美学の理論構成に基づくものであった。ハルトマンは美的なものが抽象的な理想から具象的な理想へと発展していくという観点から、具象理想を最も優れたものと見なす。森の高山批判は、しばしば高山のハルトマン理解の浅さを揶揄するものであった。その事例として、泉鏡花の作品評をめぐって両者の間に戦わされた抽象理想主義をめぐる論争がある。

高山は、『太陽』文芸欄の作品評でしばしば泉鏡花を批判していたが、泉が明治二十九年二月の『文芸倶楽部』増刊青年小説に発表した「化銀杏」に関しては、「彼はげに観念小説家の模型として見るべきものにして、其作る所は殆ど常に理想化の極点に達せるものなり」と、人の「想」を描くことに成功した佳作と評価した。[168]これを見た森は、直ちに『めさまし草』誌上において「太陽記者は鏡花の旧作を評して云く。理想化の極点に達して、血なく肉なく、唯々骨格を剰すと。われはこれによりて太陽記者が理想の抽象理想なることを知る。抽象理想の詩に於けるや、その排すべきこと、その極点に達するに至りて始めて然るにあらず。理想化の価値は具象理想化に在りて、抽象理想化にあらず[169]」と論じて、高山がハルトマンを解しない「抽象理想主義者」であると断定的に批判した。森の批判に対し、高山は、鏡花の作品を理想的と評した点を「一の説明」であるとし、「若しハルトマンを以て仮りに泉鏡花が小説を評せしめば、必ずや吾等と共に其の人物の抽象理想に近きを説くならむ。吾等を抽象理想派となしたる鷗外は、是の場合に於てハルトマンをも然か呼ばざるを得ざるならむ[170]」と、やや感情的な反論を展開していった。

この論争は『太陽』の文芸欄と『めさまし草』誌上で何度か行なわれたが、結局、明治二十九年七月に高山が大学を卒業し、九月に第二高等学校教授を拝命して、東京を離れることになったため中断され、論争それ自体としては積極的な成果を提示するまでには至らなかった。しかし、高山にとっては自らの美学研究上の課題を明確にすることに寄与したといえるであろう。その課題について一言でいえば、森の依拠するハルトマンの美学説は本当に完備した標準なのか否かについての全面的検討であった。高山はそれを、ケーベルに学んだ方法を活かしつつ、美学史研究によって克服しようとしていった。「審美学の研究何をか以てか先とすべき。吾等は他の諸学に於けるが如く、其歴史より入るを以て当然なりと思惟す。ハルトマンを講ずるも可なり。ギューヨーを説くも不可なし。而かも彼等はハルトマンのハルトマンに非ずして、歴史のハルトマンなるを知らざるべからず」[171]――このような問題意識は、『近世美学』にまで引き継がれていくことになる。

高山自身は明治二十九年十月の『太陽』に「退壇に臨みて吾等の懐抱を白す」を発表して、大学時代に行なった評論活動の総括を試みている。高山が一年強の活動期間で主張したことは、第一に学者には歴史的精神が必要であること、第二に、文学と道徳の関係について自覚的であること、第三に、観念小説を批判し客観的な著作を提案したこと、第四に、批評における審美学の専門的知識の必要を訴えたことの四点に整理される。これらの諸点は森鷗外との論争を惹起したが、高山は、ひたすらハルトマンの所説に拘泥する「或学者」すなわち森が迂闊であることを改めて強調し、いずれ全面的な批判を発表することを予告している。高山の内面には、「十有六ヶ月の間吾等の本紙上に言議したるもの無慮二百五十頁哲学史学文学の諸科に渉り歴史、戯曲、小説、詩歌、宗教、美術等事に随ひ時に応じ論策建言したるもの一書生が窓外の余業としては穴勝勤めずと謂ふべからざるに似たり」[172]という自負もあったと思われる。なお、高山が二高に赴任した後の『太陽』文芸欄記事は、大学院に進学した姉崎と、畔柳都太郎が交替で担当していたようである。[173]

以上見て来たように、高山・姉崎とも、帝国大学での講義を通じて得た成果を積極的に活用しながら、在学中から言論活動を開始していったといえる。両者ともにドイツ哲学の受容を経て理想と現実の解釈を基軸に据え、理想を〈憧憬〉する立場を堅持していった。ただ、〈憧憬〉の対象については、高山が道徳的なものを、姉崎が超世俗的なものを志向しつつあったものの、いまだ具体的な像を結ぶには至っていなかった。彼らの〈憧憬〉が何をもって深まっていったのか、次章以降で詳しく検討を加えていくことにしたい。

註

（1）高山の生涯については、工藤『文豪高山樗牛』（序章註（2））が最も包括的であるが、そのほか少年時代に関する記述は、大正期に樗牛会が発行した雑誌『人文』誌上に、数度にわたって連載されているほか、西宮藤朝『哲人高山樗牛』（一九一七年、泰山堂）、赤木桁平『人及び思想家としての高山樗牛』（一九一八年、新潮社）、高須芳次郎『人と文学高山樗牛』（一九四三年、偕成社）、秋山正香『高山樗牛』（一九五七年、積文館）、長谷川義記『樗牛 青春夢残』（一九八二年、暁書房）などの評伝が存在する。また、郷土鶴岡で出版された伝記に地元ならではの情報が盛り込まれており、得るところが大きい。高橋『高山樗牛』（序章註（33））のほか、笹原儀三郎『ふるさとへ』（一九七九年、笹原儀三郎作品集刊行会）、大泉散士『随筆高山樗牛』（一九九四年、阿部久書店）などを参照。また、工藤恒治は、戦後も『山形新聞』紙上で高山樗牛の伝記を連載している。小野寺凡「人間高山樗牛」（一）～（十二）（『評言と構想』第七輯～第二二輯、一九七七～八一年）は未完ながら、高山の前半生については工藤の研究を凌駕する水準の評伝となっている。高山の思想形成期に関する研究論文としてほかに井田輝敏「高山樗牛における国家と個人（一）」（『北九州大学法政論集』六巻三号、一九七八年十二月）参照。なお、これらの伝記的研究の多くは花澤編『高山樗牛研究資料集成』（序章註（34））の各巻に収められている。

（2）両者の関係については不明な点が多いが、前掲工藤『文豪高山樗牛』には、「養父久平は三島通庸の知遇を得たと伝へられる」（六四頁）との記述がある。また、同書には山形の香澄学校に通っている間、三島の長男弥太郎から教授を受けたと記されている（四五頁）。また、尾形六郎兵衛も、遺族への取材により、「養父久平が、三島県令のお見知りを受けその引つ張りであつた」との聞き取りを残している（尾形六郎兵衛『岩手の歌人と山形の文豪』一九六六年、三山中央会、一〇八頁）。

明治二十一年八月二十二日、塩原で療養していた三島の容態が急変し、二十八日には東京に搬送され自宅での治療に専念することになるが、その三島を八月三十日に高山久平が見舞に訪れている（「故三島正三位病気訪問・来弔・送葬人名簿」、国立国会図書館憲政資料室所蔵「三島通庸関係文書」五五六―一五）。

（3）東京英語学校での志賀の講義については、中野目『政教社の研究』（序章註（51））一一八～一二〇頁を参照。

（4）工藤『文豪高山樗牛』六五頁。

（5）旧制高等学校の概略および沿革については、旧制高等学校資料保存会編『旧制高等学校全書』第一巻（一九八五年、旧制高等学校資料保存会刊行部）および筧田知義『旧制高等学校教育の成立』（二〇〇九年、ミネルヴァ書房）を参照。また、旧制高等学校独自の文化については、竹内洋『学歴貴族の栄光と挫折』日本の近代12（一九九九年、中央公論新社）、秦郁彦『旧制高校物語』（二〇〇三年、文春新書）などを参照。なお、教育史学の分野では、中学校令が規定する高等中学校について、必ずしも大学の予備教育機関でなく、地方へ分散した高等教育機関として構想されたものだとする見解がある。厳平『三高の見果てぬ夢』（二〇〇八年、思文閣出版）の第四章を参照。旧制高校については、近年、大学アーカイブズが積極的に文書の展示会を行なっている。

（6）森有礼「宮城県庁において県官郡区長及び学校長に対する演説」（一八八七年六月。大久保利謙編『森有礼全集』第一巻、一九七二年、宣文堂書店）五三七頁。

（7）前掲竹内『学歴貴族の栄光と挫折』五二頁。

（8）井上準之助「高等学校時代の高山樗牛」（太田編『樗牛兄弟』〈第一章註(102)〉）二二頁。

（9）井上準之助論叢編纂会編『清渓おち穂』（一九三八年、井上準之助論叢編纂会）によれば、ロンドンに在勤中の井上から高山に宛てて文学書などの洋書数冊を送ったとされる（一一頁）。高山と井上の関係については、小説作品ではあるが城山三郎『男子の本懐』（一九八三年、新潮社）にも描かれているほか、杉山伸也「井上準之助ノート㈠」（『書斎の窓』六一〇号、二〇一一年十二月）四〇頁にも記述がある。

（10）姉崎正治著・姉崎正治先生生誕百年記念会編『わが生涯 新版』（一九九三年、大空社。初版は一九七四年、非売品）二八〜二九頁。大空社の伝記叢書の一冊として、姉崎正治先生生誕百年記念会が一九七四年に刊行した『姉崎正治先生の業績』の複製を合本したものである。

（11）升味準之輔『日本政党史論』第二巻（一九六六年、東京大学出版会）三頁。

（12）三谷博「浜口雄幸の学校時代」（『学習院女子短期大学紀要』一九号、一九八一年）二一頁。

（13）先崎『高山樗牛』（序章註(33)）三〇頁。

（14）明治二十一年五月一日付近野衛門治宛高山林次郎書簡、全集一四〇頁。

（15）同前、一四二頁。

（16）明治二十二年五月十一日付近野衛門治宛高山林次郎書簡、全集一六七頁。

（17）明治二十二年七月十三日付近野衛門治宛高山林次郎書簡、全集一七二〜一七三頁。この手紙で高山は「不愉快の種」「愉快の種」を列挙して点数をつけ、愉快の総計が不愉快の総計よりも少ないことを自分の不愉快の原因だとする自己分析を試みている。

(18) 高山林次郎「数学の進歩は果して教育社会の吉兆なる乎」(『福島青年会雑誌』二号、一八八八年十二月)四〜八頁(全集未収録)。

(19) 明治二十三年一月の実父宛の書簡の末尾に「私主筆之山形県共同会雑誌第四号近々出来、其節一部差上可申候間、乍御面倒逐一御一覧有之度、御一読被下候はゞ、私之平生之生活等御推察相成べくと存候」(明治二十三年一月三十日付齋藤親信宛高山林次郎書簡、全集一九二頁)という記述がある。同誌第二号は、明治新聞雑誌文庫に所蔵されている。長谷川尚『「比照文学」から「比較文学」へ』(一九六八年、野沢文庫)によると、第三号、第四号も国立国会図書館に現存するとの記述があるが、遺憾ながら未見である。

(20) 明治二十三年五月十六日付高山久平・岩江宛高山林次郎書簡、全集一九二頁。

(21) 明治二十三年七月四日付俣野時中宛高山林次郎書簡(鶴岡市郷土資料館所蔵、全集未収録)。

(22) 山内晋「夢中夢」(『尚志』一六七号、一九三七年)一〇三頁。山内晋(後に晋卿と改める)は、島根県出身の仏教学者、漢文学者。高山とは第二高等中学校の同級生にあたり、帝国大学卒業後は長く第三高等学校で漢文の教授を務めた。

(23) 高山と志賀との交際がその後も長く続いたことは、鶴岡市教育委員会が所蔵する高山樗牛資料のなかに、志賀の「弔辞」が残されていることからも判明する(鶴岡市教育委員会所蔵「高山樗牛資料」四八)。

(24) 明治二十五年五月九日付坪内逍遙宛高山林次郎書簡(早稲田大学図書館所蔵、全集未収録)。また、矢野峰人『平面像』(一九三四年、大木書房)二三四頁以下には矢野が所蔵する大西祝宛の書簡三通の翻刻が写真とともに紹介されており、そのうちの明治二十五年十二月二十四日付書簡では、『国民之友』に掲載された大西の「悲哀の快感」に対する「卑見」を掲載した『文学会雑誌』第三号を送付する旨が記されている。

(25) 高山林次郎「文学及人生」(『文学会雑誌』一号、一八九一年六月)一四〜一五頁。

(26) 同前、一二〜一三頁。

(27) 無署名(高山)「第一高等中学校不敬事件」(『文学会雑誌』一号)六六頁。

(28) 明治二十四年九月十四日付齋藤親信宛高山林次郎書簡、全集二二二頁。

(29) 島村抱月「再興した頃の「早稲田文学」(中)」(『読売新聞』一九一八年七月二十六日付朝刊)七面。島村の美学思想については、岩佐壮四郎『島村抱月の文藝批評と美学理論』(二〇一三年、早稲田大学出版局)を参照。

(30) 史料がないため全く推測の域を出ないが、美学志望の理由としては仙台の下宿先である永見裕からの影響という可能性もある。明治二十五年四月に、高山は永見裕の家に移っているが、永見は西周の女婿であり、「美妙学説」の筆記なども行なっていた。なお、永見家の娘道子が、高山の初恋の相手で、「わがそでの記」に密かに書きこまれたヒロインだとされている。この点を描いた小説作品として、木村毅「高山樗牛」(『樗牛・鷗外・漱石』一九三六年、千倉書房)がある。
(31) 前掲姉崎『わが生涯』三頁。
(32) 姉崎の家系については、金子奈央・曽部珠世「『姉崎家譜』について」(『東京大学宗教学年報』一九号、二〇〇二年三月)が詳細な検討を行なっている。
(33) 前掲姉崎『わが生涯』一八頁。
(34) 姉崎の伝記的事項については、多くを磯前・深澤編『近代日本における知識人と宗教』(序章註(35))第一部の成果によっている。
(35) 姉崎と平井金三との関係については、古賀元章「姉崎正治の宗教学と平井金三」(『比較文化研究』六二号、二〇〇三年十二月)に詳しい。
(36) 前掲中野目『政教社の研究』一六〇~一六二頁。
(37) 三宅雄二郎『哲学涓滴』(一八八九年、文海堂)三三頁。
(38) この点については、例えば「下谷の伊予紋で何かの会のあつた折に、ケーベル博士の事を悪く言つたとか言はぬとかいふのが原因で、あの大人しい三宅博士と取組合の喧嘩をして、縁側から中庭へ二人共頭転倒と転げ落ちたのは洋行前の話だが、姉崎博士は其頃からして酒の上の面白い癖があつたと見える」(泉豊春『帝大教授学生気質』一九一〇年、文成社、一六六頁)という風聞がまことしやかに語られている。
(39) 前掲磯前・深澤『近代日本における知識人と宗教』一四頁。
(40) 三宅の講演筆記は「惑迷」という題で、『壬辰会雑誌』九号・一〇号の二回にわたり掲載された。
(41) 前掲姉崎『わが生涯』四頁。
(42) 同前、五頁。自伝ではまた、幸田露伴が電信技手であったことに触れ、「自分はそのあとをつごうと思」っていたとも回顧されている。
(43) 姉崎正治「理学が近世哲学の興起に及ぼしたる影響」(『壬辰会雑誌』八号、一八九二年十二月)一一頁。
(44) 姉崎正平「祖父姉崎正治との内からと外からの出会い」(『時と学と人と』一九八〇年、東京大学文学部宗教学研究室)一〇~一一頁。
(45) 雑誌『文』については、竹田進吾「三宅米吉と雑誌『文』」(阿部猛・田村貞雄編『明治期日本の光と影』二〇〇八年、同成社)を参照。

(46) 姉崎正治「言文一致論ニ就テ」(『文』二巻一二号、一八八九年六月)七四一頁。
(47) 「第三高等中学校壬辰会規則」(『壬辰会雑誌』一号付録、一八九二年三月)一頁。
(48) 折田彦市「壬辰会発会式演説」(『壬辰会雑誌』一号)一頁。
(49) 笹川種郎「壬辰会の上途を餞するの辞」(『壬辰会雑誌』一号)三頁。
(50) 「会報」(『壬辰会雑誌』一号)六二〜六四頁。
(51) 「本会演説討論部」(『壬辰会雑誌』二号、一八九二年四月)四四頁。
(52) 「本会演説討論部」(『壬辰会雑誌』三号、一八九二年五月)五三頁。
(53) 前掲磯前・深澤編『近代日本における知識人と宗教』一二〜一五頁。
(54) 笹川臨風『明治還魂紙』(一九四六年)。引用は、臼井吉見編『明治文学回顧録集(二)』明治文学全集99(一九八〇年、筑摩書房)一二八頁。
(55) 尾佐竹猛『大津事件』(一九九一年、岩波文庫)六五〜八一頁。
(56) 大学生と高校生を媒介する校友会雑誌の機能については、清水唯一朗『近代日本の官僚』(二〇一三年、中公新書)二一三頁以下を参照。
(57) 幣原喜重郎「壬辰会雑誌」(『壬辰会雑誌』七号、一八九二年十一月)五三頁。
(58) 幣原喜重郎『外交五十年』(一九五一年、読売新聞社)二二九〜二三〇頁。なお、木村毅は幣原自伝の記述から『都の花』全篇を通読した結果、断定はできないとしながらも同誌五三号(一八九〇年十二月)掲載の「土耳古水夫」ではないかと推測している(木村毅「弱し、されど正し」、明治文化研究会『明治文化研究』第四集、一九六九年、日本古書通信社、五九頁)。この小説は、同年九月に紀州灘で起きたトルコ軍艦エルトゥールル号事件を題材にした短編である。
(59) 愼斎「本誌第六号の批評」(『壬辰会雑誌』七号)三五頁。
(60) 西田幾多郎「明治二十四、五年頃の東京文科大学選科」(『続思索と体験・『続思索と体験以後』一九八〇年、岩波文庫)二五八頁。
(61) 明治十九年の規則改正後、帝国大学の修業年限は三年であった。
(62) 桑木厳翼『明治の哲学界』(一九四三年、中央公論社)四七頁。
(63) カント以後のフィヒテ、シェリング、ヘーゲルらの思想を総称する「ドイツ観念論」という呼称は、同時代の言葉ではなく、一九二〇年代になってから新カント派を中心に使われるようになったものである点が近年強調されている。明治期日本においても、『哲学雑誌』などを見る限り、「観念論」ないし「理想主義」という用例が主であった。こうした点の踏まえ、近年では「ドイツ観念論」が、一括して把握することの困難な「問題概念」とする見解が示されている（大橋良介「ドイツ観念論の全体像」、大橋良介編『総説・ドイツ観念論と現代』叢書ドイツ観念論との対話1、一九九三年、ミネルヴァ書房、五九頁）。同様の指摘は、加藤尚武「総論 カントとドイツ観念論」（加藤尚武責任編集『理性の劇場』哲学の歴史7、二〇〇七年、中央公論新社）二三～二四頁でもなされている。

(64) 講座名称は「帝国大学各分科大学ニ於ケル講座ノ種類及其ノ数ヲ定ムルノ件」（明治二十六年九月七日公布勅令第九三号。『法令全書』明治二十六年、一七九～一八〇頁による）。

(65) 天野郁夫『大学の誕生』上巻（二〇〇九年、中公新書）二〇六頁。

(66) 大久保利謙『日本の大学』（一九四三年、創元社）三三八頁。

(67) 井上哲次郎『明治哲学界の回顧』（一九三二年、岩波書店）八頁。

(68) 例えば、戸弘柯三（三枝博音）『近代日本哲学史』（一九三五年、ナウカ社）参照。

(69) 丸山眞男「麻生義輝『近世日本哲学史』を読む」（一九四二年）。引用は、松沢弘陽・植手通有編『丸山眞男集』第二巻（一九九六年、岩波書店）一九三頁。

(70) 山崎正一「日本における「ドイツ観念論」の位置解析」（『思想』四一二号、一九六二年十二月）二八～二九頁。

(71) 茅野良男「近代日本の哲学とドイツ観念論」（同編『ドイツ観念論と日本近代』叢書ドイツ観念論との対話6、一九九四年、ミネルヴァ書房）では、ドイツ観念論受容の前提として、江戸時代から明治初年までの「アイディアリズム」訳語化の試みが取り上げられているが、講壇哲学の展開については、今後の課題とされている。また、同巻に収録されているカント、フィヒテ、シェリング、ヘーゲルの受容史に関する論考は、丁寧な研究史の整理となってはいるものの、日本近代思想史上における「ドイツ哲学」受容の意義にまで踏み込んだ考察は行なわれていない。

(72) 井上哲次郎の思想については、舩山信一による「日本型観念論」の大成者という評価が古典的な位置を占めている（舩山信一「明治哲学史研究」、『舩山信一著作集』第六巻、一九九九年、こぶし書房。および同「日本の観念論者」、『舩山信一著作集』第八巻、一九九八年参照）。井上に関する先行研究としては、このほか、泉谷周三郎「アイディアリズムの生成」（古田光・鈴木正編『近代日本の哲学』一九八三年、北樹出版）、認識論に着目して哲学の体系化を志向した思想家として捉えなおす渡辺『明治思想史』（序章註(28)）、井上における伝統と国際化の契機を指摘した沖田行司『日本近代教育の思想史的研究 新訂版』（二〇〇七年、学術出版会）などがある。

(73) 井上毅「人心教導意見案」（一八八一年）。引用は、山住正己校注『教育の体系』日本近代思想大系6（一九九〇年、岩波書店）一二五頁。

(74) 坂井雄吉『井上毅と明治国家』(一九八三年、東京大学出版会) 六九頁。
(75) ドクトルブッセ述、服部甲子造筆記「道徳哲学論」(『学林』一巻一号、一八八九年十月) 四八頁。
(76) リヨースレル述、関澄蔵訳「独逸学方針」(『学林』一巻二号、一八八九年十一月) 二三頁。
(77) この点については、加藤尚武がカント以後の「ドイツ観念論」の課題を、単一の原理に基づく体系的な展開のうちにカントの哲学を統合することと規定したうえで、具体的に、①主観性と客観性の根源的統一はいかにして可能か。②すべての学問分野を統合する原理は何か。③宗教上の神に対応する理性的な「絶対者」の概念はどのように把握されるのか、の三点に整理していることが参考になる(前掲加藤「総論 カントとドイツ観念論」二七頁)。
(78) 井上哲次郎『教育と宗教の衝突 増補二版』(一八九三年、敬業社) 三三頁。
(79) 同前、三四頁。
(80) 高坂正顕『明治思想史』(一九九九年、燈影舎) 二六八頁。ただし高坂は明治十年代の井上の著作を分析しており、その後の展開には触れていない。
(81) 前掲井上『明治哲学界の回顧』七三頁。
(82) 井上哲次郎述・荒浪市平速記「東西文化ノ差異ヲ論ス(承前)」(『十二大家名士聯合学士協会雑誌』五号、一八九一年五月) 一三頁。
(83) 中野目徹「井上哲次郎の世界観をめぐって」(『書生と官員』〈序章註(50)〉) 九〇頁。
(84) 前掲井上『明治哲学界の回顧』七二頁。
(85) 講義草稿は、東京都立中央図書館に所蔵されている井上文庫の資料を翻刻した今西順吉「わが国最初のインド哲学史講義」㈠~㈢(『北海道大学文学部紀要』三九巻一号~二号、四二巻一号、一九九〇~一九九三年)。また姉崎による講義ノートが東京大学文学部宗教学研究室に保管されている(文一七)。同資料の翻刻として、磯前順一・高橋原「資料 井上哲次郎の「比較宗教及東洋哲学」講義」(『東京大学史紀要』二一号、二〇〇三年三月)がある。
(86) 同講義については、磯前順一「井上哲次郎の「比較宗教及東洋哲学」講義」(『思想』九四二号、二〇〇二年十月。磯前『近代日本の宗教言説とその系譜』〈序章註(35)〉に再掲)が綿密な検討を加え、問題の所在を提示している。井上哲次郎のドイツ観については、国際日本文化研究センターで磯前順一氏が主宰されていた井上哲次郎研究会の討論に数多くの貴重な示唆を得た。とくに記して感謝申し上げる。
(87) 前田愛「井上哲次郎と高山樗牛」(『幻景の明治』一九七八年、朝日新聞社) 一七〇頁。
(88) 井上哲次郎「我世界観の一塵」(『哲学雑誌』八九号、一八九四年七月) 五〇四頁。

(89) 姉崎正治「比較的研究の精神」(『哲学雑誌』一〇六号、一八九五年十二月)九八六頁。
(90) 高山林次郎「道徳の理想を論ず」(『哲学雑誌』一〇〇号、一八九五年六月)四四二頁。
(91) 高山林次郎「道徳の理想を論ず(承前)」(『哲学雑誌』一〇一号、一八九五年七月)五一二頁。
(92) 前掲先崎『高山樗牛』七九頁。
(93) 行安茂『近代日本の思想家とイギリス理想主義』(二〇〇七年、北樹出版)四五~五〇頁。
(94) グリーンの「共通善」と政治思想との関わりについては、日下喜一「T・H・グリーンの政治思想」(行安茂・藤原保信責任編集『T・H・グリーン研究』一九八二年、御茶の水書房)などを参照。
(95) 「快楽論者の説に随へば、善は畢竟快楽なるを以て、吾人が最高の善を愉悦するは即ち最大の快楽を想望することに外ならざるべし」(前掲高山「道徳の理想を論ず」四四四頁)という用例が確認できる。
(96) 高山林次郎「戯曲的人物と近松巣林子」(『太陽』一巻四号、一八九五年四月)八四頁。
(97) ケーベルに関しては、「ラファエル・フォン・ケーベル」(昭和女子大学近代文学研究室編『近代日本文学叢書』第二二巻、一九六四年、昭和女子大学)、および『思想』二三三号(一九二三年八月)のほか、以下を参照。G・K・ピォヴェザーナ(宮川透・田崎哲郎訳)『近代日本の哲学と思想』(一九六五年、紀伊国屋書店)、角倉一朗「講演 ケーベル先生とその時代」(『東京藝術大学音楽学部紀要』二三号、一九九八年三月)、関根和江「ケーベル先生文献」(その一)~(その三)(『東京藝術大学音楽学部紀要』二四号~二六号、一九九八~二〇〇〇年)、兵頭高夫「日本におけるショーペンハウアー受容の問題」(『武蔵大学人文学会雑誌』第二一巻第一・二号、一九九〇年三月)、秋庭史典「「美学」の定着と制度化」(岩城見一編『芸術/葛藤の現場』二〇〇二年、晃洋書房)、井上克人「明治期におけるショーペンハウアー哲学の受容について」(『ショーペンハウアー研究』一二号、二〇〇七年六月)、長濱一真「深田康算をめぐって」(『文芸研究』五号、二〇〇八年)、片野勧「お雇い外国人と弟子たち(六)ケーベル」(『歴史読本』五五巻六号、二〇一〇年六月)。
(98) 姉崎正治「ケーベル先生の追懐」(『思想』二三三号)一九九頁。
(99) 前掲姉崎『わが生涯』五四頁。
(100) ラファエル・ケーベル(久保勉訳編)『ケーベル博士随筆集』(一九五七年、岩波文庫)一一~一二頁。この点については、前掲小野寺「人間高山樗牛(十)」(『評言と構想』一八輯、一九八〇年六月)五四~五五頁でも同様の推定を行なっている。小野寺は桑木の回想だけでは根拠が乏しいと慎重な評価を下しているが、姉崎『わが生涯』にも同様の回想があるので、高山の質問態度がよほど哲学科の同級生の目を引くものだったと主張することはできよう。
(101) 例えば、和辻哲郎「ケーベル先生」(『和辻哲郎全集』第六巻、一九六二年、岩波書店)二五頁。

(102) 井上哲次郎「大学時代の高山樗牛」（太田編『樗牛兄弟』〈第一章註(102)〉）三三頁。なお、哲学科の首席は桑木厳翼、次席が姉崎正治で、三番目が建部遯吾、四番目が清水友次郎だった（前掲工藤『文豪高山樗牛』九七頁参照）。

(103) 東京大学百年史編集委員会編『東京大学百年史』部局史一（一九八六年、東京大学出版会）五九〇頁。

(104) 前掲秋庭「「美学」の定着と制度化」五八頁以下参照。

(105) 本講義録に関する紹介としては、木村毅「東京大学の英語講義（二）」（『英語青年』一二〇巻一号、一九七四年四月）参照。また、一九九〇年代にケーベル会が発行していた『ケーベル会誌』一号～四号（一九九三～九六年）には、講義録の翻訳が掲載されている。またケーベルの前任者であるブッセも、同様の講義録を残している（赤木昭夫「謎のブッセ博士講義録」、『図書』七七八号、二〇一三年十二月、岩波書店を参照）。

(106) 長谷川誠也「来朝当時のケーベル先生」（『思想』二三号）五二頁。

(107) 本講義録に関連する史料として、東京大学宗教学研究室に姉崎正治の受講ノート（「姉崎正治関係資料」文一七）が残されているほか、東北大学附属図書館所蔵ケーベル文庫にも講義録が存在している。ケーベル文庫については、小川知幸「少しく無秩序のうちに秩序のある」（『東北大学附属図書館調査研究室年報』二号、二〇一四年二月）参照。部分的だが下田次郎訳『哲学綱領 全』（一八九五年、南江堂）や前掲『ケーベル会誌』に翻訳もある。このほか受講者である岩下壮一の講義ノートが、東京都文京区関口カトリック教会に現存していることについて、ケーベル会事務局・榎本昌弘氏に御教示いただいた。記して感謝申し上げる。

(108) 校合に用いたテキストは以下の八種類である。①東京大学総合図書館所蔵西洋哲学史講義全二巻（ともに一八九四年発行）、②京都大学文学部図書室所蔵西洋哲学史講義全二巻（一巻は一八九六年、二巻は一八九七年発行）、③京都大学附属図書館所蔵西洋哲学史講義全二巻（一巻は一八九六年、二巻は一八九七年発行）、④筑波大学附属図書館所蔵西洋哲学史講義全二巻（一九〇一年、一九〇三年版）、⑤東京大学総合図書館所蔵美学及美術史講義一八九四年版、⑥国立国会図書館所蔵美学及美術史講義一八九四年版、⑦京都大学文学部図書室所蔵美学及美術史講義一八九四年版、⑧京都大学文学部図書室所蔵美学及美術史講義年版一八九八年版。

　主な異同を示すと次のようになる。まず、西洋哲学史講義については、①の主要部分（プラトン・アリストテレス）の記述が②③④と一致する。②の第一巻と④の第一巻では使用フォントが異なり、また、誤字の修正（oi → or、三一頁）や表現の変更（is to be → can be、三五頁、power → powers、一二二頁）などがみられる。また単語間の間隔の相違があり、割付がずれている個所がある（五一頁、六七頁、六九頁、二二五頁、二二九～二三〇頁、三一三～三一四頁）。また④第一巻の三一頁では②の版に存在していた一行が脱落している。②、③の二巻は、同じ年の出版だが飾り罫線等に違いがあり異版と認められる。

美学及美術史講義については、⑤⑥の間には相違がない。また、⑤と⑦では、同じ一八九四年版であっても改行位置に差があり、割付が異なる個所が確認できる（六三～八八頁）。⑤と⑧では、文字間の間隔に異同があるため、改行位置がずれ、割付が異なる個所がある（四五～四六頁、一二一頁、一三七頁、二〇三～二〇五頁、二四九頁、二六三頁）。ただし本文には変更はない。⑤の巻末にあった"THE END"の表記は、⑧では消滅している。以上のことから、西洋哲学史講義、美学及美術史講義とも、一八九三年の着任から一九〇三年までに刊行された講義録においては、増刷に際して誤記についての軽微な修正はあったものの、内容については根本的な変化はなかったものと考えられる。なお、『哲学雑誌』毎年十月号の雑報欄に掲載される新年度の講義科目紹介でも、ケーベルの西洋哲学史については、例年と大差なしと記述されている。

(109) フェノロサの講義については、前掲中野目『政教社の研究』第二章を参照。ただし、ケーベルは、高山・姉崎の卒業後となる明治二十九年度の演習ではショーペンハウアーとともにヘーゲルの哲学書を講読した事実もあるようである（「文科大学の新学年」、『哲学雑誌』一一六号、一八九六年十月、八四六頁）。

(110) 前掲姉崎『わが生涯』六〇頁。

(111) 同前、六一頁。なお、引用中で「やけてしまった」とされる姉崎のレポートだが、東京大学文学部宗教学研究室に残されている文書中に原稿が確認できる（東京大学文学部宗教学研究室所蔵「姉崎正治関係資料」文一九）。

(112) 田村恭一は、明治期を通じて主な研究対象とされたドイツの哲学者はカント、ヘーゲル及びショーペンハウアーだったとし、シェリングに関するまとまった論文が初めて現れるのは、大正中期以降だと論じている（田村恭一「日本におけるシェリング受容」、高山守ほか編『シェリング読本』一九九四年、法政大学出版局、三九〇頁）。ただし同論文では『六合雑誌』掲載の姉崎論説は取り上げられておらず、再考の余地は残されているようにも思われる。

(113) 坂部恵『モデルニテ・バロック』（二〇〇五年、哲学書房）一九二頁。

(114) 神林『美学事始』（第一章註(5)）六四頁以下。

(115) 西谷啓治「訳者緒言」（フリードリッヒ・シェリング〈西谷啓治訳〉『人間的自由の本質』一九七五年、岩波文庫）四頁。

(116) シェリング『人間的自由の本質』六一～六六頁。

(117) Raphael von Köeber, *Lectures on History of Philosophy*, vol. 2 (Tokyo: The Author, 1903), p. 217. 原文は次の通りである。"And no man has defended the individual right and independency against the uniformity of our civilization and education; no man has urged the value (signification) of sentiment against the cool reflection in so a high degree as Rousseau. He opposed to the logic of heart, the logic of heart (Logik, Dialectik des Herzens), and just on account of this side of his thinking,

he became (especially as the author of Emile, a Nouville Heloids), one of the principal sources of a large school in the literature of the 18th and 19th century which we call romantic school. Romanticism, —a word without sense for it corresponds neither to philosophical and aesthetical character, nor to the historical origins of romanticism—cannot be understood without Rousseau. The German and French romanticism is, on my opinion, to be derived in a straight line from Rousseau." 姉崎のノートの六五ページにも類似の記述がある。

(118) Ibid., p. 216. 原文は次の通りである。"There is perhaps, no question in literature so dark as this, for romanticism has so many different elements that is very difficult, even impossible, to embrace them in one direction."

(119) 無署名（高山）「煩瑣学風と文学者」（『太陽』六巻九号、一九〇〇年七月）二七頁。

(120) 例えば、小野紀明『フランス・ロマン主義の政治思想』（一九八六年、木鐸社）参照。なお、明治期におけるロマン主義の理解と用例については、笹淵『浪漫主義文学の誕生』（序章註(54)）の第二章を参照。

(121) Raphael von Köeber, *Lectures on Aesthetics and History of Art* (Tokyo: The Author, 1894), p. 6. 原文は次の通りである。"Nearly all aesthetical theories till nowadays are preformed in Kant's work. —I will give you firstly a historical survey of the principal aesthetical doctrines. I think, it is the best way in order to form our own opinion about aesthetical questions."

(122) Ibid., p. 43 に以下の記述がある。"The central point of Schiller's aesthetics is the Kantian opposition of sensuality and reason—Vernunft, and the reconciliation of both in the sphere of art. Art—says Schiller—is a product (consequence) of man's instinct of playing ("Spieltrieb"), which is harmony of his lower and higher nature, of sensuality and Vernunfut. The instinct of playing is a special human instinct."

(123) Ibid., p. 91. 原文は次の通りである。"In man's beauty you must distinguish: the natural and the spiritual side. As far as a human beings is a part of animals, its beauty is: firstly the beauty of the species "man" (homo sapiens); secondly, the sensual beauty, i. e. the male and female characteristical beauty; thirdly, that of different races and temperaments. The spiritual beauty manifests itself in the forms of individual and common life. These forms are the ideals of the different epochs and phases of civilization (kulturgeschichtliche Schonheitsformen)."

(124) E. Grosse「人種学と審美学と」（『哲学会雑誌』六〇号、一八九二年二月）一四六七頁。グロッセは人類学的な知見を古美術の解釈に応用した美学者で、林忠正とも交流があったとされる。

(125) この点については、熊野純彦『日本哲学小史』（二〇〇九年、中公新書）二六～二八頁でも指摘されている。

(126) 西田幾多郎「ケーベル先生の追懐」（『思想』二三号）三二頁。竹田篤司は、西田とケーベルとの間にあった「不協和音」を指摘している（竹田『明治人の教養』二〇〇二年、文春新書、四二頁）。
(127) 無署名（姉崎）「我邦現時の学術と古典の研究」（『哲学雑誌』一〇二号、一八九五年八月）六二二頁。
(128) 姉崎正治「序言」（姉崎正治・笹川種郎編『改訂註釈樗牛全集』第五巻、一九三〇年、博文館）序言三頁。
(129) 日清戦争の近代史上における意義については藤村道生『日清戦争』（一九七三年、岩波新書）参照。日清戦争の勝利と、その後に来る三国干渉が、いわゆる「国民」形成に画期的な意義を持ったことについてはすでに数多くの研究が存在する。井口和起編『日清・日露戦争』（一九九三年、吉川弘文館）、大濱徹也『庶民のみた日清・日露戦争』（二〇〇三年、刀水書房）、原田敬一『日清・日露戦争』（二〇〇七年、岩波新書）、佐谷眞木人『日清戦争』（二〇〇九年、講談社現代新書）、大谷正『日清戦争』（二〇一四年、中公新書）などを参照。
(130) 例えば、井上祐子『日清・日露戦争と写真報道』（二〇一二年、吉川弘文館）などを参照。
(131) 前掲姉崎『わが生涯』六五～六六頁。
(132) 不忍池で催された祝勝会の様子については、木下直之『戦争という見世物』（二〇一三年、ミネルヴァ書房）に詳しい。
(133) 生田長江の評伝である荒波力『知の巨人』（二〇一三年、白水社）六五～六六頁によると、生田は大学の図書館で美学関係書籍に高山の書き込みを見出し、生田はそのたびに自己の勉学と高山のそれを重ね合わせていたという。
(134) 大町桂月「現代超越の説」（『帝国文学』一八巻一号、一九一二年一月）一二二頁。
(135) 坪内逍遙「歴史小説につきて」（『読売新聞』一八九五年十月七日付月曜付録一面）。
(136) 例えば、片岡良一『日本浪漫主義文学研究 改訂増補版』（法政大学出版局、一九六七年）三三二～三三四頁。
(137) 池内輝雄「歴史小説「滝口入道」の誕生」（谷川恵一他校注『明治名作集』新日本古典文学大系明治編30、二〇〇九年、岩波書店）四八九頁。
(138) 花澤『高山樗牛』（序章註(33)）八七頁。
(139) 「高山樗牛自筆」（天理大学附属天理図書館所蔵）。同史料の図版については、天理大学附属天理図書館編『開館七四周年記念展 近代作家の原稿』（二〇〇四年、天理大学出版部）九頁参照。
(140) 明治二十七年十月十四日付齋藤良太宛高山林次郎書簡、全集三七二～三頁。
(141) 高山林次郎「凱旋兵士を歓迎する辞」（一八九六年五月、静岡県観富山龍華寺所蔵）。同史料は高山の実父が山形県大宝寺村（現山形県鶴岡市大宝寺）村長を務めていた折に行なわれた凱旋祝賀会の演説草稿で、高山が父の演説を代筆したものである。
(142) 前掲笹川『明治還魂紙』一三〇～一三一頁。

(143) 家永三郎『数奇なる思想家の生涯』(一九五五年、岩波新書)三二頁。
(144) その典型的な例が東洋美学論争である。田岡が「西欧の美学は西欧特殊の思想を反映せる美術より帰納せる一特殊の典則のみ、特殊の思想を有するか故に特殊の典則あり、此特殊の典則を以て直ちに之を唯一普遍的のもの視して、之を以て相違なれる思想を有せる国民の美術を律せんとは、これ根底に於て既に謬れるものなり」(田岡嶺雲「東洋の新美学を造れよ」、第三次『日本人』五号、一八九五年九月、二五~二六頁)と書いて西洋美学の特殊性に言及すると、高山は序章でも触れた「東西二文明の衝突」を著わし、美感の普遍性を主張して反論していった。
(145) 三好行雄「『帝国文学』」(『文学』二三巻五号、一九五五年五月)八四頁。
(146) 岡田正美「混沌時代」(『帝国文学』一一巻一号附録、一九〇五年一月)一~二頁。
(147) 同前、二頁。
(148) 『帝国文学』一一巻一号附録(一九〇五年一月)扉見返頁。
(149) 登張竹風『人間修行』(一九三四年、中央公論社)一七九頁。
(150) 無署名(高山樗牛)「序詞」(『帝国文学』一巻一号、一八九五年一月)巻頭頁。
(151) 前掲三好「帝国文学」八七頁。
(152) 高山林次郎「人世の価値及厭世主義(承前)」(『帝国文学』一巻八号、一八九五年八月)二三頁。
(153) 姉崎正治「理想と現実、悲曲サッポーを論ず」(『帝国文学』二巻五号、一八九六年五月)二八頁。
(154) 明治二十七年十一月七日付齋藤良太宛高山林次郎書簡、全集三八〇頁。
(155) 明治二十七年十二月十一日付齋藤良太宛高山林次郎書簡、全集三八九頁。なお、大町桂月によれば、第四号までの雑報欄は高山が一人で担当しており、その後大町ら四、五名の委員と交代したようである(大町桂月「高山君に就て」、『中央公論』二二年五号、一九〇七年五月、四七頁)。
(156) 明治二十九年八月十一日付高山林次郎宛畔柳都太郎書簡(鶴岡市教育委員会所蔵「高山樗牛資料」五一二。全集未収録)。
(157) 樋口秀雄「戦国時代」(『帝国文学』一一巻一号附録、一九〇五年一月)二〇頁。
(158) 浅岡邦雄「明治期博文館の主要雑誌発行部数」(国文学研究資料館編『明治の出版文化』二〇〇二年、臨川書店)一六〇~一六二頁。
(159) 前掲高山「戯曲的人物と近松巣林子」八四頁。
(160) 明治二十八年七月二十八日高山林次郎宛上田敏書簡(「高山樗牛資料」五〇八)。

(161) 坂井犀水『黒田清輝』(一九三七年、聖文閣)八三～八四頁。
(162) 無署名(高山)「美術と道徳」(『太陽』一巻八号、一八九五年八月)四三～四四頁。
(163) 「裸体ノ絵画彫刻ハ本邦ノ風俗ニ害アリヤ否ヤ」(『明治美術会第一一回報告』一八九一年三月)二三頁以下を参照。なお、このときの司会は原敬であり、彼の日記の明治二十四年一月二十九日条、二月二十日条にもこの討論の記事が登場する(原奎一郎編『原敬日記』第一巻、一九六五年、福村出版、一七一～一七三頁)。
(164) 松野緑「美術と道徳との関係如何」(『少年世界』二巻五号、一八九六年三月)九八頁。
(165) 森鷗外の美学思想については、小堀桂一郎「鷗外の美学上の業績について」(『鷗外全集』第二一巻月報、一九七三年、岩波書店)などを参照した。また、高山と森の関係は和高伸二「鷗外と樗牛の美学論争」(『甲南大学文学会論集』二三号、一九六四年四月)、長谷川泉『森鷗外論考』続(一九六七年、明治書院)、および谷沢『文豪たちの大喧嘩』(序章註(9))なども参照。
(166) 帰休庵(森)「詩中の道念」(『めさまし草』まきの二、一八九六年二月)四一頁。
(167) 帰休庵(森)「美と善と」(『めさまし草』まきの六、一八九六年六月)一七頁。
(168) 無署名(高山)「青年小説を読む」(『太陽』二巻五号、一八九六年三月)一二四頁。
(169) 帰休庵(森)「具象理想と抽象理想と」(『めさまし草』まきの三、一八九六年三月)一三頁。
(170) 無署名(高山)「鷗外に問ふ」(『太陽』二巻一二号、一八九六年六月)一〇〇頁。
(171) 無署名(高山)「美学史及び美術史」(『太陽』二巻一一号、一八九六年五月)一三九頁。高山のハルトマン批判については松尾大「高山樗牛の美学思想」(佐々木『日本の近代美学』〈第一章註(5)〉)一三七～一四二頁参照。
(172) R・T(高山)「退壇に臨みて吾等の懐抱を白す」(『太陽』二巻二一号、一八九六年十月)一八〇頁。
(173) 明治三十年に高山が復帰する前の号に、「時文論評は従来姉崎畔柳両文学士の担当せらるゝ所なりしが次号よりは高山文学史担任せらるべし」と明記されている(「稟告」、『太陽』三巻一〇号、一八九七年五月、一二〇頁)。

第三章――日清戦後における〈憧憬〉の萌芽

第一節　高山樗牛の「日本主義」思想と「美学」

高山樗牛と博文館

明治二十九年（一八九六）七月に大学を卒業した高山は、「日本ノ美術文学ノ比較研究」を研究課題として一時大学院に進学した。これと前後して、高山が西園寺公望の秘書官になることを希望し、自らも運動をしたとする伝記があるが[1]、実現はしておらず、詳細も不明である。結局高山は同年九月に母校である第二高等学校教授の辞令を受け、仙台に赴任することになった。担当科目は倫理学と英語だったという[2]。

しかし翌明治三十年五月、高山は九カ月にわたる仙台第二高等学校での教員生活を辞して上京、博文館に招聘され、雑誌『太陽』文芸欄の担当記者として本格的な言論活動を開始することになった。再三引用している伝記『文豪高山樗牛』によると、三十年三月下旬、高山の勤務する二高で同盟休校が起こったことが、博文館入りのきっかけとなったようである[3]。学校の対応に不満を持った高山ら複数名の教員は辞表を提出した。高山の同僚で後に五高の教授となる神谷豊太郎によると、高山はこのとき文部省に上申書まで提出し、二度と「文部の禄を食まず」とまで息巻いていたという[4]。

まずは高山が博文館に勤務するまでの経緯を簡単に確認しておこう。伝記によれば、高山は、明治二十九年の年末年始に上京し、姉崎や入営中の桑木に会い、一月八日頃帰仙したという。坪谷善四郎の明治三十年一月六日付の日記に「此夜帝国ホテルニ高山林次郎氏ヲ送ル、大橋氏ノ饗宴ニ列ス」(5)という記載があり、高山が上京して坪谷とも面会していたことがわかる。二高に同盟休校が起こる以前のことであるから、このときに具体的な交渉があったとは考えにくいが、高山が数カ月ぶりの上京で、東京での姉崎らの活躍に大いに触発されたことはありえよう。二高着任当初から、自らの境遇を「都落ち」と自嘲していた高山は、帰仙直後の桑木宛書簡で、自らを安住の地を得ずに呻吟する「三界の浪人」と形容し、「家に一犬あるのみ、仰天俯地、自由のかはりに、寂寥のきはみなり。人生の目的などと云ふこと、今更中夜の疑問として心に浮申候」(6)という弱気な文章を綴っている。

博文館入りをめぐる交渉は、坪谷善四郎によれば、「前に「太陽」へ執筆した縁故で、大橋乙羽の勧めに応じ、三十年の春仙台を辞して博文館に入ること、為た」(7)とのことで、博文館側から高山に話を持ちかけたものらしい。具体的な話は、同年四月十二日付の大橋乙羽宛書簡によって知られる。ただ高山は、このわずか二日前の実父宛書簡に、高等学校紛擾が「面倒至極」であることを訴えながらも、「一時は辞職の決心も致候処、先輩の忠告にて一先やめ候」(8)とも書いている。東京での生活に魅力を感じる一方で、高等学校の教授職を擲っての博文館入りには迷いがあったと見るべきだろう。この点について、小野寺凡が、そもそも渋々高山が二高教授を拝命したこと自体、いずれ洋行して大学教授として世に出るための準備であったと指摘し、離職を逡巡する高山の内面に、アカデミズムにおける立身への期待を読み取っているのは妥当と思われる。(9)そのため高山は「潜に憂ふる所」として、右の四月十二日付の大橋乙羽宛書簡で、次のような条件をつけている。

小生御入館申上候とて素浅劣の才、何程の効績か候べき。然るに格にも無き夸大なる御期望を以て待たれ候ては、小生日夕安眠も叶はぬ仕儀に相成可候、此事第一の心配に御座候。且御来命によれば、身にとりて過分の御俸給なれば、居処心安からぬ節多かるべくと、是亦苦慮の原因に御座候。太陽文学欄主宰の事は、如何様にも可仕候へども、其他には格別の能も可無之、素より万一御館員の末班に連候半上は、応分の御用は相勤申候事勿論に候へ共、無能不才の段は幾重にも御勘考の上御来命奉願候。且小生上京の上は、是非大学院へ入学致度候。但右は殊に時間等の増減も無之、表面上の名義、図書館出入の自由を得候事に止まり候事に御座候。

又愈々御館員の末班に連候半か、甚だ我儘勝手の次第に候へども、左の事御許容被下間敷候や。

一　原稿相認候は小生私宿にて致度候。右は衆人雑閙の間にては何分不任意候ま丶。

一　御館に出勤の時間も可成少く致度、大抵の事は私宿にて弁度候。(10)

こうして高山は仙台の第二高等学校教授の職を辞し――正確には四月二十二日付で非職扱いとなり、同年九月二十四日付で依願免官となっている(11)――四月二十八日に上京、(12)博文館の一員となり、五月、第一章でも取り上げた論文「我邦現今の文芸界に於ける批評家の本務」を発表して言論活動を再開した。明治三十年は博文館の創業十周年にあたっており、高山の招聘には、博文館の事業拡張とともに、「以て帝国の文運上進を助け、以て江湖大方の眷顧に酬ゆるあらん」(13)といった期待が込められていたといえる。高山の博文館『太陽』への復帰は、文学や美術の領域における彼の本格的な思想活動の開始を意味していた。以後、彼は日清戦後社会における文化発展の機運をあたかも一身に体現するかのような華々しい言論活動を行なっていくことになる。そこで彼がまず関わることになったのが大日本協会「日本主義」の思想運動だった。(14)

大日本協会の設立

明治三十年（一八九七）五月、高山の博文館入りに前後して、「日本主義」を掲げる大日本協会が設立された。

同会の目的と活動の綱領は、機関誌『日本主義』の巻頭に次のように掲げられている。

目　的

一、日本建国ノ精神ヲ発揚ス

綱　目

一、国祖ヲ崇拝ス
一、光明ヲ旨トス
一、生々ヲ尚ブ
一、精神ノ円満ナル発達ヲ期ス
一、清浄潔白ヲ期ス
一、社会的生活ヲ重ンズ
一、国民的団結ヲ重ンズ
一、武ヲ尚ブ
一、世界ノ平和ヲ期ス
一、人類的情誼ノ発達ヲ期ス(15)

抽象的な項目が多いが、同会の狙いは、このような綱目の実践を通じて、「我自主独立の精神を発揮し、以て国民を結合するの基礎を建設し、併せて世界をして我儼として樹立する所あるを知らしめ(16)」る点に求められた。「日本主義」の思想においては、宗教が「自主独立の精神」によらずに精神的団結をなすものとして排撃され、おそらくキリスト教を念頭に置いてのことと思われるが、「他国の感化」を招き、「我固有の特性」を融解させる迷信として退けられていた[17]。

『日本主義』の誌面は論説、研究、文苑、雑録、時評の各欄に分かれており、政治論や教育論のほか、倫理学説や人種論、美術、文学等にも言及した論説が掲載されていた。発行部数は四千部だったといい[18]、当時としては決して少ない数ではなかった[19]。版元は、『教育時論』を発行する開発社が引き受けており、参加者の顔ぶれからいっても、おもな読者には、中等教員や師範学校等の学校関係者が想定されていたと考えられる。

創刊当初の中心的な主題となったのは、教育界における「世界主義」の傾向に対する批判だった。とりわけ、明治三十年末に松隈内閣が瓦解し、翌年一月に第三次伊藤内閣が成立すると、大日本協会は西園寺公望文相に対する批判を鮮明にしていくようになる[20]。

大日本協会は、明治三十年後半から徐々に組織を整備し、明治三十年十一月には、副島種臣を会頭に、元良勇次郎を幹部長に任命している。また、三十一年一月には、岡倉覚三も入会している。雑誌『日本主義』は明治三十四年五月の第五五号で終刊したようだが、木村鷹太郎は、雑誌発行の継続に強い意志を持ったとみえ、大日本協会を版元として、明治三十五年一月に『新天地』と題する雑誌の発行を試みている。しかしこれも継続しなかったようである。

では、高山と大日本協会はどのような関係にあったのか。しばしば高山と井上哲次郎が共同して大日本協会を結成したように論じられることもあるが、機関誌第一号の雑報欄に発起人として名前が挙げられているのは、次の五人である。

井上哲次郎／元良勇次郎／湯本武比古／木村鷹太郎／竹内楠三[21]

新聞の広告などによると、高山は明治三十年六月二十日に帝国教育会講堂で行なわれた大日本協会主催の演説会に弁士として登壇し、「日本国民と宗教」と題する演説を行なったらしい。[22] しかし、『日本主義』に論説執筆者として高山の名前が登場するのは、第六号の研究欄に掲げられた「法王権の発達と中世の国家」以下の論文によってである。この点は、井上哲次郎も同様で、第一号の「教育上に於ける世界主義を難ず」が、『教育時論』からの転載で一度掲載された後、井上の名前は第一〇号まで登場しない。そもそも井上の場合、万国東洋学会出席のため、三十年六月から渡欧してしまっているから、会への関わり方はおのずと限定的にならざるを得なかった。また、『日本主義』の編集兼発行人は竹内楠三が務めており、論説欄や雑報欄は木村鷹太郎と竹内が分担で執筆することが多かった。以上の点を踏まえると、大日本協会の会務と運動を主導したのは井上や高山ではなく、むしろ木村や竹内、次いで湯本・元良であったというべきだろう。高山は、文科大学哲学科在学中の縁故から、少なくとも当初は、間接的・限定的な関わり方をしていたに過ぎない。したがって、「日本主義」を鼓吹するために高山と井上が大日本協会を結成したという説明は、端的に事実に反することになる。

そのように考えると、高山が六月の『太陽』文芸欄に発表した論説の表題が「日本主義を賛す」だったことは、重要な意味を帯びてくる。同論文は後に、高山の評論集『時代管見』に収められるにあたり「日本主義」と改題され、以後刊行される『樗牛全集』にもそのまま収録されたために誤解されやすいが、高山は、少なくとも最初は、自ら独自の「日本主義」を唱えようとするのではなく、「日本主義」に賛成するというスタンスをとっていた。また、木村の著作『日本主義国教論』に高山が寄せた序文に「其枝葉の細説に於ては往々予の見る所と多少相異なる者ありと雖ども、其根幹とする所の大主脳に到りては全く其軌を一にす。（中略）唯須らく小異を捨てゝ大同に就くべきのみ」[23] とあるように、高山と木村やあるいは竹内といった大日本協会中核メンバーとの思想的な懸隔は、その後も必ずしも埋められたわけではなかったのである。[24]

雑誌『日本主義』は、創刊直後から様々な批判に晒されたが、それとともに、内部での差異も徐々に顕在化し始めていった。[25] すなわち、反対者から「日本主義は定論とする所あらざるならん」[26] と批判されるほど、論者によって主張に違いが存在していたのである。逆説的だが、大日本協会における論者ごとの発想の違いや、運動面における足並みの乱れが、先行研究における厳しい批判の一因となっているとも考えられる。[27]同じ頃に唱えられた、民族が同始祖を敬うことで「共存団体」を形成し、「祖先の威力に服従するに由りて平和の秩序を維持する」[28]ことを訴える穂積八束の「祖先教」なども、「日本主義」の多種多様なヴァリエーションの一つと位置づけることができよう。ただ、右の観点からなされる「日本主義」批判では、なお未検討の論点も残されているように思われる。[29]高山が「日本主義」論において、切り開いた独自の領域が何だったのかを問う視点が必要である。[30]

例えば、『太陽』誌上における高山の「日本主義」については、明治二十年代に唱えられた政教社の国粋保存主義と異なり、具体的な政治論を持たないという特徴が指摘されている。[31]政治論としてではなく、文芸の論として高山が「日本主義」にコミットする意味はどこにあったのか。以下本章では、彼の「美学」思想と「日本主義」の相互関係に注目して検討していくことにより、日清戦後、彼の言論が持った意味を考えてみたい。彼の「日本主義」の文学美術への適応は、第三節、第四節で検討していくこととして、まずは、彼が「日本主義」に関わることにより、時代の課題にどのように応えようとしていたのかについて、彼の論理を中心に検討していくことにしたい。

「日本主義」の理論化

高山の「日本主義」論は、雑誌『太陽』の文芸欄と『日本主義』誌上に発表されていった。「日本主義」に関する主要論文は高須芳次郎や岡野他家夫が整理しているが、[32]高山が自ら「日本主義」について説明を試みた論文は、明治三十年から翌三十一年の半ばにかけて書かれており、これらは彼の「日本主義」の理論化の試みと位置づけられる。「日本主義」に関する論考が初期に集中し、その後徐々に少なくなっていくのは、文学美術の作品を「日本主義」の立場から批評していくことに力点が移っていったからだといえよう。

高山自身は、明治三十年五月の「日本主義を賛す」で、「日本主義」を以下のように規定している。

熟々本邦文化の性質を考へ、宗教及道徳の歴史的関係を審にし、汎く人文開展の原理に徴して国家の進捗と世界の発達とに於ける殊遍相関の理法を認め、更に本邦建国の精神と、国民的性情の特質とに照鑑し、我国家の将来の為に、吾等は茲に日本主義を賛す。日本主義とは何ぞや。国民的特性に本ける自主独立の精神に拠りて建国当初の抱負を発揮せむことを目的とする所の道徳的原理、即是なり(33)。

何故ことさらに国家や国民を強調するのか。もう少し「日本主義を賛す」の論理を追ってみよう。高山によれば、人は一人で生きていくことはできず、また家族のみで生活していくこともできない。そこで必ず社会を形成する。社会のうち、対外的独立と対内的な秩序の維持を目的として成立するのが国家であり、この限りにおいて、国家は「民衆最大の幸福」を企図するものとされる。人は国家を離れて生きていくことはできない。そうである以上、普遍的な人類的情誼も、国家の完全な成立をまって初めて成立可能となる。それゆえ、国家の完全な発達を期するためには、「国民的特性」に基づく道徳を確立しなければならない。以上のようにして団結を強化することで、世界平和に貢献していくことが「日本主義」の内容とされるのである。ここには、帝国大学文科大学で身につけた「道徳の理想」をめぐる発想が反映されているといってよい。また、社会と道徳の重視に関しては、同じ時期に高山が井上哲次郎とともに編纂した『新編倫理教科書』のなかで、「吾人の安寧幸福は其細大に論なく、凡て社会の直接、若くは間接に与ふる所の恩恵に非ざるは無し。果して然らば、吾人は社会に対して当に尽すべきの義務なかるべからず。即ち一身一家の利益のみを図らず、博く社会公衆の為めに其利福を増進せんことを務めざるべからず(34)」と説かれていることとも共通の論理を見て取ることができる。

高山はさらに翌七月に発表された「日本主義に対する世評を慨す」で、寄せられた批判を反駁しながら、「日本主義」の要点として次の五点を述べている。

一、国民の円満なる発達は其国民的性情の完全なる発展を須要とす。
二、一切宗教は日本国民の性情に適切ならず。日本主義は是を以て宗教を排斥す。
三、国家は人生寄託の必然形式にして又其唯一形式なり。日本の国家は日本国民の幸福の唯一且必然なる形式なり。
四、宗教と国家とは其利害を異にす。是を以て日本主義は一切の宗教を排斥す。
五、日本主義は日本国民の性情に本きて、皇祖建国の精神を発揮せんことを目的とする所の国家的道徳の原理なり。(35)

大日本協会の主張がそうであったように、高山の「日本主義」も、国民道徳の原理からキリスト教や仏教などの諸宗教を退ける主張を展開していた。その根拠は、日本人の「国民的特性」が現世的だという判断によっていた。高山によれば、日本人の特性に多少「幽冥の世界」に対する関心があっても、その深さは到底「主ぱら未来死後を説き、もしくは超絶の世界を悔悦する、印度欧羅巴的宗教の比にあらざるなり」(36)とされるのである。

「日本主義」提唱期の高山の語彙には「統一」という言葉が頻出する。高山は東西文明が衝突する時代状況を見据え、国民が調和して一致団結し、思想的な統一をもって混迷する時代を切り開いていく共同性を自らの理想として位置づけた。いわば、統一された国民共同体への志向が見られたのである。『日本主義』第一四号に発表された「国民精神の統一」にはそのような志向が最も明瞭に表現されている。

今日政治上の大綱は憲法によりて統一せられたり、教育上の本領は勅語によりて明にせられたり、然れども政治教育は国民思想の全部に非らず、寧ろ其の表面上の一現象のみ。国民的意識を根抵より統一し、是の憲法と是の勅語に適応するの国民精神を淘冶するは即ち是れ日本主義の本分に非らずや。国家の発達は民心の統一を須要とす。統一は主義を預想し、主義は国体と民性とに待つ。国民精神の統一に対する日本主義の責任実に茲に存す。(37)

高山の「日本主義」論においては、道徳的原理の強調に加えて、彼独自の論理展開という点で、次の三点の特徴を指摘できる。

第一は、政教社の「国粋保存主義」の意義と限界を指摘しつつ、「日本主義」を明治思想史の正統に位置づける視点である。明治三十一年七月に発表された「明治思想の変遷」では、「欧化主義」と「国家主義」の二大潮流が衝突する舞台として明治思想史の展開を叙述し、図4のような説明を用いて、日清戦争後の国民的自覚に対応する主張としての「日本主義」の意義を論じている。また、同年五月の「国粋保存主義と日本主義」と題する論説では、「既に名けて国粋保存主義と云ふ、保存せらるべき国粋の存在を仮定せるや素より論無し。然れども、是の如き『国粋』の何物なるか、何故に内外万千の事物の中、是の如き『国粋』の特に保存せらるべき価値ありとするか、社会経営の全局面に於て所謂国粋保存てふことは幾何か国家国民の幸福を増進するに益すべきか。是等諸般の問題に就いては一も明示する所無かりしなり(38)」と述べて、政教社の主張においては「国粋」の内容が不明であると批判していた。高山の挑発に対して、政教社の三宅雪嶺は、日清戦争後の時代思潮である「世界主義」と「国家主義」の両者に一定の価値を認めるという超然的態度をとったため、両者の間で論争に発展することはなかったが、高山が「日本主義」を唱えて、「国粋保存主義」を過去の思想として克服しようとする意図は明らかであった[39]。

第二は、「科学的研究」への強い志向である。例えば高山は「国民的性情」を説明する際にしばしば、「即ち素是れ一定の標準に本きて、全国民の思想を統一せむと企つるなれば、其関係影響するところ広く且深し。而して是主義の所謂一定の標準なるものは、我国体及び民性の科学的研究に本ける[40]」ものだという形で、自らの発言がしきりに「科学的研究」に基づいていることを強調している。ここで述べられている「科学的研究」には、帝国大学文科大学在学中に得た比較と歴史の視点が維持されており、その一部は博文館の帝国百科全書の第一冊として刊行された『世界文明史』などの歴史研究に結実していったといえる。ただし、高山の言説を読む限りでは、「国民的特性」に関する結論のみが「科学的研究」の成果として断定的に羅列されているのみで、そこに至るまでの思考の展開が見えにくい。このことは、先行研究の否定的評価の一因になっていると考えられる[41]。

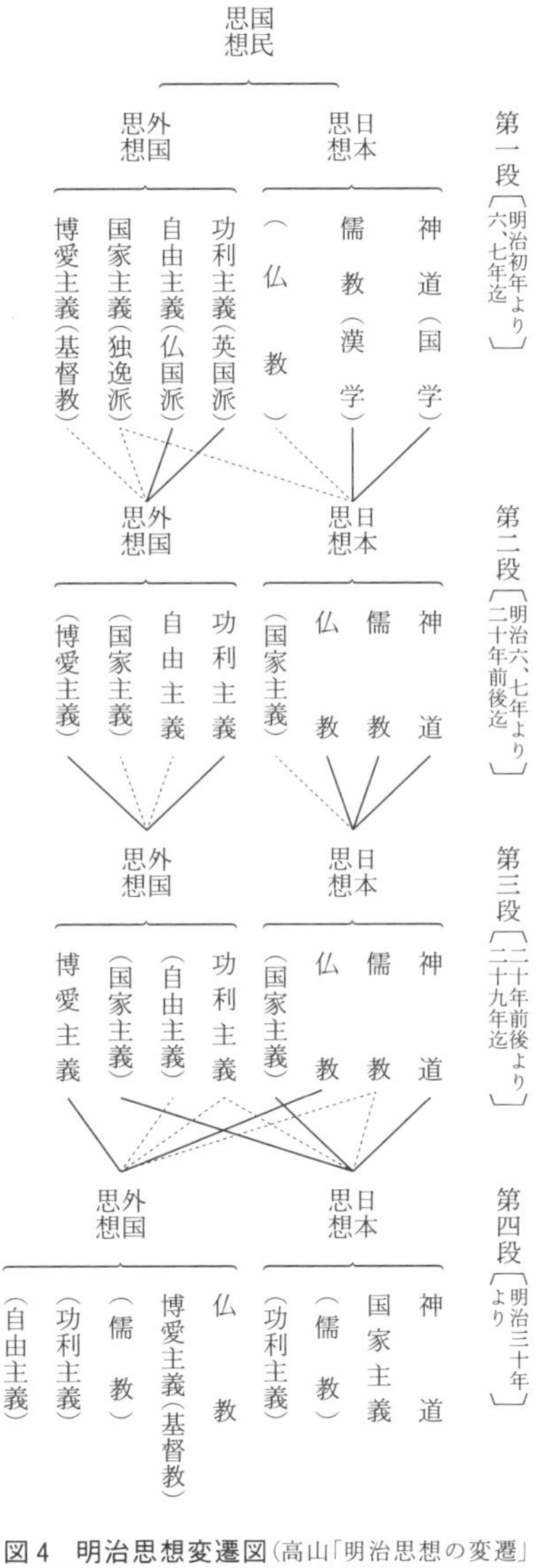

図4　明治思想変遷図（高山「明治思想の変遷」〈『太陽』4巻9号，1898年4月〉より。実線は破線よりも影響力が大きいことを示している。また，括弧内の思潮は当該期において勢力が弱いことを示している。）

第三は、アーリア人種とツラン人種の衝突という人種競争の観点から「日本主義」を訴えていく視点である。このような視点は、前述の『世界文明史』にも見られるが、ここから高山は「日清戦争は極東の奇禍『ツラン』人種の一大不幸に非ずや[42]」という形で、非アーリア人種同士の争いを批判していった。ただし、高山の人種論は多分に衒学的なもので、後に近衛篤麿らの東亜同文会が主張していく「支那保全」論とは、一定の距離があったように思われる[43]。

「日本主義」と「美学」思想

では、こうした「日本主義」における道徳的原理の強調と、高山の課題である「美学」や文芸批評とはどのような関係にあったのか。大日本協会の陣営でも、例えば木村鷹太郎などは、「美術は世界的の者に非ずして人種的のものなり[44]」という断定を繰り返すばかりで、なかなか議論の深化が認めにくいのであるが、高山の場合、前掲の「日本主義を賛す」のなかで、「吾等は人文の発達が、確実なる道義的信念に負ふ所、甚だ少なからざるを確認す[45]」と述べていることが参考になる。道徳を文学よりも優位に置く考え方はここでも保持され、「日本主義」を唱える際の高山の内面では、道義的信念の確立が、ひいては文学美術の発展に寄与するという信念が一層強化されているのである。以下、高山における「日本主義」と「美学」思想の接点について、もう少し検討してみたい。

高山は、明治三十一年（一八九八）一月の「国家至上主義に対する吾人の見解」において、「吾人は国家を以て至上の権力と認め、其利福を以て道徳の規準となす。是れ何が為なるか、人生の幸福は独り是によりて円満なるを得べければなり[46]」として、国家が最高の権力であることを認めつつ、「人生の目的は幸福にあり。所謂道徳なるものは是幸福を実現するの方法に外ならず。幸福は形式上詮ずる所自我の満足なり[47]」と述べていた。

右の点は、橋川文三の研究以来、高山論の最重要な論点の一つになってきたが、高山が、国家を「人生寄託の必然形式」として主張するのは、国家価値の絶対化を企図するというよりも、個人の「国民的自覚」を促すためであった。高山は、国家の独自の存在意義を認めつつも、個人の幸福を国家が著しく阻害するような事態については議論から排除していた。少なくとも、個人と国家の矛盾について、深く考えを巡らせていたとは思われない。多くの先行研究では、この点をもって高山の思想の浅薄さを指摘してきたわけだが、彼の議論では、個人における幸福の追求という観点が強調されるほど、文学や美術の意義も高まっていくものとして論じられていた。翌明治三十二年一月の「過去一年の国民思想」という論文において、彼は「世界主義」と「日本主義」を比較しながら次のように論じている。

今是世界主義と先に述べたる日本主義とを比較せむか、目的に於ては両者は必ずしも相容れざるにあらず、そは個人を省いて別に国家無きと認むる点に於て両者相同じく、所謂幸福とは意識あり人格ある個人に就いてのみ言い得べしとする点に於ても両者相同じかるべく、又人生究竟の目的を平等円満なる幸福の実現に存すとする点に於ても亦両者恐らくは相同じかるべければなり。さらば其争点は是究竟の目的を実現する方法の上に存すと見るの外なし。日本主義は国家を以て是究竟の理想に到達する唯一の方便となし、唯一の方便なるが故に実際上国民道徳の最高標準となす（中略）世界主義は形式論の上に於ては国家を唯一方便とするに於て必ずしも日本主義に異なるに非れども、而かも国家其物の実質に関しては必ずしも国性又は国体の動かすべからざるものあるを認めず、是れそが日本主義と異なる要点なるべし。(48)

高山においては、「文学は人生に幸福を供給する文物全体の一部なり。是故に社会国家に於ける人生須要の制約に随て文学亦一般文物の一致せる活動に伴はむことを要す。是の如くならざる文学は、人生と為すなきの文学なり」(49)というように、国民の性情に基礎を持たない文学が「病的文学」として批判されていた。いわば高山は、国家の構成要員としての個人を、究極の理想である「円満幸福なる幸福の実現」へと導いていくために、政治的諸制度のみならず、文学美術の充分な発達が不可欠と考えていたのである。後述する彼の「国民文学」論も、右のような問題意識から導き出されていくことになる。

高山の文学観や美術観については、少し時期が下るが、とくに次の二点が重要である。第一は、「凡そ国家の人文は一体として発達すべし。文学にまれ、美術にまれ、其発達を永遠に成就せむと欲せば、是国家的人文の中枢と調摂し、関連して、共同の生命を維持し、共和の活動を経営すべし(50)」と述べられるように、社会有機体論的に「人文」が発展していくという視座であり、第二は、「凡そ社会が芸術家を影響し得る如く、芸術家また社会を感化し得べし。時代の好尚は両者相互の合成力に外ならず(51)」というような芸術の社会感化に対する確信である。高山にとって、国家の発達は、文学美術の発達を度外視してはなしえず、現実にそれを欠く社会は「無趣味」として次のように批判されていく。

今や、凡ての美はしきものは世に貴き宝となりぬ、そは独り罪悪を購ひ得べければなり。道徳はこの趣味無き社会の障壁となりて、凡ての美はしきものは其外に斥けられぬ。所謂義しきもの、清きものは、彼と共に歩まず、彼と共に交らず、彼の孤影を踵ひで其手を握らむとするものは、謀り也、盗み也、汚れ侮り禍也。今や、一切の趣味は、世の義しき者の累ひとなりぬ。人は其嗜好をだに道徳の規矩によりて律し去らむとする仮面は盛装に欠くべからざる者となれり、否不義の名を甘ずるに非ざれば、彼は其仮面をだに脱ぎ難き也。(中略)今や、世に大人あるのみ、小児あるのみ、されど人なき也。男子と女子とあるのみ、されど人無き也。紳士と平民と、富者と貧者とあるのみ、されど人なるもの無き也(52)。

高山の見るところ、現今の社会を規定しているものは金銭と功利主義的な人間観であった。引用からは、高山の主張のなかにも、道徳の「仮面」を被ることが余儀なくされる風潮への一定の批判が存在していたこともわかる。

文学美術と社会の調和を重視する高山においては、現実社会の急激な変革を志向する「社会主義」に対しても批判的な立場が示されてくる。高山が社会問題を論じて、「吾等は毫も国家事業として、当に社会の劣者弱者を保護すべき何等の理由を見ざるのみならず、社会進化の必然なる結果として、国家的活動の勢力となる能はざるが如き、不能者に向て彼等に価値せざるの利益を恵与するは、国家全体の幸福の上に於て断然有害無益なりと思惟するものなり(53)」と述べているのは、高山と同じ明治四年生まれの幸徳秋水が、「多数人類の飢凍は、富の分配の不公に在り、富の分配の不公は、生産物をして生産者の手に帰せしめざるに在り(54)」と主張したのと比べても、両者の著しい着眼点の違いを示しているといえよう。

日清戦後の流動的な思想状況を統一する理想として提唱された高山の「日本主義」は、文学美術の重視という点につき、井上や木村らの国民道徳論とは区別されるもので、国家と美学をめぐる彼の独自の思想世界を切り拓いていく側面があった。

第二節　姉崎正治の「日本主義」批判と「宗教学」

「日本主義」への批判

高山が主として雑誌『太陽』に拠りながら「日本主義」を鼓吹していた頃、姉崎は何をしていたのだろうか。姉崎は、明治二十九年（一八九六）七月に大学を卒業後、大学院に進学して宗教についての研究を継続していった。この間の姉崎の活動で注目されるのは、一つは宗教関係者の連絡組織の設立のための奔走、もう一つは各種学校での教師経験である。前者についていえば、明治二十九年九月二十六日に行なわれた宗教家懇談会へ

写真5　宗教家懇談会の参加者たち（最前列右から5人目が姉崎。大西祝らの姿も見える。『太陽』2巻22号，1896年11月より）

の参加、さらに岸本能武太らとの比較宗教学会の結成が主要な業績として挙げられる。

　宗教家懇談会は、一八九三年にシカゴで行なわれた万国宗教大会の影響を受けつつ、日本の宗教研究を進展させるために、神道・仏教・キリスト教の関係者が、明治二十九年の九月に松平子爵邸に集まって会合を持った出来事だった。姉崎はこのとき、無宗派の立場ながら太陽宗教欄記者の肩書で参加している[55]。姉崎の会への没入は一方ならず、高山からは「姉崎は不相変テーチヒ〔「活発」を意味する tätig と思われる〕なり、少しく持重すべき也とぞ被思候[56]」などと言われるほどだった。宗教家懇談会は、姉崎にとっては、既成宗教の枠組みを超えた「新宗教」を模索していくという点で重要な意味を持つ会合だったが、周囲からの非難も相当強く、「世仏耶教徒の会合を目して両教合一の相談なりと臆測するものすらありき[57]」という有様であったという。既成宗教の垣根を超え、宗教の統一を図っていく姉崎の態度は、諸宗教の比較、さらに「宗教学」の構築を通じて明治末年の三教会同に至るまで、彼の活動に一貫していたものだった。その意味で姉崎は、高山と同様に、教義の異なる信仰者の共同体を志向していたともいえる。また、この懇談会への参加を通じて、横井時雄や大西祝ら、丁酉倫理会で行動を共にするメンバーと知遇を得た点も、姉崎にとって重要な意味を持っていた(58)。

教員としての活動についていえば、姉崎は明治二十九年九月から哲学館で、同月、浄土宗高等学院で教鞭を執っているほか、翌三十年十二月からは曹洞宗大学林で、三十一年九月からは東京専門学校でも講義を行なっている。こうした講義の成果が、明治三十年十一月の『印度宗教史』、さらに翌三十一年五月のハルトマン『宗教哲学』の翻訳、そして明治三十一年七月の『比較宗教学』となって結実したといえよう。

大学卒業から世紀転換期までの姉崎の業績については、すでに先行研究のなかで「驚くほどの量と多面性をもった仕事が積み重ねられた時期(59)」との評価が与えられている。また、当該期の姉崎の活動の特徴は、第一に比較宗教学、第二にインド宗教史の研究、第三に宗教哲学の研究、第四に宗教状況への批評的介入といった諸点にまとめられる。高山が「美学」の原理に則った批評活動を通じて、「日本主義」を唱え、東西文明を調和させるという自らの思想的課題に答えようとしていたとき、高山と共通の思想的課題を抱えていた姉崎は、どのような学問として「宗教学」を構想していったのか。本節の課題は、この問題について、姉崎の活動と言論の軌跡の両面から考察を加えていくことにある。

姉崎が大学院生として言論活動を開始した際に直面したのは、高山らが唱えた「日本主義」陣営との理論的対決だった。姉崎は、明治三十年十二月に『太陽』誌上に発表した「日本主義に促す」において、「兎に角真摯の研究に依りて一主義を建設し世道人心を嚮導せんとする運動」として、「日本主義」の発生に一定の評価を与えた後、次のようにいう。

然れども惜むらくは又憾むらくは、其が根本的主義たる日本建国の精神より乃至日本主義の二千年一貫して日本国民は宗教的にあらず又仏教基督教乃至儒教の感化は真に日本の人心に入りしにあらずとの歴史的決論は未だ其事実研究の証明を世に出ださゞるなり。[60]

姉崎は、大日本協会などの日本主義陣営に対して、彼らが「科学的研究」の名のもとに、人間性の本質に関わる宗教的精神を、「国民的性情」に合致しないという理由から排除した点に強い不満を持っていた。姉崎の右の論文は、ちょうど、歴史と比較の方法をもって「科学的研究」と称する高山に向かって、歴史研究の不備を衝いた形になっている。こうした視点を総括しつつ、自らの立場を明確に述べた論説が、明治三十一年七月の雑誌『太陽』の特集「明治三十年史」の第七編として発表された「宗教」である。同論説は、明治三十年史の枠組みに捉われず、二千年以上前から現代に至るまでの日本人の宗教活動を論じた壮大な論文である。同論文のなかで姉崎は、日本人を、儒教や仏教など異なる教義体系を持つ宗教を受け入れる「包括融合の人民」だと規定している。また、姉崎は、日清戦争後に起こってきた「日本主義」を、日本国民が持つ包括的性質の発表とした上で、「其中殊に記すべきは此派が世界の二大宗教と称せらるゝ仏教及基督教に対しては非常の敵視をなすの一事なり」[61]と述べ、再び「日本主義」陣営による宗教排撃を問題視する。それとともに、明治二十九年以降不振となっている新宗教運動についても、一教派をもって一信条を形成している点を批判し、次のように宗教の意義を説いていくのであった。

古来宗教史上未だ教則信条の作為を先にして能く万民の感化を成せし者あるなし、宗教は国民精神時代精神の自然的産物たる事言語に同じ、之を以て古来の大宗教は其興るや滔々天下の大勢として来り、既にして宗派をなし信条を定むるに及びては化石化骨其当初の新蘇なる活気を失ふの始をなせり、観じ来れば明治宗教界の新運動は信条作為の燥狂質に陥れるにあらざるか、明治の複雑紛糾たる宗教界は三十年の間に驚くべき変遷を極めぬ、其間には成立宗教の腐敗、社会道徳の堕落、宗派作為の燥狂的瘴気等慨すべき者嘆ずべき者何ぞ少からん、然れども大観し来れば、其歩趨は日本宗教史の包括融合の特性を離れず、寄せては返す潮勢波瀾の中にも自ら一貫の進歩ありしを認めずんばあらず。(62)

日本国民の「包括的性質」に期待する姉崎は、諸宗派の対話の上に、人心を導いていく根底となる信条の萌芽を見ていたといえよう。それは、「国民的性情」を様々な形で論証しようとしていた高山とは別の角度からではあるが、姉崎もまた日清戦争後以来の思想界の混乱に対して、統一的な精神的基盤の構築を目指していたことを示している。姉崎の本領は、宗教的感覚を日本国民の特性から除外する「日本主義」を牽制しつつ、むしろ人間の精神に固有の領域として宗教の領域を設定するところにあったといえる。そのことを示す著作が『比較宗教学』さらに『宗教学概論』である。

「比較宗教学」の形成

姉崎の大学院時代からの教師経験の成果が、明治三十一年、浄土宗高等学院講義録の『比較宗教学』にまとめられたことはすでに触れた。この時期、姉崎は集中的に宗教研究の成果を単行本として世に問うている。講義録や翻訳も含めて、東大定年退官に際して編まれた『姉崎正治先生書誌』や、生誕百年を記念して編まれた『姉崎正治先生の業績』等の主要な著作目録によって掲出してみると、次のようになる。

『印度宗教史』(一八九七年十一月、金港堂)／『宗教哲学』(一八九八年五月、博文館、ハルトマンの著作の翻訳)／『比較宗教学』(一八九八年七月、東京専門学校)／『印度宗教史考』(一八九八年八月、金港堂、井上哲次郎閲)／『言語学的宗教学』(63)(一八九九年?、哲学館)／『仏教聖典史論』(一八九九年八月、経世書院)／『宗教学概論』(一九〇〇年三月、東京専門学校)／『上世印度宗教史』(一九〇〇年三月、博文館)

姉崎によって遂行された近代日本における宗教学の形成は、それ自体が大きな主題であり、すでに研究の蓄積も存在するけれども、西洋の宗教研究の様々なアプローチを参照しながら、姉崎が理論形成を行なっていく過程は、必ずしもわかりやすいものではない。そこで以下、姉崎における宗教学の各部門の編成の仕方に注目しつつ、『宗教学概論』に至るまでの、姉崎の学問形成の軌跡を簡単に整理してみたい。

姉崎が欧米の宗教研究の動向をどのように捉えていたかは、明治三十年から三十二年にかけてまとめられた『言語学的宗教学』に書かれている。姉崎の区分に従えば、当時の宗教研究の方法には、言語学派と社会学派の二大学派が存在した[64]。言語学派とは、言語の発展段階において、抽象的な概念を表現できない未成熟な段階で、自然現象を人格的に表現したことによって神話が発生してきたと見なす立場で、マックス・ミュラーを代表的な論者とする。これに対し社会学派とは、未開社会における心理的社会的研究から神話の発生起源を考察する立場で、ジョン・ラボックやエドワード・タイラー、ハーバート・スペンサーらによって代表される。十九世紀末の日本で大きな影響力を持ったのは前者で、姉崎もまた、「余は社会学派の霊魂説を到底維持すべからざるを見る[65]」と、否定的な立場をとった。彼は「言語を離れて思想を運動する能はず[66]」といい、「事物《シングス》は考へ《シンクス》なり、考へは言語となる」として、言語学派に連なる主張をしている[67]。

姉崎が言語学派の宗教研究に学びつつも、独自の宗教学体系を築いていく上で大きな意味を持ったのが、博文館の帝国百科全書の一冊として発行されたハルトマンの『宗教哲学』の翻訳作業だったと考えられる。自伝でも次のように述べられている。

> 丁度その頃、大西君が早稲田の講義録を編纂していて、自分のそういった意味の講義をのせぬかという事であったので、自分は世間一般の習慣に従い「比較宗教学」の名でその講義録を書いた。一体、比較とい

う事はいかなる研究にでもある筈のことで、今更比較宗教学という必要もないが、世間殊にアメリカで比較宗教という名を用いていたので、それによったのである。それで、その比較宗教の内容を充実して、それをのちに「宗教学概論」として出したのである。この宗教学概論の組立は、大体ハルトマンによったもので、所謂宗教心理学、宗教倫理学、及び宗教社会学を骨子としたものであった。[68]

このようにして執筆された『比較宗教学』は、先行研究では次の三点が重要視されている。第一に、姉崎の主著である『宗教学概論』の骨格をなすものとして位置づけられること、第二に、研究手法として諸宗教の比較と発達という観点が意識されていること、第三に、姉崎の研究方法上の特色として、宗教的感情を重視していることである。[69] 姉崎がハルトマンに注目した理由としては、「動物は尚未だ宗教を有せず、他世界の住民は若し精神的の方面に吾人と同じき者あらんか、其限に於て宗教を有するならん」[70]というように、人間の精神生活に不可欠な心理的現象として宗教を捉えていた点が挙げられる。姉崎は「日本主義」への対抗原理をハルトマンからも学んでいたのだ。

姉崎は、宗教とは何かを考察する過程で、「宗教は人の心的過程に依りて生存発達する者なるは明白の事実なり」[71]と述べている。こうした観点から、姉崎は宗教的意識の機能を、「知」の一面に限定して捉えた謬見として、哲学的認識の前提に宗教を位置づけたヘーゲルや、自然科学の結果をもって宗教に代えようとした杉浦重剛らの理学宗、さらに宗教を古代の迷信的知識の残滓と見なす「近時の日本主義一派」を取り上げ、厳しく批判している。姉崎が同時代の様々な運動に対抗する形で自らの宗教学を構築しようとしていたことが窺われよう。[72] ただし、姉崎によれば、「知」に偏る宗教だけではなく、神と人との関係について何の認識も持たないまま感情によって儀礼を営むことも、信仰としては不十分だとされる。すなわち、神に対する意識、自覚としての宗教においては、知情意の統合が求められることとなり、心的機能から観た宗教は「人格が神に対して知と情と意との協合機能に発表する情操なり[73]」と定義される。

もう一点、姉崎の宗教学体系において重要なことは、「宗教現象の根底は個人の意誠〔識〕にありと雖も、其顕動発表の舞台は社会的人文に存す[74]」というように、個人の意識と同時に、宗教の発表の舞台となる「社会的人文」が大きな位置を占めていることも重要である。こうして姉崎における宗教学の体系は次のように記述される。

総論（分析的局部）	宗教心理学	即宗教的意識の分析
	宗教倫理学	即主として宗教的行為、儀礼及事業の分析
	宗教社会学	即社会に於ける宗教の生存発達及宗教組織の分析
	宗教病理学	即宗教現象に関する病態変状の分析
各論（総合的局部）	一般宗教史	即宗教史上各階段に於ける現象の総合
	特殊宗教	即諸の特殊宗教系統の宗教史[75]

すでに先行研究でも指摘されているとおり、「宗教心理学」「宗教倫理学」「宗教社会学」「宗教病理学」という四部門からなる編成は、ハルトマン宗教哲学からの影響が認められ、この構成は『宗教学概論』に引き継がれていった[76]。それに付け加えるならば、姉崎は本書をもって次の二つの視点を確立したことが重要だと思われる。第一は、宗教をあくまでも人間の心理の問題として考察することで、「日本主義」陣営による宗教排撃に抵抗する思想的な基盤を確立したこと、第二に、宗教学の理論的形成という問題からはいささか逸れるものの、「宗教社会学」の視点に立ち、神話、言語から、道徳、風習、法律、国家と教会、教育、哲学及科学、文学、美術、経済という「社会的人文」と宗教との関係を考察することによって、以後、彼が批評活動を展開してい

く際の原理的な基礎を確立したことである。例えば文学、美術について、以下のように述べているのは、高山と異なる姉崎の「美学」構想として注目される。

文学美術の正鵠は現実を理想化し、理想を現実の中に直観するにあり。宗教的意識の憧憬する処亦此に外ならず、其全発達を単一神教として見れば、絶対の神を相対の中に観ずるなり。此故に美的意識と宗教的意識とは、理論上既に此点に於て協同一致なる者なり。美術と宗教とは、其発達の初期にありて表象主義(symbolism)として必ず共同出現す。[77]

姉崎における美術と宗教の一致という視点は、彼の宗教学形成と並行して獲得された視点だったのである。

スサノヲ論争から『宗教学概論』へ

さて、姉崎の学問形成上、大きな転機となったのが、明治三十二年(一八九九)に高山、高橋龍雄、高木敏雄と姉崎の間で起こったスサノヲ論争であった。[78] この論争は、高山が『中央公論』に発表した「古事記神代巻の神話及歴史」のなかで、『古事記』神代巻におけるアマテラスとスサノオの確執を、それぞれ太陽と嵐の神の対立に見立てて解釈したことに端を発する。高山はさらにスサノヲとアマテラスの民族の源流に考察を進め、『古事記』記述中に太陽神話を共有することなどから、それぞれの民族が南方ポリネシアに由来する説を提唱した。これは「日本主義」を唱える高山にとっては、日本人の「国民的特性」に関する「科学的研究」の一端だったといえる。当時、東京帝国大学文科大学の学生で、『帝国文学』の編集委員だった高木敏雄は、「文界の新現象」という雑報記事を『帝国文学』に発表した。そこでは、久米邦武の筆禍事件以降半ばタブー視されていた「神代史の自由研究」が、高山の論文によって再開されたことを歓迎する旨が示されていた。[79]

これに真っ向から反論を加えたのが、ほかならぬ姉崎だった。姉崎は、三十二年八月から『帝国文学』誌上に長論文「素戔嗚尊の神話伝説」を複数回に分けて発表。神話研究において、マックス・ミュラーやクーンなど言語学派に属する学者たちが、『リグ・ヴェーダ』に登場するインドラを驟雨神として解釈したことを「ドクメントに忠実ならざる牽強なりといふも、恐くは之を弁明するの辞なからん[80]」と退け、ミュラーらの説明を援用しながら神と天然事象を安易に結び付けて『古事記』を解釈した高山にも批判を向けていった。

先に触れた『言語学的宗教学』で自らを言語学派に擬していた姉崎は、ここでミュラー批判に転じ、「社会人文史的事情」を踏まえ、言語学的宗教学と人類学的解釈を止揚した宗教学を一層強調するようになっていくのである。姉崎宗教学において「宗教社会学」が小さくない位置を占めるのも、こうした言語学派の批判を念頭に置いたものであろう。こうして姉崎は『比較宗教学』を改訂し、『宗教学概論』を公にするのであった。

姉崎が明治三十三年に上梓した『宗教学概論』では、宗教を「宗教とは人類の精神が自己の有限なる生命能力以上に何か偉大なる勢力の顕動せるを渇望、憧憬して、之と人格的交渉を結ぶ心的機能の社会人文的発表なり[81]」と定義し、宗教をまず何よりも個人の意識にもとづくものと捉え、「偉大なる勢力」を〈憧憬〉の対象に設定した。

姉崎は、個人の意識に「自家拡張の要求」があるとする。個人はそれぞれ自己の欲求に従って活動するが、その活動のなかで、自己一人の力では実現することのできない対象に直面する。この「自力欠乏の自覚」から、宗教への要求が発生する。自己の非力を自覚し没我状態に入った個人は、自己を超える実在、すなわち神との精神的な交渉を得て宗教的な満足を得、理想に達することができる。これが、姉崎宗教学における個人の意識と宗教の関係である。したがって、姉崎にとって宗教とは退けるべきものではなく、個人が理想に到達するために必要不可欠なものとして認識されてくることになる。

また姉崎は、「宗教現象の根柢は個人の意識にありと雖も、其顕動発表の舞台は社会的人文に存す[82]」と説き、宗教を社会的現象として捉える視点も保持し続けた。そして、「意志の根本動機力は大抵一民族を一貫統轄する勢力として、割合に変化少なく、常に其人文現象を一定の方向に導く勢力にして、此根本統覚なる民族の性格が人文発達の源泉たるは、別に証明を要するまでもなし」[83]というように、姉崎は同じ神を信ずる個人の団結に力を与え、宗教の特色ある発達の原動力として、「民族」の精神性を重視してもいた。

以上のような論理で高山の「美学」思想と姉崎の「宗教学」は、〈憧憬〉という共通の発想の基盤を持つに至ったのである。『宗教学概論』は姉崎の思想の基本を確立した著作といえるが、同書を刊行した直後の四月三日、姉崎は、文部省外国留学生として、宗教学研究のため横浜から欧州に旅立っていった。

丁酉倫理会の結成

初期の姉崎の活動のなかで、宗教学体系の構築と並んで重要な意味を持つのが、丁酉倫理会の結成である。丁酉倫理会は、明治三十年（一八九七）一月二十一日、横井時雄、大西祝、姉崎正治、雀部顕宜、岸本能武太の五名が、東京本郷会堂の別室に集まり、「現時の倫理問題」について懇話を行なったことが最初とされる。一週間後の一月二十八日、神田青年会館で開かれた第二回会合で、その年の干支から丁酉懇話会と名づけられた。同会は、次のような趣意書を活版印刷に付し、関係者に頒布して開始された。その目的には次のようにある。

内に自ら省れば、徳教の大本尚ほ未だ固からず国民の信念飄として懸旌に似たり。是れ実に国民の先進が真摯熱誠の熟慮と奮起を要すべき秋なり。愚等聊此に観る所あり。同志相会し丁酉懇話会を組織し信念徳風の大本を討究涵養し、進では社会の問題を審査論破し、聊此時運に貢献する所あらんと欲す。是れ即内にしては国民風教の旗幟をなし、外にしては世界文化の大問題を解釈せんと欲するの微意に出づ。敢て茲に同志の賛成を求む。
明治三十年三月[84]

あたかも風にたなびく旗のように不安定な道徳に対する危惧という点では、丁酉倫理懇話会のメンバーもまた、この後五月に結成される大日本協会と問題意識を共有していたといえる。換言すれば、姉崎も高山も、大学卒業後の言論の出発点に道徳問題への対応を置いていたのだ。同会は夏季を除き、毎月一回、順番に会員宅で倫理問題についての問題提起を行ない、参加者でこれを批評討論しあうことを主な活動内容としていた。姉崎の回想によれば、「日本主義」への対抗を当初の目的としていたという。姉崎は、明治三十三年に早世した大西祝の追悼文で「社会の思潮がコンベンショナルなる国家主義に向ひ、戦後国家的意識の勃興は却て人の性格精神の修養に反するを慨して、同志相会して徐に精神の修養に従事せんと努力しぬ[85]」と述べている。丁酉倫理懇話会は、大西をリーダー格とし、横井らを加えて会の創立に至ったものと考えられる。

しかし、明治三十一年に主要メンバーであった大西祝が、また三十三年に姉崎が、文部省留学生として海外に渡航するようになってくると、会の性格に変化が生じてきた。その象徴的な出来事が、高山の入会である。高山が同会に入会した正確な時期は特定できないが、明治三十三年一月に出された「倫理運動に関する丁酉倫理会の希望」という趣意書の中に名前を連ね、さらに姉崎が下書きを書いた趣意書の草稿に高山が筆を入れたということなどから[86]、少なくとも明治三十二年末までには加入していたことが推察される[87]。明治三十三年、名称を丁酉倫理会に改称した同会は、講演会と研究例会を継続して行ない、講演会は『丁酉倫理会倫理講演集』として発行することで、次第に広く活動が知られることになっていく。明治三十三年一月の趣意書に名前を連ねたのは以下の面々であった。

姉崎正治／浮田和民／蟹江義丸／岸本能武太／桑木厳翼／高島平三郎／田中喜一／高山林次郎／千葉鉱蔵／中島徳蔵／藤井健治郎／松山直蔵／横井時雄／吉田賢龍(88)

『丁酉倫理会倫理講演集』は、その後第二次大戦後まで発行を続けていったので、大日本協会の「日本主義」に対抗するという所期の目的をはるかに凌駕する成果を収め得たといってよいだろう。では、新たなスタートを切った丁酉倫理会の目的は何であったのか。姉崎自身の言葉の方が明確なので、第一回講演会の「開会の辞」から引用する。

我々の会の主義は、消極的に申せば狭隘なる教権主義に反対し、又人間の倫理的品格を蔑視する様なる考に反対するので、今までの宗教上の教権の如く、或は随分日本の教育会に勢力ありと言ひまするより、寧ろ声を持て居つた所の極端なる国家至上主義の倫理、即愛国一点張の教育は、私共の考から見ますれば、唯だ声ばかりの教権主義で、人間の至情に訴へ、又其倫理的性格を開発するには寧ろ害のある者と思ひますから、斯の如き教権主義には飽までも反対する考であります。それ故に又積極的の方から申しますれば、斯の如き宗教上の教権主義或は国家主義で人を押し付けようと云ふが如き教育の総ての根本、即ち敬神なり又忠君愛国なりの根底となるべき人間の素養所謂る修養、其の修養に付いて今一層注意を喚起しまして、教育界なり、或は一般の社会に其の修養の観念を涵養し増進するの必要があると考へるのであります。其の修養の基礎さへ立ちまするならば進んでは如何なる信仰をも持ち熱情をも以て、立派なる真実の理想精神ある忠君愛国の教も布くことが出来やうと思ふのである。(89)

要するに、教権主義のように「忠君愛国」を服膺させる風潮に反し、まず確固たる人格を修養によって完成させることが活動の目的とされたわけである。ここでいう人格の尊重は、必ずしも国家から自由な「個人主義」の実践を意味しない。むしろ、「日本人として」生まれた以上は、日本社会の一員として修養する道を模索することが説かれているので、二項対立的な「国家主義」「個人主義」の枠組みでは評価しえない思想内容を含むものであったといわねばならない。[90]姉崎は自伝の中で「初めから反対の位置に立っていた日本主義の陣営から高山が来たのは、高山自身にも日本主義の破綻が目に付くと共に、高山自身の精神動揺が国家至上主義に満足しない様になったのである」[91]と述べているが、そうだとすれば、高山は丁酉倫理会において、「日本主義」の矛盾をどう解決していったのかが問われなければならないだろう。この点を検討するためには、もう少し丁寧に明治三十一、二年の高山の活動を追いかけていく必要がある。次節と次々節では、文学や美術に対する高山の諸実践を取り上げて検討することで、姉崎がいう「精神動揺」の契機を探っていくことにしたい。

第三節　「国民文学」論の展開

博文館『太陽』と「国民文学」

前節まで、高山、姉崎の両者に即して、彼らが言論活動の基礎においた専門的知識と思想の形成過程の関連を検討してきた。しかし、両者の思想活動を評価するためには、彼らの身に付けた専門的な知識が、実際の批評的実践を通じて、文学や美術の領域にいかなる変化をもたらしたのかについても考察しなければならない。思想の機能に関する評価である。前節までの検討により、高山においては、姉崎と共通して道徳問題への対応を課題として抱え、文学美術の振興を通じて「日本主義」の実現を目指していく方向で活動しながらも、結果的には大日本協会を離脱して、姉崎らの丁酉倫理会に加わるなど、思想上の矛盾とも取れる行動をとっていたことが明らかになった。その動揺の背景は何であったのか。文学美術との関わりのなかから検討していくのが本節と次節の課題である。本節では、まず高山が活動の舞台とした雑誌『太陽』誌上で盛んに展開した「国民文学」についての議論を取り上げて検討を加えていくことにしたい[92]。

高山が「国民文学」を唱えるにあたり、雑誌『太陽』は格好の舞台だったといえる。日清戦争とその後の雑誌販路の拡大は、メディアの大きな転換期にあたっていた。博文館の雑誌『太陽』は、明治二十八年の創刊以来発展を続け、徐々に編輯局員も増加させていった[93]。明治二十年代をリードした雑誌『国民之友』と異なり、ジャンルの横断性よりも、専門家を動員して専門領域に特化した形で記事を並列する特徴をもった『太陽』は[94]、幅広い読者層に受け入れられ、「国民文化」形成の重要なインフラとして機能していくことになった[95]。その意味で、「国民文学」論が雑誌『太陽』誌上で展開される素地は十分にあったことになる。

『太陽』の成功の陰で、しかし『国民之友』や『早稲田文学』『文学界』など、明治二十年代に文学を牽引してきた雑誌メディアが続々と廃刊に追い込まれていった事実も見逃すことはできない。とりわけ『国民之友』の廃刊は、雑誌を発行する出版社として、出版界における地位を博文館が確立したことを意味していた[96]。第二次松方内閣で、内務省の勅任参事官となった徳富蘇峰の出処進退に対して批判的な声を投げかけながらも、高山は「健全な常識の鼓吹者」として、また「記者徳富蘇峰の名は、青年一派の景仰する所となれり[97]」と述べて、『国民之友』の廃刊を惜しんでいた。この結果、文芸批評に関しては、高山が筆を執る『太陽』が、雑誌の文芸批評を大きくリードするようになっていくのである。

以上のように、文芸を紹介するメディアが編成しなおされ、読者が拡大していくと、それに応じて新たな文学理念も要請されてくることになる。日清戦争が終結した直後から、国民的規模をもつ壮大なスケールの文芸作品を渇望する声が次々と現れてきていた。

例えば内村鑑三は、「大文学は出ざる乎、大文学は出ざる乎、吾人は希臘の古哲に倣ひ、日中提灯を燈して都の大路を廻り歩くも大文学者に接せざるなり、日清戦争始て大文学出でず、連戦連勝して大文学出でず、戦

写真6　雑誌『文壇』支部長の少年たち（『文壇』は愛知県発行の雑誌だが，全国から投稿が集まった。上掲の少年たちの住所は静岡，茨城，長野，埼玉など様々である。『文壇』40号，明治32年12月，口絵）

局を結んで大文学出でず、大政治家あり（?）、大新聞記者あり（?）、大山師あり（然り）、大法螺吹きあり（然り）、然れども大文学者はあらざるなり[98]」と聊か諧謔に富んだ筆致で「大文学」の登場を希望していた。また、井上哲次郎も、創刊間もない『帝国文学』において、「近来国家的観念の勃興するに従ひて国民精神が勃興し来たれるを認識すれども、文学に関する高尚なる区域に於ては尚ほ未だ著しき進歩を見ず、吾人が国民精神を成すの要を云ふは即ち之れが為めなり[99]」として、「国民文学」の出現を希んでいた。日清戦争後の「国民文学」をめぐっては、メディアの再編とも対応しながら、活発な意見の応酬がなされ始めていたのである。

地方文壇の胎動

明治三十年代初頭に起こったメディアの再編は、地方にも波及していった。「誌友交際」に関わる人の数も、日清戦後になると急速に増加していった。小木曽旭晃の『地方文芸史』では、明治三十一年（一八九八）を「地方文壇発展の曙光」が現れ始めた年であるとし、名古屋の『文壇』など、少年雑誌が続々と創刊され始めたことを肯定的に紹介している[100]。

例えば、愛知県名古屋市に拠点を置く文学社が発行していた雑誌『文壇』は、読者組織である支部を全国に三百以上有し、購読者の確保に功績のあった支部員は、雑誌の彙報欄で表彰されるとともに、写真6のように、口絵に顔写真を掲載するなどの特典が与えられていた。そのような支部の存在が、例えば名古屋から遠く離れた茨城県筑波郡における同誌の購読者を支えていた。[101] 與謝野鉄幹が主宰する雑誌『明星』と東京新詩社の地方支部の存在は比較的よく知られているが、明治三十年代になると、こうした地方の支部同士が、直接に結びついて読者相互の文通や交歓を促し、より大きなネットワークが次第に形成され始めていたのである。

それは、高山や姉崎の世代が、明治二十年代に試みたような校友会雑誌と『早稲田文学』の結びつきのように、地方と中央とのネットワーク形成だけでなく、地方の少年たちが発行した同人雑誌相互の交換が、この時期急速に広まり始めた点で、画期的な出来事だった。一つの雑誌を受け取った場所では、新たな雑誌発行の機運が生じ、近隣にも拡散していった。これらの雑誌は、確固とした財政基盤を持たず、数号で廃刊に追い込まれてしまうものが大半だったが、漢詩から和歌、新体詩にいたる諸ジャンルの文芸作品を掲載しており、互いに批評しあうことで、一種独特な共同体を形作っていたのである。明治三十年代を通じて各地に展開していく、こうした「誌友交際」の裾野の広がりが、雑誌『太陽』誌上で展開される高山の「国民文学」論の受け皿にもなっていたといえる。

彼らの投稿熱の雰囲気の一端は、既に何度か引用している小木曽旭晃の自伝が伝えてくれている。

> 文才が上達するに従い唯一の楽みとなっておる新聞雑誌への投稿熱は次第に盛り上ってきた。地方で発行される文芸雑誌はたいていい一部五、六銭だから、四、五種取っても大した失費ではない、それへ毎月のごとく文章を投稿したもので、いわゆる好きこそ物の上手なれで、読むこと書くことが何よりの楽しみとなって次第に名が売れると共に文通上の交友が多くなり、手紙の交換だけでも楽しいものとなって、日日の仕事さえ忠実であれば家人は文句を言わないから、余暇を専ら文学の方面に打ち込んだものである。（中略）その他に東京の「新声」や「文庫」にも投稿したが、これは比較的高級誌だから、三度に一度ぐらい

より掲載されなかった。また明治三十六年四月博文館の中学世界臨時増刊に「胡蝶」と題する美文が、中内蝶二選で一等に当選し賞金五円也を贈られた。当時の五円は米一俵にも相当したもので、普通下宿料一ヵ月七、八円の時代だったから有難かった。[102]

小木曽は、東京府下発行の雑誌を高級誌として差別化しつつ、地方で発行される雑誌を複数部取りながら投稿をしていたのである。名が売れるようになれば、文通によって同好の士を知り、一層投稿に没入していくようになる。小木曽のような事例はいささか極端だったとしても、多かれ少なかれ共通の経験を有した中学生は相当な数だったと推察される。明治二十年代に、校友会雑誌などの交換から形成され始めた「誌友交際」の圏域は、明治三十年代に入り大きく拡大していった。「国民文学」論も、東京の新聞雑誌上で闘わされた空論ではなく、地方にも一定のリアリティを有する議論だったといえよう。

「国民文学」と「日本主義」

右のような動向に対し、文芸批評家の本務を「国民的性情」の把握と定めていた高山は、文学的な表現によって「時代の精神」を統一することで、「日本主義」の主張の実現を企図していた。彼は、明治三十二年（一八九九）に「大なる文学の出るを望むもの、先づ時代精神の統一を望まざるべからず。而して時代精神の統一は、必ずや、教育道徳の主義の統一より初まらざるべからず。是に於てか大公至正なる日本主義の必要起る」[103]と述べて「日本主義」と、あるべき文学の関係を規定している。彼の考え方は、これに遡る明治三十一年四月に発表された「小説革新の時機」で明確に示されている。

今の小説の最も売行好きものと雖ども、其部数三千を出でずと云ふ。是れ果して何事を意味するものぞ。

吾を以て見れば、是れ即ち今の小説が国民的ならざるの一証なり、あはれ四千五百万人の中、購読者僅に三千を超えずとせば、是の如き小説は国民の生活嗜好幸福と殆ど為すなきの小説に非ずや。今の批評家小説家の言ふ所を聞けば、是れ社会的嗜好の卑きが為なりと、吾は現今社会の有する文学趣味を以て高尚なりと思惟するものに非ず、然れどもおしなべて今の小説を了解する能はざる程卑きものとは思はず。換言すれば、今の世に今の小説を了解するものは僅に三千人を超えずとは思惟する能はざるなり。却て思ふ批評家小説家が是の如き理由を以て今日の文学を回護せむとする事、即ち是れ今日の小説をして是の如く落莫たらしめたる原因には非ざるか。(104)

高山に従えば、相次いで雑誌が廃刊に追い込まれるほどの文学不振の理由は、結局のところ、作品が「国民的」でない点に求められることになる。それゆえ高山は、坪内逍遙ら早稲田系の写実小説や、死や貧困、病など社会の暗黒面を描く硯友社系の広津柳浪・江見水陰・川上眉山の悲惨小説といわれる作風を、「光明を旨とし、生々を尚ぶ」という「日本主義」の綱領に合致しない「非国民的」な小説として批判していくことになる。

高山が「日本主義」の論理を文学に適用して、さかんに「国民的性情」に基づく文学作品を主張する論法には反発もあった。その典型的な例が「われ等は信ず。小説にして其本領に向つて進まば、期せずして道義を鼓吹し、国民の性情を発揮するを得んと。太陽記者は後者を主とし、われ等は前者を第一とす。太陽記者は小説にも道義を主とし、われ等は小説には小説を主とす。これ抑も見解の異なる処たり(105)」という、小説に道義を持ちこんでいるという批判である。また、国民性の内実が何なのかという、本質的な問いも投げかけられた。批判された『早稲田文学』側に属する綱島梁川は、高山が「日本主義」によって指摘する国民性の内実が、美点ばかりであるという批判を加えている。

吾人は尚問ふことを得べし、論者は如何なる見地より、国民の美質をのみ描きたる作にあらざれば以て国民的性情を満足せしむる能はずと断じ得るぞと。国民の醜処短処を描きたる作は何故に国民的性情を満足せしむる能はざるか、国民の醜処短処また是れ国民性の一部にはあらざるか。同じく国民性を描きながら、一は其の美所なるが故に国民的性情に満足を与へ、一は其の醜所なるが故に之れに満足を与へずといふの理由は如何に之れを解すべき、国民自身にして其の「我」に媚び、一種の実情を挿んで之れに対すれば知らず、苟も美術として之れを賞翫するにあたり、其の美処を描きたると醜処を描きたるとを問ふの必要あるか。むしろ美醜両面を併写せる真個の「我」を描写したる底の作物にこそ甚深の満足を感ずべきにはあらざるか。(106)

高山の議論を通覧してみると、「日本主義」と文学美術の接続は、彼の狙い通りの成功を収めたとはいえないように思われる。例えば高山は、「日本主義」において、仏教を迷信として否定するが、それは文芸史や美術史上における仏教の功績を評価することを困難にする。また、高山は、下村観山が雪舟の絵画を評価したことに触れ、「吾人を以て是を見れば、舟村二雪は、謡曲と並びて、本邦文芸の上に及ぼせる仏教的勢力の最高点を標示せるもの、畢竟国民性情の罅漏に乗じたるものに外ならず」(107)と観山の見方を退けている。また、音楽についても、例えば「君が代の歌、洋々太平の象あり、尚ほ沈静幽寂の格調あるを恨みとす。未だ生々的、進取的、尚武的、大和民族の心血を鼓舞するに足らざるなり。吾人は国民的大抱負と国家的大理想を発揚せる更に雄大更に壮烈なる国民歌を要す」(108)といった見解が示されており、「日本主義」の文化論といった場合に、今日の我々が連想するものとはかなり異なったイメージが高山の内面にあったことが窺われる。(109)

さらに、いわゆるベストセラーになる文芸作品が、必ず国民的性情に合致するのだとすれば、「光明を旨とし、生々を尚ぶ」ような「日本主義」の綱領とは相容れないと思われる尾崎紅葉の『金色夜叉』、悲劇的な要素を持つ徳富蘆花の『不如帰』の流行はどのように説明されるのか。高山はこの点について十分な批評を行なっておらず、その後も紅葉ら硯友社系の作家に対する批判的なスタンスを取り続けた。結局、この曖昧さは、高山の「日本主義」論が抱えた文学論上の理論的欠陥と言わざるを得ない。「日本主義」のリゴリスティックな適用が矛盾を顕在化させ、議論を閉塞させているように思われるのである。

ただ、そのなかにあっても、高山が「時代精神」を描くことを主張し、変化し続ける時代に対応すべき文学を切望する問題意識を持っていたことは確認しておく必要があろう。

所謂元老は政治界に於ても、学芸界に於ても、漸く凋落し去らむとする也。政治、教育の社会に於ける日本主義と国家主義との争は国民道徳の変遷に伴うて将に一生面を開かむとしつゝある也。社会道徳にありては、法治機関の充実によりて促されたる権利思想の発達は、従来の倫理と漸く乖離の実を表はし来れるを見る也。宗教と国家との関係は、改正条約の実施と共に将に新面目を見むとする也。哲学界には地理哲学傾向漸く退滅して、社会学的教育学的研究の漸く増進し来らむとする也。凡そ是等の事実は、将来の国家的人文に向て如何の改革を予約せむとする。明治の歴史は改革の歴史なり、而して今や三十年にして再び一大飛躍の時機に際会せるの観あるを見る。知らず我小説家は這般の事実に対して如何の考察を遂げたる乎、是社会風潮の急転過渡に際して何ぞ独り文学界の冷々淡々として相関せざる為なるや、文壇衰微の原因実に茲に存す。(110)

思想の基準が新しい現実と合致しない以上、基礎となる理論の見直しが図られるのは必然だった。次節では、さらに美術分野の批評も合わせて、明治三十一、二年における高山の「美学」思想の転回について見ていくことにしたい。

第四節　パリ万国博覧会と「美学」

歴史画論争

日清戦争後から明治三十年代にかけての時期は、戦勝による国民的自覚の勃興を背景として、国家的な規模での美術保護、美術奨励が一挙に進展した時期でもあった。年表から拾っただけでも、明治三十年（一八九七）六月の古社寺保存法の制定、明治三十一年の日本美術院の設立、さらにパリ万国博覧会に向けた国家の美術奨励などがあげられる。明治三十二年八月、高山は内閣から臨時博覧会監査官に任命されたが、これを固辞している。実父宛の書簡によると、新聞に発表されたメンバーが「何れもクダラヌ人々」だったことが理由らしいが、(111)『太陽』に発表した「芸術の鑑査を論ず」においても、博覧会事務官長・林忠正の人選を「大失体」「甚だ遺憾」として、芸術批評の価値を高めるためにも、当代一流の識者を招致すべきであったと論じている。一流の識者として高山が名前を挙げているのは、外山正一や井上哲次郎、岡倉覚三、末松謙澄、また、優れた鑑識眼を持つ文学者や新聞記者からも起用すべきだとして、坪内雄蔵（逍遙）や三宅雄二郎（雪嶺）、徳富猪一郎（蘇峰）のほか、九鬼隆一、金子堅太郎、松井直吉、高嶺秀夫、尾崎徳太郎（紅葉）、幸田成行（露伴）、和田垣謙三、小原重哉らの名前を挙げている。(112)学界の師であり、文芸界の先輩格にあたるこれらの人物と同格でなければ引き受けないという高山のプライドの高さにも驚かされるが、小倉に赴任中の森鷗外が挙がっていない点を除くと、『太陽』誌上で批判していた坪内逍遙や徳富蘇峰、尾崎紅葉などの名前も挙げているのは興味深い。

また、東京美術学校長を非職になった後の岡倉の名前を挙げていることも注目できよう。日本美術院とは高山も一方ならぬ関係があった。彼は、日本美術院で美学を講じる構成員になっていたからである。(113)また、博文館から発行している高山らの単行本には、『釈迦』などのように表紙に下村観山らの絵を使ったものが数多くあった[114]。

明治三十一年十月、東京美術学校をめぐる紛擾で退職した岡倉覚三、橋本雅邦、横山大観、菱田春草らは、谷中初音町で日本美術院の開院式を行なった。このとき開催された日本絵画協会と合同による第一回日本美術院連合絵画共進会において、ひときわ話題を呼んだのが、横山大観の作品「屈原」であった。この大観の作品をめぐって、坪内逍遙や綱島梁川と高山の間に歴史画論争が繰り広げられることになる。

日清戦争以後の歴史画は、歴史学・考古学の発達によって考証の精度が上がったことに加え、ナショナリズムの高まりによって、「国家と民族のアイデンティティ」を絵画に求めようとする風潮のなかで発達してきたとされる[115]。とすれば、高山の「日本主義」思想と歴史画はどのような関係にあったのだろうか。国民的性情の科学的研究を提唱してきた高山は、この動向を的確にとらえ、翌十一月の『太陽』誌上に「画題論」を発表した。彼は新しい傾向として、我が国の文学美術において従来最も閑却されてきた歴史画のジャンルが復活しつつあることを肯定的に評価した。その上で、横山大観の「屈原」については、「絶好の題案」とし、屈原の性格をよく描いたものとして一定の評価を与えた。しかしあわせて、「天才ある画家は、宜しく自家の妙想によりて、一美術的屈原を体現すべきのみ[116]」といい、横山の作品が、歴史的な屈原を描き得ていても、「美術の規準」に合致する「美術的屈原」は描けていないのではないかという疑義も呈していった。

これに先立つこと一年前の明治三十年十二月、鎌倉時代の執権北条時政の後妻を描いた坪内逍遙の戯曲「牧の方」をめぐり、坪内と高山の間で、歴史劇において史実を重視するか、美を優先させるかという意見の応酬があった。明治三十一年九月から高山は洋行に出発した大西祝の後を受けて東京専門学校で美学を講義するようになったが、その際、坪内逍遙の英文学の講義も聴講していたという[117]。高山が第二高等中学校に在学していた頃以来の両者の関係は、この時点までは比較的良好なまま維持されていたといえるが、高山・坪内の歴史画論争の前哨戦と呼べる出来事が、東京専門学校で起こっていた。坪内の回顧によると、高山が文科生を前にした演説で坪内の史劇論に言及し、その流れで坪内に返答を求めたという。坪内は校務で疲弊していたので『太陽』に載った高山の説を熟読した上で回答すると述べたそうだが、さらに翌日、高山には「あなたと私とは全く立場を異にして史的芸術品を論じてゐるのだといふことに昨晩はじめて心附いた。まだよく考へて見なければいけないが、どうやら其二種の立場が双つとも真《ツルー》であるやうに思はれる。いづれお説を篤と「太陽」で読んだ上で、更に卑見を述べませう[118]」と語ったという。後年の回想であり、年長者としての坪内の雅量が強調されている印象は否めないが、高山・坪内の論争が、東京専門学校の教職という共通項を自他ともに認めた上でなされたものであったことは踏まえておいてよかろう。

両者の争点は、論争の開始時点から明確であった。坪内があくまで史実に立脚した構成を主張したのに対し、高山の立場は、史実に題材をかりても美術作品は美術作品である以上、「美学」の規則に基づくものであり、したがって史実以上に美術であることが優先されると主張するものであった。坪内は坪内で、「独逸美学の英訳は、――今も尚純正哲学に属するものは不備なのだが――其頃は殊に甚しかつたので、たとひ其本性に背いて、勉強家の哲学者にならうとしたとても、――私は是等の反駁に対して到底敵の本陣へまでも切入つて勝敗を決する便宜を欠いていた[119]」と、自ら美学的な判断が出来ないことを自覚的に回顧しているので、両者の議論は平行線をたどるばかりであった。

ただし、「日本主義」の立場から歴史画を論じていった高山は、この論争においても、「国民文学」論と同様に重大な弱点を抱え込むことになってしまったように思われる[120]。「屈原」をはじめとして、歴史画が復活し、とくに国内の歴史的事績が省みられるようになることを歓迎する高山が、史実よりも美的価値を重視し、しかもその根拠が普遍的な「美学の規準」に則ったものであるとすれば、美術作品に表現されるべき「国民的性情」は、国ごとの特殊性が消滅したところで、人間の普遍的な徳として描かれることを否定できなくなるだろう。坪内逍遙が巧みに指摘したのは、実にこの点であった。

高山君の説によると、浪花の蘆と伊勢の浜萩、それは名前がちがふばかり。料理は山谷でも浜町でも、山の手でも、味噌は江戸でも、岡崎でも、仙台でも、其の味にかはりはない。言はゞ賞翫力《テースト》が豪傑的なのである。イヤ、此の見解を推拡げてまゐれば、英国の人情美と日本の人情美との間にも、何等内質上の差違もない。更にそれを詮じつめれば、国粋とか、国風とか、大和魂とかいふことも、ほんの外相上の沙汰、言はゞ、一時の空想となるべき筈で(日本主義の高山君がコスモポリタンとは、少々思ひがけきやである)尠なくとも、一人の画工の筆では、同類の忠臣をば截然と画きわけることは叶ふまい。(121)

この後も高山は坪内に反論を試みていくが、坪内の批判を覆すことは出来なかったようである。加うるに、歴史画に内在する問題として、画題選択の困難さもあったと考えられる。『読売新聞』紙上では、明治三十二年一月から二月にかけて、日本美術院の作家たちと共同して「東洋歴史画題」を懸賞募集が行なわれ、岡倉覚三、橋本雅邦らが審査に当たった。大きく取り上げられたのは、明治二十年代の「日本絵画ノ未来」論争以降、画題に強い関心を持ってきた外山正一の応募した武装して素戔嗚尊を待つ天照大神の像など、広く人々に知られたものだった。(122)結局、歴史的な場面としては紋切型のものばかりが集まってしまい、長谷川天渓が「斬新にして崇高なる画題の提出されるべきを想像しけるが、其結果の余りに見すぼらしかりしは甚だ遺憾なりき。応募者の総数は僅かに四百を超ゆるのみにて、掲載せられたる画題の大多数が、無趣味凡庸にして、事々しく歴史画題として見るべき値打なき者のみなりしは、日頃東洋美術国と自称する日本国民の名に対しても飽き足らぬ心地す(123)」と、主催者側である『読売新聞』紙上で明言するほど、歴史画において芸術的な新機軸を打ち出すことの困難さを裏書きする結果となってしまったのは、皮肉というほかない。

むしろ重要なのは、この反論の過程で、高山の「日本主義」論が徐々に後景に退いていくことである。[124] 高山がもし「日本主義」に固執するならば、国民的性情を描き、国ごとに異なる歴史を重んじた美術作品を描くべきと主張したであろう。ところが、その説を限りなく推し進めれば、今度は、洋の東西を問わず、あまねく人心に妥当する美の発達について、歴史から美術を評価していくという帝国大学在学中の森鷗外との論争で示された枠組みを自ら否定することにつながる。こうしたジレンマのなかで高山は、「美学」の体系化を急ぎ、そのなかで日本的な美意識の在り方を再び考え直していくことになったと考えられるのである。

『近世美学』の完成

高山は、帝国大学在学中の森鷗外との論争を通じて美学史への視点を獲得し、坪内逍遙との論争を通じて、「史」に優越する「美」の在り方を模索していった。彼の美学研究の成果は、明治三十二年（一八九九）から翌年にかけて、集中的に公表されていった。明治三十二年は、五月から当時の印刷技術を結集した古美術の写真集『真美大観』の刊行が開始され、六月には森鷗外と大村西崖がハルトマンの美学説を抄訳した『審美綱領』が出版されるなど、翌年に開催されるパリ万国博覧会への日本美術の出品を前に、にわかに美術界全体が活気づいた時期でもあった。

高山樗牛の「美学」思想は、まさにこの時期において確立されるのである。明治三十二年九月に、博文館百科全書の一冊として刊行された『近世美学』は、高山の研究活動における主著と見なすべきものである。同書は、近世までの美学の発達史を論じた後、ハルトマンの説を詳細に検討し、さらにハルトマンを相対化するために英米系の美学の新傾向までを射程に入れて紹介している。

『太陽』編集の傍ら、高山は明治三十年九月から哲学館で「美学及美術史」を、また、すでに述べたとおり、明治三十一年四月から東京専門学校で美学を講義していたが、[125] 洋行中の大西祝に経過を報告した書簡によれば、その講義内容は、「貴兄の後を承けて乍不肖受持居候美学は昨年は近世美学の概要を講述致候。即ち、キルヒマン、ハルトマン、スペンサル、アルレン、マーシャル、サンタヤーナ等の梗概に御坐候[126]」というものであったことが判明する。したがって『近世美学』は、講義をもとにした作品と判断できる。

『近世美学』は、昭和初期に書かれた美学史の上で「今日の我国の美学乃至美学史の基礎を与へたものと言はねばならない[127]」と評価されており、昭和初期に京都帝国大学教授となる美学者の植田寿蔵も、自らが美学に志したのは、中学生の頃に同書に触れたからだと振り返っている[128]。

同書について、まず気になるのは、高山が森鷗外の批判ひいてはハルトマン美学にどのように応えたのかという点である。序言において、彼は「是の書は近世の美学者中、特にハルトマンに精し、是れ氏の学説は其の大系の整備せる点に於て歴史上独乙理想派の美学の頂点と見るべきものなれば也、必ずしも其の学説の完全なるが為に精しきには非ず[129]」と述べ、ハルトマンの学説が整備されている点は認めつつも、それが美の標準として完全ではないという立場を採った。彼によれば、ハルトマンには独自の創見はなく、むしろ諸学者の説を体系化した点にのみ功績があったとされるのである。では美を評価する基準はどこに求められるのか。

『近世美学』の最終部には、「美の標準」と題する一節が設けられている。そこでは、美的印象と美的判断との区別が指摘され、快感としての対象から直接的に受け取る美的印象は一瞬のものであるが、かつて遊んだ美しい風景や、感動した劇を回想するときに甦ってくる美しさ（美的判断）は、永続する性質を持つのだと論じられる。彼は森鷗外との論争において、美的享受が一過性のものであることを問題視し、それゆえ永続的な性質を持つ「善」を重視していたのだが、『近世美学』の執筆過程を通じて、美的価値の自律性を認めるに至ったともいえる。高山は芸術の創作に触れつつ、以下のように述べる。

（一）芸術家は、先ず直接の刺戟を受けて、最も活発なる美的印象を感ぜざるべからず。

（二）然れども其の製作をして一時の便宜以上に、稍恒久なる価値を有せしめむと欲せば、刹那の美的印象及び判断を離れて、比較的に不易なる個人的嗜好によりて是を判断せむことを要す。
（三）次に自己の個人的嗜好は、芸術の鑑賞上当世の標範となるべき人士の判断と衝突することを避けよ。
（四）然れども、苟も芸術家の製作をして大家の作たるを得しめむが為には、漫に他人の判断に従はず、更に自己の個人的理想を発揮せむことを務めざるべからず。

是を要するに、諸種の美的標準は、何れも其れ〳〵の範囲内に於ては証権として認めらるべきものたり若し是等の一を取りて直に他を否定せむ乎、美学上の諸問題は遂に解釈せらるゝの期無かるべし。是の如く見る時は、従来美学の歴史上に異説多きことの已み難き事情おのづから釈然たるを得むか。(130)

明治三十二年九月の時点で、高山が芸術の標準を「個人的理想」の発現に求めていることは、彼の以後の思想的展開を予感させるものとして注目される。国家を離れて個人は存在しないという有機体論的な視座は維持されているものの、「国民文学」論や歴史画論争を経た高山は、国民的性情に基づく道徳的原理によって芸術をも律していこうとする「日本主義」の論理から、少しずつ離れ始めていたともいえるのである。

「道徳」から「感情」へ

高山は、『近世美学』刊行の後、ドイツ観念論の総合者としてのハルトマンを超え、英米圏で盛んになりつつあったサンタヤーナなどの心理学的な美学説を踏まえながら、新しい美学の方向性を模索していった。話題を呼んだ明治三十二年（一八九九）十一月の論文「月夜の美感に就て」などは、新たな美学研究の試みの一つと評価できる。(131) それは、人生の目的である「幸福」を実現するために、道徳の必要性を訴えてきた彼が、道徳に代わる新たな原理を探求していく思索の過程でもあった。以下、高山が具体的に自己の美学説を主張した明治三十三年以降の論説から高山の価値意識の軌跡をたどってみよう。

明治三十三年一月二十日に哲学会で行なわれた講演「美学上の理想説に就いて」は、美学史における「理想説《イデアリスムス》」の展開を論じたものである。高山は、「理想説」がドイツ哲学において完成されたこと、今日の日本の批評家においてこの説を採るものが少なくないことを述べ、「理想説」とは「当面の現象以外、もしくは以上に理想と名くる超自然的或は超現象的の本体を立て、是の本体たる理想が現象に現はるゝ限り、是の如き理想が美であると説く[132]」ものだと定義している。ついでこの「理想説」には、「抽象理想説」と「具象理想説」の二種類があるとし、「抽象理想説」とはいわば、美の理想を不変的なものと見なす立場で、プラトン以後、ドイツ観念論派の美学を経てショーペンハウアーに至るまでの学説がこれに当たる。一方の「具象理想説」は、美の理想が漸次発達していくものと見なす立場であり、ヘーゲル以後、ハルトマンの立場がこれに当たるのだと述べられる。ついで高山は「美学」研究の困難として、美というものを評価する客観的基準が立てにくい点を指摘する。「理想説」の立場においては、理想からの距離で美の価値が判断しうるため手軽であり、日本において好まれる一因であろうと分析する。しかし、高山はまさにその手軽さのなかにこそ、大きな欠点が存在しているのだとも警告する。

それは何故か。「理想説」における美の評価が道理を主とし、「現実なる美意識」すなわち感情を全く度外視しているからである。高山によれば、このような見方は「知性を以て情性を律する、謂はば見当違ひの見方[133]」にほかならない。そこで高山は現実の美的経験に注目を促す。彼は、「具象美を尚ぶアスペクト」と「抽象美を尚ぶアスペクト」の二面が、すべての時代を通じて人間の美意識に備わっているものだと説明し、森鷗外の紹介に始まるハルトマン美学の受容によって具象美の評価にウェイトが置かれがちな現状に対して、抽象美の価値と意義を正当に認識していく必要性を主張するのである。

高山の新たな美学思想は、続いて同年五月に『帝国文学』に発表された「美感についての観察」でさらに具体的に展開されていくこととなる。同論文において高山は、まず美学の研究の上で逸することの出来ない前提として次の二点を指摘している。第一に美は主観の側においては感情であること、第二に、感情とはすなわち快感にほかならないことを説く。次に、カントの無関心説の妥当性が検討される。高山によれば、無関心ということが美の最高の境地を示すとはいえ、経験的事実としては、美しい花を愛でる際に一本手折ろうとする私欲もまた美感のなかに入れるべきであり、「比較的に無関心の状態に吾人を導く快感は是れ美感也」と主張していく。続いて観念論美学に対する英国系の心理学的美学の説が検討されるが、美感としての快感は、美感ではない快感よりも刺激が弱く、快感の強弱によって単純に美をはかることはできないという考えが示される。その上で高山は、美感の特徴として、美感が功利とも一致するという説を展開していった。

快感と功利の相反ける場合は劣等官能に於て珍しからぬこと也。されど美感にありては斯る場合は寧ろ稀なるが如し。世には妙なる音楽を聴いて胃病を醸せる人もあるまじく、麗はしき風景に面して頭痛を催せる人も無かるべし。是等の美なる物象は啻に心身に害少きのみならず、普通の場合には人の精神を爽快にし、体機の活動を調和するの効あり。美は悲める者を慰め、怒れる者を和らげ、喜べる者に二重の喜を与ふ。良しむば過度に芸術の鑑賞に耽りたりとて、酒色に荒める場合の如き著しき弊害は無し。（中略）彼の学者と称し道徳家と呼ばるゝ人々は、如何にも物識りにて徳行の高き人々ならむも、人間としては偏局なる人なりと謂はざるべからず。其の心のはたらきは、知に偏れるに非ざれば、意に偏よる、精神の全部に対してデスポチックの人々たるを免れざるべし。シルレル氏が、人間は遊ぶ時のみ円満なりと云へるは、能く美感の性質を言ひ表はせり。[134]

以上のように、高山は「美学」の研究を通して、「善」すなわち道徳と「美」すなわち美術との価値判断を再構成することによって、かつて道徳の制限下においた美術の積極的価値を認識するに至ったのである。高山はまた、同論文の余論として宗教と道徳と芸術の関係を説きながら「畢竟美を求むるの心は無窮を追ふの心也[135]」と述べていた。美を求め、無窮を追う心こそが〈憧憬〉と呼ぶに相応しいであろう。「日本主義」を論じて国民性情の把握を批評の課題に掲げてきた彼は、道徳の限界を指摘し始めたとき、容易く手の届かない場所にある美的価値の意義を見出したのであった。

高山は、同じ明治三十三年五月十三日、丁酉倫理会の例会で「人生とロマンチシズム」と題する講演を行ない、形式的方便主義を大胆に批判する発言で参加者を大いに驚かせたという[136]。残念ながら講演の内容については不明だが、高山自身が後の「美的生活の主旨にして、予が年来抱持したる感情[137]」と述べていることから、彼の〈憧憬〉が「美的生活」という新たな主張に接続していく端緒は、明治三十三年の頃からすでに芽生え始めていたということができる。

「国家」と「美術」問題の発生

ここであらためて、明治三十年代初頭の時代状況を踏まえ、美学と同時代の課題との関係を考察してみたい。日清戦争に勝利したものの、三国干渉によって「臥薪嘗胆」を余儀なくされた以上、国威を体現しつつ、国際社会に対しては協調の姿勢を内外に示すことは、日本政府の大きな課題でもあった。そのような意味で、一九〇〇年のパリ万国博覧会への参加は非常に重要な意味を持っていた[138]。臨時博覧会事務局官制は明治二十九年（一八九六）五月八日に勅令第一八九号として公布されたが、その翌年、明治三十年二月に臨時博覧会事務局総裁の金子堅太郎が示した方針には、「従来我国が万国大博覧会に賛同したること既に数回なるも、未だ今回ほど責任の大に慎重を要すること切なるはあらず」と書かれていた。事務局が抱えた課題の大きさが語られているが、それは次のような事情によるものであった。

巴里大博覧会に於ける我国の位置は、他の場合とは大に事情を異にし、殊に注意を加へて賛同せざる可らざる理由あり、乃ち其の第一は前にも略ぼ説くが如く、戦勝後の国威大に振張し、列国人の我国に対する注意の大に増加したると、殊に日本国力の膨張は、寧ろ過大に信ぜられつゝあるが故に此の信用を堕すなく、益々之を増進し、且つ此の注意せらるゝの時に当りて、国利を進むることの最も必要なること、第二には明治三十三年は、我国に於て改正条約実施の期にして、同年は宇内の各国と対等条約の上に角逐する首途なり、従来治外法権の下に羈束せられたる我国が、新たに対等条約の下に至りし劈頭に於て、此の万国博覧会に賛同して我が生産物を出品し、我が生産上の実力を列国の間に示す、最も必要とする所なり。(139)

また、明治三十年六月、帝室技芸員たちは臨時博覧会事務局長で帝国博物館長でもあった九鬼隆一邸に集まって次のような協議を行なったことが報じられた。

今回仏国万国博覧会の如きも世界に冠たる美術国に出品する事にもあり且つは古来美術国の称を負へる我邦の事なれば是非共万国に恥ぢざる程の品を出さんとて其の筋に於ても種々苦慮する処あり俄かに訓諭を発して全国に募集するに至りたるも真正なる優逸の美術品は斯く俄かに製出さるべきものにあらざる故に既往は追い難しとするも将来ハ是非一定の方針を定めて平素に奨励の法を設くること必要なりとて此の意見に基き協議せしなりと云ふ。(140)

第一章で触れたような「美術国」の観念である。「古来美術国の称を負へる我邦」が壮大なフィクションであることは、一読してわかる。全国的に募集をかけても優れた美術品が集まらないと苦慮する現状で、何故

「美術国」が自称できるのか。その上、高山が繰り返し批判してきたように、いまだ審美学も不十分な段階にあった。芸術監査官について、一流の人士を充てよと主張する美学者としての高山が見据えていたのは、以上のような国家と美術を巡るアクチュアルな問題でもあったのである。こうした流れに呼応する形で、美術振興の声はあちこちから上がってくる。明治三十三年（一九〇〇）二月八日、衆議院議員の根本正外一名が、次のような「美術奨励ニ関スル建議案」を提出した。

美術奨励ニ関スル建議案

国家ノ工芸ヲ進歩セシメムト欲セハ先ツ之ヲ基礎タル美術ノ発達ヲ図ラサルヘカラス故ニ文明諸国皆夙ニ之カ保護奨励ノ法ヲ設ケ殊ニ近年ニ至リ各国益々競フテ其ノ道ヲ講シ或ハ特ニ美術行政ニ意ヲ用ユルコト最慎重ナルアリ苟モ今後此ノ劇甚ナル競争場裏ニ立チ工芸ヲ進メ輸出ヲ増シ以テ国家ノ富源ヲ増サムト欲セハ必ヤ相当ノ方法ナカルヘカラス況ヤ東洋ノ工芸国美術国ヲ以テ自ラ任スル我カ国ニ於テヲヤ而シテ之ヲ保護奨励ノ方法ニ至リテハ一ニシテ足ラサレトモ最急務ナルモノヲ左ニ列記ス

一、美術調査会ヲ設ケ東西各其ノ道ニ付学識経験アル者ヲ招集シ美術ニ関スル一切ノコトヲ随時調査セシメ又美術ニ関スル諸事ノ顧問ト為スヘキコト

一、国立美術館ヲ設ケ内外古今ノ美術ヲ蒐集陳列スヘキコト

一、知名ノ技術家ヲ選抜シ海外ニ派遣シ彼国ノ名作ヲ研究セシムルコト

政府ハ速ニ之カ施設ニ着手シ美術保護奨励ノ実ヲ挙ケムコトヲ望ム

右建議ス(141)

美術調査会の設置、国立美術館の設立、技術家の海外派遣という、美術の研究に関する意見である。この建

議は、片岡健吉議長の発議により委員会付託となり、二月十二日、政府委員である文部次官岡田良平を招致して、質疑応答がなされた。建議を審査する特別委員会の委員長には根本正が任命された。まず根本は、建議の提案理由として、世界の文明国とされる国々がいずれも美術奨励に力を入れていることを説いた。児童の教育や禁酒運動などに熱心に関わってきた根本が、なぜ突如、美術に関心を持ったのかは定かではない。しかし、根本が「今日日本デ輸出スルモノガ沢山アル、例ヘバ焼物ニシタ処ガ、是モ自然ト美術ノ理想カラ出テ来ル、又漆器ノヤウナモノニシテモ、又絹ニシタ処ガ織物ナドノコトハ、美術ノ思想カラ出レバ大ニ高ク売レル[142]」と提案理由を説明していることからは、情操教育や国民教化というよりは、パリ万国博覧会の盛り上がりを前に、美術を振興することで殖産興業政策をより推し進めていくという発想が彼にあったのだと考えられる。

答弁した岡田文部次官も「至極結構ナコトデアリマシテ、中ニハ実ハ文部省ニ於テモ是非ヤリタイ積リ[143]」だと前向きな姿勢を示した。当面のネックは財政難であり、財政事情が許せばすぐにでも着手したいというのが文部省の立場だった。右の建議案は、各種美術団体からの補助などについて修正を加えた上で、二月十三日の本会議で採択された[144]。

ところで、右の建議で注目されるのは、第三番目にある技術者の海外派遣に関する事柄である。岡田は、現在著名の作家を派遣すると滞在費が大幅にかかるが、学生であればそれほどの資金を要さないということで、すでに名のある大家ではなく若い学生の派遣を望んでいた。さらに岡田は、答弁のなかで「今年二三名美術学校ノ教授ヲ海外ニ派遣スルコトニナッテ居ル、幾ラカ此建議ノ趣旨ニ副フダラウト思ヒマス[145]」という踏み込んだ発言もしている。その後美術学校教授として誰を派遣するかについて、どのような折衝がなされたか不明であるものの、この約三カ月後に、高山の欧州留学が内定することとは無関係とはいえないだろう。従来の高山研究でこの点に触れたものは管見の限り見当たらないが、「見えざる日本の兵士」として、専門的な美学の修得に努め、旺盛な批評活動を展開してきた高山は、ついに「美術国」の先鋒として、海外に雄飛する機会を摑み得たのである。

他方、美術が文明の光の部分の発揮であるとすれば、ほぼ時を同じくして文明の闇の部分も、あらわになりつつあった。美術振興の建議が採択された四日後の二月十七日には、同じ衆議院に、田中正造が「亡国の議」についての有名な質問書を出している。[146]「美術奨励ニ関スル建議案」が衆議院の本会議で審議されていた二月十三日は、足尾から政府に嘆願を提出しようとした農民たちが群馬県の川俣で警官隊と激突、負傷者を出した日でもあった。国家と美術の関係をめぐって、「美術国」としての輝かしいプレゼンテーションが進められていった背景で、「文明」の矛盾そのものが噴出しようとしていたことも見逃すわけにはいかない。そのことを高山はいかに見、自らの思想活動に加えていったのか。次章でさらに詳しく検討していくことにしたい。

註

(1) 赤木『人及び思想家としての高山樗牛』(第二章註(1))八二頁。

(2) 「[履歴書]」(一八九九年四月)龍華寺所蔵による。このほか論理学も担当していたらしいことは、このときの講義の成果が帝国百科全書の一冊として『論理学』(一八九八年、博文館)にまとめられていることからわかる。

(3) 工藤『文豪高山樗牛』(序章註(2))は、坪谷善四郎からの聞き取りとして以下の談話を載せる。「高山樗牛君は太陽の文芸部担任の記者として明治三十年四月入館し三十五年十二月病で没するまで在職六年」「右の次第に付前後三回入館したるものにあらず」(一〇三頁)。ただし、『太陽』七巻一号(一九〇一年一月)に掲載された『太陽』の新年広告のみ、高山の名前が確認できない。

(4) 神谷豊太郎「宗盛の素読と獅子狗(上)」(『漱石全集』月報、一〇号、一九三六年、一〇頁)。小野寺凡「人間高山樗牛(一)」(『評言と構想』七輯、一九七六年十月)一一九頁。

(5) 「坪谷善四郎日記」一八九七年一月六日条(新潟県加茂市立図書館所蔵)。同日記については、吉田昭子「加茂市立図書館所蔵坪谷善四郎関係資料とその意義」(『Library and Information Science』六二号、二〇〇九年十二月)参照。

(6) 明治三十年一月十三日付桑木厳翼宛高山林次郎書簡、全集五〇六頁。

(7) 「博文館五十年史 初稿」第二冊(三康図書館所蔵)六二頁。引用箇所は、刊行された『博文館五十年史』(一九三七年)

には記載がない。稲岡勝や浅岡邦雄が主張しているように、『博文館五十年史』は刊行されたものと、現在三康図書館に残されている稿本との間で記述に大幅な違いがある（稲岡勝「「ダウントレス」大橋！」、『彷書月刊』一五巻一一号、一九九九年十一月。浅岡「明治期博文館の主要雑誌発行部数」〈第二章註(158)〉一四三頁）。稿本と刊本の本格的な比較検討は、出版史研究の今後の課題と思われるが、管見の限り、刊本では博文館関係の裁判記事と、館員の異動に関する記述が大幅に削除されているようである。

(8) 明治三十年四月十日付齋藤親信宛高山林次郎書簡、全集五一一頁。

(9) 前掲小野寺「人間高山樗牛(一)」一一九頁。

(10) （明治三十年）四月十二日付大橋乙羽宛高山林次郎書簡、全集五一三頁。全集の注記によると原本の年代は不明とある。高山が高等学校勤務中で四月付の書簡ならば、明治三十年しかあり得ないので、ここでは全集編者の解釈に従う。

(11) 前掲工藤『文豪高山樗牛』一〇三頁も参照。

(12) 明治三十年四月二十七日付齋藤親信宛高山林次郎葉書（鶴岡市教育委員会所蔵「高山樗牛資料」四七七）。前掲工藤『文豪高山樗牛』は高山の上京を五月上旬と推定しているが、この葉書は仙台ホテルから「明二十八日上京」を実父に伝えた内容なので、四月二十八日に上京としてよいだろう。上京後はいったん叔父太田資順邸に宿泊し、その後本郷西片町に転居したらしい。この間の高山の動静については長尾宗典「高山樗牛と雑誌『太陽』」（『近代史料研究』一五号、二〇一五年十月）を参照。

(13) 「編集局員の増聘」（『太陽』三巻一〇号、一八九七年五月）四〇頁。

(14) 高山の「日本主義」論については、以下を参照した。小松摂郎「樗牛の「日本主義」をめぐる論争」（宮川透・中村雄二郎・古田光編『近代日本思想論争』一九六三年、青木書店）、高橋正「高山樗牛と大町桂月」（『日本文学研究』二〇号、一九八二年十二月）、大塚健洋「高山樗牛の日本主義」（京大政治思想史研究会編『現代民主主義と歴史意識』一九九一年、ミネルヴァ書房）、および中西直樹「雑誌『日本主義』とその時代」（『仏教史研究』三六号、一九九九年三月）参照。

(15) 「「日本主義」の目的及び綱目」（『日本主義』一号、一八九七年五月）巻頭頁。

(16) 「「日本主義」発刊の趣意」（『日本主義』一号、一八九七年五月）二頁。

(17) 「日本主義」における「宗教」攻撃の背景には、明治初期には同時に行なわれることもあった教化・教育が、教育勅語以降分離されて、明治三十二年八月三日の文部省訓令第一二号で、官立公立学校では課程外であっても宗教教育が禁じられていくようになる教育行政上の過程も考慮する必要があろう。谷川穣「教育・教化政策と宗教」（『岩波講座　日本歴史』第一五巻、二〇一四年、岩波書店）二九七頁。

（18）前掲大塚「高山樗牛の日本主義」二六一頁。
（19）時期が異なるので単純な比較はできないが、明治二十年代の言論界をリードした政教社の『日本人』の発行部数が、千五百部から六千部の間を推移していたことから、『日本主義』はそれよりもやや少ない程度の部数ということになる。
（20）西園寺は「二十世紀の人を養成するは吾人教育者の責任にして今日より十分其の覚悟なかるべからず、若し内に安じ外を顧みず徒に口大和魂を唱ふるのみにして世界文明の大勢に伴随するを悟らざる如きは余の取らざる所なり仏国有名なる教育家の言に曰く自国を偏信し外国の事を知らしめざるものは国民の良友に非ずと教育の任に当るもの此点に注意を要す」（「西園寺文相の演説」、『自由党党報』八六号、一八九五年六月、二四頁）と述べて、第二次伊藤内閣期からすでに「世界主義」の教育方針を持つ人物と目されていた。西園寺公望の教育思想については、岩井忠熊『西園寺公望』（二〇〇三年、岩波新書）七〇頁以下を参照。竹内楠三「西洋崇拝の文相西園寺公の謬見」（『日本主義』一〇号、一八九八年二月）では、西園寺の談話を引いて、「空莫なる世界主義よりも更に有害なる西洋流を以て主義となせる」点を糾弾している（二一頁）。
（21）無署名「日本主義に就て」（『日本主義』一号、一八九七年五月）八一頁。
（22）「日本主義大演説会」（『東京朝日新聞』一八九七年六月十九日付第二回版四面）。なお、同演説会で「開会の主意」を論じたのは竹内楠三であった。
（23）高山林次郎「日本主義国教論序」（木村鷹太郎『日本主義国教論』一八九八年、開発社）序一九頁。
（24）このことの背景には、両者の思想的な差違に加えて、木村が文科大学哲学科の選科出身であったことも関係していよう。西田幾多郎が回顧しているように、選科生は、図書館の利用の制限や教員からの接し方という微妙な面に至るまで、種々制約が加えられていた（西田「明治二十四、五年頃の東京文科大学選科」〈第二章註(60)〉二五六～二五七頁）。高山と西田の間に接点はなかったが、その思想的対比が宮島肇『明治的思想家像の形成』（一九六〇年、未来社）二八六頁以下で論じられている。
（25）前掲中西「雑誌『日本主義』とその時代」においては、日本主義者の群像として個々の論者の特徴と、世論の反響がまとめられている。『日本主義』に反対しなかったのは『太陽』と、大日本協会のメンバーが深くかかわる『教育時論』のみで、彼らの出身母体といえる帝国大学文科大学の『哲学雑誌』や『帝国文学』からも疑問の声が挙げられていたことは、重要である（五八頁）。
（26）無署名（大西祝）「日本主義の綱目」（『六合雑誌』一九八号、一八九七年六月）四二頁。
（27）井上清『日本帝国主義の形成』（一九六八年、岩波書店）一五八～一六〇頁。
（28）穂積八束『国民教育　愛国心』（一八九七年、八尾新助）一頁。

(29) 一例として挙げられるのが、彼らの神道観、神話観であろう。この点については、昆野伸幸「日本主義と皇国史観」（苅部直他編『日本思想史講座』第四巻、二〇一三年、ぺりかん社）及び昆野伸幸「日本主義の系譜」（黒住真他編『岩波講座 日本の思想』第一巻、二〇一三年、岩波書店）参照。

(30) 前田「井上哲次郎と高山樗牛」（第二章註(87)）では、高山が「日本主義」陣営を離れたことに対する井上の敵意が、高山の没後にいたってもなお継続していたと指摘しており、「いわば樗牛は『新編倫理教科書』の編纂に協力する過程で、井上の国家主義的倫理を消化・吸収し、日本主義の論理をおもむろに鍛え上げて行くのである」（一七〇頁）と述べられている。傾聴に値する見解である。

(31) 例えば北川透「高山樗牛論」（『北村透谷試論』第三巻、一九七七年、冬樹社）では、高山の主張が具体的な政治論を欠くと指摘している（二六三頁）。

(32) 高須『人と文学高山樗牛』（第二章註(1)）四四～四六頁、岡野他家夫「高山樗牛らの「日本主義論」」（『国士舘大学創立五十年記念論文集』一九六七年）八四五～八四六頁。

(33) 高山林次郎「日本主義を賛す」（『太陽』三巻一一号、一八九七年六月）三九頁。

(34) 井上哲次郎・高山林次郎『新編倫理教科書』巻三（一八九七年、金港堂）四丁裏。同書の高山の執筆部分については、最初の『樗牛全集』において、「純粋に故著者の述作と称すべき者に非ず。然れどもこの一篇は、恰も故著者の思想が一般の倫理研究より日本主義の実行倫理に移る際の述作なれば、その全集中より全く之を除くは又遺憾の思なきにあらず。此を以て共著者にその中特に故著者の当時の思想筆致を伺《ママ》ふべき分の選択を乞い、その承諾を得て茲にこの二章を抄録する事としたり」（斎藤信策・姉崎正治共編『樗牛全集』第五巻、一九〇六年、博文館、外篇第一扉裏）として、巻三の「第一章 社会総論」と巻四「第四章 皇室に対する義務」が収録された。引用は社会総論の一節である。なお、工藤恒治が紹介している出版契約書には「高山林次郎ハ主トナリ起稿ノ任ニ当リ稿本校訂其他諸種ノ事項ニ付テハ逐条井上哲次郎氏ニ協議編纂スベシ」（前掲工藤『文豪高山樗牛』一〇一頁）との記述がある。

(35) 高山林次郎「日本主義に対する世評を慨す」（『太陽』三巻一五号、一八九七年七月）三九頁。

(36) 前掲高山「日本主義を賛す」四一頁。

(37) 高山林次郎「国民精神の統一」（『日本主義』一四号、一八九八年七月）一四頁。

(38) 高山林次郎「国粋保存主義と日本主義」（『太陽』四巻一〇号、一八九八年五月）三二頁。

(39) 中野目『政教社の研究』（序章註(51)）二六六頁。

(40) 高山林次郎「明治三十年史第一編総論 明治思想の変遷」（『太陽』四巻九号、一八九八年四月）一九頁。

(41) 例えば、山口輝臣「なぜ国体だったか?」(酒井哲哉編『外交思想』日本の外交3、二〇一三年、岩波書店)六一頁。
(42) 高山林次郎「人種競争として見たる極東問題」(『太陽』四巻二号、一八九八年一月)三七頁。
(43) 東亜同文会の源流である東亜会、同文会の主張については、酒田正敏『近代日本における対外硬運動の研究』(一九七八年、東京大学出版会)一〇九~一三一頁を参照。
(44) 木村鷹太郎「日本主義と日本美術」(『日本主義』九号、一八九八年一月)一頁。
(45) 前掲高山「日本主義を賛す」四三頁。
(46) 高山林次郎「国家至上主義に対する吾人の見解」(『太陽』四巻一号、一八九八年一月)二七頁。
(47) 同前。
(48) 無署名(高山)「過去一年の国民思想」(『太陽』五巻一号、一八九九年一月)五五~五六頁。
(49) 無署名(高山)「文学に対する根本的誤解」(『太陽』三巻一四号、一八九七年七月)四七頁。
(50) 無署名(高山)「時代の精神と大文学」(『太陽』五巻四号、一八九九年二月)四五~四六頁。
(51) 無署名(高山)「我邦演劇の前途に就いて」(『太陽』五巻二六号、一八九九年十二月)六〇頁。
(52) 無署名(高山)「無趣味の社会」(『太陽』四巻一九号、一八九八年九月)三〇頁。
(53) 無署名(高山)「所謂社会小説を論ず(上)」(『太陽』三巻一五号、一八九七年七月)四三頁。
(54) 幸徳秋水『社会主義神髄』(一九五三年、岩波書店)一八頁(初出は一九〇三年)。
(55) 宗教家懇談会については、鈴木『明治宗教思潮の研究』(序章註(35))第三章第二節参照。同懇談会についての姉崎のレポートは姉崎正治「宗教家懇談会所見」(『太陽』二巻二一号、一八九六年十月)を参照。また、前川理子『近代日本の宗教論と国家』(二〇一五年、東京大学出版会)第三章も当該期の姉崎の思想を検討している。
(56) 明治二十九年十月十日付桑木厳翼宛高山林次郎書簡、全集四九一頁。
(57) 姉崎正治「所謂新宗教」(『太陽』三巻一八号、一八九七年九月)五四頁。
(58) 姉崎と大西祝の交流については、平山洋『大西祝とその時代』(一九八九年、日本図書センター)二二七~二三〇頁。平山によれば、両者の交流は、帝国大学文科大学在学中の姉崎が『六合雑誌』に宗教に関する意見を投稿したことを契機として始まり、宗教家懇談会でいよいよ深まったとされる。
(59) 磯前・深澤編『近代日本における知識人と宗教』(序章註(35))一五四頁。
(60) 姉崎正治「日本主義に促す」(『太陽』三巻二四号、一八九七年十二月)五八頁。
(61) 姉崎正治「明治三十年史第七編 宗教」(『太陽』四巻九号、一八九八年四月)二一四頁。

(62) 同前。

(63) 同書には奥付等がないが、前掲磯前・深澤編『近代日本における知識人と宗教』では、明治三十年の刊行と推定している。クレス出版から刊行されている『姉崎正治集』もこれに従っている。これは外題に「哲学館第十一年学年度高等宗教学科講義録」とあることと、哲学館の設立が明治二十年であることから来る推定と思われるが、姉崎『わが生涯』(第二章註(10))収録の年譜では明治三十一年中の刊行となっている。ところが、国立国会図書館所蔵本には「明治三二・三・一五製本」の印が捺されており、正確な刊行年確定にはまだ検討の材料が必要である。内容的には、マックス・ミュラーの所説に共感的なことから推して、言語学派批判を展開するスサノヲ論争以前のものであることは間違いなく、明治三十二年初頭までにまとめられたものであろう。哲学館講義録については、奈須恵子「一八九〇年代後半の「東洋史」教育」(『井上円了センター年報』九号、二〇〇〇年七月)が簡単な説明を加えているが、高等宗教学科が出来るのが明治三十年であり、当時の新聞広告などを見ると、「満二年で完結」となっているので、ここではさしあたり、三十年から遅くとも三十二年の初頭までに書かれた著作と考えておきたい。

(64) 両派の概略と神話学の関係については、平藤喜久子『神話学と日本の神々』(二〇〇四年、弘文堂)二一〜四頁参照。

(65) 姉崎正治『言語学的宗教学』(一八九九)。引用は島薗進編『姉崎正治集』第一巻(二〇〇二年、クレス出版)四頁。

(66) 同前、五頁。

(67) 高橋原「解説」(『姉崎正治集』第九巻、二〇〇二年、クレス出版)解説編二頁。

(68) 前掲姉崎『わが生涯』七〜八頁。

(69) 同書成立過程については、前掲磯前・深沢『近代日本における知識人と宗教』及び磯前『近代日本の宗教言説とその系譜』(序章註(35))を参照。

(70) エドワルド・ハルトマン著、姉崎正治訳『宗教哲学』(一八九八年、博文館)一頁。

(71) 姉崎正治講述『比較宗教学』(一八九八年、東京専門学校)七頁。引用は前掲島薗編『姉崎正治集』第一巻による。

(72) 同前、一五頁。

(73) 同前、一八頁。

(74) 同前、二二頁。

(75) 同前、二九頁。

(76) 前掲磯前・深澤『近代日本における知識人と宗教』一六三〜一六四頁。ただし同書では、内容に関してハルトマンへの直接の依存性は少ないとも指摘されている。

(77) 前掲姉崎『比較宗教学』二〇〇〜二〇一頁。
(78) スサノヲ論争については前掲平藤『神話学と日本の神々』一一〜二四頁を参照。
(79) 無署名（高木）「文界の新現象」（『帝国文学』五巻四号、一八九九年四月）一〇八〜一〇九頁。久米邦武の歴史編纂に関する意識と久米事件については、松沢裕作『重野安繹と久米邦武』（二〇一二年、山川出版社）六三〜七二頁参照。
(80) 姉崎正治「素戔嗚尊の神話伝説」（『帝国文学』五巻八号、一八九九年八月）四頁。
(81) 姉崎正治『宗教学概論』（一九〇〇年、東京専門学校）一頁。
(82) 同前、一五頁。
(83) 同前、二六二頁。
(84) 姉崎正治「丁酉倫理会の略史」（『丁酉倫理会倫理講演集』一号、一九〇〇年五月）一〜二頁。
(85) 姉崎正治「大西祝君を追懐す」（『哲学雑誌』一七一号、一九〇一年五月）四一三〜四一四頁。
(86) 全美星「「美的生活を論ず」の背景」（『文芸論叢』六九号、二〇〇七年九月）参照。
(87) 前掲姉崎「丁酉倫理会の略史」三〜六頁。
(88) 同前、六頁。
(89) 姉崎正治「開会の辞」（『丁酉倫理会倫理講演集』一号）六〜七頁。
(90) 和崎光太郎「初期丁酉倫理会における倫理的〈修養〉」（『教育史フォーラム』七号、二〇一二年三月）一三頁。
(91) 前掲姉崎『わが生涯』七〇〜七一頁。
(92) 高山の「国民文学」論については、佐藤勝「明治のナショナリズムと近代文学」（『現代文学講座』第五巻、一九七五年、至文堂）、山田博光「樗牛と国民文学論」（三好行雄・竹盛天雄編『近代文学』二、一九七七年、有斐閣）、木戸雄一「〈国民〉という読者と〈小説革新〉」（『日本近代文学』五六集、一九九七年五月）を参照。
(93) 大久保久雄「数字でみる大橋家博文館」（『東海大学紀要　課程資格教育センター』六号、一九九七年三月）などを参照。
(94) 神谷昌史「『国民之友』から『太陽』へ」（西田毅・和田守編『民友社とその時代』二〇〇三年、ミネルヴァ書房）。
(95) 雑誌『太陽』の性格については、鹿野「『太陽』」（序章註(23)）のほか、鈴木正節『博文館「太陽」の研究』（一九七九年、アジア経済研究所）、弥吉光長「博文館文化を築いた群像」（『弥吉光長著作集』第四巻、一九八二年、日外アソシエーツ）、「特集　博文館文化」（『彷書月刊』一五巻一一号、一九九九年十一月）、御厨貴『明治国家の完成』日本の近代3（二〇〇一年、中央公論新社）、鈴木貞美編『雑誌『太陽』と国民文化の形成』（二〇〇一年、思文閣出版）などを参照。なお、「博文館発展史稿　三」（一九一八年、三康図書館所蔵）には次のような分担が存在する。

編輯局主幹	坪谷善四郎
太陽　編輯主任兼家庭談叢内外時論彙報抄録	長谷川誠也
文芸時評	高山林次郎
史伝地理論説	大町　芳衛
史伝地理論説名流談叢	森山　守次
経済時評名流談叢	坪谷善四郎
論説名流談叢社会事情	国府　種徳
雑俎　海外事情	中内　義一
編輯補助兼名流談叢農工商業界	川上助次郎
内外彙報文苑	岸上　操
名流談叢	徳田　浩司

膨大な量なので後段は省略するが、この史料では『少年世界』『文芸倶楽部』『中学世界』『女学世界』『太平洋』『図書世界』のほか挿絵や写真、校正担当まで事細かに記されている。詳細は前掲長尾「高山樗牛と雑誌『太陽』」参照。

(96) 前掲浅岡「明治期博文館の主要雑誌発行部数」一六二～一六三頁。

(97) 無署名（高山）「『国民の友』を惜む」（『太陽』四巻一八号、一八九八年九月）二八頁。

(98) 内村鑑三「何故に大文学は出ざる乎」（『国民之友』二五六号、一八九五年七月）九頁。

(99) 井上哲次郎「日本文学の過去及び将来」（『帝国文学』一巻二号、一八九五年二月）一二頁。

(100) 小木曽『地方文芸史』（序章註(72)）七～八頁。

(101) 伊奈町史編纂委員会収集「松村一夫家文書」九一・一一一・一一四。伊奈町史編纂専門委員会編『伊奈町史文書目録』第九集（二〇〇五年、伊奈町教育委員会）参照。

(102) 小木曽旭晃『逆境の恩寵』（一九六一年、生活と文化社）二六～二七頁。小木曽は明治十五年岐阜県の生まれで、後年、名古屋や岐阜の新聞記者として活躍し、郷土史の研究にも貢献した。

(103) 無署名（高山）「日本主義と大文学」（『太陽』五巻七号、一八九九年四月）四八頁。

(104) 無署名（高山）「小説革新の時機（非国民的小説を難ず）」（『太陽』四巻七号、一八九八年四月）三二～三三頁。なお、同論文がいわゆる「非国民」の語の普及に重要な意味を持ったとする指摘があるが（西川長夫「国民と非国民のあいだ、あるいは「民族浄化」について」、『思想』九二七号、二〇〇一年八月）、有山輝雄は初出不明としている（有山「非国民」、

『日本歴史』七〇四号、二〇〇七年一月）参照。
(105) 門外生（戸川秋骨）「非国民的小説とは何ぞや」（『読売新聞』一八九八年四月二十五日付朝刊）四面。
(106) 綱島梁川「国民性と文学」（『早稲田文学』七巻八号、一八九八年五月）一四頁。
(107) 無署名（高山）「画家の画論」（『太陽』四巻四号、一八九八年二月）三四頁。
(108) 無署名（高山）「国民歌を撰べ」（『太陽』四巻五号、一八九八年三月）三九頁。
(109) この点については、前掲高須『人と文学高山樗牛』一六七～一七〇頁を参照。
(110) 無署名（高山）「時代の精神と大文学」（『太陽』五巻四号、一八九九年二月）四五頁。
(111) 明治三十二年九月四日付齋藤親信宛高山林次郎書簡、全集五八八頁。「鑑査官の顔触れ」（『読売新聞』一八九九年八月二十二日付朝刊）四面によると、発表されたのは次の人々である。「日本及西洋美術家」として、下條正雄、橋本雅邦、川端玉章、村瀬玉田、望月金鳳、川崎千虎、村田健次郎、高村光雲、石川光明、新海竹次郎、黒田清輝、久米桂一郎、浅井忠、小山正太郎、松岡壽、長沼守敬、佐野昭、合田清の一八名、また「批評家」として寺山敬介、龍居頼三、右田寅彦、吉岡育、大岡力、草野門平、野村喜太、松居眞玄、茅原廉太郎、曾宮禄祐、岡本貞烋、坂部行三郎、高山林次郎、大村西崖、関巌次郎の一五名。
(112) 無署名（高山）「芸術の鑑査を論ず」（『太陽』五巻二〇号、一八九九年九月）四四頁。
(113) 日本美術院百年史編纂室編『日本美術院百年史』第二巻下（資料編）（一九九〇年、日本美術院）六三～六四頁。
(114) 佐藤志乃『「朦朧」の時代』（二〇一三年、人文書院）六二頁以下。
(115) 児島孝『近代日本画　産声のとき』（二〇〇四年、思文閣出版）一一九頁。山梨俊夫『描かれた歴史』（二〇〇五年、ブリュッケ）二四八頁以下。
(116) 高山林次郎「画題論」（『太陽』四巻二一号、一八九八年十月）三八頁。なお、横山大観の「屈原」の作品解釈については、植田彩芳子『明治絵画と理想主義』（二〇一四年、吉川弘文館）からも示唆を得た。
(117) 小野寺凡「高山樗牛」（前掲保昌・栗坪編『早稲田文学人物誌』〈第一章註(66)〉）一七三頁。
(118) 坪内逍遙『逍遙劇談』（一九一九年、天佑社）九九頁。
(119) 同前、九一頁。
(120) 高山の矛盾については、花澤『高山樗牛』（序章註(33)）一七八頁以下参照。花澤は、坪内が高山に向けた「コスモポリタン」云々の皮肉について、「日本主義」と「本来の樗牛の志向とかみ合うわけがなかった」（一七八頁）と評しているが、そもそも「本来の樗牛の志向」なるものを仮定しうるのか、疑問は残る。

(121) 坪内逍遙「美術上に所謂歴史的といふ語の真義如何（承前）」（『太陽』五巻二六号、一八九九年十二月）一〇頁。
(122) 「募集東洋歴史画題」（『読売新聞』一八九九年七月二十三日付朝刊）三面。
(123) 天渓生「東洋歴史画題に就て」（『読売新聞』一八九九年十月二十一日付朝刊）三面。
(124) 前掲山梨『描かれた歴史』三二一頁。
(125) 前掲高山「〔履歴書〕」。
(126) 明治三十二年八月十一日付大西祝宛高山林次郎書簡（全集未収録）。引用は石関敬三・紅野敏郎編『大西祝・幾子書簡集』（一九九三年、教文館）四一四頁。
(127) 桜田『美学思想史』（第一章註(2)）四九五頁。
(128) 植田寿蔵「美学に志す人について」（『美学短篇』一九四八年、角川書店）三〇三頁。植田については神林恒道編『京の美学者たち』（二〇〇六年、晃洋書房）参照。
(129) 高山林次郎『近世美学』（一八九九年、博文館）二四四～二四五頁。
(130) 同前、三〇七～三〇八頁。
(131) 「月夜の美感」論文以後の高山の美学思想の展開については、中村義一「高山樗牛と美の悲哀」（『美学』三七巻二号、一九八六年九月）が示唆的である。
(132) 高山林次郎「美学上の理想説に就いて」（『哲学雑誌』一五七号、一九〇〇年三月）二三〇頁。
(133) 同前、二三七頁。
(134) 高山林次郎「美感に就いての観察」（『帝国文学』六巻五号、一九〇〇年五月）一八～一九頁。
(135) 同前、二〇頁。
(136) 「丁酉倫理会の略史（続）」（『丁酉倫理会講演集』二号、一九〇〇年六月）九頁。
(137) 無署名（高山）「無題録（六）」（『太陽』八巻五号、一九〇二年五月）四五頁。
(138) パリ万国博覧会については、吉田光邦編『万国博覧会の研究』（一九八六年、思文閣出版）、伊藤真美子『明治日本と万国博覧会』（二〇〇八年、吉川弘文館）、國雄行『博覧会と明治の日本』（二〇一〇年、吉川弘文館）などを参照。
(139) 金子堅太郎『巴里万国大博覧会に対する方針』（一八九七年、臨時博覧会事務局）三～四頁。
(140) 「美術家の集会」（『読売新聞』一八九七年六月二十五日付朝刊三面）。
(141) 「美術奨励ニ関スル建議案（根本正君外一名提出）」（一九〇〇年二月八日）。引用は『帝国議会衆議院議事速記録』第一六巻（一九八〇年、東京大学出版会）四三四頁。

(142) 「衆議院美術奨励ニ関スル建議案審査特別委員会速記録（第一号）」（一九〇〇年二月十二日）。引用は『帝国議会衆議院委員会議録』第一六巻（一九八七年、東京大学出版会）一九三頁。
(143) 同前、一九四頁。
(144) 建議は議員から政府への意見伝達手段の一つとして位置づけられる。建議は、各院で審査を経て可決・採択されたあとは、各院議長から内閣総理大臣に意見書の添付とともに送付され、所管の機関が適宜処理する。葦名ふみ「帝国議会衆議院における建議と請願」（『レファレンス』七一八号、二〇一〇年十一月）を参照。
(145) 前掲「衆議院美術奨励ニ関スル建議案審査特別委員会速記録（第一号）」一九四頁。
(146) 小松裕『田中正造』（二〇一三年、岩波現代文庫）四〇〜四二頁。

第四章——世紀転換期における〈憧憬〉の精神

第一節　「文明」観のゆらぎ

世紀転換期の文明観

前章で検討してきたとおり、高山や姉崎の思想活動は、美学や宗教学という新しい人文学形成の契機を含みながら、日清戦後社会における道徳の動揺を克服することに向けられていた。そのなかで、高山は「日本主義」に向かい、姉崎は人格主義的な倫理修養運動に向かっていったのだった。高山は、文学美術によって豊かな内面性を育み、道徳的な人格を持った国民からなる共同体を理想として描いていた。しかし、高山のプロジェクトは、国民文学や歴史画、さらにパリ万国博覧会に向けた種々の準備が進められていくなかで、いくつかの困難に直面していった。

パリ万博が開催される明治三十三年（一九〇〇）は、北清事変の勃発や立憲政友会の結成等、国内政治史の上でも外交史の上でも大きな秩序の再編期として位置づけられる。また、足尾鉱毒問題や労働問題に代表される社会問題の発生は、「文明国」の実現という国家目標の功罪を問い直さずにはいなかった。(1)

日本が「文明国」の仲間入りを果たしたという認識が国内にもたらされたのは、日清戦争の勝利に加え、明治三十二年七月に発効された新条約により、治外法権の撤廃が実現したことも大きい。例えば、五月二十日、折から新党結成の地ならしのため全国各地を遊説中だった伊藤博文は、福岡市内の講演で次のように述べていた。

欧米諸国を除くの外日本が唯々独り地球の全面に於て開国進取の方針を定め、而して啻に其方針を定めたのみならず着々新文明の学問を容れ新文明の技術を容れて参つて、政治上に於ては或は法律を改正し百般行政の事を改め教育を布き而して人民は之と相並行して経済的に進んで参つた其結果として各国の見る所日本国に許すに文明国の伍伴たるを以てしたのは、詰り日本の法権の鞏固なること、日本の政治の善良なること、日本の国民が他国人に対して理否の差別は有して居つても、特に外国人だと云ふので之を嫌悪すると云ふ念慮のないことを明に認めたるが故に、此条約改正の事も出来て参つた次第である。[2]

内地雑居が実施に移されたことは、文明に対する意識の変化を促した。[3] さらに明治三十二年には、徳富蘇峰が「政界の熟語たらんとするが如し[4]」と述べるほどに、「帝国主義」が多くの局面で語られ始めてもいた。大日本帝国が新たな国際秩序へ参入していく時代の幕開けである。右のような時代状況を、高山はどのように捉え、言論活動を行なっていったのか。文明観の様々なレベルでの再編を踏まえながら、明治三十三年、三十四年の世紀転換期における思想課題に対し、高山が行なった発言を基底的な思考のレベルから把握していくことが、本章の課題である。

この時期に高山が直面した思想課題とは何だったのか。雑誌『太陽』から探ってみたい。明治三十三年、博文館の雑誌『太陽』は二つの特集号を出した。一つは六月十五日に博文館の創業日を記念して発行された「十九世紀」。もう一つは十一月三日の明治節を記念して発行された「世界一周」である。博文館『太陽』の臨時増刊は、明治三十一年から開始されたもので、毎回ユニークな企画を立てたムック的刊行物と評される。[5]『太陽』増刊は、奠都三十年や明治十二傑など、当初はむしろ国内的な特集が多かったのに対し、明治三十三年を画期として、世界に注目を促す特集が増えていった。特集「十九世紀」は、思想、宗教、軍事、社会問題などに関する名家の論説を掲載し、ヨーロッパやアメリカの政治史、産業、学術、文芸、教育、宗教の発達史を掲げ、年表や統計を付して十九世紀の内容が総括できる便覧となっている。口絵には各国の貴顕、首長、偉人、名士を取り上げるとともに、過去百年間のヨーロッパとアジアの勢力地図の変遷を掲げ、一見してロシアの勢力拡大と日本への接近が視覚的に示されていた。(6)

「世界一周」は、高山が洋行準備で編集を離れた後の発行になるため、高山の思想との直接的な関係は立証しにくいが、エッフェル塔を表紙にあしらい、大橋乙羽の欧米見聞録を載せ、口絵にはナイアガラ大瀑布を初めとし、各国王室、ローマ法皇宮、アルプス山脈、パリ万博会場、英国議会議事堂等々世界各国の名勝旧跡が写真で次々と紹介されている。博文館が得意とした写真報道の総力を結集した感のある両特集を繙くと、世界に飛翔しようとする時代の空気が垣間見える。

『太陽』臨時増刊「十九世紀」特集で、高山は総論を執筆している。高山は、欧州文明の圧倒的な拡大を十九世紀最大の事実とし、これに次ぐ勢力に極東の文明を対置させた。極東文明は、「遺憾ながら尚ほ未だ欧州文明の競争者と称すを得ず(7)」という状態だが、高山は、日本とロシアの関係を、「独り国際上の争点なるのみならず、経済、宗教、学芸等諸般の文明に対して漸やく交渉及び競争の舞台たらむとせり、而して其の根本的動機となれるものは、即ちアリアン人とチユラニアン人との間に於ける人種競争に外ならず(8)」とし、人種闘争の歴史観を基礎とした東西文明の対立論を展開していく。(9)

注目されるのは、同論文の結論に相当する「当今の問題」で、高山が軍事問題、社会問題、労働問題、人種問題とともに宗教衰微の問題に触れている箇所である。

科学哲学の進歩とは畢竟一の無学より他の無学に移るの謂のみ。吾人を満足せしむる能はざるに至ては則ち一也。宗教の一脚茲に於てか立つ。且つ夫れ吾人は知の動物たると同時に情の動物也。実在の世界は吾人に取りては価値の世界也、而して価値とは情の対境也。科学と哲学は理窟を教ふれども、価値を与ふる能はず。人生世界の価値に関しては知識は多く為す所無し。是に於て人はおのづから理外の信仰に縁らざるを得ず。宗教の他の一脚茲に於てか立つ。畢竟無究を趁ふの心あるところ、其処に宗教無きを得ず。如何なる時代の文明も科学と国家の外に於て宗教の存在を認めざるを得ざるべし。唯是の宗教が如何なる形式に於て現はるゝかは自ら別問題に属す。[10]

前章でみたように、「日本主義」で宗教を排斥していた彼が、明治三十三年の六月になって、「宗教の存在を認めざるを得ず」と書いていることは非常に重要である。「無究を趁ふの心」が宗教を求めるという論理は、前章で高山における〈憧憬〉の萌芽として指摘したところであるが、この前月に発表された「美感についての観察」における「美を求むるの心」=「無窮を趁ふの心」という考え方と連続しているからである。日本とロシアの文明の衝突への対応が喫緊の課題として意識される状況下で、高山は文明がもたらす危機を認識していた。この「無窮」を求めて活動する「理外の信仰」の形式が、〈憧憬〉という思考様式にほかならない。高山の内面において、文明に対する疑問が浮上してきていたことは、世紀転換期の思想課題を示すものとして注目される。

右の論文が載った『太陽』の発行日である六月十五日は、山県内閣が義和団鎮圧のため天津へ陸兵約千人の派遣を決定した日であったことも注意しておきたい。[11]その後の北清事変の展開は、高山が予見した文明の課題を浮き彫りにすると同時に、文明に内在する負の側面をも顕在化させ、思想界にも大きな転換をもたらしていくことになったのである。

地方文芸雑誌の世界

世紀転換期における文明観の様々な動揺は、地方においても見られた。例えば、明治三十三年（一九〇〇）九月二十五日、埼玉県では、次のような「発刊の辞」を持つ雑誌が発行され、「皮相の文明」を告発していた。

今や、物質的十九世紀的皮相の文明は、滔々乎として社会の上層に将た下層に、氾濫横溢して、人はたゞ眼前の小利を得るに汲々として、日も又た足らざる如く、又他を顧るなし。道義こゝに於て頽壊し、徳風こゝに於て地を払ふ。紛々たる白馬金鞍公子、これ明治才子が好標本なりと称せらるゝに至る。心あるもの誰か慷慨せざらんや。
こゝに於て乎、吾人は大に文学趣味を鼓吹して、名利の念の為に乾燥枯凋せる、これ等一般人士の頭脳に、テーストを注入するの、最も急務たるを信ずる也。何となれば、文学趣味は人をして高尚優美ならしめ、延いては、世道人心の頽敗を防ぐについて、最も多大の裨益あるを以てなり。[12]

この『鴛鴦文学』という雑誌は、埼玉県北埼玉郡忍町（現・行田市）において、県立中学校の卒業生・在校生を中心に発行されたものである。同誌は、田山花袋の小説『田舎教師』に登場する地方文芸雑誌『行田文学』のモデルであり、高山の言論に対する批評も掲載されていた。高山の言論はしばしば青年層から圧倒的な支持を受けたとされるけれども、高山の場合、同時期に雑誌を主宰していた内村鑑三や正岡子規、あるいは與謝野鉄幹と比べても、青年たちとの直接的な交流の契機には乏しかったと考えられる。[13]このような視点に立つとき、彼が博文館発行の雑誌『少年世界』や『中学世界』にも筆を執り、言論を発表していた事実は重要である。高山樗牛というと、雑誌『太陽』の論説が重視されがちであるが、彼が『少年世界』や『中学世界』に寄せた記事のなかには、彼の時代認識や教育観が如実に現われた著作もあり、その価値は一概に低いとはいえない。明治三十一年（一八九八）九月に発行された『中学世界』の「創刊の辞」において、高山は、以下のような形で同誌の性格を規定した。

夫れ中等普通の智識を授け、倫理修身の道を明にし、以て少年の品性徳行を陶冶するは、中等教育の要務なり。然れども学校授くる所の課程は、尋常一般の事理を超えず。必要欠くべからざること、素より言を俟たずと雖ども、動もすれば乾燥無味にして、児童の倦厭忌避する所となる。是れ一定の規律、年時に於てする所の教育に於て、往々已むを得ざるなり。是時に当り、若し教科書の傍ら、趣味と、慰藉と、快楽と、実益とを与へ、兼て勉強切瑳の志操を奨励するの好伴侶あらば、豈少年の幸福に非ずや。我『中学世界』は、是の如き好伴侶を以て自ら任ずる者なり。(14)

すなわち高山は、勉学に励む中学生の「好伴侶」になることを意識し、彼らに趣味と、慰藉と、快楽と、実益とを提供する雑誌として、『中学世界』を位置づけていたのである。その背景には、明治三十二年（一八九九）二月七日の中学校令改正以後、全国の中学校校数が飛躍的に増加したことによって、中等教育の在学者及び修了者が、知的な関心の高い新たな読者層として台頭してきたという事情を指摘できる。(15)『中学世界』は、その名の通り現実の中学生を主要な読者層としていたが、非在学者である青年読者も中学程度という名目で周縁読者層として位置づけられていった。そのことが同誌の商業的成功に寄与したとの指摘もある。(16)

高山の『中学世界』への関与が、地方青年の支持を獲得する契機となったのは、青年たちの投書行動と関係があると考えられる。『中学世界』は第二号から、作文の練習を目的とした投書欄として青年文壇欄を設けた。

日清戦争後の時期には、少年園が発行する『文庫』など、中学生を対象とした投書雑誌が盛んになりつつあったが、『中学世界』の青年文壇欄も、右の機運に乗じ、非常な勢いで拡大していくことになったのである。[17] 高山は、『中学世界』の掲載作品のなかから「今の文壇に紹介すべき一個無名の文豪」として『太陽』誌上にその著者を紹介したこともあった。[18]

高山が、青年文壇欄の創設にどの程度関与したかは不明だが、形成期の「誌友交際」の実践を通じて坪内逍遙の知遇を得、執筆と投稿に早くから親しんでいた彼自身、地方在住の生徒の一文が、全国に読者を有する雑誌上に取り上げられる充足感は十分に理解できたはずである。そのような充足感は、上位の教育機関への進学を目指して受験競争が激化する明治三十年代の中学生たちにとって、[19]『中学世界』の「創刊の辞」に書かれた「慰藉」を青年たちに与えるものであったといえよう。以下、『鴛鴦文学』の分析を通して、高山から影響を受けたと考えられる同時代の地方青年の動向を探っていくことにしたい。

軍人熱と文学熱

『鴛鴦文学』の書誌事項を確認しておくと、同誌は、石島郁太郎、山田良三、村越周三を創立員として明治三十三年（一九〇〇）七月に結成された鴛鴦文学会を発行元とし、[20] 大きさは二二センチ×一六センチ、一号平均三八頁で、定価は八銭だった。当初季刊の計画だったらしいが、三号から隔月刊化を宣言し、翌年七月の第四号まで発行された。表3として総目次を掲げたが、誌面には、小説、新体詩、短歌、俳句、漢詩、美文のほか、論説記事を掲載していた。現在、全号現存しており、行田市立図書館等の機関で閲覧が可能である。[21] まずは、同誌に集った青年たちの集団的特性から確認していくことにしよう。

『鴛鴦文学』第一号の巻末に掲載された会告欄には、会員として六十名近くの名前が掲げられている。表4に鴛鴦文学会の主要メンバーを掲げたが、明治三十八年発行の『熊谷中学校一覧』等によれば、彼らの多くは、

表3 『鴛鴦文学』1号～4号総目次

第1号（明治33年9月25日発行）
発刊の辞
鴛鴦文学会の創立につきて所感を述ぶ／穂積積
鴛鴦文学の発刊を祝ぎて／弓の舎
祝辞／湯本義憲
祝辞／松岡三五郎
教育上におけるロビンソンの価値／久保天随
同情の側より見たる情死／雲外
懸想文／腰山東雲
夏季休業／月廼舎まどか
甲武日記／太田元綱
松葉の栈道／桂川生
夏の朝／雲外
夏季休業にて帰郷せし友に／雲外
早乙女／角面郎
俳句
和歌
漢詩
俳句啓蒙／正岡子規
へらずロ／文和平太
俳諧と狂人／春舟生
会告

第2号（明治33年12月7日発行）
吾人の覚悟／愛々
日光の一日／太田元綱
外祖父福田府君墓表／裕斎川島徳太郎
花薔薇／雲外
古道／近藤雲外
菊／竹圃生
放言一束／金剛成仏
和歌四首／金剛成仏
俳句／奇北選
残紅霊録／葦舟郎
詩学金針／裕斎
僕が書斎／月湖郎
和歌／竹圃生
我楽多録／馬骨
青年の腐敗を論ず／金剛成仏
可憐なる失敗者／落々子
人生の快／染野尭好
小埼が池／山田円月
対燈独語／薇山
月廼舎漫筆／つきのやまどか
同人偶語／△△△，鳳山
会告

第3号（明治34年2月25日発行）
文章金針／裕斎
童話の五大特質／久保天随
三浦紀行／太田玉茗
文学小観／うふう
小春日／桂川生
吾が庭／月湖生
初鶏／雲外
大自惚／ゐんげつ
愛／雲外高浜虚子
寒十句行年（課題）／奇北選
群の浦波／雲外
冬の夜／今井月湖
草枕／白光
寒塵集／夕雲
黒濤白漣／社中同人選
同人偶語／円月，∧∧∧，愛水

第4号（明治34年7月10日発行）
詩文金針／川島裕斎
雪中酔歌戯贈白根県令／同人
社会と芸術／野本宇風
文学と生活／石島薇山
夏の万有と水蒸気／近藤雲外郎
権現堂堤の春／中野三允
江頭／久保田桂川
洲賀郎紀行／山田円月
春雨／皆川しやげつ
春の雨／太田玉茗
初日の牧／近藤きんせむ
無弦弓／香取花舟郎
白雲悠々／小菅不酔
知友の墓に詣てゝ／近藤皓潔郎
漢詩
俳句／奇北選
短歌
放言一束（二）／破骨
趣味の低落／薇山
梅渓と鉄幹／薇山
中学校の倫理と作文／団々
片々／団々，愛水
薇山君／奇北
一筆呈上

表4 『鴛鴦文学』の主要執筆メンバー（『熊谷中学校一覧』1905年等より作成）

氏　名	生没年	雅号	『鴛鴦文学』創刊時及びその後の経歴	会員種別
湯本義憲	1849-1918		衆議院議員	賛助会員
川島得太郎	1866-1947	裕斎・奇北	埼玉県会議員	賛助会員
松岡三五郎	1867-1930		株式会社忍貯蓄銀行頭取	賛助会員
太田玄綱	1871-1927	玉若	東京専門学校卒，羽生山建福寺住職	賛助会員
久保天随	1875-1934		帝国大学文科大学漢文学科卒，文芸批評家	賛助会員
岩崎春彦	？	弓の舎	埼玉県第二中学校教諭→のち東京府第一中学校教諭	賛助会員
穂積　積	？		熊谷中学校教諭	賛助会員
村越三千男	1871-1947		埼玉師範学校卒→忍高等小学校勤務	特別員
石島郁太郎	1885-1941	薇山・愛々	県立二中中退→青縞商→のち町会議員，郡会議員を歴任	創立員
村越周三	？	天辰	県立二中明治33年卒→東京外国語学校生	創立員
山田良三		円月	未詳	創立員
国分良吉	1882-1941		県立二中明治33年卒→東京高商→海軍主計少尉	
染野尭好	？		埼玉二中明治33年卒→予備陸軍歩兵少尉	
内田節三	？	落々子	県立二中明治33年卒→四高→東京帝国大学法科	
小林秀三	1884-1904	夕雲	熊谷中学明治34年卒→忍高等小学校代用教員	
狩野益三	1883-？	角面郎・梨花・破骨・金剛成仏	熊谷中学明治34年卒→代用教員→東京高等師範学校生	
野本茂作	？	宇風	熊谷中学明治35年卒→実業（家業か?）	
近藤　潔	？	雲外	熊本県在住，地方雑誌の著名投書家	

表5　熊谷中学校卒業生の進路

進　　路	人数	割合
専門学校（私立大学を含む）	30名	24％
実業（家業を継ぐ者を含む）	23名	19％
陸海軍士官	14名	12％
小中学校教員	11名	9％
帝国大学	10名	8％
吏員	7名	6％
高等学校	2名	2％
学習院	1名	1％
札幌農学校	1名	1％
その他（未詳・死亡を含む）	21名	18％

＊『熊谷中学校一覧』掲載の卒業生の進路を集計

明治三十三、四年にかけて埼玉県立第二尋常中学校（明治三十四年に埼玉県立熊谷中学校と改称）を卒業した人々であった。[22]『田舎教師』の主人公・林清三のモデルとなった小林秀三は創立当初からの会員で、明治三十三年の七月に入会していた。[23]小林が明治十七年（一八八四）三月の生まれであり、創立員の石島郁太郎が明治十八年十月生まれであることから、同会に集ったのはおおよそ十代後半の青年たちという推測が成り立つ。[24]

鴛鴦文学会の会員は、会則により普通会員・賛助員・特別員に分けられていた。賛助員は、「先輩知名大家にして本会の趣旨を賛せられ特に尽力を賜はる士を推す」[25]とされ、東京帝国大学文科大学の漢文学科を卒業したばかりの文学士久保天随のほか、地元で活躍する俳人の川島奇北、新体詩人の太田玉茗らを迎え、第二号からは高浜虚子が賛助員に名を連ねている。[26]

いっぽう、特別員は、「名望徳行を有し会員の模範たるもの」「正会員廿名以上を紹介せし者」「本会資金三円以上を寄附せし者」と規定され、[27]中学校の教員や地元高等小学校の訓導ら一〇名が任じられていた。会員二十名以上の紹介は相当困難だったと思われるので、特別員の存在は、雑誌発行に際して、地元の教員から資金援助を受けた事実を意味すると考えるべきであろう。中学を卒業したばかりの青年たちによる雑誌創刊については、当初から、無謀として忠告を与える向きも相当にあったようだが、彼らの文学への熱意に促されて、教員も賛同を示したのだと思われる。

次に、熊谷中学校の生徒たちがどのような志望を持っていたかを探るため、卒業後の進路について検討してみたい。表5は『埼玉県立熊谷中学校一覧』（一九〇五年、埼玉県立熊谷中学校）から、鴛鴦文学会の中核メンバーが在籍したと思われる明治三十三、三十四、三十五年の熊谷中学校卒業生計一二〇名の進路を集計した表である。約四割が上位の学校に進学しているが、家業を継ぎ、または小学校教員となって郷里に残る者も少なくなかったことが窺われる。また、一割強が軍人への道を志していることも注目されよう。鴛鴦文学会の会員のなかにも、後に軍人への道を志した者がいた。第二号に「人生の快」なる一文を載せた染野尭好（明治三十三年卒）は、前掲の『埼玉県立熊谷中学校一覧』によれば、明治三十八年の時点で予備役の陸軍歩兵少尉になっている。

野本宇風は、『鴛鴦文学』第三号から参加したメンバーで、「少年文集若くは中学世界にその健筆を揮はれたるの士」[28]として、活躍が期待された熊谷中学校在学中の生徒投書家の一人であった。彼は「今や美学の勃興に伴ひて芸術の価値大に騰貴せんとす」[29]との認識を持ち、高山と森鷗外がハルトマンの美学理論をめぐって論争する状況にも敏感に反応していた。[30]だが、文芸批評においては、賛助員であった川島奇北が、「親の前にても、少しも遠慮あるまじ、雑誌はかくありたきものなり」という意見を振りかざして、「恋愛とかいふ部分のものは、一切抜きに致したきものなり」といって恋愛論の掲載に猛反発したため、[31]誌上ではその後十全な展開を見せなかった。

同人たちの文学への情熱は、当時新聞紙上などで問題視され始めた堕落学生と自らとを厳しく峻別する意識と、文学の修養が国民品性を向上させ円満なる国家の完成に寄与するというオプティミスティックな論理とによって支えられていた。創立員の一人である円月・山田良三が、「色欲と拝金との餓鬼」を退け、「吾人は全国の青年諸君と共に、熱心に、真摯に文学を研究し、完全なる社会、円満なる国家の完成を、他日に期せんと欲する也」[32]と主張していることは、彼らの文学観を端的に示したものとして注目される。

そして、右のような文学熱の高揚は、同時に、彼らの一回り上の世代に属する青年層の心を捉えた政治熱が冷めていったことと対照的であった。その典型的な例を、明治三十四年三月の中学卒業後、地元の弥勒高等小学校で代用教員となった小林秀三の日記中に見ることができる。[33]日記についての詳細な分析は先行研究に譲るが、[34]日記から彼の主な行動の軌跡をまとめると表6のようになる。現存する明治三十四年の日記中、新聞記事や時事問題に対する感想は、東京市市会議長・星亭を暗殺した伊庭想太郎の無期徒刑判決（九月十一日）、田中正造の直訴（十二月十日）といった程度の記述にとどまっていて、教育関係の図書のほか、文芸書・宗教書のほ

日付	事　　　項
9・30	藤村『落梅集』収録の「海辺の歌」を演奏練習。
10・9	友人から樗牛『文芸評論』を借りる。
10・13	狩野と薇山を訪問，『鴛鴦文学』廃刊につき相談。
10・14	太田玉茗から『恵磨遜の書簡』を借りて読む。
10・16	『文芸評論』を読む。
10・17	新嘗祭。午前中文芸書を読み，午後新体詩を作って玉茗に見せる。
10・18	『明星』18号を読む。
10・19	石島薇山から『鴛鴦文学』廃刊の旨来書。直ちに返信。
10・20	鉄幹の詩「残照」を演奏練習。
10・22	唱歌の楽譜浄書をする（およそ40篇）。
10・28	『白梅嬢』（内外出版教会の英文学研究）が届く。東京新詩社同人の詩集『片袖』購入。また床中にて『実践道徳法』を読む。
11・4	早稲田講義録を見る。
11・5	日記に「毎日の教授法の研究に面白し」と記す。
11・10	狩野から笹川臨風『元禄時勢粧』を借りる。
11・12	増沢正義氏から平瀬竜吉『再生の日本』を送られる。
11・13	『帝国文学』7巻11号購入。夜楽譜の筆写につとめる。
11・14	大塚保治「裸体と美術」（『帝国文学』所収）を読む。
11・15	『文芸倶楽部』を読む。
11・23	狩野，石島と芝居に行き途中で帰る。帰宅後『明星』17号を読む。
11・24	太田から『続一年有半』を借りて読む。
12・3	内田不知庵「片時雨」を読む。
12・8	絵のスケッチを始める。
12・10	田中正造直訴の報を聞き，日記に記す。
12・13	太田から雑誌発行の計画を話される。
12・15	中江兆民の訃報を聞き日記に記す。
12・17	生徒に日記文を教授する。教材に山室軍平『平民之福音』を用いる。

表6　小林秀三日記に見る明治34年の行動

日付	事　　項
1・3	友人石島薇山，狩野益三と三人で山田円月を訪問。
1・5	救世軍・学友会の会合に出席。
1・8	始業式。友人に『天地有情』を借りる。
1・9	初めてテニスをする。
1・10	『武陽文壇』への投書原稿を執筆。
1・14	友人石橋薇山，狩野益三を訪う。
1・19	茶話会に出席。
1・24	『太陽』を読む。
1・25	授業料督促を受ける。
1・27	老母逝去。
1・29	文芸部講話会出席（坪井正五郎「人類学の大要」）。
1・30	朝報社募集の俳句を投稿。
2・9	茶話会。授業料督促を受ける。かるた取り会に参加。
2・10	友人と熊谷「セントポーロ」（教会）に行く。
2・11	拝賀の式に列する。初めて教頭を訪問。
2・15	狩野に誘われて救世軍集会に出席。
2・21	友人と「世界主義」「国家主義」「無宗教」の議論。
2・25	『鴛鴦文学』3号発行。
3・11	卒業試験開始。
3・12	実弟光一死去，日記に「我脳は破れ終んぬ」と記す。
3・20	卒業試験終了。
3・25	狩野が『鴛鴦文学』3号を持参。
3・26	受験につき届出を書く。『太陽』を読む。
3・28	卒業式。
4・1	校長の補講開始。「我は終に詩を捨つべき者か」自問。
4・3	心理学の本を読み始める。
4・9	忍高小校長から代用教員募集につき説明を受ける。
4・11	「友義上」の理由等で忍高小採用を辞退，狩野に譲る。
4・14	小学校に行きオルガンを弾く。
4・15	狩野の父より弥勒高小教員の話を紹介される。
4・17	弥勒小学校の募集につき履歴書提出。
4・23	『武陽文壇』『校友会誌』出る。
4・25	弥勒高等小学校に赴任。
4・29	初めて一年級に授業をする。
5・2	二年級に初めて授業をする。
5・12	狩野益三に借りた『日本教育』を読む。
5・13	同僚の大塚訓導より『ホトトギス』を借りる。
5・18	太田玉茗（新体詩人）宅を初訪問。
5・21	『新体児童候文例』などを購入。
5・22	『日本新遊戯法』を読む。
5・26	教育会の大会に出席し，帰途太田玉茗を訪問。
5・27	日課の採点をする。
5・29	大塚訓導より『明星』12号を借りて読む。
5・30	太田玉茗の寺（羽生・健福寺）へ転居。
6・1	大橋乙羽の病死を日記に書き付ける。
6・12	『太平洋』を読む。
6・17	石島薇山から『明星』を貸して欲しい旨来書。
6・23	狩野と石島宅を訪問し『文壇照魔鏡』を見る。
6・29	田山花袋・桐生悠々が太田玉茗を訪問。
7・3	『文芸倶楽部』の花袋の小説を読む。
7・5	学校に泊まり，『明星』13号を読む。
7・7	太田玉茗から『哲学変遷史』（大西祝編訳）および『国民小説』などを借りる。
7・8	大塚と和歌談・俳談をする。
7・10	『鴛鴦文学』4号発行。
7・11	玉茗に専門学校志望を伝える。
7・13	小学校教員の講習会に出席。
7・14	『文芸倶楽部』を読む。
7・21	忍高小の学友会に出席。独歩の『武蔵野』を借りる。
7・25	『太平洋』の「紅葉と露伴」を読む。
7・27	大橋乙羽『欧米小観』を読む。
	（8月休暇中の記事欠く。）
9・8	『鴛鴦文学』の投稿を書こうとするも出来ず。
9・11	伊庭想太郎の判決を日記に記す。
9・16	『イノック・アーデン』を読み始める。
9・24	太田玉茗と早稲田講義録の購読につき相談。

うに彼の関心が向かっていることは一目瞭然であろう。雑誌では『明星』『文芸倶楽部』などを読んでいて、とくに與謝野鉄幹を中傷した『文壇照魔鏡』が、鴛鴦文学会員の石島たちとの間で回覧されていた点が興味深い。高山樗牛の著作についても、小林は『太陽』『太平洋』や『帝国文学』など、高山が記事を発表していた雑誌を読んでおり、十月九日、十六日には、高山樗牛の評論集『文芸評論』を読んでいたとの記述がある。

「文明」を呪う地方青年

『鴛鴦文学』同人は、高山樗牛の言論活動におおむね好意的だった。円月・山田良三は、第三号の「同人偶語」において、第三章第一節で取り上げた高山の「明治思想の変遷」を引用し、「如上の我が光明広大なる「日本主義」の如きものが発達普及して、終には全国民の思想を統一されんことを切望する」とし、その理由を以下のように述べた。

今度の義和団事件で、北清に在る連合軍の中の、露仏両国兵の人道に悖反した残虐暴戻の行為は、最早疑ふべからざる事実となつたのである。最初吾人は、彼の黒竜江に於ける清民五千の溺死や、其他の報道の達した時は、文明国、基督教国の兵士にあるまじき所為として容易に信じなかつた、潜かに誤聞であれかしと祈つたのだ。所が、其後親しく其惨状を目撃した人々が、同情の念禁じ難くて筆に口に其罪を鳴らし、又責任ある各新聞紙が挙つて之を非難し、同志記者は同盟して、人道の為広く之を世界の公論に訴へ、露仏両国の反省を求めると云ふ様な事に成つて、此忌まはしい報知は、最早争はれない、一点の疑をも夾むことの出来ない明々白々たる事実となつたのである。(中略)文明とは果して斯様な者であらうか。若しさうであるならば、吾人は文明を好まない、文明を悪む。世の文明に赴を欲しない、いつ迄も未開であれかしと願ふのだ。吾人は此に断言する、十九世紀の文明は所詮物質的の文明であつて、精神的の新文明では無い!!!と。[35]

右に述べられている露仏両国兵の蛮行は、明治三十三年十一月頃から、『日本』や『読売新聞』『東京経済雑誌』等の新聞雑誌上において展開された一連のキャンペーンによって、ある程度社会的な話題となっていたから、中学生たちの間で議論されていたとしてもさほど不思議ではない。[36]しかし、先に小林秀三の日記に即してみたように、当時の中学生の政治的関心が概して低いものであったことを思えば、一介の地方青年までもが「世の文明に赴を欲しない」と断言している点は、看過できない重みがあり、北清事変がもたらした知的衝撃の深さを物語っているといえないだろうか。

山田は、右の引用箇所に続けて、「殊に詩人、文学者などは率先して諸人に無限の同情を寄せて、露仏兵の無道を鳴すのは当然の責任[37]」と主張し、「黒竜江上の悲劇」を歌った土井晩翠を高く評価していった。『中学世界』で青年に期待を寄せたはずの高山が、明治三十三年頃から、次第に地方の少年雑誌の発行を戒め、[38]分別のつかない世代の少年たちが「日本主義」を掲げることに違和感を示していくようになっていったのは皮肉だが、[39]ともあれ山田が、高山の思想活動を貫流する主題として、「文明」に対峙する「文学者」の役割という点を見据えていたことは重要である。『鴛鴦文学』の同人たちが、まず「文明」に対する批判的視座という点から高山に共感を示したという事実は、従来の高山評価にない貴重な同時代的評価だといえるからである。このようにして、明治三十三年の後半以降、地方から中央の『太陽』に至るまでの文芸批評の空間において「文明」に対する懐疑が広がっていったのである。[40]

第二節 「日本美術史」の試み

万国博覧会と美術史の課題

前節では、内地雑居の実現や「帝国主義」への参入、ひいては北清事変の経過が人々の間の文明認識を大きく変えたことを明らかにした。ここで、前章で見た「国家」と「美術」を今一度思い出してみたい。そこでは「文明国」に相応しい装飾品として美術が位置づけられようとしていた。しかし、もしも文明観に大きな変化があるならば、当然、国家と美術をめぐる問題も大きく変容せざるを得ないはずである。右の問題について、以下、高山も取り組んでいた美術史の構想に着目して検討していきたい。

明治三十三年（一九〇〇）に開催されたパリ万国博覧会には、帝室博物館の編集によって本格的な日本美術史が出品され、翌年にはその日本語版として農商務省から『稿本日本帝国美術略史』が刊行された。同書は、博覧会日本事務官長の林忠正によって「この書すべてが日本である」[41]と紹介されたけれども、美術史は世界に向けて示された「文明国」の自画像だったのである。「国家主義と天皇制を背景にした皇国史観」[42]を理念的な支柱としていた同書の刊行は、国民統合の装置としての日本美術史の基盤を、確固たるものにしたかに見える。高山自身も、学生時代から、「世界の美術国」と称される日本に、本格的な美術史と呼べる著述が無いことを批判していた[43]。ところが、その高山は、明治三十二年から、『太陽』や『帝国文学』誌上において、博覧会事務局とは別の場所で自らの研究をまとめていくことになる。

国家の威信をかけたプロジェクトとしてのパリ万博に際し、公定の美術史が出来たことは、美学者の高山にとっても歓迎すべき事態だったかもしれない。しかし、同じ時期に彼が自らの美術史研究をまとめ始めたことの意義は、どのように評価できるだろうか。

高山以外にも美術史に不満を持っていた人物はいた。例えば右の『稿本日本帝国美術略史』の編纂に関わりながら、明治三十一年、スキャンダルで東京美術学校長の職を追われ、編纂の任も中途で解かれることになった岡倉覚三である。明治三十四年末に、古美術調査の名目でインドに旅立った岡倉は、そこで西洋列強の植民地支配を目撃し、その二年後に「日本美術について」の副題を持つ最初の英文著書『東洋の理想』をロンドンで出版した。これは岡倉独自の美術史の試みとして位置づけられるだろう。公定美術史の刊行の傍らで、続々と別の日本美術史が構想、執筆されていたのである。

美術史は、「文明国」の自画像であると同時に、パリ万博で出品する美術品の説明資料となっていた。したがって博覧会事務局が、次のような考えで臨んでいたことはきわめて重要である。明治三十年二月に発表された金子堅太郎の方針から再び引用しよう。

巴里は欧州美術の淵源なり、我国また久しく美術の精巧を以て知らる、今其巴里の大博覧会に我美術品を出品す。殊に慎重の注意を要するものあり、而して欧州人士の所謂美術なる意義の中にも、純正美術と装飾的美術又は美術的工芸品との区別を設け、従来日本絵画の如きは純正美術を以て遇せられざれば乃ち美術館中には陳列せしめざりき、今回は果して之を美術館中に入るゝや否、若しも前例によりて之を拒むが如きことあらば、我は大に日本美術の原理と沿革とを説明し、仮令泰西人の所謂美術とは多少異なりと雖とも、我日本の美術品は東洋固有の美術として鑑賞すべき理由存在することを述べ、以て彼国人士をして之を認諾せしむることに力を尽さゞる可らず。(44)

日本画の原理が西洋の「純正美術」と異なる原理によると見なされていることは重要である。とくに日本の美術が低い評価しか与えられないならば、「東洋固有の美術」の意義を説けという発想が、当局の認識の一角を占めていたことは無視できない。森鷗外のように、ハルトマンの美学体系が完備しているからという理由で美学を学ぶ者がいたとしても、国際的な博覧会の舞台で日本の作品が美術館から排除されてしまうならば、美学はいったい何の役に立つのか。

さらに厄介なのは、右の「美術の原理」について、博覧会事務局側の方針が一定していなかったことにある。その一例が「巴里万国大博覧会出品規則」（明治二十九年十二月二十六日臨時博覧会事務局告示第二号）第二条第一項の問題である。当初「美術品ハ各自特得ノ妙技ヲ発揮シ本邦固有の神趣ヲ失ハザルモノニ限ル[45]」とされていた美術品の出品条件は、明治三十一年五月五日、「美術作品ハ純正ナル美学ノ原則ニ基キ各自カ意匠ト技能トヲ発揮スヘキモノナレハ出品物ハ者ノ創意製出スルモノニ限ル[46]」と改められている。こうした「美術の原理」すなわち美学が、いかなる方向で発展すべきなのか、美術史をまとめる際にも不断に問われる事態が継続していたのである。以下、岡倉、高山、そして農商務省の美術史の関係を検討し、文明観の転換と美術の評価の関係について探っていくことにしたい。

岡倉の美術史構想

少し時代は遡るが、岡倉は、東京美術学校長を務めていた明治二十三年から美術史の研究に取り組み、学生への講義を行なっていた。そのなかで「我邦の精神を最も能く代表せるものは美術にして、文学、宗教の如き、大いに貴ぶべきものありと雖も僅かに国内に関するのみ、以て全世界を動かすに足らず。独り美術に至りては、世界に対して日本を表出するものにして、其の勢力の宏大特絶なるは、文学、宗教の比にあらざるなり[47]」と述べていることが注目される。彼にとって「日本美術」は「全世界を動かす」勢力を有するがゆえに重要であるとされたのである。

岡倉の美術史は、「美術史を研究するの要、豈啻に過去を記すに止まらんや。又須らく未来の美術を作為するの地をなさざるべからず。吾人は即未来の美術を作りつゝあるなり」[48]というように、直接的には美術家たちに創作の方向性を示唆することを目的としていた。東京美術学校時代における岡倉の美術史研究は、「未来の美術を作為する」という明確な目的意識に支えられたものだった[49]。

では、岡倉のいう「未来の美術」とは、どのように創出されるべき性格のものであったのだろうか。実際の創作という観点から考えた場合、彼の「未来の美術」像については、以下の二つの志向を確認することができる。

その第一は、美術品が「美術の大道」「美術の真理」という普遍性に則った製作によらなければならないという主張である。明治十七年（一八八四）頃に古美術保存の団体である竜池会会頭の佐野常民に宛てた書簡のなかで、岡倉は次のように述べている。

> 察スルニ現今美術ノ情況ハ維新改革前ノ時勢ニ同シク攘夷家モ有之佐幕党モ有之　此間ニ於テ文明開達ノ真理ヲ主張スルハ実ニ困難ニシテ要地ヲ占ムル先見者ノ之ヲ幇助スルニ非サルヨリハ到底進化ノ事業ヲ挙クル能ハサル儀ト存候故ニ小生ノ今日閣下ニ向テ切望スル所ハ真正ノ正義ヲ幇助涵養シテ断絶其目的ヲ達スル方法ヲ計画セラル、ニ在リ旧規ニ拘泥シ古法ヲ盲信スルノ徒ハ退テ共ニ守ルヘキモ進テ共ニ取ルヘカラス　苟クモ是等ノ人ノ我美術社会ヲ左右スルノ間ハ　皇国美術ノ振興ハ夢ニタモ見ル能ハサル儀ト存候今ヤ内外交通ノ運ニ乗シ我美術品ヲ外国市場ニ輸出シ以テ富国ノ一端ヲ図ルヘキハ論ヲ俟タス　然レトモ美術ノ真理ニ拠ラスシテ外国市場ノ嗜好ニ適セント欲スルモ得ヘケンヤ[50]。

要するに岡倉は、日本在来の美術にも西洋の美術にも局限されない「美術ノ真理」にもとづく製作物が必要だと主張しているのである。この書簡の論旨は、翌明治十八年の論説「日本美術ノ滅亡坐シテ俟ツヘケンヤ」

においてさらに敷衍され、「現今百事日新ノ風潮ニ伴ヒ美術ヲ振興セントスルニハ、泰西美学ノ真理ヲ適用シ真正着実ニ勧奨スルノ外ナシ[51]」として、「美術ノ真理」が「泰西の美学」を標準とするものであることが明確にされている。

岡倉のいう「泰西の美学」が、具体的にはフェノロサから学んだヘーゲル美学を意味することは、すでに先行研究でも指摘されているが[52]、岡倉のヘーゲル理解は、「精神鋭くして観念先だつときは興起し、形体を求むるに至れば必ず衰頽す[53]」という観点に端的に示されるように、絶対精神の直接的な表れとして芸術を捉える観点と、精神（観念）と形体（素材）の関係によって象徴的芸術、古典的芸術、ロマン的芸術と順次発展していく見取り図を重視したもので、フェノロサが東京大学の講義で使用していたシュヴェーグラーの哲学史の説明の枠内にとどまるものだった[54]。

岡倉の美術史における第二の志向は、「文人墨客の遊技」や「王侯貴族の玩弄」としての美術を排し、広く国民全体の好尚を踏まえた製作が必要であるとの主張である。明治二十二年四月、『日本』新聞紙上に寄せた日本美術協会展の批評のなかで、彼は「美術家も一個の国民たる事を忘却すべからず。国民全体の精神を凝結して妙相を考出せざるべからず」とし、また「リヨナルド、ダビンチ、マイケルアンヂロ等は総て単純なる美術家に非ず政治上にも其影響を及ぼしたる一代の英雄なり要するに社会一般の実用に離れ、世運に関係なき者を以て真正の美術家となすは適当に非ざるなり」とも述べていた[55]。

以上のように見てくると、岡倉の考える「未来の美術」とは、美学の原理に準拠した「国民ノ美術」を意味するものであった。彼が明治二十二年の『国華』創刊の辞において、美術を国民の尊敬、欽慕、愛重、希望するところの観念を凝縮した「国の清華」であると位置づけ、「夫レ海外ノ需求ハ広大ナラサルニ非ス然レトモ市場ノ風尚ヲ追フモノハ飄逸ノ高格ニ乏シク異邦ノ嗜好ニ投スルモノハ真率ノ秀品ヲ欠カサルヲ得ス故ニ国民公共ノ奨励ヲ開導セサルヘカラス[56]」と論じ、「将来ノ美術ハ国民ノ美術ナリ[57]」と断言していることは、その証左であるといえよう。

このような岡倉の美術観は、一面において日本在来の美術品の価値を強調する保守派とりわけ竜池会（日本美術協会）の志向と鋭く対立するものであった。それは岡倉の行動の面では、フェノロサともに竜池会と袂を分かち、観画会を結成して絵画の革新を主張したことからも窺われるが、さらに岡倉は、明治二十一年に鑑画会の席上における演説のなかで、「純粋日本論者」を批判している。岡倉は、「此党の美術論者は常に日本固有の字を口にすると雖も日本固有なる者は果して何処にある乎日本美術上古はいざ知らず美術が始めて形をなしたる時より今迄の沿革を考ふるに変化万端にして孰れを日本固有と定むる能はず[58]」と論じ、自らは「東西の区別を論ぜず美術の大道に基き、理のある所は之を取り、美のある所は之を究め、過去の沿革に拠り現在の情勢に伴ふて開達する[59]」という「自然発達論」の立場を主張したのである。

岡倉の「日本美術史」講義では、美術品を語る際、客観的な考証の羅列だけでなく、自らの鑑賞経験を交えながら紹介する点に特徴があった。例えば、法隆寺の夢殿観音像を語るくだりでは、自らの古社寺調査のエピソードも交えて、秘仏を開帳したときの感動を「一生の最快事なり」と述べ、聴講生に向かって「諸君若し好機会を得ば必ず一見すべきなり」と紹介している[60]。岡倉の講義は好評で、美術関係者のみならず、藤岡作太郎や大塚保治らの帝国大学に通う学生たちの間でも、ノートの回覧が行なわれていたという[61]。

東京美術学校における「日本美術史」講義の開始から間もない明治二十四年（一八九一）二月には、岡倉が美術部長を勤める帝国博物館においても、日本美術史編纂の計画が練られていくこととなった[62]。博物館の美術史編纂事業は、当初、上下二巻本で一年以内での刊行を予定していたらしいが実現せず、明治三十年（一八九七）九月、農商務省内に設置されたパリ万国博覧会臨時博覧会事務局からの依頼を受け、本格的な編集に着手することとなったようである。このとき岡倉は編纂主任となっている。

ところが、日本美術史を通観して「孰れを日本固有と定むる能はず」と考える岡倉の美術史構想は、博覧会事務局側の求める美術史との間には相容れないものがあった。博物館の美術史編集のスタッフの一人で、岡倉と親交のあった小杉榲邨も「我邦人の美術思想に富るは、固有の特性にして（中略）実に神代の久しきむかしより、今日にいたるに（中略）固有の精美なる誠心をこらし、や、新機軸を出して、我邦得意の有となしたること、そのかみの歴史に徴して明かなり[63]」というように、神代から一貫する価値を強調する美術観を有していた。博物館内外における構想の対立は、結果として岡倉の進める美術史編纂に著しい遅滞を招き、明治三十一（一八九八）年の岡倉の非職問題へと発展していくことになった[64]。一連の騒動を経て、岡倉は帝国博物館の美術部長および東京美術学校校長の職を追われていくことになるが、事態の背後には、岡倉の方針を明治政府の意向と矛盾するものと見ていた保守派の思惑があったとみてよかろう[65]。以後、岡倉は活動の舞台を日本美術院に移し、美術行政の中枢においては、日本美術の価値の一貫性を主張する黒川真頼や小杉榲邨ら国学者たちの美術史構想が大勢を占めていくことになったのである。

世界を動かす「未来の美術」を作り出そうと美術史の研究に取り組んできた岡倉にとって、自らの構想の頓挫がいかに痛恨の出来事であったかは想像に難くない。彼が日本美術院の活動のなかで新しい日本画の創出に心を砕きながらも、次第に孤立感を味わい、「浮世の事柄唯々厭ヤに相成此上ハ行雲流水ヲ逐ひ世外の月ヲ看度考ニ有之[66]」と書き残して失踪事件まで巻き起こしていくことの背景には、非職騒動とその結果の「美術史」構想の挫折があったといえるだろう。

高山の美術史構想

これに対し、高山が構想した「日本美術史」とはどのようなものであったのか。

全体の構成および各箇所の執筆時期は表7の通りで、網部分が『樗牛全集』に採録されている。

まず重要なのは、彼の「日本美術史」が、二段階の執筆を経て現在の形に仕上げられた点である。第一稿の

表7　「日本美術史未定稿」構成と執筆時期（網部分は『樗牛全集』に収録されているテキスト）

第一章　総論（日本美術の特質を論ず） 第一　歴史上の特質 第二　技巧上の特質 第三　美術の理想に関する特質		明治34年秋頃執筆？
第二章　奈良朝以前の美術 第一節　上代 第二節　推古朝 第一　総論	明治32年9月初稿	明治34年後半再稿
第二　彫刻	明治34年1月	再稿時期不明
第三　絵画 第四　法隆寺 第三節　天智式の美術 第一　総論 第二　美術家 第三　薬師寺の薬師三尊 第四　絵画	明治32年11月初稿	
第三章　天平時代 第一節　奈良朝の文化概見 第二節　奈良朝の仏教 第三節　彫刻 第一　美術上の分業 第二　彫刻家 第三　東大寺大仏	明治32年12月	
第四　是の時代の優秀なる製作 第四節　絵画 第五節　本邦仏像の形式と希臘式仏教式との関係 第一　印度と希臘との歴史上の交渉 第二　健駄羅の仏像 第三　本邦仏像に於ける印度希臘式 第四章　平安朝時代 第一節　平安前期 上　延喜以前 第一　総論 第二　絵画 （一）総説（二）僧空海（三）百済河成	再稿時期不明	
（四）巨勢金岡（五）延喜以前絵画総論 第三　彫刻 下　延喜以後 第一　総論 第二　絵画 （一）巨勢家	明治33年3月	
第三　彫刻 第二節　平安朝後期 第一　総論 第二　彫刻（以下欠く）	再稿時期不明	

草稿については現在、静岡県観富山龍華寺に所蔵されている。ただし、第一稿は推古朝の美術に相当する部分しか残されていないため、第一稿と第二稿の違いを比較検証することが難しい。大枠としては、明治三十二年（一八九九）までに推古時代から天平時代までの原型が完成していて、その後部分的に書き改められながら、明治三十四年に新たに総論が付されたもの考えられる。なお、この総論部分については、同一内容の目次が明治三十四年十一月三日付で井上哲次郎に送られた書簡に見出せることから、高山が同年四月より十月にかけて東京帝国大学文科大学の講師として行なった講義をもとにしていると考えて間違いない(67)。

その特徴の第一は、美術を人間の精神活動の重要な部分として位置づけ、審美上の時代精神を把握しつつ、作品の評価を試みている点である。また、第二に、政治、社会、宗教などの諸事象との関係から美術の発達を位置づける試みが自覚的に展開されている点を挙げることができる。

以上のような方法により、高山の「日本美術史」は、作品の時代考証を主眼とする美術史記述と一線を画することとなった。明治三十四年、彼は黒川真頼を始めとする『国華』に拠る考証家、鑑賞家を批判して、次のように述べている。

名は即ち鑑賞家と云ふも、実は一種の骨董家、一種の好古家のみ。彼等が古画に於ける知識は洵に当今の珍とするに足る。彼等は能く時代の今古を考へ、能く流派の異同を論じ、又能く製作の真贋を別つ。例へば歴山大帝の乗馬の黒白を論ぜし西洋史家の如く、葛飾北斎は飲酒家なりしや否や、と云ふが如き問題は、彼等が最も得意の壇場たり。然れども彼等には歴史なき也、批評なき也、人文史上の考察なき也、審美学上の研究なき也(68)。

高山にとって、歴史と批評、すなわち「人文史上の考察」と「審美学上の研究」とを欠いた叙述は美術史ではなかったのである。それゆえ、彼は『稿本日本帝国美術略史』が刊行され、美術振興の基盤が固められつつある状況下で「日本美術史」に関する自らの研究を進めていったのだといえる。そこで以下では、高山、岡倉の両者による「日本美術史」像を比較しつつ、『稿本日本帝国美術略史』との差異を検討してみたい。

まずは岡倉や高山の「日本美術史」の共通点から見ていくことにしよう。両者の美術史論を『稿本日本帝国美術略史』の記述と比べたときに、決定的に異なっている点として次の三点を指摘できる。第一に、『稿本日本帝国美術略史』が日本美術の一貫性を強調しているのに対し、高山、岡倉の「日本美術史」においては時代ごとの趣味の変化の説明に力点が置かれていること、第二に、高山、岡倉ともに、「日本美術史」の開始を推古朝に求めていること、第三に、高山、岡倉ともに、日本の古代美術にインド・ギリシャからの影響を見ていることである。[69]

このうち、二番目の特徴については、岡倉の非職後に『稿本日本帝国美術略史』の編集主任となった福地復一の『美術年契』が、神武天皇以来の美術史事項を収録していることと比べると大きな違いである。また第三の観点は、『稿本日本帝国美術略史』にも見られるが、同書が最終的に、流入してきた文物を吸収する「日本民族」の優秀性を説いていることから、やはり高山たちの美術史像とは異質なものであったといえる。

他方、高山と岡倉の差異は、両者がもっとも評価した日本美術史上の時代に求められる。岡倉がヘーゲル美学を適用しつつ日本美術の発展の軌跡を位置づけようとしていたことはすでに触れたが、彼にとっては室町期における雪舟の絵画や能楽の発達こそが、「真の近代芸術、文学的な意味でのロマン主義」[70]の到達点だった。これに対し、高山の「日本美術史未定稿」が平安時代までしか叙述していないため、具体的作品に即して立証することは難しい。ただ彼が、「日本美術史未定稿」のなかで彫刻の進歩発達を例に、天平時代を「我邦の美術史中に於て最も光彩ある一部分なり」[71]としていることのほか、「足利時代は戦乱の世なれば美術にはあまり感心すべきもの少し」[72]と述べていることなどを勘案すると、高山が最も高い評価を与えたのは天平時代の美術品であり、平安以後の美術作品について積極的な評価を与えていなかったと推定される。

「国民美術」と〈憧憬〉の転換

両者の違いは、「日本美術史」の改稿過程における「国民美術」理念の変質を見るとき一層際立ってくる。岡倉の『東洋の理想』の大きなポイントの一つは、「インドではこの初期の仏教美術は、先行する叙事詩時代のそれから自然に発達したものである。（中略）ギリシャの影響によって突如誕生したと見なすのは、根拠がうすい[73]」というように、それまでの日本古代についての美術史観を一変させ、インドにおけるヘレニズムの影響を否定するようになっていった点にある[74]。それは、インド旅行を経た岡倉が、現地の文化が置かれている状態を実見し、西洋列強のアジア進出に憤慨したことが直接的な理由であろう。しかし重要なのは、この評価の転回が、ヨーロッパの精神的な起源であるギリシャの美術と、アジアの美術とが究極的には相容れないものであるという岡倉の考え方の帰結といえることである。この点において岡倉の「国民美術」の理念は、「東洋の理想」である儒教や仏教の精神を体現した、いわば「東洋美術」へと変質していったのである。

高山の場合はどうであったか。彼は明治三十四年に改稿した「日本美術史未定稿」の総論部分において、「日本美術」の「審美的な理想」を論じているが、そこでは、「日本美術」における精神性の欠如が次のように厳しく批判されていた。

			欠乏
積極的方面	快闊光明	↔	陰鬱暗黒
	軽妙瀟洒	↔	重厚濃織
消極的方面	沖澹幽寂	↔	崇高悲壮[75]

高山によれば、日本的趣味としての「快闊光明」は、日本人の「現世主義」の反映であると同時に、日本人の精神世界が宗教性に乏しいことの現われだとされた。もう一方の趣味である「沖澹幽寂」については、日本人の「主義」の反映であり、日本美術に哲学的考察が不在であることの証左だとされる。日本人が「快闊光明」を尊ぶ国民性を有するという点は、かつて高山が「日本主義」の道徳論を主張する際の根拠となっていたものであるが、ここに至ってはその評価が逆転し、日本における「美術てふ観念」の発達を阻害するものとして批判的に捉えられているのである。

彼は明治三十四年（一九〇一）改稿後の「日本美術史未定稿」総論のなかで、美術の効用として、実際的なものと審美的なものとを挙げ、西洋の美術が、製作上の目的を徐々に審美的なものに移行させつつあるのに対し、日本をはじめとする東洋の美術の目的が、実際的なものに止まっているとして、次のような批判を述べている。

一言以て是を約すれば、美術は本邦に於て、そが獲得し得べき十分の品性と価値とを有せざる也、即ち是の如き品位と価値とは未だ聡明なる国民の間にだも十分に認識せられざる也。古今図書集成の編者等は絵画を芸術の部中に編入せり、而して彼等の所謂芸術とは佃漁、狩猟、耕作、医術、禁厭等の類にして、絵画も亦是等のものと同列たるべきものと思惟せられし也。即ち知る、芸術の意義は英語の Art の最も広汎なるものの謂にして、其の以上に於て所謂美術てふ観念は彼等の有せざりし所也。[76]

高山は、「名手と雖も、其の人格にして道徳に違はば、其の画亦重むぜられず、凡工と雖も徳に優るものあれば、其の技、芸苑に伝はることあり。是の如きは真に芸術を嗜む者の奇異とする処なるべしと雖も、本邦の美術界に多少是の気習ありしは争ふべからざる事実なりとす[77]」というように、修養の手段として美術品が鑑賞されることを批判していた。

ところで、このような美術の評価の仕方が、岡倉の「日本美術史」には終始見られないものであったことは一考を要する。岡倉は、『東洋の理想』においても、儒教、仏教の精神が日本の美術に大きな影響を与えていることを強調している。岡倉においては、美術の精神的価値を論じる際、道徳的理想との関係が常に意識されており、必ずしも純粋な美学的観点からのみ美術が評価されていたわけではなかった。東京美術学校で岡倉の「日本美術史」講義を受講した人物は、ある座談会で「岡倉さんが自分で審美学を講ずる最初の時間に、「諸君！　私は審美学の講義をするが、審美学といふものは余り役に立たぬものです」と言つたものだ[78]」といったエピソードを紹介している。さらに後年、東京帝国大学で行なわれた「泰東巧芸史」講義では、「美学は美術を離れて建てられざるにより、随つて西洋美術のみに依りて編まれたる美学の無意義なる事の明かなるは宛も仏教を度外視せる宗教学と撰ぶ所無きに拘はらず、今日猶ほ其の事の認められざる[79]」というように、ヘーゲルなどの西洋美学そのものの有効性を疑問視するような発言を自ら行なっている。

これに対し、あくまで美学者である高山は、一国単位の「国民美術」という把握が容易に成立しえないことを痛切に自覚するなかで、「国民美術」という理念に対し、まったく別の形から意味づけをしていくことになった。「日本美術史未定稿」の総論を記しつつあった明治三十四年七月、「美術の保護者」と題する論文で、高山が述べていることは、その後の「美的生活」論に直結する視点であり、理想に対する〈憧憬〉の思惟がより発展したものとして評価できる。

あゝ芸術はこの世に於ける理想の世界也。無窮を趁ふの心あるもの、現実の生に慊らざるもの、哲学の外に真理を求むるもの、宗教の外に安心を希ふもの、麺包の外に糧を要するもの、彼等は茲に暫らく其の向上の渇仰を医するを得る也。今の世に於て芸術を説くは痴人の事と称せらる。芸術は法律の如く国を治むる能はず、軍隊の如く敵と闘ふ能はず、而かも尚ほ能く人を幸ならしむ。人は謂ふ芸術は遊戯のみと。誠に然り、されど是の憂患に充てる人生に於て尚ほ遊戯の地を存するは、セメてもの慰藉に非るべき乎。嗚呼、世事万端、乱れて麻の如し、人は茫々として為す所を知らざらむとす。吾等須らく人生の大本に就いて沈思する所あるべき也。(80)

高山は、明治三十二年の美術史執筆開始時点から、明治三十四年の改稿を経て、日本の美術を「国民美術」という一国単位から見る観点を否定する立場に到達した。彼は、美術史の研究を契機として、法律や軍隊という実世界上の価値意識を離れて「無窮」を〈憧憬〉し、宗教のような安心を求める個々人にとっての「人生の大本」を構成する内面的世界を充足させるものとして「美術」を捉える視点を確立したといえるのである。

第三節 「美学」の制度化と「文明批評」

洋行内定

ここで、以上のような高山の周辺で進行した様々な変化を整理し、世紀転換期における高山の思想活動の意味を問うてみたい。まず注目したいのが、前章の末尾で触れた、高山の洋行をめぐる問題である。

明治三十三年（一九〇〇）五月二十日の時点で、高山が国元の養父に宛てた手紙に「扨是度私事文部省留学生として欧羅巴へ派遣被仰付、多分今月末には辞令交付可相成候、但出発は今年度中にて、多分来年二月ころなるべくと存候。是は美学並に美術史研究之為にて、年限は三年、帰朝後は京都帝国大学に教授として奉職之予定に御座候。過日専門学務局長並に京都大学総長に面談之上相定め候事に御座候」(81)とあることから、帰朝後の京都帝国大学への奉職も含めて、かなり順調に話は進んでいたものと思われる。当時の専門学務局長は上田万年、京都帝国大学総長は木下広次であった。

高山洋行の件は、明治三十三年六月十三日付の『官報』に掲載された。

審美学研究ノ為満三年間独仏伊三箇国へ留学ヲ命ス　高山林次郎(82)

同日付で洋行の辞令が下された人々のなかには、東京帝国大学文科大学助教授・芳賀矢一のほか、第一高等学校教授・藤代禎輔、第五高等学校教授・夏目金之助らがいた。高山は非常な喜びをもって準備に取り組んだのだった。

すでに、明治三十年(一八九七)六月十八日の勅令第二〇九号「京都帝国大学ニ関スル件」において、京都帝国大学には法科、医科、文科、理工科大学を置くことと定められ、各分科大学及び学科の開設期日は文部大臣が定めることとされていた。高山はさっそく翌月の『太陽』誌上でこれを取り上げ、次のように歓迎している。

京都は支那の汀寧なり。伊太利の羅馬なり。千有余年の久しき、国民の重要なる歴史的活動の中心なり。文物の推移、時勢の隆替、今日尚ほ其遺蹟の歴々たるを見る。殊に宗教及美術に関しては、京都の一府及び畿甸の数州は、宛然たる本邦唯一の博物館にして、古代及文物の学者が永く其研究の資料を仰ぐべき処なり。今や斯の如き土地に創立せられむとする帝国大学に対する吾等の希望は、所詮、歴史的、はた文学的分科の設置にあり。一言すれば文科大学の開始を一日も早く実行せむとするにあり(83)。

実際、典籍や寺社など歴史・宗教の中心である京都で文化の研究が進むことへの期待は大きく、木下総長は、「我国西部の必要」[84]に応じるとの抱負を語り、実現こそしなかったものの、京都帝国大学の附属図書館を一般公開する構想を披露していたので、高山も内心で密かに期するところがあったのだろう。

木下広次総長の推挙で初代文科大学長に内定していたのが大西祝である。大西は、丁酉倫理会のメンバーである姉崎や高山を京都帝国大学文科大学へ招聘することを構想していた。文科大学の設置は、予算上の都合により繰り延べになっていたが、明治三十一年二月に大西の洋行が決まり、三十二年五月には第一高等学校教授松本文三郎が印度哲学研究のためドイツへ、高等師範学校教授の谷本富が教育学研究のため英仏独三国へ、また三十二年十月には、漢学研究のため狩野直喜に清国留学が命ぜられた。彼らは京都帝国大学文科大学の教師候補者で、明治三十二年から続々と洋行し始めたのであった[85]。それほどに当時の洋行には重い意味があり、学問の総仕上げとしての期待がかけられていたのである。

伝記によって当時の高山の消息を追ってみると、洋行発表後、高山はさっそく雑誌『太陽』誌上の後任に大町桂月を迎えるよう周旋している。さらに七月には土井晩翠・畔柳都太郎・笹川種郎・登張信一郎と多摩川で洋行送別会を催したという。また、七月には丁酉倫理会のメンバーとも遠足に出かけたらしい。高山はその後葉山に海水浴に出かけ、八月七日には帰京して笹川種郎の誕生会に出席した。

ところがその翌日八月八日、事態は思いもかけない方向に展開する。

二日酔いの気味で起床した高山は、午後突然三十グラムもの血を吐いた。翌日、翌々日も喀血は止まらず、八月十四日に駿河台にある杏雲堂病院に入院。談話も運動も禁じられた[86]。診察の結果、洋行は翌年に延期となり、高山は平塚、九月末からは興津と転地療養を繰り返しながら、読書と運動と療養に励みながら快復を待つこととなった。ただし高山はまだ洋行の夢を捨てていなかった。一足先にドイツの地を踏んでいた姉崎正治は、様々な洋書や手紙を送り、高山を勇気づけた。国家の威信をかけて美術奨励に取り組むべく「見えざる日本の兵士」の先陣を切って欧州に遊ぼうとする矢先に生じたこの出来事は、以後の高山の人生を大きく変えていくことになったのである。

「文明批評家」の始動

明治三十三年（一九〇〇）十二月三十一日、三田の慶應義塾には、福澤諭吉を始めとして、塾員、学生ら五百名が参集していた。世に言う世紀送迎会のためである。午後八時、鎌田栄吉塾長以下の演説があり、出席者には講堂で晩餐がふるまわれ、生徒らのパフォーマンスが催された。壁には、ワーテルローの戦いにおけるナポレオン、黒船来航、三国干渉、ヴィクトリア女王の祝典、ロシア皇帝の戴冠式など、十九世紀の出来事が描かれた風刺画がかけられていた。運動場の中央では篝火が焚かれ、中空に「日本の悪習」である、「儒者の夢」「階級制度」「蓄妾の醜体」の三つの図が照らし出されていた。十二時の合図とともに、三〇名の学生がこれらの図に一斉射撃を行ない、絵はたちまちに炎上。世紀転換とともに滅ぶべき悪習は消え、代わりに仕掛け花火によって、大々的に「二十センチュリー」の文字が夜空に浮かび上がった。(87)新聞や雑誌では、新しい世紀に向けた予言や予想が掲載され、「二十世紀」を関する書籍も刊行されていった。

前代未聞の世紀送迎会の数日後、高山が明治三十四年一月の『太陽』誌上に掲げた論文が「文明批評家としての文学者」だった。前年の八月以降、病気療養のため平塚、興津と転地療養を続けていた彼が、半年間に及ぶブランクを経て発表したこの論文は、本章第一節で述べたような地方を巻き込んで展開していた文明への違和感に対して、高山がニーチェなどの思想に依拠しながら「文明批評」の意義を論じたものである。続々刊行される新刊の書籍をレビューする「文芸批評」とも、時事問題についてコメントする「時評」とも異なり、人々の生を取り巻く社会状況への批判を指して「文明批評」と呼ぶことは、高山の論文以降広く行なわれるようになったものである。(88)第一節で取り上げた『鴬鶱文学』でも、「〇太陽には、久し振で高山林次郎氏の、文明の批評家として文学者といふのが出た、例によつて議論風生、慥に群小作家や青批評家を驚かせた、惜むべしこの才子、今や空しく病床に呻吟しつつある、天道是耶非耶とは、蓋しこれを言ふのであらう[89]」という感想が出ていた。高山は、地方青年にまで拡大した「文明」への違和感をも掬い取りながら、新たな言論の第一歩を踏み出そうとしていたのである。

高山は、はじめにニーチェを「実に大いなる文明批評家 Kurturkritiker」――Kultur の訳語に「文明」を択んでいることは彼独自の文明観の反映といえよう――と規定した。ニーチェが偉大な「文明批評家」である所以は、進化論的な「歴史発達説」を先天の本能を無視するものとして退け、「偽学者」を攻撃し、平等を掲げる社会主義・民主主義を否定して「天才」の登場を嘱望したからである。

吾人は文明批評家としてのニーツェが偉大なる人格を歎美するを禁ずる能はず。彼れは個人の為に歴史と戦へり、真理と戦へり、境遇、遺伝、伝説、習慣、統計の中に一切の生命を網羅し去らむとする今の所謂科学的思想と戦へり。徒らに外面皮相の観察を事として精神的生活の優美を解せざる今の心理学と、認識論の如き一部煩瑣の研究に陥りて本能と動機と感情と意志とを遺却し去りたる今の哲学とは、彼れの所謂偽学として排斥する所也。彼れは青年の友としてあらゆる理想の敵と戦へり、彼れは今のあらゆる学術の訓へ得るよりも更に大いなる実在の宇宙に充満せるを認めたり、同時に是の実在を認識し、其の秘密に到達せむには、今の所謂学術道徳の甚だ力無きを認めたり[90]。

彼は、欧米の文学者で有名なものはほとんどすべて「文明批評家」だといい、文明の進路に率先して人々が理想とすべき道を示していくことは、崇高な文学者の天職だと主張した。ニーチェを評価する基準が、本能や感情に求められているという点は重要である。すでに前章で見たように、高山が自己の「美学」思想の根拠を、

「道徳」から「感情」へと移行させたことの証左といえるからである。

「文明批評家」としてニーチェを紹介したことから、先行研究では、この時期の高山の思想活動の評価において必ずニーチェからの影響が問題視されてきた。この点について、少し時代は下るが、明治三十五年に高山が回答した次のようなアンケートを紹介したい。内田魯庵が編集を担当していた丸善の雑誌『学鐙』が行なったもので、「十九世紀に於ける欧米の大著述に就ての諸家の答案」と題するものである。[91] 従来の高山研究では全く取り上げられてこなかった史料なので、長文だが高山の回答部分をそのまま引用する。

（1）十九世紀の最大著述

Schopenhauer：Die Welt als Wille und Vorstellung.

ショーペンハウエル「意志及観念としての世界」及び他の諸論文

（2）最も興味ある詩歌小説等

a. Goethe：Faust

b. Heine：Werke　ハイネ諸作（但し歴史評論を除く）

c. Hugo：Les Miserables.

d. Sienkiewicz：Quo Vadis.

e. Nietzsche：Also Sprach Zarathustra.

ニーチェ「ザラツストラ如是説」

f. Sudermann：Frau Sorge.

ズーデルマン「悲哀婦人」

（3）座右に備ふべき書

余をして『読書家』ならしめば他項所記の書籍を必ず座右に備ふべし

（4）美学に関する大著述

a. Carriere : Kunstgeschichite mit d. Zusammenhang der Kulturentwickelung.

カリエール「文明史に関聯する美術史」

b. Schiller : Briefe uber die aesthetischer Erziehung.

シルレル「美育に関する書翰」

c. Santayana : Sense of Beauty.

サンタヤーナ「美感論」

（5）最近十年内の大著述

Nietzsche : Zarathustra.

（6）十九世紀史研究に必要なる書

知らず[92]

十九世紀の最大の著作は、ニーチェではなくショーペンハウアーの本で、ニーチェの『ツァラツストラ』は、最近十年内の大著述という位置づけを与えられているにすぎない。この史料だけでも、高山の思想をニーチェの亜流とみなす見解は大幅な修正を要するように思われるが、そのニーチェにしても、明治三十三年の療養中に接したもので、とくに「十月十六日の君の端書と、Zieglerの有益且有趣味なる書籍は正に落手した。毎々御心使之段深く謝する」[93]「先達よりニーチェ、イブゼンなどをノゾイて、又チーグレルの評論を参照し、独逸現代文学に就いて多少の観念を得た様に思はれる」[94]という姉崎宛の書簡から判明するように、実は姉崎から送られたテオバルト・ツィーグラーの『十九世紀社会的精神的思潮』を通じて得られた間接的な知識をもとに語っていたのである。[95] 杉田弘子は、ツィーグラーの著書と「文明批評家としての文学者」との対応関係を詳細に検討しているが、[96] 以後高山が好んで使うようになる「偽学者」「道学先生」などの用語も、天才主義の立場に立つ歴史主義への批判者として、教養俗物への攻撃を加えるというツィーグラーが描いたニーチェ像を前提にしていたことは、踏まえておく必要がある。

「文明批評家としての文学者」の発表後である明治三十四年三月下旬、高山は遂に洋行を断念した。京都帝国大学総長木下広次宛の書簡では、状態が回復してきたので、四月上旬に渡航しようと考えていたところ「老父母初め親戚中ニ切ニ今回之渡航を差止候様勧告するもの有之、是等之意志に反して我意を貫き候は目下小生之境遇に於て忍び難き事情有之」として、その最大の理由が病気を不安に感じた家族の反対だったことを述べている。[97] その結果、高山は井上哲次郎に交渉して、四月十九日付で東京帝国大学文科大学の講師となった。だが、その後も「財政は大に困却致居候」[98] と実父宛に書き送るほど、講師の俸給で自身の治療費・薬代と家族の生活費を全て賄うのは困難だったようだ。結局、博文館の大橋新太郎の厚意により、高山は記者として再び『太陽』誌上に本格的に評論の筆を執ることとなった。

「姉崎嘲風に与ふる書」

明治三十四年六月の『太陽』に掲載された「姉崎嘲風に与ふる書」は、批評家として再起を図ろうとした高山が改めて自己の課題、抱負を宣言したものとして注目に値する。

明治三十年五月、審美学の知識を標準として「国民文学」の創出に尽くすべきことを文芸批評家の本務だと説いてから四年、審美学研究の総仕上げとなるはずだった洋行を断念した後で、彼の批評はどのような相貌を帯びることになったのか。

高山は、姉崎に向けて、自己の生涯の「重なる事業」が、書窓のうちに過ぎていったことを振り返る。そしてあらためて「既に学者を以て立たむとす、不肖と雖も、聊か自ら負ふ所あれば也[99]」という「学者」の覚悟を示し、アリアン人種とチュラニアン人種の具体的な「文明史」である「日本美術史」の意義に触れ、今後研究に専心したいとの抱負を述べる。

ついで再び『太陽』誌上に評論の筆を執ることになった経緯が語られるが、高山はそれを「恨事」だと言い切っている。何故か。評論とは本来、「達人高士」の事業であるにもかかわらず、「当時自ら悟らず、文芸の批評に関して一家の識見を有せりと自負し、縦横忌憚なく其の所信を告白して自ら其の意を得たり[100]」とする「過ち」を犯したからである。高山は文芸批評家の任務を次のような六カ条にまとめている。

①文芸に関する理論的知識を一般社会に頒布すること。
②現代の作家に対しては、前途有望なものは無名なものでも奨励し、反対に一時の僥倖で虚名を得た作家には厳しく批判を加えること。
③「社会の教育者」として、ときに社会の好尚に反対しても真理を吐露する勇気を持つこと。
④古今東西にわたる文芸一切の知識を有すること。
⑤文芸作品は感情の産物であるから、狭量な感情に支配されず、修養によって「同情の範囲」を拡大すること。
⑥自己に忠実であること。

これに対し高山は、「矛盾の人、煩悶の人」である自分自身には、「批評家の本分と相容れざるものある」のだと認めている。だが、翻って高山は批評とはつねに客観的、没理想のものでなければならないのかとの疑念を呈する。続く文章では、「既に理想を没す、是れ好悪なき也、既に好悪を絶す、何処にか審美の判断ある[101]」

とも述べて、審美的判断確保のために「主観主義」の批評の存立要件を主張している。高山によれば、「主観主義」の批評は、提唱する人物の嗜好により、万人が依拠することのできないという欠点を持つが、一方で例えばニーチェやイプセンのように、「時代の精神を作る」[102]という、他のものに代えがたい長所も有するとされるのである。「主観主義」とは別の面からみて「個人主義」でもあり、十九世紀末の一大思潮としての「個人主義」を代表するものが、「文明批評家」としての文学者であることを高山は論じていくのである。それは「多かれ少なかれ、「明治ナショナリズム」とそれによる「文明開化」のあり方そのものに対して「反抗」を試み、あるいはそこから逸脱しようとするところに、その「自我」形成の出発点を持つ[103]」世代の声を代弁する「文明批評」を、高山が開始しようとしていたことをも意味していた。

かくして「主観主義」の批評家として、再起を表明した高山の眼前に広がっていたのは、倫理、教育の説に偏向した「無趣味、没理想」の思想界の状況であった。彼は、学者の倫理教育の標準で人生の意義を律することを、「角を矯めて牛を殺す」ものと批判し、「予は今の時に於て道学先生の倫理運動よりは寧ろローマンチシズムの勃興を希望せむ[104]」と主張していった。同様の趣旨は、六月二十四日付の姉崎宛書簡で次のようにも語られていた。

僕は曾て日本主義を唱へて殆ど国家至上の主義を賛したこともある。今に於ても此の見地を打破るべき理由は僕には持ち得ぬ、唯是の如き主義に満足の出来ぬ様になつたのは、僕の精神上の事実である。僕は道徳、教育、若しくは社会改良に関する今の人の説には、殆どすべて満足の出来ぬ様になつた。[105]

こうして高山の内面では道徳説に対しても違和感が自覚されるとともに、この時期、高山が依拠してきた学問としての美学も新たな段階に入ろうとしていた。それは美学の制度化の一層の進展にほかならなかった。

制度化される「美学」

「美学」の制度化は、明治三十三年（一九〇〇）秋に、洋行帰りの大塚保治が帝国大学文科大学美学講座の担当教授を拝命したことで一定の達成を見たといえるが、大塚は、帰朝後間もない哲学会講演の席上で、次のように述べていた。

一体私は是迄一般の美学研究の方法は間違つて居る、非常に改革をしなければならぬと云ふ考でありますゝ、最初に私が美学を研究し始めた時分の考では、若し美学さへやつたならば、文学や美術の批評は自由自在に出来るものであると云ふ確信を以て研究に掛つたのでありますが、夫から段々重な美学説を研究して見ても実際の文藝上の作品に対すると中々予想したやうに容易く意見や批評が出て来ない、成程美学書を見ると詩文の目的は何処にある美術の本体は何であるといふやうな事は説明してある、従つて文藝の批評をする時にはどう云ふ点に第一着眼を要する、其次には如何なるヶ条を観察せねばならぬと云ふやうに、批評の標準と云ふ者が整然と規則正しく備つて居るやうに見ゆる、然し其標準を楯にとつて愈々実際の作品に向つて見ると一向手掛りがない、どう云ふ風に其標準を応用してよいか仕末に困る場合が多い、所謂宝の持腐れと云ふ感じが起つて来る。[106]

つまるところ、美学は批評の役には立たないという宣言である。かつて森鷗外がハルトマン美学に依拠して明治二十年代の批評界を席巻した時代は、急速に過去のものとなりつつあった。美学からの批評の分離は、心理学や社会学を包摂しながら、美学が講壇のなかで定着していく動きと軌を一にしていた。大塚はその中心的役割を果たしていくことになる。一方、通俗化の方向については、専門家による哲学的な美の反省を離れ、伝統的な美術のジャンルに位置づけられなかった対象――具体的には、風景や日本服、さらには「美人」まで拡大した審美の評論が刊行されていった。[107]要するに、明治二十年代に森鷗外や高山が力説してやまなかった批評の基準としての美学の優位は、世紀転換期に入ると急速に揺らぎ始めていたのである。

制度化と通俗化という美学の二極化が、すでに述べてきた高山の「学者」と「批評家」の「矛盾」の苦しみと表裏一体の関係をなしていることはいうまでもない。高山は翌年、病気見舞いに来た茅原華山に「美学といふと、僕が専門に遣つて居るのだが、名は大層に立派だが、積まり文典と同じやうなものだ、美辞学レトリツクのやうなものだ。美とは何ぞやで、之を分析解剖するので、美の何物たるを知るが、遂に美を奈何ともすべからず、極々乾燥無味のものだ[108]」と語ったとされる。

高山の苦悩は、文芸の価値を度外視した社会改革への批判となって噴出していった。明治三十四年七月に発表された「嗚呼凡俗改革」では、社会改良的な実践を批判し、「美的要求は人性の本然に原づく、文芸其れ自らは何故に人生の目的たる能はざる乎、人生本然の要求を無視して何処にか教育あらむ、何処にか道徳あらむ[109]」という批判を展開している。講壇内部で学問の体系化を志向する美学では、人生と密接に関わる主義を提示することはできず、また通俗化した美術論では、人生における芸術の意義を、思弁的に語ることは難しい。高山は制度化されていく美学に違和感を抱きながら、講壇内部の議論に留まらない、批評の展開を模索していた。

明治三十四年は、思想界を挙げて道徳問題、教育問題が盛んに論じられた年であった。口火を切ったのは、「立国は私なり公に非ざるなり[110]」と書き出された福澤諭吉の「瘠我慢の説」の『時事新報』上への発表であろう。前年来、「修身要領」を発表し、「独立自尊」を説いていた福澤の問題提起は、とくに武士道と道徳の関係をめぐって大きな反響を呼んだ。教育界でその批判の急先鋒に立ったのが井上哲次郎であった。帝国教育会の会員数と機関誌『教育公報』の発行部数は、この時期頂点に達しており[111]、「姉崎嘲風に与ふる書」とほぼ同時期の『教育公報』誌上では、井上哲次郎が「武士道は日本人の従来実行して来た処の道徳である[112]」と述べて、道徳規範としての武士道の意義を強調していたのである[113]。井上は同年三月に帝国教育会のほか、陸軍幼年学校でも武士道についての講演をするなど、精力的な活動を行なっていた[114]。

また、各新聞紙上においても、社会問題、倫理問題の解決、風俗の改良に向けた精力的なキャンペーンが展開され、「公徳」が盛んに論じられていた。それは桑木厳翼が、「公徳を説くの声徒らに響きて私徳を軽ずるも可なるの念を懐かしむるの嫌なしとせず、是れ豈恐るべき事に非ずや[115]」と述べて、「私徳」すなわち個人の修養が蔑ろにされるのではないかとの懸念を抱くほどのものであった。『読売新聞』が年頭から実に三ヵ月にわたって公徳論の記事を連載し、神武天皇祭である四月三日には、田中正造や湯本武比古らを招き、神田青年会館で公徳養成風俗改良大演説会を開催したのは、そのような風潮を象徴する出来事だった。また、同日には二六新報社が向島で労働者大懇親会を開き、一万五千人の聴衆を集めて公安当局を震撼させてもいた。万朝報社が理想団を結成するのはそれから三ヵ月後の同年七月のことであった。

いつの時代もそうであるように、メディアを通じて流布される道徳的な言説は、世論を保守化させ、反道徳的な振舞いに対する過剰な制裁を——それがより反道徳的だったとしても——正当化させる。六月、政友会領袖の星亨が、白昼、東京市役所内で暗殺されるという衝撃的な事件が起こったが、事件の引き金となったのは、有泉貞夫によれば、星の強引な政治手法や金権体質ではなく、六月十六日の東京市教育会における星の儒教主義教育批判の演説だったとされる[116]。高山は姉崎宛書簡のなかで、新聞報道が刺客の伊庭想太郎にも暗に「相当の好意」を表していることを指摘し、「是は意外だ。（中略）つまり社会の制裁と云ふ考が暗に何人の胸中にもあるらしい[117]」と書いた。

高山はこのような道徳的言説の過剰こそが、個人の人生の価値を阻害するものだと不満を感じていったと考えられる。「文明批評家」としての文学者が創出すべき価値を、もはやかつてのように倫理学者のいう道徳に求めることはできない。では何をもって「理外の信仰」という〈憧憬〉を充たしていくのか。その答えが、すなわち「美的生活」だったのである。

第四節　「美的生活」論と〈憧憬〉

「美的生活を論ず」

明治三十四年（一九〇一）八月に発表された「美的生活を論ず」は、発表直後から新聞雑誌等でセンセーショナルに取り上げられたことと相俟って、先行研究では大きく分けて二つの論点を形成してきた。[118]その第一は、「美的生活」論の発想が誰の影響下に成立したかであり、第二は、高山の唱える「個人主義」の質をどう評価するかである。前者に関しては、高山の友人でドイツ文学者であった登張竹風が、『帝国文学』誌上で高山の所説を擁護するにあたり、ニーチェ思想の類似性を強調したことから、とくニーチェの影響をめぐって議論されてきたが、老荘思想からの影響も指摘されている。[119]また、後者に関しては、例えばほぼ同時期に発表された鳳（与謝野）晶子の『みだれ髪』に表れた赤裸々な官能性とともに、日清戦争後の時代思潮に台頭してきた、「近代的な個人主義と異つた、非政治的な個人主義、政治的なものから逃避する、或は国家的なものから逃避する個人主義思潮[120]」として評価されてきた。

高山は、「美的生活」を次のように規定している。

何の目的ありて是の世に産出せられたるかは吾人の知る所に非ず、然れども生れたる後の吾人の目的は言ふまでもなく幸福なるにあり。幸福とは何ぞや、吾人の信ずる所を以て見れば本能の満足即ち是のみ。本能とは何ぞや、人性本然の要求是也。人性本然の要求を満足せしむるもの、茲に是を美的生活と云ふ。[121]

「美的生活を論ず」は、全部で七章から構成されている。まず「道徳的判断の価値」においては道徳が理想として予想する「善」とこれに対する「悪」について比較しながら、武士の忠義を取り上げる。高山は彼らの忠義が、あたかも赤子が母を慕うような「人生自然の本能」にもとづくのだと論じ、「善」が人間の知見上の名目に過ぎず、人生本来の価値としては不十分なものだと述べる。

彼は、「人性本然の要求」に従う実践を「美的生活」とし、本能が満足された状態を「幸福」として定義する。本能の満足が美的と解釈されるのは、感情を重視する彼の「美学」思想から演繹されたためである。また、人生の目的を幸福の実現として定めていく点では、「日本主義」時代から一貫する彼の問題意識を確認できる。以上のように考えるならば、「日本主義」と「美的生活」は、いわば共通の目的のために主張された二通りの手段とみることができ、高山における「日本主義」から「美的生活」への移行は、思想的変節ではなくむしろ、同一の問題を解釈するにあたっての方法的立場の推移であったと評価することができるのである。

なお、前節でニーチェ受容の際の読書経験について触れたが、この時期の高山の理論形成に関しては、もう一人注意すべき人物がいる。それはこれまでの史料でも何度か名前が挙がっていた、ジョージ・サンタヤーナである。サンタヤーナについては島村抱月の翻訳などがあり、抱月の文芸批評に与えた影響も検討されているが、高山樗牛の「美学」思想に与えた影響については、いまだ本格的には検討されていない。しかし、明治三十二年の『近世美学』以降、いくつかの美学論文で、高山が言及しており、彼が注目していたことは間違いない。米国の哲学者であるサンタヤーナは、一八九六年に *Sense of Beauty* という著作を書いている。同書は、次に掲げる四つの点で、高山の「美的生活」論に非常に大きな影響を与えているといえる。

第一に、美的価値が道徳的価値と異なる積極性を有すると論じている点である。第二に、美的価値が本質的(intrinsic)なものであること。これは高山が「美的生活を論ず」のなかで、実際に「美的生活は全く是れと異なれり。其の価値や既に絶対也、イントリンジック也」と述べていることと軌を一にする。第三は、道徳的判断が様々な苦の除外に関係すること（善の成立には戮力が必要であること）である。この結果、道徳は絶えず生起する悪を除外し続けることでしか存立できず、道徳的な命令における「善」の奨励も方便とされてしまう。第四に、道徳や知識の探求は、それ自体の満足を追求していけば、究極的には美的価値となることである。さらに、高山の場合はシラーの遊戯衝動を挙げているが、サンタヤーナも、moral と aesthetic に work と play を対応させ、自発的活動としての play が重要であると力説している。[122]

人生の目的である「幸福」の達成は、かつて高山が声高に主張したような日本人の「国民的特性」にもとづく道徳の実践、すなわち「日本主義」によることで実現されるものではなく、より求心化されたかたちで、自らの内面の価値を創造していくことによって実現されるものと位置づけられたのである。

「道徳」批判の位相

「美的生活を論ず」で高山が述べるところによれば、道徳の判断とはアプリオリに「至善」の観念を予想することで可能となる。「至善」の実現に貢献する行為が「善」であり、逆に「至善」の実現を阻害する行為が「悪」であって、「至善」の内容そのものは倫理学者によって異なるが、基本構造は古今変わらない。すると、道徳の成立には、「至善」の意識＝目的と、「至善」に適う行為＝手段の二条件を満たすことが必要となってくる。では、道徳的模範とされる昔の忠臣義士や孝子節婦の行為は、右の条件を満たした道徳的行為なのだろうか。高山は次のように述べている。

楠公の湊川に討死せる時、何ぞ至善の観念あらむ、何ぞ其の心事に目的と手段との別あらむ、唯君王一旦の知遇に感激して微臣百年の身命を抛ちしのみ。是の如くにして死せるは公にとりて至高の満足なりし也。

而して是の満足を語り得むものは倫理学説に非ずして公自らの心事ならむのみ。菅公の配居に御衣を拝せし時、何ぞ至善の観念あらむ。何ぞ君恩を感謝するを以て臣下の義務なりと思はむや。畢竟公の本心は唯是の如くにして満足せられ得べかりしのみ、拘々たる理義如何ぞ菅公が是の本心を説明し得べき。(中略)是の間の消息、何ぞ至善あらむ、何ぞ目的あらむ、又何ぞ手段あらむ。彼等の忠や義や、到底道学先生の窺知を許さゞるものある也。喩へば鳥の鳴くが如く、水の流るゝが如けむ、心なくしておのづから其の美を済せる也[123]。

忠臣義士は、主君に身命を賭して仕えることが道徳的と考えていたのではない。だが、それでも楠公の事績は依然として尊く美しい。それは「道徳」が、人間本来の価値において僅かな価値を有するに過ぎないからだとされる。「心なくしておのづから其の美を済せる」の一節に着目するとき、このロジックが、カントの無関心説などを援用したドイツ観念論美学の理論に依拠していることは疑いない[124]。高山はここで「美学」の基準を、生の抑圧に抵抗するための「文明批評」に適用させたのである。同時に、この論理が先に述べた、井上哲次郎らによる武士道顕彰に対する間接的なアンチテーゼになっていること、さらに同年二月に没した福澤諭吉の「楠公権助論」から、井上とは違う方向で忠臣義士の評価軸を提示した点も注目されよう。

高山によれば人間は、無制限な本能の発動を、道徳、知識が調節することで、他の下等動物と較べて持続的な幸福を享受することができるが、知識、道徳の役割は、君主たる「本能」に対する臣下の地位を占めるに過ぎないという。こうして「学究先生」や「道学先生」が説く知識、道徳の相対的価値と、「美的生活」の絶対的価値が主張され、恋愛や芸術に殉じた詩人美術家が「美的生活」の実践者として積極的に位置づけられていくのである。

〈憧憬〉の確立

高山樗牛の「美的生活を論ず」は、次のように締めくくられている。

嗚呼、憫むべきは飢えたる人に非ずして、麺包の外に糧なき人のみ。人性本然の要求の満足せられたるところ、其処には乞食の生活にも帝王の羨やむべき楽地ありて存する也。悲しむべきは貧しき人に非ずして、富貴の外に価値を解せざる人のみ。吾人は恋愛を解せずして死する人の生命に多くの価値あるを信ずる能はざる也、傷むべきは生命を思わずして糧を思い、身体を憂へずして衣を憂ふる人のみ。彼は生れて其の為すべきことを知らざる也。今や世事日に匆劇を加へて人は沈思に遑無し、然れども貧しき者よ憂ふる勿れ。望を失へるものよ、悲む勿れ。王国は爾の胸に在り、而して爾をして是の福音を解せしむるものは、美的生活是也。(125)

胸の中にある「王国」を想起して安心を得る営為は、まさしく〈憧憬〉の態度そのものであろう。以後の彼の論説においては、〈憧憬〉の語が多く用いられていくようになることも含めて、高山樗牛は「美的生活」論において、理想と現実の解釈をめぐる〈憧憬〉という思惟の様式を確立させたといってよい。では、何が〈憧憬〉をもたらしたのか。そのことの答えは、実はニーチェとの邂逅にある。再び先のツィーグラーのニーチェ紹介を見てみよう。括弧内は『反時代的考察』からの引用である。邦訳から引用する。

此の「古き及び新らしき信仰」の著者は彼にとつて、永遠に努力し永遠に満足することのない人格を全たく誤認せる、飽和せられた「教養ある俗人」の典型である。これこそは「一切の強力者及び創造者の障碍、一切の懐疑者及び彷徨者の迷宮、一切の倦怠者の沼沢、一切の高き目標に奔る者の足枷、一切の新萌芽の有害なる霧、憧憬し且つ新生命を渇望する独逸精神を枯渇させる沙漠である。何となれば此の独逸精神は憧憬するから！　而も其等の教養ある俗人は此の精神が憧憬する故に、また此の精神が憧憬する所を彼等が既に見出したと信ずる事を肯ぜぬ故に、これを憎むからである[126]」。

引用中の「憧憬」は、原文では〈憧憬〉はsehnsuchtではなくsucht（探求する）となっているが、高い理想を設定し、追い求めていく態度という点では共通している。そしてこれとは反対に、「天才」への〈憧憬〉を阻害する「教養俗物」の振る舞いは批判されていくことになる。

以上のような高山の「美的生活」論を、芸術論の展開に即して整理すれば、芸術的な「天才」の積極的な評価へとつながっていく。文明化の進展が「画一化」をもたらし、人々から個性を奪っていくとすれば、それに反逆し、新たな作品を創造していく存在が必要となる。知識や道徳の制限によって芸術的な創造に規制を加えるのは、「教養俗物」の業である。それを告発し、新たな理想を文学者が真に「文明批評家」の名に値するのであり、そのような理想として〈憧憬〉に値する「天才」や偉大な人格を発見していくことが、世紀転換期において高山が到達した思想的境位だったのである。これに前後して高山は詩人としての菅原道真や平清盛についての伝記も著わしていくことになる。

しかし、高山の「美的生活」論は、右のような論理を持ちながらも、同時代には欲望本能主義に堕する主張だとして批判された。いわゆる美的生活論争である[127]。

「美的生活」論に対する批判は、長谷川天渓、中島孤島、後藤宙外、森鷗外、坪内逍遙のほか、高山の友人であった大町桂月や、同じ帝大出身の樋口龍峡からもなされた。このうち最も執拗な批判を展開したのが、早稲田派の文学者たちであった。長谷川天渓は、高山の論文発表の二週間後から『読売新聞』紙上に「美的生活とは何ぞや」と題する論説を二週にわたり発表し、仮に快楽を得ることを美的とする高山の説に従うならば、

「色情の奴隷が、異性を追ひ廻すも、亦其非個人的性向を満足せしむる者であるから、美的である。高山君は果して此等の例をも美的であると承認せらるゝであらうか[128]」といい、高山が排斥する「物質主義」がますます勢力を得、社会は『精神なき穢土』と化すではないかと批判した。これに対し、高山の友人でドイツ文学者の登張竹風が、『帝国文学』誌上で、「高山君の「美的生活論」は、明かにニイチエの説にその根拠を有す[129]」と論じてニーチェ思想の類似性を強調して擁護したことから、「美的生活」論争は、ニーチェ解釈の是非をめぐる論争へと発展していった。

論難にさらに追い打ちをかけたのは坪内逍遙であった。坪内もまた『読売新聞』紙上で、十月より匿名による「馬骨人言」という連載を開始し、「何事も流行向の事さ。名からして粘ばりとニィッチェ〳〵と言はぬと、此のせつの文壇では幅が利かぬげな[130]」と、没理想論争以来の戯作調で高山、登張の主張に冷笑を浴びせかけ、実に一カ月に渡って同紙の一面二面でニーチェ主義を批判し続けた。これを受けた登張が、「余は未だ嘗て、馬骨人言の如く嘲罵の悪文字を羅列したるを見ざるなり[131]」と憤慨して『帝国文学』誌上で猛反論すると、坪内は、文体を改めて『軽佻至極なりしと予が信じたる無道徳主義《イムモーラリスム》の鼓吹に対したる時の予が感想は、憤激と云はんよりは寧ろ公怒義憤《インヂグネーション》ともいふべかりき（中略）按ふに無道徳《イムモーラリチー》及び無道徳主義《イムモーラリスム》と戦はんは生を人間に享けたるものゝ天職にはあらざるか。況んや仮初にも任に教育に当るものをや[132]」と、さらに辛辣な批判を加えた。高山が帝大、登張が高等師範の教師だったことに対する当て擦りである。明治三十四年の公徳論を牽引したのが『読売新聞』だったことを思えば、「公怒義憤」を語る坪内もまた、公徳の主唱者の一人だったわけである。

ところで、同論争の最中、高山は登張に「親分〔坪内〕の常識一点張の俗論は大に討つべし。小生も此点にては（先輩ながら）一歩も譲らざる覚悟に御座候（中略）然し賑かになり、仕合に御座候。目下の処、吾党の勢は偏に君の力に倚らざるを得ず。事、党同伐異に類すれども、主義上の争、可然事と存候[133]」と書き送り、美的生活論争が「主義上の争」であることを明言していたが、高山は「美的生活」論への批判者に対して直接の反論をしていない。この点については、「美的生活」論＝欲望本能主義＝ニーチェ主義という、批判者が前提とした図式が、そもそもの高山の問題意識と嚙みあっていないため、反論のしようがなかったという先行研究の指摘が説得的だが[134]、さらにいえば、「文明」に対抗する「理外の信仰」を求めてきた高山の「本能の充足」の具体像が、例えば「薔薇花かほる籔の蔭、月の光あかき磯のほとりに、手を携へて互いに恋情を語り合う[135]」という、多分に抒情的なものであって、批判者によってもっぱら引き合いに出された「色情の奴隷」のイメージと重ならなかった点も重要なのではないかと考えられる[136]。

高山樗牛と雑誌『明星』

ところで、美的生活論争のなかで、登張竹風を除いて唯一高山らに賛意を表したのは、與謝野鉄幹が主宰する『明星』グループの人々であった。與謝野鉄幹は、美的生活論争の最中には、高山を「詩人」、坪内を「教師」とし、「余は学理を知らず、唯詩人を高しとする者なり[137]」と、「美的生活」論を擁護していた。両者の間に親密な交際はなかったが、思想的には一種の共闘関係にあったといえよう。『明星』の詩歌と高山の「美的生活」は、同様に非政治的な個人主義として評価されることが多いが、では、高山の主張と『明星』の思想は全く同一の論理に立つものだったのであろうか。このことは、高山の言論が同時代の文芸作品の創造にどのような刺激を与えたかを考える材料ともなる。いくつかの点にわけて考えてみたい。

その第一は、鳳晶子『みだれ髪』の評価をめぐる問題である。

高山は、『みだれ髪』発表直後、「晦渋」であるとの留保つきだが、「鳳昌子《ママ》が才情の秀絶は吾人の認むるところ、其の歌調新たにして高く、情清くして濃、慥に一家の風格を具へたり[138]」との評価を与えていた。しかしその翌月になると、「星と菫と恋愛と粉脂とを歌ひて青春の韻事を競ふものあり。痴態寧ろ憫むに堪えたり[139]」と一転した見解を述べるにいたる。例えば『みだれ髪』の「経はにがし春のゆふべを奥の院の二十五菩薩歌うけたまへ」という短歌は、神々の世界の「教」に対して「歌」を投げかけたいのちの自己主張として解釈されるが、[140]それは彼らの歌が現世内での幸福を求めた証左にほかならない。

「やは肌のあつき血汐に触れもみでさびしからずや道を説く君」[141]と歌い、あくまで現世内の快楽追求の範囲内で「道徳」を批判する『明星』派の歌風と、「理外の信仰」への〈憧憬〉によって「美的生活」を構想した高山の「幸福」像の間には隔たりがあったのである。

第二は、第一点と関連するが、「美的生活」論における本能が、長い歴史をかけて形成されてきた「種族的習慣」[142]と規定されていることである。高山は、現世一回限りの生ではなく、先人たちの遺産として人生の幸福があるというのである。この独自の本能規定こそが、「日本主義」以来の課題を引き継いだものであり、[143]歴史のなかに「天才」を見出して〈憧憬〉することを積極的に肯定する論理を準備したといえる。これら二点の問題は、後に高山が田中智学との邂逅を経て、宗教上の「天才」である日蓮賛美に向かう伏線だったともいえよう。「美的生活」論は、高山の次なる思索の芽をすでに含んでいたのである。

「美的生活を論ず」は、高山における原理論としての「美学」と、時代認識としての「文明批判」の精神が結実したところに成立した、「日本主義」に代わる積極的な新しい「主義」の提示だった。多くの反響を呼んだことも含め、同論文が高山の思想を理解する上で最重要の文献であることは、疑いがない。彼の「美的生活」論は、先行研究の評価枠組み内で理解されてきたような現実からの逃避ではなく、個人を省みない道徳論が横行する時代状況への積極的な批判となっていたのである。また、高山の「美的生活」の論理の内には、現世内の幸福追求に留まらない信仰的な側面が存在していた。

『明星』派への接近と乖離、さらに美的生活論争を通じて、高山のなかには、精神的価値を重視する〈憧憬〉の態度が確固たるものとして立ち上がってきていた。彼の思考は次第に霊的なもの、霊性の自覚へと連なっていく。最晩年の高山の思想世界はいかなるものであったのか。そして、彼の言論は「煩悶」へと向かう青年層の声とどのように結びついていったのか。次章では日蓮への傾倒の問題とともに考察を進めていきたい。

註

（1）日清戦争直後から、徳富蘆花、島崎藤村、内田魯庵の小説、あるいは横山源之助のルポルタージュを通じて文明批判が醸成されていた点については、鹿野政直『資本主義形成期の秩序意識』（一九六九年、筑摩書房）四八一～四八八頁を参照。
（2）伊藤博文述『伊藤侯演説集』第二編（一八九九年、日報社）一九七頁。
（3）条約改正をめぐる争点のなかで多くの反対にあった内地雑居について、関門を設けて交通を不便にすることは、交易の進歩を阻害するという観点に立ち明確な賛成を述べ続けたのが田口卯吉であった（河野有理『田口卯吉の夢』二〇一三年、慶應義塾大学出版会、一七二頁以下参照）。内地雑居の実現は、まさに新たな秩序への参入を意味しており、必然的に多くの人々の意識を変革させたといえよう。
（4）徳富猪一郎「帝国主義の真意」（『社会と人物』一八九九年、民友社）四一頁。
（5）鈴木貞美「明治期『太陽』の沿革、及び位置」（鈴木編『雑誌『太陽』と国民文化の形成』〈第三章註(95)〉）一三頁。
（6）『太陽』の同特集に掲載された膨大な情報が持つ意味については、西川祐子「雑誌『太陽』の「十九世紀」特集号に見る世紀転換の意識」（西川・渡辺編『世紀転換期の国際秩序と国民文化の形成』〈序章註(44)〉）二一一～二一七頁および、御厨貴『明治国家の完成』日本の近代3（二〇〇一年、中央公論新社）一〇八～一二一頁参照。
（7）高山林次郎「十九世紀　総論」（『太陽』六巻八号、一九〇〇年六月）一九頁。
（8）同前、二〇頁。
（9）高山の人種論については橋川文三『黄禍物語』（二〇〇〇年、岩波現代文庫）七〇頁以下にまとめられている。橋川は、高山の人種闘争の観点を、『樗牛全集』で採用されたいわゆる「第三期（信仰覚醒の時代）」直前まで継続すると見ているが（七一頁）、高山の人種競争を基礎とした「文明」観は、明治三十四年以降も継続している。
（10）前掲高山「十九世紀　総論」三二頁。
（11）外務省編『日本外交文書』第三三巻（一九五六年、日本国際連合協会）七一一頁。
（12）「発刊の辞」（『鴛鴦文学』一号、一九〇〇年九月）一頁。以下、『鴛鴦文学』からの引用は行田市立図書館所蔵の資料による。
（13）内村と雑誌メディアの関係については、赤江達也『「紙上の教会」と日本近代』（二〇一三年、岩波書店）参照。

(14) 高山林次郎「創刊の辞」(『中学世界』一巻一号、一八九八年九月)一〜二頁。

(15) この点について、中等教育への門戸が拡大したとはいえ、進学率は明治三十三年の時点で二・九%にとどまっており、依然狭き門だったとの指摘もあるが(広田照幸「立身出世の夢と現実」、小風秀雅編『アジアの帝国国家』日本の時代史23、二〇〇四年、吉川弘文館、一三九〜一四〇頁)、雑誌の編集発行に関わる人数が増えたことは、「誌友交際」の拡大に少なからぬ影響を与えたと考える。

(16) 伊東久智「日清戦後における青年雑誌の自律化過程」(『出版研究』三八号、二〇〇八年三月)八二頁。

(17) 紅野謙介『『中学世界』から『文章世界』へ』(『文学』四巻二号、一九九三年四月)および関肇『新聞小説の時代』(第一章註(105))第Ⅳ部を参照。

(18) 無署名(高山)「無名の文豪、听鸝生」(『太陽』六巻三号、一九〇〇年三月)三四頁。

(19) E・H・キンモンス(広田照幸他訳)『立身出世の社会史』(一九九五年、玉川大学出版部)一九七頁〜二〇〇頁、天野郁夫『教育と選抜の社会史』(二〇〇六年、筑摩書房)二三四頁を参照。

(20) 「鴛鴦文学会々則」(一九〇〇年七月)、引用は行田市教育委員会編『行田市史』資料編近代一(二〇〇六年)六四七〜六四八頁。

(21) 『鴛鴦文学』は行田市立図書館のほか、明治新聞雑誌文庫に一号が、埼玉県立図書館に一号〜四号が所蔵されている。埼玉県立図書館では二号〜四号をデジタル化し、ホームページ上でも公開している(二〇一六年五月五日アクセス)。

(22) 会員の同定には、『埼玉県熊谷中学校一覧 明治三十八年十月』(一九〇五年)掲載の卒業生名簿のほか、埼玉県立文書館に所蔵されている明治三十三年の『教員及職員』(埼玉県行政文書明五一四六ほか)中の任免・増俸関係の書類、行田市史編纂委員会編『行田市史』下巻(一九六四年)掲載の人物伝を用いた。

(23) 「鴛鴦文学会入会申込書」(一九〇〇年)、引用は前掲『行田市史』資料編近代一、六四九頁。

(24) 小林秀三の経歴および交友関係は小林一郎『田山花袋 増補版』(一九六九年、創研社)一三二頁以下を参照。石島については、林眞「明治後期地方文壇の元勲 石島薇山」(『田舎教師研究』四号、一九八二年)に、彼の著作目録とともに紹介がある。

(25) 「改正鴛鴦文学会会則」(『鴛鴦文学』一号)奥付頁。

(26) 「会告」(『鴛鴦文学』二号、一九〇〇年十二月)三三頁。虚子は第三号に「寒十句」を寄せている。虚子の寄稿には、川島奇北の紹介があったと考えられるが、『ホトヽギス』が毎号「地方の俳句会」欄を設け、地方俳人との結びつきを重視していたことも注目される。秋尾敏『虚子と「ホトトギス」』(二〇〇六年、本阿弥書店)一三六頁以下参照。

(27) 前掲「改正鴛鴦文学会会則」。
(28) 「一筆呈上」(『鴛鴦文学』三号、一九〇一年二月)四三頁。
(29) 野本宇風「社会と芸術」(『鴛鴦文学』四号、一九〇一年七月)二頁。
(30) 中島国彦『近代文学に見る感受性』(一九九四年、筑摩書房)二五一頁以下において、中島は、明治三十年代前半を、ヨーロッパの美学説を編述する形式を中心に、美学上の重要な著作が相次いで刊行された「美学の時代」と評している。
(31) (川島)奇北「薇山君」(『鴛鴦文学』四号、一九〇一年七月)三〇頁。
(32) つきのやまどか(山田良三)「月硒舎漫筆」(『鴛鴦文学』二号)三一頁。
(33) 小林秀三の日記については、明治三十四年分の翻刻が、前掲小林『田山花袋 増補版』に写真とともに収録されている。また明治三十七年の四月から六月分が、岩永胖によって翻刻されている(「田舎教師の日記抄」、全国大学国語国文学会研究史大成編纂委員会編『国語国文学研究史大成』第一三巻、一九六〇年、三省堂)。
(34) 前掲小林『田山花袋 増補版』および森川輝紀「青年教師像の形成に関する一考察」(『埼玉大学紀要教育学部教育科学』二九巻、一九八一年三月)、坂本麻実子『明治中等音楽教員の研究』(二〇〇六年、風間書房)を参照。
(35) 円月「同人偶語」(『鴛鴦文学』三号)三八頁。
(36) 「人道論の消長」(『日本』一九〇〇年十一月十四日付一面)。アムール川事件が国内に引き起こした思想史上の連鎖反応については、山室信一『日露戦争の世紀』(二〇〇五年、岩波新書)八九～九二頁。
(37) 前掲円月「同人偶語」三九頁。
(38) 明治三十三年六月に、高山は次のように語っている。「今は印刷の便利なる世とて、今夕筆を走らして利口げな事を書けば、明日は麗々たる大文字となりて天下に頒布せらる。知らざるものは見て如何にもエラサウに想像すれど、多くは無一者なる白面書生が無責任なるざれ書きに過ぎざるぞかし。少年客気の際にはこのエラサウなる所ヒドク気に入るものにて、虚名を儕輩の間に馳せて一ッ廉の大文豪になり済ます様は、笑止千万と申す外無し」(無署名〈高山〉「少年の文学熱」、『太陽』六巻七号、一九〇〇年六月、二七頁)。
(39) 明治三十三年一月に桜洲青年同志会で行なわれたとされる講演「青年の時弊」では、「先日幹事より頂戴した雑誌を見たのに、其の綱領に、第一、道徳主義は国家主義を採ると云ふ明文があつて、予の所謂日本主義と撰ぶ所が無いやうである。是に於て予は大に感じたから、一言諸君に告げなければならぬ。(中略)如何となれば、今日立派なる学者間に於ても、其の意見が区々にして一定せざるが如き難問題であるに依つて、諸君の如き青年が、斯の如き主義を公示して行進することは、甚だ穏当ならざるやうに思ふのである」(姉崎正治・笹川種郎編『改訂注釈樗牛全集』第四巻、一九二七年、博文館、七〇九頁）という違和感が表明されている。桶谷秀昭『文明開化と日本的想像』（一九八七年、福武書店）一三一頁も参照。桜洲青年同志会については不明な点が多い。東京に本拠を置き雑誌『桜洲之青年』『桜洲青年』を発行していた青年団体ではないかと思われるが、高山との接点は不明である。

(40) 『鴛鴦文学』の主催者であった石島薇山は、同誌廃刊後、『忍商報』という地元の情報紙でも「文明批評」を執筆していった。彼はまた、明治三十五年八月の万朝報理想団忍支部の結成に参画し、創立委員も務めている。理想団忍支部には、忍町の商業関係者が参加したほか、小林秀三ら鴛鴦文学会の会員も確認でき、彼らの「文明」への違和感は、次第に社会改良の方面に向かっていったといえる。

(41) 林忠正「読者への挨拶」（『稿本日本帝国美術略史』一九〇一年、農商務省）。引用は小路田泰直監修『史料集公と私の構造』別巻（二〇〇三年、ゆまに書房）iv頁。

(42) 佐藤『明治国家と近代美術』（序章註(46)）一二五頁。

(43) 無署名（高山）「敢て日本美術史の編著を促す」（『太陽』一巻一二号、一八九五年一二月）四七〜四八頁。

(44) 金子『巴里万国大博覧会に対する方針』（第三章註(139)）九〜一〇頁。なお、出品する美術品の注意では、「彼の日清戦争の際に於ける我軍勇武の状を示さんと欲し、清軍敗績の光景を画くが如きは、深く戒めざる可らず、此の如きは平和克服後更に清国人民の感情を傷つけ徒らに敵愾心を刺激するものにして、文明国人の最も忌み嫌ふ所、我美術家たるもの、必らず斯かる失態を演ずべからず」（一二頁）とされていることも重要である。伊藤『明治日本と万国博覧会』（第三章註(138)）参照。

(45) 「臨時博覧会事務局告示第二号」（『官報』四〇五〇号、一八九六年十二月二十六日）二頁。

(46) 「臨時博覧会事務局告示第七号」（『官報』四四五一号、一八九八年五月五日）一頁。

(47) 岡倉覚三「日本美術史」（一八九一年）、引用は『岡倉天心全集』第四巻（一九八〇年、平凡社）一六三頁。岡倉の「日本美術史」講義は自筆草稿がなく、聴講生による筆記ノートをから再構成したものが全集に収録されている（吉沢忠「岡倉天心とその「日本美術史」」五二四〜五二七頁）。以下の引用では、明治二十四年度講義を底本とした平凡社版全集から引用する。

(48) 同前、五頁。

(49) 岡倉の美術史については、木下『岡倉天心』（第一章註(22)）のほか、吉田千鶴子『〈日本美術〉の発見』（二〇一一年、吉川弘文館）参照。

(50) 明治十七年十月二十一日付佐野常民宛岡倉覚三書簡、引用は『岡倉天心全集』第六巻（一九八〇年、平凡社）一〇頁。

（51）鉄槌道人（岡倉）「日本美術ノ滅亡坐シテ俟ツヘケンヤ」（『大日本美術新報』二四号、一八八五年十月）二〇頁。以下、引用は『大日本美術新報』近代美術雑誌叢書1（一九九〇年、ゆまに書房）による。
（52）武藤「天心の憂鬱」（第一章註（11））、および神林『美学事始』（第一章註（5））四八頁以下を参照。
（53）前掲岡倉「日本美術史」一六二頁。
（54）アルバート・シュヴェーグラー（谷川徹三・松村一人訳）『西洋哲学史』下巻（一九五八年、岩波文庫）三一〇頁以下。
（55）渾沌子（岡倉）「美術展覧会批評（承前）」（『日本』一八八九年四月十九日付一面）。
（56）無署名（岡倉）「国華」（『国華』一号、一八八九年十月）一頁。
（57）同前、四頁。
（58）「鑑画会に於て文学士岡倉覚三氏演説」（『大日本美術新報』五〇号、一八八八年十二月）四頁。巻頭に十一月六日との記載がある。
（59）同前、五頁。
（60）前掲岡倉「日本美術史」三七頁。
（61）前掲吉沢「岡倉天心とその「日本美術史」」五一四頁。
（62）以下の経緯は、東京国立博物館編『東京国立博物館百年史』（一九七三年、第一法規出版株式会社）二九七頁以下の記述による。
（63）小杉榲邨『大日本美術史』巻之一（一八九五年、大八洲学会）緒言一丁表。
（64）小路田泰直『日本史の思想』（一九九七年、柏書房）七一頁。
（65）色川大吉「東洋の告知者天心」（色川大吉責任編集『岡倉天心・志賀重昂』日本の名著39、一九八四年、中央公論社）三〇頁。
（66）明治三十四年四月十九日付橋本雅邦宛岡倉覚三書簡、引用は『岡倉天心全集』第六巻（一九八〇年、平凡社）一三九頁。
（67）明治三十四年十一月三日付井上哲次郎宛高山林次郎書簡、全集七三四～七三五頁。
（68）樗牛生「姉崎嘲風に与ふる書」（序章註（64））四一頁。
（69）高山がこのような着想を得たのは、建築史家の伊東忠太からの示唆が大きかったのではないかと推定される。工藤『文豪高山樗牛』（序章註（2））一〇六頁によると、高山は明治三十二年四月五日から約十日間の関西旅行に出発しており、四月十一日には奈良で伊東と合流して奈良美術の説明を聴いたと記されている。
（70）岡倉覚三著、橋川文三訳「東洋の理想」（一九〇三年）、引用は『岡倉天心全集』第一巻（一九八〇年、平凡社）八三頁。

(71) 高山林次郎「日本美術史未定稿」(一九〇一年筆と推定)、引用は姉崎正治・笹川種郎編『改訂註釈樗牛全集』第一巻(一九二五年、博文館)六三一頁。

(72) 高山林次郎「藤原時代以後の日本美術史概観」、引用は同前、七四〇頁。本史料は、明治三十三年(一九〇〇年)に哲学館講堂で高山が一時間ほど談話したときの筆記とされる。

(73) 前掲岡倉「東洋の理想」四五頁。

(74) 井上章一『法隆寺への精神史』(一九九四年、弘文堂)一五五頁。

(75) 前掲高山「日本美術史未定稿」五七〇頁。

(76) 同前、五五九〜五六〇頁。

(77) 同前、五六二頁。

(78) 香取秀眞・関保之助・六角紫水・清水亀蔵・溝口禎次郎・脇本楽之軒「現代美術の黎明期を語る」(『画説』一四号、一九三八年二月)一六三頁。溝口の発言部分による。

(79) 岡倉「泰東巧芸史」(一九一〇年)、引用は前掲『岡倉天心全集』第四巻、二六六頁。

(80) 樗牛生「美術の保護者」(『太陽』七巻八号、一九〇一年七月)四二頁。

(81) 明治三十三年五月二十日付高山久平宛高山林次郎書簡、全集五九九頁。

(82) 『官報』第五〇八二号(一九〇〇年六月十三日)四頁。

(83) 高山林次郎「京都帝国大学に就きて」(『太陽』三巻一五号、一八九七年七月)七六頁。

(84) 「木下京都大学総長の大学断片」(『大阪毎日新聞』一八九七年八月二十九日付六面)。

(85) 京都帝国大学文学部編『京都帝国大学文学部三十周年史』(一九三五年、京都帝国大学文学部)八〜九頁。

(86) 工藤『文豪高山樗牛』(序章註(2))一〇九〜一一〇頁。

(87) 詳細は、「慶應義塾の世紀送迎会」(『時事新報』一九〇一年一月二日付五面)を参照。

(88) 「文明批評」は、「文芸批評と対比される語。文芸批評よりも更に普遍的で、根本的なものである。時代の思潮・文化発達に関して、人文的方面の価値もしくは傾向を批評すること」(服部嘉香・植原路郎『新しい言葉の手引き』一九二五年、実業之日本社、六六七〜六六八頁)と定義される。多種多様に見える「文明批評」は、私見では一九〇〇年代から一九二〇年代までの間に通用したものと考えられる。大澤聡は、一九二〇年代後半から三〇年代にかけての出版大衆化のもとでの多数の匿名批評家の登場から、「社会全域を見通す大知識人が全体性を代表しうる時代の終わり」(大澤聡『批評メディア論』二〇一五年、岩波書店、四九頁)を読み取っているが、そこでは「大知識人」としての「文明批評家」の役割も変質を余儀なくされたといえよう。

(89) 愛水「同人偶語」(『鴛鴦文学』三号、一九〇一年二月二十五日)四一頁。

(90) 高山林次郎「文明批評家としての文学者(本邦文壇の側面評)」(『太陽』七巻一号、一九〇一年一月)一九頁。

(91) 木村毅は、このアンケートを丸善社内で「魯庵色」が現れ始めた嚆矢だとしている。木村毅『丸善外史』(一九六九年、丸善株式会社)二一七頁以下参照。

(92) 「十九世紀に於ける欧米の大著述に就ての諸家の答案」(『学鐙』五六号、一九〇二年一月)六五〜六六頁。

(93) 明治三十三年十一月三十日付姉崎正治宛高山林次郎書簡、全集六四六頁。

(94) 明治三十三年十二月二十日付姉崎正治宛高山林次郎書簡、全集六五三頁。

(95) 同書は十九世紀の思想史を概観したもので、一八九九年に初版が刊行され、一九一七年にはその後の思想動向も含めた増補版が発行された。邦訳は伊藤吉之助・飯田忠純訳『独逸思潮史』上下巻(一九二七年、国民図書)。書名が異なるが、また、テオバルド・チーグレル(伊藤吉之助・飯田忠純共訳)『現代独逸の精神的社会的潮流』(一九三三年、第一書房)もこれと同文である。

(96) 杉田弘子『漱石の猫とニーチェ』(二〇一〇年、白水社)三六〜四一頁。我が国におけるニーチェ受容史については、高松敏男『ニーチェから日本近代文学へ』(一九八一年、幻想社)も参照。

(97) 明治三十四年三月二十五日付木下広次宛高山林次郎書簡(京都大学文書館「木下広次関係資料」)。全集未収録。同書簡については長尾宗典「京都帝国大学総長に宛てた高山樗牛の書簡」(『日本歴史』八〇七号、二〇一五年八月)参照。

(98) 明治三十四年四月二十八日付齋藤親信宛高山林次郎書簡、全集六九九頁。

(99) 樗牛生「姉崎嘲風に与ふる書」(序章註(64))四一頁。

(100) 同前、四四頁。

(101) 同前、四七頁。

(102) 同前、四九頁。

(103) 飯田泰三「長谷川如是閑における「文明批評家」の成立(一)」(『法学志林協会』七二巻二号、一九七五年三月)六頁。飯田は同論文において、こうした樗牛型の文明批評家像に対し、長谷川如是閑型の、ジャーナリストに徹し、明治の「文明化」に同調したナショナリストとしての風貌をもつ言論人を対置している。

(104) 樗牛生「姉崎嘲風に与ふる書」(序章註(64))五二頁。

(105) 明治三十四年六月二十四日付姉崎正治宛高山林次郎書簡、全集七一四頁。

(106) 大塚保治「美学の性質及其研究法」(『哲学雑誌』一七二号、一九〇一年六月)四五〇頁。
(107) その嚆矢は志賀重昂『日本風景論』(一八九四年、政教社)であろう。「美術」ならぬ「美人」の研究については、今井又川『風采と審美学』(一九〇三年、文芸同志会)を参照。
(108) 茅原華山「樗牛の病床を訪ふ」(太田編『樗牛兄弟』〈第一章註(102)〉)一七二頁。
(109) 樗牛生「嗚呼凡俗改革」(『太陽』七巻八号、一九〇一年七月)三六頁。
(110) 福澤諭吉「瘠我慢の説」(『時事新報』一九〇一年一月一日付)二面。
(111) 菅原亮芳「「教育公報」の内容に関して」(『帝国教育会機関誌『教育公報』解説編』一九八四年、大空社)一六九頁によれば、ピークは明治三十三年から同三十五年の間だとされる。
(112) 井上哲次郎「武士道と将来の道徳」(『教育公報』二四八号、一九〇一年六月)二二頁。
(113) 明治期の「武士道」については、菅野覚明『武士道の逆襲』(二〇〇四年、講談社現代新書)、樋口浩造『「江戸」の批判的系譜学』(二〇〇九年、ぺりかん社)第二章などを参照。井上らの道徳論は、「武士道」顕彰に顕著にみられるように、日本固有の道徳的価値を取り上げることで展開されていったが、これに対し、同様に「国民道徳」論を標榜した西村茂樹においては、あくまでも普遍的な価値として道徳を位置づけられていたという指摘がある(真辺将之『西村茂樹の研究』二〇〇九年、思文閣出版)。
(114) 「巽軒日記」一九〇一年三月二十三日条、引用は東京大学史史料室編『巽軒日記』(二〇一二年、東京大学史史料室)一六頁。
(115) く、げ(桑木)「公徳論に関する疑問」(『哲学雑誌』一六九号、一九〇一年三月)二五六頁。
(116) 有泉貞夫『星亨』(一九八三年、朝日新聞社)三二三〜三二五頁。
(117) 前掲明治三十四年六月二十四日付姉崎宛高山書簡、七一三頁。
(118) 高山樗牛の「美的生活」論については、以下の文献を参照。重松泰雄「樗牛の個人主義」(『国語国文』二二巻五号、一九五三年)、杉田弘子「高山樗牛とニーチェ」(『比較文学研究』一一号、一九六六年。再録は『漱石の猫とニーチェ』二〇一〇年、洋泉社)、中村光夫「樗牛とニーチェ」(『新潮』七五巻五号、一九七八年)などが「美的生活」論とニーチェの関係を論じているが、これを批判した谷沢永一「美的生活論存疑」「美的生活論存疑再説」(『近代文学史の構想』一九九四年、和泉書院)は、ホイットマン受容の重要性を提起している。近年では、野村幸一郎「明治の社会ダーウィニズムと美的生活論争」(『森鷗外の歴史認識とその問題圏』二〇〇二年、晃洋書房)がある。また、飛矢崎雅也「大杉の「本能」、樗牛の「本能」」(『初期社会主義研究』二二号、二〇一一年)は大杉栄との思想を比較している。

(119) 長谷川『樗牛 青春夢残』(第二章註(1))一四一頁。
(120) 丸山眞男「明治国家の思想」(『戦中と戦後のあいだ』一九七六年、みすず書房)二三二頁。また、神島二郎も高山の「美的生活」論は、欲望を自己目的化した「欲望自然主義」への道を開くものと解釈している(神島二郎『近代日本の精神構造』一九六一年、岩波書店、一九〇頁)。
(121) 樗牛生「美的生活を論ず」(『太陽』七巻九号、一九〇一年八月)三四頁。
(122) 以上の点について高山は、George Santayana, *The Sense of Beauty: Being the Outlines of Aesthetic Theory* (New York: C. Scribner's Sons, 1896), pp. 23-31で展開された議論を参照したと考えられる。
(123) 前掲樗牛生「美的生活を論ず」三三～三四頁。
(124) 笹淵『浪漫主義文学の誕生』(序章註(54))一九九～二〇〇頁。また美的生活論争については、以下も参照。Randolph Spencer Petralia, *Nietzsche in Meiji Japan: Culture Criticism, Individualism and Reaction in the "Aesthetic Life" Debate of 1901-1903* (Ann Arbor: University Microfilms International, 1981), pp. 478-479.
(125) 前掲樗牛生「美的生活を論ず」三九頁。
(126) 前掲チーグレル『現代独逸の精神的社会的潮流』八一四頁。これに対応する原文として、Theobald Ziegler, *Die geistigen und socialen stromungen des neunzehnten jahrhunderts* (Berlin: G. Bondi, 1899), pp. 587-588も参照。
(127) 同論争の経過については、笹淵『浪漫主義文学の誕生』(序章註(54))二〇二頁以下、および谷沢『文豪たちの大喧嘩』(序章註(9))二三〇頁以下に詳しい。
(128) 長谷川天渓「美的生活とは何ぞや(つゞき)」(『読売新聞』一九〇一年八月二十六日付)四面。
(129) 無署名(登張)「美的生活論とニィチエ」(『帝国文学』七巻九号、一九〇一年九月)一二一頁。
(130) 無署名(坪内)「馬骨人言」(『読売新聞』一九〇一年十月十二日付一面)。
(131) 竹風生「馬骨人言を難ず」(『帝国文学』七巻一二号、一九〇一年十二月)一〇七頁。
(132) 馬骨人言の著者「帝国文学記者に与へて再びニィチェを論ずるの書」(『読売新聞』一九〇一年十二月十八日付)三面。
(133) 明治三十四年十二月十日付登張信一郎宛高山林次郎書簡、全集七五二頁。
(134) 谷沢永一は、友人登張の面目を潰さないために、高山が反論できなかったという見方を提示している(谷沢『文豪たちの大喧嘩』〈序章註(9)〉二二三頁)。
(135) 前掲樗牛生「美的生活を論ず」三七頁。
(136) 内田魯庵は、このズレを見抜いていたと思われる。小説「破調」に登場する「新ローマンチシズムの驍将」春村蜉蝣は、一目惚れしたヒロインに「正直」に想いを打ち明けるが、逆に「貴郎は新ローマンチシズムだつて、少とニーチエ主義を実行なさいよ。妾くしに惚れたなんて仰しやるが、腕力で妾くしを手籠めにする勇気があつて?」とやり込められ、絶句してしまう(内田魯庵『社会百面相』一九〇二年、博文館、四五五頁)。

(137)鉄幹「余材」(『明星』一七号、一九〇一年十一月)六三頁。

(138)無署名(高山)「無題録十五則」(『太陽』七巻一〇号、一九〇一年九月)四一頁。

(139)樗牛生「豪傑衆と高襟衆」(『太陽』七巻一二号、一九〇一年十月)四〇頁。高山と『明星』との関係について、笹淵友一は、「樗牛の性欲即恋愛の思想は「明星」の恋愛観と完全に一致してゐる」と述べ(笹淵友一『文学界とその時代』下巻、一九六一年、明治書院)、中皓は、自らの理論に背いて『みだれ髪』の革新性を理解しなかった高山の観賞眼を問題視しているが(中皓「高山樗牛と与謝野鉄幹」、『同志社女子大学学術研究年報』三三巻三号、一九八二年十一月)、両者の「幸福」解釈には相違点があったのであり、いずれも評価としては妥当ではないように思われる。

(140)磯田光一『鹿鳴館の系譜』(一九八三年、文藝春秋)一四一頁。

(141)鳳晶子『みだれ髪』(一九〇一年、東京新詩社)一〇頁。

(142)前掲樗牛生「美的生活を論ず」三六頁。

(143)松本三之介『明治思想史』(序章註(28))二〇九頁。ただ、同じ頃に、理想と現実の矛盾対立をめぐる種々の議論を描きながら、登場人物に「此古び果てた習慣の圧力から脱がれて、驚異の念を以て此宇宙に俯仰介立したい」と語らせた国木田独歩のような立場も存在したことは注意してよい(国木田独歩「牛肉と馬鈴薯」、『小天地』二巻三号、一九〇一年十一月、二六頁)。国木田が同時代におけるニーチェ論争を意識していたらしいことについては、木村洋「告白体の高山樗牛」(『国文研究』五七号、二〇一二年六月、のち木村『文学熱の時代』〈序章註(33)〉に再録)三〜四頁参照。

第五章――日露戦争期における〈憧憬〉のゆくえ

第一節 「霊性」の発見

日蓮の発見

高山樗牛が日蓮の事績に強く惹かれ始めるのは、「美的生活を論ず」の発表から一ヵ月後の明治三十四年（一九〇一）九月頃からだった。田中智学から著書『宗門之維新』を寄贈されて読んだ高山はいたく感銘を受け、「其の意気の猛烈なる、其の抱負の高大なる、其の理想の深遠なる、而して其の文章の雄偉なる、吾人は以て近時宗教界の一文字なりと賞賛するの決して溢美に非るを信ずる也[1]」として、『太陽』誌上にこれを紹介した。

田中智学の『宗門之維新』は、「夫レ本化ノ妙宗ハ、宗門ノ為メノ宗門ニ非ズシテ、天下国家ノ為メノ宗門也、即チ日本国家ノ応サニ護持スベキ宗旨ニシテ、亦未来ニ於ケル宇内人類ノ必然同帰スベキ、一大事因縁ノい至法也[2]」と述べ、天下国家のための宗門改革を訴えた書である。また同書は、田中が「日蓮主義」の語を初めて用いた著作とされ、田中が主宰する日蓮主義団体・国柱会の運動の方向性を示した書であると評されている[3]。高山は、同年十月二十五日、鎌倉の師子王文庫を訪れて田中智学と面会し、直接の教えを乞うている。そのときの印象を、田中の高弟にあたる山川智応は次のように回顧している。

来意は、『宗門の維新』を頂戴して、それに就いて少しく御伺い申し度いことがあつてとの事で、やがて恩師がお出でになつた。すると高山氏は『宗門の維新』を贈られた礼を厚く述べて、その理想の雄大に驚いたこと、文章の熱烈に魅せられたことなど語つて、さて『あの御理想は、先生の御考へでありますか、日蓮上人の御遺志御理想でありますか』と問うた。仍て恩師は諄々、大聖人の主義抱負事蹟から、今の世間及び宗門が、毫も大聖の真相を知らざることを説かれた処が、一語一語傾聴して、会心の談に至ると、頸を少し曲めて感服する、『全く左様です。私なども矢張、日蓮上人は一個風変りの強気な坊さん位ゐしか考へて居りませんでした、が、少し前に偶とした処で、上人の御文章を見ました時から、何となく其の人物に偉れた処があると感じましたが、今度あの御書物を頂き、親しく御話を承つて、始めて今までの上人に対する考を根柢から一変されました。如何でございませう、鎌倉へ移住しまして、上人の研究を致したいと思ひますが、仏教のことは、大学で村上さんから少し聞きましたが、別段の智識を持つて居りませんが、上人のは大分他のとは異つて居る様に思はれます。何分の御教示を願へれば幸福で御座います』と、真摯な、誠心こめての話で、恩師も、『それは結構な事だ、今の日本の学界に、大聖人を知らないのは自らの親を知らぬ様なものです。貴方の如き俊秀な人が研究をなさるのは、我が思想界に取つて如何にも悦ばしいことで、及ばずながら、御研究の御手引は致しませう』と承諾せられて(4)(後略)。

こうして田中智学と高山の交友が始まったのである。明治三十四年十月、高山は鎌倉長谷寺境内に居を構え、日蓮の事績の研究を進めていくが、その過程で彼は次第に「霊性」への自覚を深めていった。これに前後して、高山は「人は兎に角死生の間に出入すると、人生の趣味もいくらか分る様だ。此頃は宗教(僕の)に関して思念することも往々ある。同時に僕の個人主義とでも云ふべきものが一層明瞭になつた。ドーモ日本主義時代の思想が、僕の本然の皮相なる部分の発表に過ぎなかつたことが今から思はれる」[5]という手紙を姉崎宛に書いている。かつて「日本主義」を唱えていたころの宗教排撃は、完全に後景に退いたといえよう。当該期においては、例えば清沢満之が『精神界』を発行し、「無限者に接せされば、処世に於ける完全なる立脚地ある能はさる」[6]として「精神主義」を訴えたように、霊性に注目する議論は、高山に限らず、広く現れ始めてきていたのだった。明治三十五年一月に『太陽』に発表した論文「現代思想界に対する吾人の要求」において、高山は次のように明確に宗教の必要性を述べていく。

吾人は霊性の安慰の為に宗教を要し、理性の平和の為に哲学を要し、人格の修養の為に教育道徳を要す、是れ豈最も簡明なる人性本然の要求に非ずや。而して今の思想界は宗教の代りに宗教の学説を与へ、哲学の代りに哲学の歴史を与へ、教育道徳の代りに教育倫理の理論を与ふ。而かも求むるものは遂に与へられざる也。二十世紀文明とは是の如く人性本然の要求を無視するものなる乎。[7]

その後高山は「日蓮上人とは如何なる人ぞ」（明治三十五年四月）、「日蓮上人と日本国」（明治三十五年七月）といった日蓮研究の成果を立て続けに発表していくのである。

樗牛・嘲風の往復書簡

日蓮への傾倒とともに、最晩年の高山の思想活動において注目されるのは、洋行中の姉崎との往復書簡を『太陽』誌上に発表していったことである。これは姉崎にとっては、批評家としての知名度が青年層の間で一挙に高まる転機となった。これらの書簡は、雑誌『太陽』に未発表のものも含めて、高山自身が「是等往復の書信が後年篤志なる友人の手に輯めらるゝ事もあるならば、其の一冊こそは蓋し吾等の生存の意義を尤も明かに物語るものであらう[8]」と書いているとおり、当時の高山たちの考えを知る上では格好の素材となる。両者の手紙は、高山没後に出版された遺稿集『文は人なり』増訂版（一九一八年、博文館）に収録されているが、『太陽』誌上で交わされたやり取りについて、発信者と掲載年月を整理すると次のようになる。

「姉崎嘲風に与ふる書」（高山発、明治三十四年六月）／「消息一通」（高山発、明治三十四年十二月）／「高山樗牛に答ふるの書」（姉崎発、明治三十五年二月）／「高山樗牛に答ふるの書（承前）」（姉崎発、明治三十五年三月）／「吾友の書信」（姉崎発、明治三十五年六月）／「再び樗牛に与ふる書」（姉崎発、明治三十五年八月）／「感慨一束」（高山発、明治三十五年九月）／「戴冠式延期と英国民の覚醒」（姉崎発、明治三十五年九月）

高山の「姉崎嘲風に与ふる書」への返書は、明治三十五年二月に「高山樗牛に答ふるの書」として『太陽』に発表された。姉崎は、美術と宗教について、高山の美術史研究に向けた抱負を喜び、お互いの思想課題を確認して次のように語っている。

蓋し美術は文明の花なり、国民の直観し感想し希求し憧憬する所皆形を具へて諸種の美術に発す、形に現れたる美術は形なき人文人心の発表に外ならず、此故に国民の性情境遇理想、短くいへば人文の大勢根底を知らずして、美術を論ずる者は、土壌を見ずして園芸を論ずるに似たり、精神の発表は精神の根底を操りて始めて理会し得べし、君にして特に此注意と見識とを以て此研究を進め、他日の大成を期せば、日本の文明史は君の美術史によりて発揮せられん、幸に自愛して徐に静に大成せよ、美術が文明の華なれば、宗教は文明の源泉なり、国民の観念理想此に集中し此に涵養せられ、発して一国の文明をなす、君も知れる如く余は自ら計らずして、此源泉に人心の深き音を聞かんと欲して今の研究を始めたり[9]。

一国の文明の価値の源泉である宗教を理解することで、精神の発表である美術もよりよく理解できるようになる。彼らの研究は、そのためにある。みだりに「愛国」を振りかざし、学術を実用応用のみで功利的に理解している俗流の学者や言論人に「反抗的革新的精神」をもって臨んでいくこと、これこそが彼らの課題であり、それは「人文の大勢」という理想を〈憧憬〉することによって可能とされるのだった。また、姉崎は、高山に向かって「ロマンチクの傾向」を有する「個人主義」の立場を告白している。

「ロマンチシスムの臭味を帯びたる一種の個人主義」、君が君の精神に此の如き傾向多くなりしを報ぜし後、君の書に依り君の個人主義主観主義の処在を明にして予の精神の傾向が君と同じうするを禁ずる能はず、君よ君が主観主義として先に論明し、僕が今客観的真理の思想に反抗せんとする根本思想は、果してロマンチシスムと称すべきや否やを知らず、何となればロマンチシスムの中には雑多の異分子ありて、之を分析して其性質を一言に表し得ざる者あればなり、されど僕の思ふ所に依れば、吾等の主観主義が詩と現実とを致一にし、構想と思考と希求との根本の区別をなすを許さゞる点に於ては、恐くは確にロマンチクの傾向を有する者と称し得ん。(10)

右の姉崎のロマン主義理解は、帝国大学文科大学で接したケーベルの理解を踏襲していると思われるが、姉崎の発言に従えば、「詩と現実とを致一にし、構想と思考と希求との根本の区別をなすを許さゞる」という両者の理想に対する〈憧憬〉の立場は、それまで別個に追求されながら、ここで文明批判と結びついて高山、姉崎両者の間で共有されるに至ったのである。姉崎の「個人主義」の議論は、続く「再び樗牛に与ふる書」において、ショーペンハウアーとニーチェとワーグナーの比較論として展開されていくことになる。姉崎は、意志の反映として現実が構成されるというショーペンハウアーの世界観が、ニーチェ、ワーグナーの思想を規定していると見なし、ニーチェにおいては「意志の拡張」から現世的な道徳の超越が志向され、ワーグナーにおいては、「意志の融合たる愛」に人生の本質が見出されていると主張する。彼は「ワグネルは、彼が一生の苦心煩悶と其の天性の慈愛同情深きとに助けられ、彼れ自信の精神は音楽の深き天来の音と同化し、此に依りて彼が腐敗せりと見し人生の中にも、彼れの天職と信ずる楽劇の事業を悪魔視する社会にも、総て悩みを共にし、悲喜を同じうする同情の愛を発見し得たり[11]」と述べて、個人と個人、あるいは個人と社会とが根源的な「愛の福音」に支えられて、人間形成を行なっていくことを理想と定めたのであった。

さらに、姉崎の発言は、次のような精神的文明の状態への批判にもつながっていった。

僕は思ふ日本現時の文明が、其の有形の事業と無形精神の事実とに係らず、多くは直訳模倣や皮相の経営に流れんとするは、即ち苦心健闘の足らざる結果ならずやと、此く考ふれば今日流行の洋行が、其の外国文明を日本に紹介し輸入する利益と其が深き根底ある牢固なる又自然なる文明の発達を妨ぐる害と、何れが多きや少きや、大に疑なきを得ず[12]。

いわゆる洋行無用論である。およそ留学して彼の地で学ぶことの意味はほとんどないとする姉崎の論は、森鷗外から強く批判されることとなった。森は、「又最近の太陽に、在伯林文学士姉崎正治氏の開書を載せたるを見るに、姉崎氏は自家の洋行の殆ど全く無功なりしを歎じ、独逸の学問宗教の根抵の取るに足らざるを看破したるを以て自家の洋行の唯一の利益となしたり。而して今の文壇の名士は多く此説に賛同せり。是れ洋行無用論たるに近く、又一歩を進めて言へば、洋学無用論たるに近し[13]」と論じているが、留学中の姉崎はショーペンハウアーの高弟ドイッセンに学び、実際にはむしろ豊かな留学生活を送っていたとされている[14]。姉崎は留学先のドイツで、ヴィルヘルム二世の黄禍演説に触れ、ドイツの権威主義や軍国主義に強い反発を示していった。姉崎の鋭いドイツ批判は、彼が第三高等中学校時代「夢伯林士」の筆名で評論活動を行なっていたことを考えれば、強い憧れと現実との落差に起因するものだったといえる。その点では姉崎の主張は、森鷗外が理解したような洋行無用論ではなく、あくまでも精神的文明の円滑な発達という、学生時代からの思想課題を引き受けた上での発言だったということができる。

「超越」への志向

晩年の高山の内面においては、日ごとに超越的なものへの志向が強くなっていった。すでに見たように、『太陽』誌上で展開された日蓮への回帰もそのことを示している。ところで、高山における日蓮への帰依が「信仰」と呼べるものだったのか否かについては、宗教史学の分野でも見解が分かれている。[15] 山川智応は、高山の日蓮研究の熱意を認めつつも、「ただ猶ほ自己とニィチェとの痕跡を全脱して、日蓮聖人に全く同化し畢るに至らなかった彼の短生涯を憾とする」[16] と述べている。高山にとって日蓮研究は何であり、また、そのことは彼の思索においていかなる意味を有するものだったのだろうか。

先行研究でも指摘されている通り、高山にとっての日蓮とは、自らの信仰を、世間や政治からの圧迫を撥ね退けながら信念をもって実行し続けた「美的生活」の体現者であり、ニーチェとならぶ「天才」の一人と見るのが妥当と思われる。[17] 本書で論じ続けて来たこととの関係で言えば、高山が見出した〈憧憬〉の対象として、偉大なる人格としての日蓮が選ばれたのである。

高山の見るところでは、日蓮が様々な苦難に耐えながら国家を超えて帰依したものが、法華経という「法」であった。明治三十五年四月の「日蓮上人とは如何なる人ぞ」では、高山は日蓮について、上行菩薩の化身としての確信を得てから、「彼れの性格の偉大は殆ど人界の規矩を超越」[18] したと述べて、日蓮の確信の力を重視する。その上で、「彼れは国家政府に是の確信の前には如何に小弱なる者なるかを見ぬ[19]」とも述べるのである。この点については、石原莞爾をはじめとして、昭和戦前期に活発化する様々な日蓮主義運動に高山が与えた影響を重視する見解が存在するが、慎重な評価が必要である[20]。高山にとっては、理想としての「法」を信じた日蓮の人格こそが偉大なのであり、現実の国家は、その前に相対化を図られていくことになる。明治三十五年七月の「日蓮上人と日本国」において、高山は、この点をより掘り下げて論じ、「立正安国」を説いた日蓮は、いわゆる忠君愛国主義には反対した「不忠漢」であるが、同時に、大いなる理想をもって活動した「真正の愛国者」でもあるという逆説的な命題を導き出してくる。

此世に於て最も大いなるものは、必ずしも国家に非るぞかし。最も大いなるものは法也、信仰也。而して法に事ふるの人も亦時としては国家よりも大いなることある也。是の如き人にありては、法によりて浄められたる国土に非れば、真正の国家に非る也。日蓮は即はち是の如き人なりき。世の日蓮の国家主義を説くもの、吾人数々是れを聞けり。然れども畢竟是れ贔屓の引き倒しのみ。嗚呼国家的宗教と云ふが如き名目の下に自家宗門の昌栄を誇らむとする僧侶は禍ひなる哉。斯る俗悪なる僧侶の口より其の国家主義を讃美せられつゝある日蓮上人は気の毒なる哉[21]。

こうして、高山の日蓮論は、日蓮その人への絶対的な帰依の表現として書かれていくことになる。姉崎に宛てて書かれ、明治三十五年九月に発表された「感慨一束」においては、「吾れは唯客観的に見たる信仰、もしくは教理の実質を外にして、形式上より日蓮の人格に就いて其の崇高雄大を讃歎せるに候ひき[22]」と、自らの日蓮論が形式上の人格崇拝であることが明言されている。こうした日蓮への〈憧憬〉は、文明や国家に対する批判として、次のようなメッセージとして結実するのである。

嗚呼郷国の事傷心すべきもの何ぞ一に是の如く多きや。想ひやるだに心苦しき限りに候。神の物をも其の有となさずむば已まざるカイザルの国に於て、個人はたゞ一個の頭顱を有するの故の外に何等の価値をも認められざる也。是を以て吾れは思ふ、当代文明の革新は、社会の上下にゆき亘れる現世的国家主義の桎梏を打破するにあり。[23]

以上のような考え方は、「美的生活」論で確立された思考様式、すなわち、偉大な人格を〈憧憬〉することによって、絶えず理想の世界を設定し、現実を批判しつつ、国家をも相対化して、精神的文明の内実を豊かにしていくという道を探ってきた高山の思想活動の一つの到達点であったといえよう。

高山樗牛の死

旺盛な言論活動の一方で、高山の病状は次第に悪化していった。明治三十五年一月二十一日、高山は、日本美術史に関する旧稿をまとめて論文を提出したことにより、姉崎、桑木らとともに文学博士の学位を受けている。[24]しかし、二月十四日に喀血、十日間絶対安静となり、上京もままならない日が続いた。四月には医師から長文の執筆を禁じられた。日蓮研究に勤しみながら闘病を続けていた高山であったが、九月下旬以降は余程病状が悪化したようである。十月には、福島中学校時代の同級生であり、群馬県立太田中学校の校長をしていた三浦菊太郎に宛てて、「咳喇頻発、熱さへ加はり、安眠の味は此四五月が間は忘れ申候[25]」との病状を伝えている。二十五日には平塚の杏雲堂病院に入院した。十月二日、高山はインドに移った姉崎に宛てて、最期の手紙を出しているが、そこには次のように書かれていた。

兎角は色心共に相応せず、見思の惑未だ断たず、煩悶懊悩の状情御憐察を給はるべく候。唯君がスピリチュアリスムに於けるが如く、一面幽冥に対する一種の憧憬ありて、やがては何物にか発展し来らむとするものゝ如し。されど這般の消息殆ど言語に絶す、御推量可被下候。

本邦学界何の奇無之、哲学界の状態など全く死灰の如し、生命絶てなし。社会ニハ紛々擾々と種々の現象旦暮に往来すれども、精霊界の光明は何処よりも照さず、世は常闇に御座候。大に罵倒したき情に堪えざれども、此声到底人耳に達すべからずと思へば、せめては書き遺して後世に伝へ度く候。願はくは天イマ暫くの健康を与へて、静思と冥想の時を予へよ、かくて遺憾なく此磊塊を吐き尽すを得ん、なんど日夕願居申候。(26)

自らの死期を覚悟した諦観が流れており、常闇の状態に置かれている精神界の状況について、姉崎に後事を託すかのようなニュアンスが感じられる。ヨーロッパを去りインドに移っていた姉崎はこの手紙を十二月にムンバイで受け取っているが、高山が亡くなったのは、それから数日後の明治三十五年十二月二十四日の出来事であった。よく晴れた冬の日であったという。高山を看取ったのは、妻と叔父の太田資順、それから実弟の齋藤信策であった。最期の言葉は、「光は見附けたけれども、之を世に伝えるのは嘲風に頼みたい(27)」だったともいわれる。

高山の訃報は新聞各紙の報じるところとなり、全く一面識のない青年からも、次のような熱烈な弔事が寄せられた。このような事例は、高山と地方青年との特異な関係を示すものであると考えられる。

私は上毛の一隅にわづかに呼吸してをります一野人であります、愚かな一青年であります、たゞ〳〵亡くなられました先生の御慕しさに堪えられず、強いて御無礼を犯してこの思ひをいたしたいのでございまする。何故か知りませむが、私日常何となく先生が懐かしく慕はしくて忘れられませむ、そして機会もあらば是非一度なりとも御目にかゝりたい御手紙もさし上げたいと心得て居りましたが、いかにも無しつけな事と考へましてつひ〳〵何の申し上げることもなく過します中に、只今新聞紙上で御永眠あそばされた事を承知いたしまして、たゞ〳〵がつかり致しまするばかり、かゝる事と知りもしましたならば疾うに一度なりとも御手紙をさし上げればよかつたにと後悔臍をかむももう幽明境を事にして……申しわけございませぬ、どうぞまことに無礼至極で恐れ入りますが、惘れな青年の心情をせめては懐かしい御墓前に披瀝いたしまする事を、人の情けでございまする、枉げて御免し下されますまいか、御遺族の御愁傷のほど、不肖ながら身にひきくらべまして充分御察し申しまする、そして先生の御永眠をば国家の文明のために深く口惜しく存じまする、どうぞ枉げて私を御免し下されますまいか。

明治三十五年十二月廿六日　　群馬県師範学校生徒　中村孝也

懐かしき高山先生の御遺族様へ(28)

高山が没した明治三十五年末には、しかし、精神の事業に対して、改めて国家の存在が非常に大きくのしかかってくる事件が起こっていた。

その一つは、哲学館事件である。哲学館の講師である中島徳蔵が倫理学の講義で用いていたミューアヘッドの倫理学説が、文部省の検定官から国体を害する不穏の学説と見なされ、明治三十五年の十二月十三日、同校への中等教員無試験検定の特権が剝奪された。事件の発端となった倫理学の教科書を訳していたのは高山・姉崎の同級生である桑木厳翼であり、丁酉倫理会も翌三十六年の三月十日、「我等は、目下問題となり居る哲学館事件につき、ミ氏の動機説を教育上危険と認めず。又倫理学の教授に際し、中島氏が其引例を其の儘になし置きし所作を以て、深く咎むべき不注意に非ずと認む(29)」という意見書を提出し、文部省の処置に強く抗議している。

もう一つは、教科書疑獄事件である。それまで府県ごとに採択されていた小学校教科書は、各社の激しい競争を生んでいたが、明治三十五年十二月に贈収賄の不正が明らかになり、金港堂などの有名出版社の関係者をはじめ、文部省担当者、府県の採択委員、師範学校校長などが続々と摘発された。これを受け、新聞各社も激しい追及を開始し、一挙に教科書の国定化が推し進められていくことになった。[30]「ここに敗戦まで日本国民の思想統制に最も利用された国定教科書の歴史が始まる[31]」とされるように、教科書の国定化は、晩年の高山や洋行中の姉崎が批判しようとしていた「国家主義」が、教育界を中心に台頭していく契機となったのであった。

こうして、教育界における「忠君愛国」の風潮は、翌三十六年になると、ロシア軍の満洲撤兵をめぐる問題と相俟って一層高まってくる。このような風潮に言論と思索を通じて反対し、さらに文明に対処する人心の精神的基盤を構築していくことが、明治三十六年以降、高山の思索を引き継いだ姉崎の思想課題の一つとなっていった。

第二節　姉崎正治の「神秘主義」思想

姉崎の帰朝

明治三十六年（一九〇三）五月二十二日、一高生藤村操が「人生曰不可解」という「巌頭之感」を残して日光華厳の滝に投身自殺を図ったことは、社会に大きな衝撃をもたらした。藤村の死を「思想の為の自殺」と呼んで悼んだ黒岩涙香は、「今の世は二元的の暗き信仰破れ思弁的の古き哲学滅び、而して未だ一元的の光明ある信仰の大いに興らざる中間なり、之れを信仰上の過渡の時代と称すべし[32]」と述べて、藤村の死は、宗教の発達が不十分な時代の罪であると断じた。

日露戦争の前後には、自己の立身出世の意味を国家の発展と同化しえなくなり、成功を目指し、あるいは人生の懐疑に陥って国家への関心を減退させた新しい世代が成長しつつあった[33]。丸山眞男は、近代化過程における個人の態度を、民主化・自立化・原子化・私化という四つの指標から分析し、日露戦争期の個人をとりまく状況について、「この段階における個人析出は私化や原子化のタイプが圧倒的[34]」であったと指摘し、その背景として、日露戦争後に維新以後の「富国強兵」のかけ声のもとに人々の心にのしかかっていた圧迫感が弛緩し、危機意識が退潮したと述べている。

明治三十六年という年は、思うに日露戦争前後期の思想史上のアポリアというべき「自我」と「国家」の問題が浮上してくる画期だった。藤村の自殺が自我の側に立つ先鋭的な出来事だとすれば、国家の側に立つ先鋭的な出来事は、対露外交をめぐる戸水寛人ら東大七博士による外交批判の意見書提出だったろう。八月には頭山満・神鞭知常・佐々友房らによって対露同志会が結成されている。前年来の教科書疑獄の衝撃はなお継続しており、四月には小学校令が一部改正されて国定教科書制度が実現したが、五月末には衆議院で菊池大麓文相の問責決議が行なわれていた。姉崎が、三年間に及ぶ洋行を終え、神戸に降り立った明治三十六年六月は、このような時代状況のなかだったのである。

姉崎の帰国後の事実上の第一声となったのは、八月の『太陽』に掲載された「現時青年の苦悶について」であった。姉崎は、「今の青年に人生問題が起つて来たのが何で不思議であらう[35]」と述べ、自我に目覚めたばかりの青年たちが、人生について思い悩むことは当然であるとする。そして、「忠君愛国」を振りかざし、青年たちに押し付けようとする教育者の側にこそ問題があると主張し、「煩悶青年」たちを積極的に擁護したのである。

そのような姉崎が「帰来、我邦の思想界精神界の現状を見るに及んでは、我が思ふ所此儘にして已み難きを感じた事幾度か。近頃樗牛会を起してから、愈此感を強くせしむる事が多い。即ち思ひの馳するに従ひ、言はざらんと欲するも能はざる所を述べ、之を筆録せしめた者、此一篇である[36]」という序言を持つ彼の処女評論集『復活の曙光』を上梓したのは、翌三十七年の一月一日のことであった。

標題作「復活の曙光」は、人生、科学、道徳、芸術、宗教、神秘の六項目にわたってそれぞれの連関を捉え、科学や道徳に対する批判と、宗教と芸術との価値を論じたものであるが、例えば、「近い例を取つていへば、星亨の暗殺者を批評した倫理学者が、其の暗殺を非認した理由は、暗殺の動機の如何に拘らず、其の行為は法律の禁ずる所を犯したのであるから、悪といふにあつた。（中略）利益を目安にして、それが為に社会の伝来風習に従ふことを重んずる倫理説は却て進歩といふ利益を滅するものであつて、自殺的思想である[37]」とのいくぶん激しい記述も見られる。

教育現場で展開される、「忠君愛国」の風潮に反発した姉崎が重視したのが、人生の根源的な意義を開示する宗教であり、芸術であった。『復活の曙光』においては、以下のように芸術の意義が説明されている。

科学は到底人生の根本源泉たる資格のない者である。科学の結果なる利用厚生は、多くの場合では却て吾等の精神的需要と反比例になる者である。然らば吾等の精神、殊に永遠の光を追ふてあこがれる情緒を満足せしむるものは何であるか。吾等は芸術に依て、無朕無象の観念界を具象的に体得し、これに依て永遠の憧憬を満足せしむるのが、人生を豊富にし不動の満足を与ふる最も簡便な又恐らくは唯一の捷径であると信ずる。これ則ち預言者なく救世主存せざる今日の時勢に於て、人をして人生宇宙の深義に達せしめ、各々安立する所あらしむる所以の易行道である[38]。

このとき姉崎は、宗教の代替物である芸術において、永遠の〈憧憬〉が満たされるとした。この着想は、彼が留学中に熱狂したワーグナーの「芸術と宗教」やショーペンハウアーの思想にヒントを得たものと推測される。姉崎は、高山の「美的生活」を発展させ、個人を他者との交渉を欠いた存在とは捉えず、宗教あるいは芸術の媒介によって、共同して活動していく存在として捉えたのである。そのように考えるならば、高山が常闇と形容した精神界の一隅を、芸術の振興を通じて照らしていこうとする姉崎の意志が、「復活の曙光」という書名に現れているようにも思われる。

姉崎は、帰朝後、雑誌『時代思潮』を創刊し、自らが専門とする宗教学の立場から右に見たような芸術観を根底に据え、積極的な芸術批評を展開し、青年層の支持を獲得していくことになった。雑誌『時代思潮』については、後年ではあるが、小山東助が「樗牛逝いて後、文芸思想界は遂に一人の後継者を見出すこと能はざりし乎。曰く、否。嘲風博士の帰朝するや齎す所の『復活の曙光』は、樗牛がわずかに開拓し得て、而かも多くの荒蕪を遺し、思想界の分野に取つては、誠に適好の和風暖日たりし也。(中略)『時代思潮』は斯くて国民の内部生命に、香油を灑ぐ可く生れ出でしなりき[39]」と振り返っている。姉崎を高山樗牛の思想的な「後継者」と見なす立場から『時代思潮』を支持する読者は一定程度存在していたと考えられる。

樗牛会の結成

帰朝後の姉崎の活動で注目されるものの一つが、樗牛会事業である。樗牛会とは、高山樗牛を顕彰する目的のもと、友人たちの間で計画されたもので、『樗牛全集』の編纂計画と併行して、明治三十六年(一九〇三)十月に発足した。発起人は長谷川誠也(天渓)、登張信一郎(竹風)、畔柳都太郎(芥舟)、藤井健治郎、姉崎正治で、姉崎が幹事を務めた。同会の記念事業として当初、高山樗牛に関係ある地(鎌倉を想定)に記念庭園を設立すること、同地に高山樗牛関係の資料を収集する家屋を設置すること、さらに高山の埋骨地である龍華寺の造園などが掲げられているが、それに加えて友人たちによる学術講演会が定期的に開催された。

樗牛会の事業は、『樗牛全集』発刊の資金集めのためにも行なわれたようだが、後に姉崎が創刊する雑誌

『時代思潮』との深い関連があった。『時代思潮』第一号には「樗牛会の事業」と題する一文が掲げられており、それによると「樗牛会の事業はつまり、高山樗牛の紀念事業を中心として、それに依て精神的文明の清新なる気風を作り出す活動に助力を与へるといふにある」と説明され、さらに「この会の今後の動静なり、講演の多数は本誌で世に紹介する筈である」と告知されている。(40) すなわち、『時代思潮』は、樗牛会の講演をもとにした論文の主要な発表舞台となっていたのであり、講演会の開催案内が彙報欄にて紹介されるなど、樗牛会事業と密接な関係を有するものであった。

樗牛会講演会では、意外な論者が高山樗牛の印象を語っていることがあり興味深い。例えば海老名弾正は、「私は高山樗牛の朋友でも親戚でも学友でも何でもないのでありますが、明治三十年以来多大の興味を以て高山君の思想の発展を観察して、無限の同情を表しつゝあつたのであります」(41)とし、高山が宗教的な意志を持った「預言者」だったと述べている。

雑誌『時代思潮』と樗牛会事業との連動は、同誌の読者の問題を考えるうえでも重要である。なぜなら、『時代思潮』は、樗牛の支持者を背景に読者を獲得していったという側面が考えられるからであり、その意味で樗牛会と「誌友交際」の世界もつながっていたといえる。樗牛会に対する地方での反応のなかには、例えば次のようなものがあった。

過去三十歳を通観して、わが精神的文明の過渡期に於ける最大の指導者を求むれば先づ指を故文学博士高山樗牛氏に屈せざるを得ず。其真摯なる研学の体度、熱烈なる文芸の憬仰、及び一意理想に精進して俗世に超然たる不撓の精神等、一として吾人の讃嘆に値ひせざるはなしと雖ども、特に其生涯を一貫したる空霊の天才が、真乎神通の妙文に現はれて、民衆を覚醒し、鼓吹したる偉大の思想に至つては、帰趨する所を知るなき現代の文明に空谷の跫音たる者にして、又実に百世の光彩なり。（中略）氏が生前刎頸の友にして、意気相投じ、学才また籍甚たる姉崎嘲風博士の、昨夏、永く高嘯したる欧河印山の旅を了へて帰朝するや、先づ故友が玉砕の地を湘南に訪ひて、思慕禁ぜず。茲に其偉風を紀念し、遺業を継紹するの目的を以て樗牛会の組織を思ひ立ち玉ひぬ。樗牛氏にして既に吾人の渇仰する真人なりとせば、博士の此挙や以て正に我等後進が故人に対する平生の憧憬を表現し、有形にし、併せては国家将来の進運に精神的精華を助成する所以の者。予当時之を伝聞して又深く心に期する所ありき。[42]

きわめて熱烈な歓迎と期待といってよいだろう。右の論説が載ったのは明治三十七年一月の『岩手日報』で、高山への惜しみない〈憧憬〉を語った記事の執筆者は、若干十九歳の石川啄木にほかならなかった。

姉崎嘲風と石川啄木

若き日の石川啄木が高山樗牛の思想から大きな影響を受けていたことはつとに指摘されているが、[43]彼と姉崎および樗牛会との関係については、啄木の明治三十七年（一九〇四）の日記である「甲辰詩程」に詳しい。『時代思潮』の同時代における受容のあり方を物語る貴重な史料と思われるので、以下、煩を厭わず抜粋することとする。

一月一日――「余がこの日までに出したる賀状、左の諸兄へ（中略）姉崎正治（後略）」
一月十八日――「姉崎博士より来簡。樗牛会趣意書送り来る」
一月二十四日――「岩手日報に吾「樗牛会に就いて」掲載」
一月二十六日――「日報に「樗牛会に就きて」の続稿出づ」
一月二十七日――「長詩「鶴飼橋」「おもひ出」、終日苦吟してえたり。前者は我故郷詩の第二。夜姉崎博士へ長書認め、前記の新作二篇と（日報の吾文をも）「沈黙の声」の「風絃揺曳」一節を時代思潮誌へとて送る」
一月三十日――「姉崎博士の「性格の人高山樗牛」を読む」
二月一日――「夜、屋後の森に啼く梟の声に送られつゝ、寒雪を踏みて嘲風博士に逢ふべく好摩ステーションより乗車――そこにて高与旅館より出したる同氏の端書受取り、寒さに躯ちゞめて九時盛岡に至り、直ちに俥を駆つて六日町高与旅店に嘲風氏を訪ふ。杜稷館の演説未だ了らず、乃ち十五夜の月に嘯いて暫く散歩。十時頃いたれば、氏すでにあり、洋風の一室にビールを呑んで語る。十二時かへる。新しき年は幸なり。先生とこの地に会するが如きは実に千載の一隅なり。しかもこれ初対面なりき。種々の談話の如きは胸深く刻まれて忘るべくもあらねばこゝには記さず。海沼に宿す。この日氏の演題は「信仰の人高山樗牛。」「仏陀と基督。」の二題なりと」
二月二日――「十一時五十三分の上り列車にて姉崎先生上京せんと云ふに、ステーションに至り、立談暫時、やがて、珍らしき歓会をプラットホームに手をわかちぬ」
二月三日――「四時の下り列車にて帰村の途に就く。車中、太陽なる嘲風氏の「清見潟の除夜」を読み、何となく胸乱れて、友の上、わが上、まつ子さんの上、思出でゝは静かに瞑想しぬ」
二月五日――「姉崎博士、佐藤善助君、セ川藻外君へ端書出す」
二月十九日――「昨夜より書き初めたる姉崎嘲風氏への書信かき終りて投函せしむ」
二月二十三日――「朝、姉崎博士より、「時代思潮」一号と共に書信来る。（中略）一日思潮をよむ」
二月二十四日――「思潮の口絵、ベクソンが「浪のたはぶれ」壁間にかゝぐ」
二月二十九日――「高山樗牛先生の令弟齋藤信策氏へ書信送る」
三月九日――「姉崎氏より〃時代思潮〃二号送り来る。我詩三篇〃つるかひ橋〃〃おもひ出〃〃風絃揺曳〃掲載。嘲風博士の東北遊記に我と逢ひたる事をも記せり」
三月十日――「小沢翠淵兄へ樗牛会規約と共に書信送る」
三月十九日――「姉崎博士より、書信と「思潮」二号の我詩の原稿料来る」
三月二十日――「姉崎博士へ書信認む」[44]

三十代のまさに新進気鋭の宗教学者との出会いに、数え年で若干十九歳の啄木がいかに興奮し感激していたかはよく伝わるであろう。石川少年が『時代思潮』の口絵を壁に掲げていたというエピソードは、彼の興奮を雄弁に物語っているように思う。東京を遠く離れた地で『時代思潮』の到着を待ちわびていた啄木の姿に思いを馳せるとき、同誌を支えた読者に樗牛会事業の支持者が数多くいたであろうことが十分に考えられるのである。

『時代思潮』創刊

ここで、『時代思潮』に関する基礎的な事項を確認しておくと、[45] 同誌は縦二六センチの大きさで、毎月一回(五日)発行を原則とし、定価は一冊二〇銭、印刷所は秀英舎であった。また、発行部数については『原敬関係文書』所収の「雑誌一覧表(明治三十九年九月調査)」によれば、一号平均二千部程度と推定される。[46] 参考までに同史料に記載されている他の雑誌の発行部数と比較してみると、博文館『太陽』が三万六千部であることを除けば、『日本人』が四千部、『東京経済雑誌』が三千八百部、『精神界』が二千部、『独立評論』が千三百部、『新人』が九百部、『中央公論』が七百五十部、『六合雑誌』は七百部であるから、思想雑誌としては決して少なくない数であろう。編集兼発行者は石川栄司(育成会主幹)であり、発行所は東京市本郷区森川町一番地、時代思潮社となっている。大売捌所は東京、大阪の二都市となっており、地方には前金制で送付されたようである。明治三十九年（一九〇六）四月発行の第二七号まで発行された。[47]

さて、『時代思潮』創刊の経緯について、姉崎は自伝のなかで以下のように回想している。

自分は留学帰朝後間もなく、時代思潮といふ雑誌を発刊した。それは横井が発起人で、出版者の石川さんがこれを刺戟したのであつたが、つまり今でいう総合雑誌のようなもので、一つは西園寺公の政治運動を助けることも目的であつた。その雑誌にどういうことを書いたか、今全く記憶がないが、兎に角政治を主にした文化雑誌であつて、その寄書家のうちで今記憶に残るのは石川啄木である。（中略）時代思潮の発刊は何年つづいたか知らぬが、自分が主幹をやつたのは、初めの二年間で、その後やめてしまつた。[48]

晩年の回想ということもあって、今ひとつ要領を得ない憾みは残るものの、これによると、創刊の話を持ち出したのは横井で、『時代思潮』の編集兼発行人となった育成会主幹の石川栄司が加わって創刊に到ったということになる。育成会は、倫理学および教育関連の図書を刊行する出版社であり、井上哲次郎・蟹江義丸のほか、桑木厳翼や藤井健治郎ら丁酉倫理会員の著作の版元になるなど、丁酉倫理会と関係の深い出版社であった。いつ頃から具体的な創刊の準備が進められたのかは定かではないが、明治三十六年六月まで姉崎が留学していたこと、石川啄木が、明治三十七年一月一日付の姉崎宛書簡に「先生がこ度新たに雑誌「時代思潮」（？）とか御発刊の御計画の由、友人より伝承仕り候。現代の想壇に、果た文界に、あゝ如何なる光明に候ふべきぞ。遥かに御祝ひ申上候[49]」と書いていることなどから、遅くとも明治三十六年末までには雑誌の発行計画が練られ、一部で密かな話題となっていたことが推定される。

日露交渉が行き詰まりを見せていた明治三十七年一月十六日、上野精養軒で時代思潮披露会が開かれた。この披露会の模様は、『時代思潮』第一号に掲載された雑報欄に収録されている。雑誌の目的や雑誌の特性を端的に物語っていると思われるので、以下、この記事を手がかりに披露会の模様を探っていくことにしたい。

来会者は以下の人々であった（雑誌掲載分を五十音順に改めた）。

井上哲次郎／上田万年／内ヶ崎作三郎／海老名弾正／小野塚喜平次／尾崎行雄／川井晋／北里闌／久保天随／畔柳都太郎／桑田熊蔵／桑木厳翼／幸田露伴／小山東助／桜井駿／竹越与三郎／千葉鉱蔵／塚本靖／坪井正五郎／芳賀矢一／橋本邦助／藤井健治郎／藤代禎輔／松井昇／松波仁一郎／松本亦太郎／三宅雄二郎／村上直治郎／村田節／山田三郎／吉田静欧／渡邊英一（以上三二名）

姉崎正治（主筆）／荒木竹次郎／石川栄司（主事、書肆代表）／齋藤信策／酒井浩洋／横井時雄（主筆）／吉川晋水（以上『時代思潮』編集部）

これらの人々は、大きく五つのグループに分けられるだろう。第一に、姉崎の恩師・同僚に当たる東京帝国大学教授および講師（井上哲次郎、上田万年、小野塚喜平次、桑田熊蔵ら）、第二に、丁酉倫理会関係者、帝国文学会関係者（桑木厳翼、藤井健治郎、藤代禎輔、三宅雄二郎ら）、第三に同志社・本郷教会関係グループ（海老名弾正ら）、第四に政界関係者（尾崎行雄、桜井駿、竹越与三郎ら）、第五に画家、作家のグループ（幸田露伴、橋本邦助、松井昇ら）である。その多くは横井、姉崎の友人もしくは知人ということになるが、それぞれの専門分野で見れば政治、経済、哲学、宗教、文学、美術という各方面にわたる人々の参加があったということができる。

披露会ではまず、姉崎による簡単な挨拶の後、スープとパンとビールという質素な食事が振舞われたようである。続けて主筆として横井が挨拶を行なった。横井はまず、饗応が一種の精神主義的な演出であったことを説明し、雑誌発行の趣意について「何にも己の私を以て一種の党派若くは議論等を世の中に普及するとか若くは我党派を結ぶとかいふやうな事を以つて任ずるにあらずして、不肖ながら、何うか我国の国論を発揮して、さうして我国民の中に起るところの総ての政治なり教育なりの進歩的な意見を世の中に紹介したいといふ事が、私共の第一の希望であります[50]」と語った。また横井は、挨拶のなかで「種々様々の意見が発表せられた上に於て、人為にあらずして必ず一種の統一といふものが出来て来るのであらうと思ひます[51]」とも語っている。

ただ、例えば三宅雪嶺は、スピーチのなかで、もし『時代思潮』が「野に叫ぶ」雑誌を標榜するならば、「誰が聞かなくても自分一人で立っていく」ような自信と、福澤諭吉のいう「痩我慢」とが必要であるとし、「片方では街の真中にうろつき一方では野に叫んで居るといふ風ではいかぬ（大笑）[52]」と、揶揄とも忠告ともとれる発言を行なって会場の笑いを誘っている。また、姉崎の恩師である井上哲次郎ですら、「さういう風に大変に公平であるといふと、一方で又無主義といふやうになつて了うと思ひますが、併ながら今三宅君も言はれたやうに大に自信力を発揮するといふ事がありますから、或は決して徒に公平といふ事にばかりに拘らないで、其中には己の思想を発揮するといふの精神があるであろうと思ふ[53]」とし、いわゆる三号雑誌として終わらないよう強く希望しているのである。あまり雑誌の創刊祝賀に相応しいスピーチとは思われないが、これらの発言は、日露戦争期におけるマスメディアが、次第に「民衆的傾向」を帯びて変質を余儀なくされ、統一的な主義のもとでの雑誌発行が困難となっていった状況を物語っているともいえよう[54]。

第三節　雑誌『時代思潮』の活動

『時代思潮』の誌面

写真7に示したように、雑誌『時代思潮』第一号の表紙には、洋画家・橋本邦助の筆で、荒波を背景に剣を携えた青年のイラストが描かれている。さらにその下段には「日本民族が深重の覚悟を固め遠大の理想に向て

進むべき時勢は益々迫り来る、吾等は時運の嚮導者、理想の鼓吹者を以て自ら任ず、吾等の言動は即ち現代文明に対する一大獅子吼なり」と記されている。また、石川啄木が壁に掛けていた第一号の口絵には、スイス象徴主義に属する画家アルノルト・ベックリンの「浪の戯れ」（一八八三年）がコロタイプで印刷されていた。絵の選択は姉崎によると思われるが、以後も『時代思潮』の口絵には詩人の肖像画や写真、ロマン派から象徴主義にいたる西洋の画家の作品が用いられていった。ベックリンは、姉崎によれば、人が眼前の利を追い求めるようになった十九世紀文明のなかで「この人、この名工、アーノールド・ベクリンこそ洵に天の霊光が未だ塵の世を去らず、人の精神が未だ肉の生に打ち消されざりしを体現したる、くしく尊き「人間の教育者」[55]だとされている。『時代思潮』の「現代文明に対する一大獅子吼」が、人間の精神に存する霊的なものへの〈憧憬〉を訴えようとする点にあったことが窺える。[56]

写真７　雑誌『時代思潮』１号表紙

第一号の巻頭に掲げられた、姉崎による「発行の主旨」では、まず、新世紀に臨んで、日本民族が深き自覚によって、大いなる理想に向かって邁進すべきであると述べられる。大いなる理想とは、富国強兵、教育学術、信仰宗教、文学芸術、社会法律、農工実業といったそれぞれの事業の存在の根底に関わるもので、私利、背信、形式を排した上で、各人が根本的な反省によって人生の目的と国家の目的とを自覚すべきことが強調されている。そして『時代思潮』の任務は、「先づ自ら身命を捧げて野に叫ぶの人となり、国民大覚醒の端を開くを得ば、吾等の願ひ足れり」とされる。

吾等は総ての方面に於て比周の党争を排し、排せんが為に大に戦はん。吾等は私欲と固陋とを悪む、此故に階級、金力、威権を独占して他を蹂躙する者をして悔ひ改めしめんが為めに、大に彼等を征せん。吾等の戦は義戦なり、吾等の悪みは愛の発表なり。此故に征すべき者を征し、戦ふべき者は之と戦ひて退かじ。されど協同すべき人とは衷心肝胆の協同を遂げ、降るべき人には潔く降らん。吾等の抱負は、一に我が民族をして理想ある進歩を遂げしめ、光栄ある歴史を今後に煥発せしめんとの微衷に出づ。此の微衷を捧げ、此の抱負を以て世と相見ゆるは、吾等満幅の慶喜なり、吾等が生命の力なり。人よ深く悟れ、世よ永へに醒めよ、東亜の風雲、二十世紀の気運は、吾等が天より与へられたる大喝なり、大使命なり。(57)

雑誌『時代思潮』の誌面を通覧した限り、同一の著者が何号も続けて記事を発表する例は極めて少ない。横井・姉崎が思潮欄に一九号まで毎号執筆しているほか、しばしば論議欄にも独自の主張を展開していることと対照的で、やはり、実態としては横井・姉崎の主張を強く反映した雑誌であったといえよう。

『時代思潮』独自の主張は、横井、姉崎がそれぞれ執筆した思潮欄に求めることができる。無署名の記事が多いが、姉崎の評論集『国運と信仰』などからある程度の特定が可能である。表8は思潮欄に掲載された論説記事について、姉崎筆か横井筆かを推定したものである。署名のあるものや、姉崎の評論集に収録されていることから確実に筆者を推定できるものに「○」を、また、文体、内容などから判断したものについては「△」を付した。不確定なものが多く、今後の課題を残しているが、『時代思潮』誌上で展開された議論を把握する上では一つの指標となるだろう。

『時代思潮』の立場

『時代思潮』は決して無主義の雑誌ではなく、精神主義的な立場から物質文明を批判していくという横井・

表8 『時代思潮』思潮欄執筆者推定

号数(発行年・月)	姉崎正治筆	横井時雄筆	備考
1号(明治37・2)	○時代思潮発行の主旨○学制の改革○吾等の文学	○日露問題と挙国一致○閥族政治か政党政治か	主旨以外署名あり
2号(明治37・3)	○日露戦争と希臘正教会○百年の宿題，百年の大計	△日露開戦と世界の大局	
3号(明治37・4)	○戦争，外交，宗教，人種問題	△日露戦争の教訓△清韓方面の経済的経営	
4号(明治37・5)	○文明の危機と人生信仰問題○戦局の進行と国民の意気○日本の文明と世界の同情○壮烈と悲惨，死の教訓	△西蔵遠征の目的	
5号(明治37・6)	○開国進取と精神的文明	△満韓と殖民△国民覚醒の好機△帝国海軍の不幸	
6号(明治37・7)	○士気と戦争と修養	△天佑と吾人の覚悟△実業政治機関の整理△戦勝と惨禍	
7号(明治37・8)	○敵国降伏，領土の拡張	△韓国政治上の改革△戦時仏教家の言行△固く其分を守れ	
8号(明治37・9)	○現今の信仰問題○トルストイの大警告	△対韓方針△平和的動物	
9号(明治37・10)	○戦争と資本家	△経済上より見たる日本の戦闘力△自覚とは何ぞ	
10号(明治37・11)	○所謂る個人主義の風潮	△挙国一致の根底△戦後経営に対する注意△戦争と経済機関	
11号(明治37・12)	○犠牲の価値	△興国の気風△第二十一議会	
12号(明治38・1)	○回顧と前進○未了の問題	△興国の要素△人生第一の信条	
13号(明治38・2)	○旅順陥落の人道的教訓△国園地域を設定せよ	△時局の前途△露国革新の機運	
14号(明治38・3)	○日米の同情と将来の世界的文明○時勢警見	△露国の現状と革命前の仏国	
15号(明治38・4)	○戦争と反省○征服と感化，講和と理想△戦勝国民と音楽歌曲	△奉天決戦と講和問題△戦争と均勢の移動	
16号(明治38・5)	○気宇を闊達にせよ○元禄風流行の兆	△露国今後の態度△戦局と仏国の向背△米国の政治と理想	
17号(明治38・6)	○興隆の盛運○日本基督教の位置	△日本人と羅馬人△国民の精神的要素	
18号(明治38・7)	○戦争と奢侈	○講和問題○講和談判に対する帝国の態度	署名あり
19号(明治38・8)	○一億のスラヴ人あるを忘るる勿れ○欧州の平和○新聞紙の徳義	○清国の将来	署名あり，横井・姉崎の辞任

姉崎両主筆の問題意識が反映した雑誌であった。横井がいることから、桂内閣に対する政友会の主張をある程度反映した記事が掲載されたともいえる。例えば、第一号の横井「閥族政治か政党政治か」が注目される。横井は、「吾人を以て之を観れば政党によりて代表せらるゝ輿論公議を基礎となし以て国政を料理するに非ずんば、仮令何人か朝に立つも、終に憲政の本色を全ふする能はざるべきは、立憲の本義に則とり維新以来の国是に照らし又刻下の情勢に鑑みて一点疑を挟むの余地あらざるなり」[58]として、政党政治の優位を主張した。

また、外政論については、満洲・韓国の経営が取り上げられる。姉崎は、開戦した以上は勝利を期すべきであるとの前提に立っており、『万朝報』で内村鑑三・幸徳秋水・堺利彦らが唱えていた非戦論とは一線を画していた。しかし、姉崎の内面においては、勝利への希望は表面的なものであり、戦争以上に日本人の精神的基礎を確立することがより重視されていたと思われる。姉崎は、殖産の実力が伴わないまま領土の拡張を画策するのは、いたずらに枝を生じてかえって花を害し木を枯らすような行為であるとし、「今や戦勝の余威に乗じて徒に領土の拡大を望む者は、我が国をして敵国の覆轍を踏ましめんとするものにあらずや」[59]と主張していた。また、韓国については、政治改革の要点として、生命財産の保障、官吏社会の精神向上、財政改革、普通教育ことに実業教育の実施、裁判における韓国人民利益の保護といった五項目を掲げ、イギリスのインド・エジプト経営を範とした態度をもって臨むべきことを主張している[60]。以上のように見るとき、『時代思潮』の主張は、例えば浮田和民の「倫理的帝国主義」とかなり類似した内容を持っていたということができよう。浮田が数回、『時代思潮』誌上に寄稿していることも、浮田と横井・姉崎が思想的共通性を有していたがゆえのものと考えられる[61]。『時代思潮』は、内政論としては政党政治の実現を説き、対外論は穏健な外交論が基調となっていた。

姉崎自身の『時代思潮』誌上における基本的主張としては、第二号に掲載された「百年の宿題、百年の大計」が重要である。同論文で姉崎は、一九世紀初頭以来のロシアと日本との交渉の解決を論じており、「戦争の結果如何に係らず、われ等は先づ内に深く自ら養ふ所ありて、文明の基本を確立し、立国の理想を明にし、精神根底の刷新覚醒によりて国富、物質の文明を起こすに努力せざるべからず[62]」と主張している。さらに「今の人は多くは戦争を見て国際の根本活動たる外交を見ず。外交を見るも国家富強の基たる経済を見ず。経済を見るも人材育成の源泉たる教育を見ず。教育を見るも教化の淵源たる文芸宗教を見ず。文芸宗教を見る者も終に人間心霊の大光明を見ず。此の如くにして国運の隆盛、兵の強き、民の富めるも終に何の用をなさんや。文明といい開化といふも、終に根本なき枝葉の文物に向てのみ走らんとす[63]」とし、戦争―外交―経済―教育―文芸宗教という社会の諸現象を一元的に理解していた。

「自我」と「国家」

日露戦争期の思想課題である自我と国家の関係について、姉崎の解釈が示された論説として、『時代思潮』第三号に掲載された「国家の運命と理想」が注目される。同記事で姉崎は、歴史上武力によって存在した帝国は、ローマ帝国であれ、唐や元であれ、いずれも国民の精神壊頽によって内側から崩壊したと論じ、「今の国家主義、帝国主義は畢竟武断的閥族主義、経済的寡頭専制の弁護者たるに過ぎない[64]」と述べて、国民の精神を向上させない限り、富国強兵論は「盲目的自殺論」であると主張する。姉崎によれば、個人を離れて国家は存在しないのであるが、個人と個人とが無関係に集まれば国家を形成するわけではなく、その間には活発な言語や血統、歴史、風習、伝承、制度などに基づく交通が行なわれていると論じる。姉崎は、人類が明らかに意識しうる経験的な事実として「我れ」の自覚を挙げ、その「我れ」のなかに存在する大宇宙との存在を説きながら、次のように国家を位置づけている。

一切の中心は「我」で、「我」は即ち大宇宙の映ずる焼点である。そこで国家とは何者で、この「我」と如何なる関係を有するかを明にする事が出来る。譬へて見れば「我」の小宇宙は一つのマグネットの中心の様な者で、その小宇宙と関係し交通し得る大宇宙は此中心を囲繞するマグネットのフィールドである。此の如き中心とフィールドとは各の個人が存在するだけ存在して、大小広狭はあるにしても、中心と中心と、フィールドとフィールドと相影響して存在し、而して此の如き幾多の中心が多く相集まれば、又その全体の中心をフィールドとを呈するのである。個人を離れて国家は存在しない。が個人と個人とが磊々として偶然に無関係に相集ておるのでない、その間には大小宇宙相互の活発な円満な交通が行はれておる。その交通の一つの中心が即ち国家といふ活動の根底で、各の個人小宇宙の中心はこの国家（或は民族）なる大宇宙の中心と相交通して生存しておるのである。国家と個人との間に存するマグネットの力は即ち言語である血統である、歴史、風習、伝承、制度等である。[65]

姉崎における国家は、「我れ」すなわち個人の自覚を中心とし、国家は、言語や歴史や伝承などといった文化的要素によって媒介され、「個人」と調和的な存在として把握されることになったのである。

ところが、創刊から半年後の明治三十七年九月、姉崎とともに主筆を務めていた横井時雄が、政友会総裁の西園寺公望に随行して中国の蘇州・杭州の視察旅行に出かけたあたりから、雑誌全体の論調が変わってくる。[66]それまで穏健な外交政策を主張していた横井は、帰朝後になると間接的ではあるが、「草茫々」たる地域である中国が、日本政府の保護によって「繁華の街」に変わることができるとの見通しが述べられるようになっていく。

姉崎もまた、十一月の第二次旅順攻撃と前後して、個人の国家に対する「自己犠牲」の価値をしきりに説くようになっていった。明治三十七年末の「犠牲の価値」と題する論文では、次のようにいう。姉崎によれば戦争は、団結の力によって遂行されるもので、「団結は人々の協同より生じ、協同とは人々が自らを犠牲にして他と調和し共存するの謂に外ならざるなり」とされる。有事の際には、戦争の為には国民は兵役に服し、その血を以て国家に貢すべきは殆ど自明の事に属し、国民の大多数は決して之に対して不服を唱へず。唱へざるのみならず、苟も報国の念ある者、同じく祖先の国に生まれ、同じく一国進運の将来を憂ふる事、自家の利益に異ならざる者は、大なる「我れ」の国家に小なる「我れ」の一命を捧ぐるは固より中心の歓喜なり。(67)

と「犠牲」が「歓喜」とみなされていくようになる。挙国一致のために、個人の犠牲は必要なものとし、個人が国家に一命を捧げることが「中心の歓喜」とされるのである。日露戦争時の個人と国家の矛盾としては、与謝野晶子と大町桂月との「君死に給ふこと勿れ」をめぐる論争がよく知られているし、同じ頃、九月十八日には浮田和民が東京市教育会において「日露戦争と教育」と題する講演を行ない、自決するより生きて捕虜となれと主張し論議を呼んだ事件もあった。

「自己犠牲」の思想

国家と個人の関係について、姉崎は、「社会の団結は人格の独立確実に、個人の自覚鞏固にして、その肝胆相照らすの団結にして、始めて挙国一致、億兆一心の偉大なる勢力を作り出だし得べし。個人が喜び進んで国の為に自家の利害を省みず、国家の為に殉死するは、即ち此の如き自立自覚の人の意気より生じたる、自己犠牲の美果なり。此の如き自立と犠牲とは相待ち相合して、始めて各真正の価値を発揮すべし(68)」と述べている。つまり、自己の確立があって初めて自己犠牲が可能になるのであって、自己の尊厳を省みずに単純に個人の国家への犠牲を要求する挙国一致論者の論理は批判されているのである。「人に自立あり、是に於てか始めて自らを犠牲に供すべし、自己なくして何を犠牲に供するを得べき。今の世に個人をして国家の犠牲たらしめんと求むる人々の少くとも一部分は、自己なき人、否器を犠牲にせんとする者のみ。是れ全く自己犠牲の美徳をしてその立ち場を失はしめんとする者のみ」[69]というわけである。

では、姉崎が従来から主張してきた「個人主義」の立場は、堅持されていたのだろうか。『時代思潮』の誌面では、実は号を重ねるに従って「個人主義」の負の側面を強調する議論が目立ってくる。帰朝後は「煩悶青年」たちの登場を当然と論じた姉崎が、「今日の国家主義と今日の個人主義と、共に是れ社会の悪風潮なり。之を救済するは一に自信自覚に基き、而も能く他を信じ他と和し得る、尊厳なる個人の自覚に基きて立ちたる、光栄ある国家民族の進運あるのみ。吾等が毎に信仰問題を提出し、真正の愛国はこの霊光の源泉に養はるべきを絶叫するは此が為なり」[70]というように、一転して個人主義を社会の「悪風潮」と見なすという主張を展開し始めているのである。「愛の福音」によって統一されるはずだった個人と国家の間には、一種の緊張関係が生じ始めていたということができるだろう。

そして明治三十八年八月、『時代思潮』第一九号に、姉崎は、横井との連名で、「時代思潮を辞するの告白」と題する一文を掲げた。

◎「時代思潮」を辞するの告白

横井　時雄
姉崎　正治

我等二人従来雑誌、時代思潮に主筆として、我等の意見を公にし来りしが、今やその主筆として一切の義務を辞するの已むを得ざる者あり。我等が一雑誌によりて江湖に見えしは、一は我等の抱負によりて世論に一片の刺戟を与へんが為めなると共に、一は又実に本邦雑誌出版界に一分の理想を実行せんと期したるに由る。然るに昨年発行以来、我等の抱負信念を社会に訴ふるに、この雑誌を以て我等が唯一の機関とする能はざる境遇の変化を生ずるに至り、且つ編輯及び発行の事は一々我等が直接の監視の下に置く能はざるを以て、本年一月以後一と先づその編輯を育成会に托したり。此に於て主筆は全く名のみにて、我等の雑誌に関する理想の実行は益々遼遠なるに至れり。此に於て我等は全く時代思潮の編輯発行を直接監視の下に行ふか、然らざれば有名無実の主筆を辞するかの二を撰ばざるべからず。而して前者の方は身辺の事情の為めに之を実行するを得ず、我等はその後者の路を執らざるべからざるに至れり。是れ今回我等二人が時代思潮主筆の任を辞する所以なり。而して此より以後雑誌の編集は従来本誌の為に力を尽されたる恵美孝三君之に当らるる筈なれば、我等二人は同君に対する関係よりして、助力と助言とを寄せん事を期す。茲に主筆の任を去るに臨で従来本誌に好意を寄せられし寄書家諸君と読者諸君とに感謝の意を表し、又従来我等を助けられし如く後任の恵美君を助けられん事を切望す。(71)

なお横井、姉崎の両者はこれより先の同誌第一二号誌上において、原稿の取捨選択を育成会に一任する旨を発表していた。その背景には、横井が政友会所属の衆議院議員として、姉崎が東京帝国大学宗教学講座担任教授として、それぞれ多忙となったことがあげられよう。これにより、横井、姉崎は正式に『時代思潮』の主筆を辞任し、後任として恵美孝三が編集に従事することになった。

第一九号の横井、姉崎の思潮論文に続けて掲載された恵美の論文「文明批評の弁」は、彼の事実上の主筆就任挨拶と見るべきものであるが、そこでは「文明批評」を時務に迂遠な言とする見解を批判し、大所高所からの「文明批評」が必要であると論じられる。一方、「吾等に文明批評家たる資格なきは寔に千載の恨事なり、庶幾くは夫れ努力奮励せんのみ」(72)と締めくくられている。これは横井、姉崎に対する一種の謙遜でもあろうが、一面では彼らが『時代思潮』で展開した議論の見識の高さをも物語っているように思われる。横井、姉崎が主筆を辞することによって、『時代思潮』の主義、主張と公平性という特質のうち、「主義主張」の側面は大きく変質を余儀なくされたといってもよかろう。以後、同誌の主張部分を担っていた思潮欄は社論欄に改められ、また、表紙の絵も橋本邦助の筆による青年の像も、創刊三周年を記念する第二五号（一九〇六年二月）からは、中村不折による甲冑を身にまとった壮年の武人像に変更された。横井、姉崎が同誌によって自己の主張を十全に展開しえたのは第一九号までで、それ以後の議論とは区別して評価する必要がある。

『時代思潮』主筆を退いた姉崎の「境遇の変化」について、何より大きかったのは、彼の東京帝国大学宗教学講座担任教授への就任であった。帝国大学の教授になるに際し、姉崎の念頭には、対露強硬論者であった戸水寛人の休職問題があったのではないかと考えられる。『国家学会雑誌』が戸水の休職問題を取り上げ、文部省の処置に反対の論陣の特集を組んだとき、姉崎は「大学教授ノ自由ト其ノ制裁」と題する一文を寄せている。そこでは、「自殺的思想」などの激しい表現はなく、大学が批評機関である以上、国家の政策と相容れない主張が行なわれることは当然であるとの微温的見解が表明されるに止まっていた[73]。

姉崎は、明治三十九年（一九〇六）三月に上梓した評論集『国運と信仰』の序文において、「或る読者は、戦前戦時に理想と信仰との奨説に筆を絶たなかつた著者が、平和克服の後、国内の人心大動揺を呈した間、特に沈黙を守つたことを怪しまれるであろう。（中略）この消息を疑ひ訝る人があるなれば、その人に向つて左の問を提出しやう。文応以来元寇の来襲を預想して、謗法の国民に対し改悔を要求し怒号した日蓮は、何故に佐渡の流竄から赦されて後、蒙古の事愈近づく時に、独り身延に退隠したか。自分自らを日蓮に比するのではないが、蓋しその間の心境に至ては、相似たものがあらうかと信ずる[74]」と、日蓮に仮託して三十八年八月から十一月まで沈黙を守った自己の心境を吐露している。日蓮が身延に退いた心境について、姉崎は「彼れは又敵国の退散を熱禱せしなるべし、されどその敵は蒙古にあらずして、内謗法の悪衆生にてありしなり[75]」と説明している。蒙古襲来の際の日蓮と、日露戦争期の姉崎の心境とが似たものであったとすれば、姉崎の敵は、ロシアではなく、「理想主義」を解しない国内の「悪衆生」だったということになる。

姉崎の憤慨は、日露戦争にともなう社会変化によって起こってきた、宗教の位置づけをめぐる変化と密接な関連を有していたと思われる。都市住民の生活水準の格差の拡大は深刻な社会問題となっていた。不定な心理の捌け口として、超常現象・催眠術・通信販売・猟奇事件への異常な関心が見られたことはよく知られている。また、日露戦後の民衆運動は、日比谷焼き討ち事件にせよ、電車賃上げ反対運動にせよ、扇動者の思惑すら超えた制御不能な群衆のエネルギーのうねりとなって現れていた(76)。愛国心発揚の名目のもと、各地で行なわれていた提灯行事についてさえ、制御不能な運動に展開する前に鎮圧すべく、当局は監視の目を光らせていたのである(77)。

綱島梁川が明治三十八年十月の『病間録』に「見神の実験」を収めて発表し、大きな反響を呼んだことも、この文脈のなかで理解されるべきである。姉崎は、綱島の論に対し、その信仰に共感を示しながらも、宗教には個人の信仰にかかる主観的な要素と、信仰の内容を他人にも理解されうる形で示す客観的要素（例えば聖書など）の両面が必要であるとし、「梁川子の所説は個人的勢力は実に偉大なれども生たる具体的歴史方面に於て稍欠如せる嫌あり(78)」として、綱島の主張が宗教の主観的側面に傾斜していることを批判した。主観と同時に共同的なものも見据える姉崎宗教学の発想からすれば当然の帰結ともいえるが、洋行中の高山との往復書簡で、自らの思想傾向を「主観主義」と論じた姉崎が、宗教の客観的側面＝具体的な歴史的形成物を重視し始めたことの意味は決して小さくない。

『時代思潮』における姉崎の言論活動では、自ら「小我」の主観の発揮から、「大我」の客観への自覚へと、彼の思索の重心が移動したといえるであろう。姉崎は、日露戦後の明治三十八年十二月、次のような「大我」の前への服従を、個人の自由との関わりにおいて次のように論じるようになっていった。

自由とは人をして放埒ならしめ孤立ならしめて、人と人とを狼と狼の如く相争はしむる者にあらず、自由の極は人々の間に真正の団結を生せしめ、同じ君父の下に同愛の臣民兄弟たらしむる者真の自由なり。その茲に至らずして我意相衝突し、小異により小党を樹てゝ相争ふが如きは真の自由にあらず。真正の挙国一致は億兆心を一にする事によりて成るべく、而して億兆一心は真正の自由によりて始めて実となるべし。（中略）何となれば自己の自由に依りて終に一貫の道に達し、神に充たさるゝに至れば、その我は元の区別名利を争ひし我にあらずして総ての聖者と共に愛に依りて融和し、望に於て結合せる我なり。然れば我は即ちこの団体の我にして、絶対にその愛の団結に服従する我なり。この服従は奴隷的服従にあらずして武士的服従なり、真正の独立自由とこの絶対服従は同一事実の両面に外ならず。(79)

宗教の客観的側面を重視した姉崎は、「大我」の自覚において、普遍的な実在としての神そのものではなく、同じ神を有するもの同志の「愛の団結」を志向するようになっていった。明治三十九年二月、姉崎が「文明の新紀元」と題する論考を発表し、日本の文明の発展のために、具体的な団結の基礎として、「伝来の威権と親和の愛情とが皇室に集中し、又皇室で代表せられて社会の中軸となつておるのであるから、総てこの大本に基いて動かなければならぬ(80)」として、皇室を中心とする伝統や歴史を掲げていることは注目に値する。このことは、後に三教会同や南北朝正閏論争などといった政治問題に接近していく彼の態度を規定していく端緒とも取れるからである。

第四節　「見えざる日本」と姉崎正治

「煩悶」と〈憧憬〉

前節までで見てきたように、雑誌『時代思潮』の活動を通して、姉崎の言論には大きな変化が生じつつあった。煩悶青年たちに共感的なメッセージを送りながら、他方で国家に接近していこうとするとき、姉崎の思想はどのような形をとっていくのか。以下では、日露戦争後の姉崎の言論活動を軸に、新しい世代の成長という問題も考慮しつつ、日露戦後の思想史像を考察していきたい。[81]

右のような観点から一高の『校友会雑誌』を眺めていて気づくのは、「個人主義」の傾向をもった校風論の隆盛である。[82]とくに、煩悶に〈憧憬〉を対置させる思考が一部見られることは注目される。自殺した藤村操の親友だった折蘆・魚住影雄は、明治三十六年（一九〇三）末に、次のように述べていた。

理想とは何ぞや、今人輒もすれば目的と理想とを混同す。而して曰く、群書を渉猟して人生問題を解決せん、これ我が理想なりと。又曰く、我大に精神を修養して他日邦家の為に尽さん、これわが理想なりと。過てる哉人や、理想は憧憬の対象なり、一念の趣くところ至深沈痛の要求は、人生の大光明を捕へて之に我全人格を託さんと欲す。人此問題に逢着して（これ感激の賜也）人生と面相接するとき、未だ煩悶の湧かざるなく懊悩の来らざるなし。而して此理想は悟（広意義に於て謂ふ）を外にして攫む能はざるもの也。[83]

魚住はここで、他の目的のための手段として理想が語られることに強い不快感を示している。彼にとって理想とは絶対的なものであり、理想を〈憧憬〉することには必ず「煩悶」が伴う。その克服には、宗教的意味よりも広義の「悟」が必要になるというのだ。

明治三十八年（一九〇五）十月から十二月にかけて、一高の『校友会雑誌』誌上では、魚住による「個人主義」的傾向が波紋を呼び、校風論争が起こっていた。しばしば指摘されているように、一高では、寄宿舎制度によって集団生活を送らせることにより、生徒間には俗世間から隔絶された気風が醸成されていた。いわゆる「籠城主義」と呼ばれる、勤倹尚武を重んじた一高の伝統的気風である。このような環境では、文芸や詩歌の捜索に没頭し、『文庫』や『明星』などの雑誌に和歌を投稿すること自体が軟弱なものと見なされていた。魚住はこれに真っ向から異を唱え、次のように挑発的に趣味の振興を語る。

慨する者曰く、文学詩歌流行するに至れりと、答へて曰く、賀すべし、これ久しく保守思想の日陰に白う痩せし若草の今喜々として生ひ出でたる也、文学詩歌が其他の芸術と共に文華の冠位に立つは事新しく言ふまでもなし、文学詩歌を軽視する者は、人生を侮蔑する者也。難者の言或は其弊害を言ふか、吾人も之を諒す、（中略）もはや問題は文学の是非に非ずして弊害の救治策如何にあり、真に憂ふる士あらば希くは共に其道を談ぜん。吾人は文芸的趣味の我が校友に普及したるを見て、然も其趣味の幼稚浅薄なるを悲むの情に堪へざる者也。何が故に斯の如き現象が籠城主義の本家に生じたるか。何ぞ知らむ、斯の如きは却て籠城主義の本家なるが故ならんとは。(84)

魚住の説に対して、当然、反発が起こった。後年、古社寺保存会の委員を務め、大正末からは東北帝大で美術史を講じるようになる福井利吉郎は、魚住の論説は、愛校心を欠くものだと反論し、次号の『校友会雑誌』上で以下のように述べる。

げにや自己以外の凡てを闇に独り寂寞の天地を辿る時、端なくも旧き清純の想にかへりて父母と祖先と国家とに想到することそ嬉しけれ。されば忠君と孝悌とは我等が自我の承認する最初の信念也。愛国と博愛との精神に至りては決然として胸臆より泉湧し来るを覚ゆ。かくて我等が存在の立脚地は定まれり。更に生存の真意義を闡明するは我等が不断の努力にして終生の事業也。吾人の主義は是の如くして築かるべく、吾人の哲学は此道によりて成るべし。万有の真相は不可思議なりと疑ふも独り忠君愛国の至誠は之を動かす可からず。君父の洪恩を生れながらにして負ひたる我等は此に報ふるを以て至善とすべし。自己の個性を貴重する吾人は又他者の個性を貴重するを必とすべし。君父の為に身を捧げ、祖国の為に生を捨つる義烈の精神は我等が憧憬する第一の美也。(85)

「忠君愛国の至誠」を訴える論だが、重要なことは、「個人主義」の立場に立つ魚住にせよ、「忠君愛国」の立場に立つ福井にせよ、「煩悶」から抜け出でて新たな自我の立脚点を求めようとしたとき、理想を〈憧憬〉することを前提にしている点である。

明治三十九年(一九〇六)九月、牧野伸顕文相の後押しを受けて新渡戸稲造が一高の校長に着任した。河合栄治郎の回顧によると、新渡戸は着任後「一方に於ては一高学生を狭隘な天地から解放して広い外部の社会に引出し、他方に於ては固陋な国家主義と立身出世主義とに反対して、豊かな人間としての教養を説いた(86)」とされる。そのうちには、一高の伝統を奉じる「籠城主義」の運動部系や、新渡戸を常識的で不徹底とする文芸部系などの反対者が内包されていたが、彼の教育はいわゆる大正教養主義の基礎を築いていったものとして評価できる。

では、一高における校風の変化のなかで、生徒たちは如何なる理想を〈憧憬〉していったのであろうか。魚住が述べていたように、群書を渉猟し、あるいは修養を積むことは、人生の目的となりえても、〈憧憬〉の対象とはなりえない。〈憧憬〉の対象となる理想とは、全人格を託すに足る「人生の大光明」である。魚住によれば、そのように設定された理想から自らの人生を省みたときに求められるのが、文芸趣味の養成ということになる。

ここに、高山や姉崎の思想活動がもたらした〈憧憬〉の発想が確実に存在していたことは特筆してよい。『校友会雑誌』も、新渡戸の感化を受けて、宗教関連の論説が増加する。和辻哲郎は、高山樗牛や姉崎正治に対して、批判的な距離を取り続け、後々まで思想的な影響を否定していたが、『校友会雑誌』に発表した記事のなかには、「吾人は絶対に物質を超越し絶対に心霊に執着せざるべからず[87]」と論じた「霊的本能主義」という論説が存在する。このフレーズが高山の墓碑銘となった「吾人は須らく現代を超越せざるべからず」の語を踏まえたものであることは容易に想像がつく。和辻の思想形成にとって高山や姉崎の思想が果たした意義は、改めて再検討されるべきだろう[88]。

「見えざる日本」の動揺

日露戦争後、政府は「思想問題[89]」への対応を急いでいくが、その一つに、明治三十八年（一九〇五）十一月十日の『帝国文学』発行停止事件があった。新聞報道によれば、「赤門文学士機関雑誌「帝国文学」は去十日発行第十一年第十一号に於て公安を害する記事を載せたりとて読売新聞と同様一昨日其発売並に爾後の発行を停止されたり新聞紙中の文学新聞と文学雑誌として共に名を知られたる二紙が同時に発行停止の奇禍を買へるも一奇といふべし[90]」とされている。日比谷焼打ち事件後の戒厳令下で公布された明治三十八年勅令第二〇六号「新聞紙雑誌ノ取締ニ関スル件」の適用を受けた事件であり、同年十一月二十九日に勅令が廃止されたことを受け、処分も解かれている。赤門の文学者たちが発行する雑誌の掲載論説が官憲の忌避に触れるという事態は前代未聞のこととして、関係者に大きな衝撃を与えた。しかもこのとき検閲の対象になったのは、高山樗牛の実弟・齋藤信策（野の人）の論説だったとされる[91]。齋藤とは二高以来の友人である小山東助は、齋藤について次のように述べている。

君は『帝国文学』の委員として卅九年の春まで留任す可かりしも、卅八年の秋に至り図らず君は委員を去るの止むなき事体に陥りたり。蓋し『帝国文学』の歴史に於ては、空前にして且つ或は絶後なるべき発行停止問題の為め也。此災厄の原因は、齋藤君の筆に成りたる或文章が、革命思想を含み憲法に違反すとの擬律を蒙りたるに因る。当時は所謂焼撃事件の為め東京市民は戒厳令の下に立ち、衛戍総督府の検閲官は神経過敏の眼を瞠りて濫に朱線を新聞雑誌に施したる頃なれば、野の人の無遠慮にして酷烈なる筆録が違憲の咎を蒙りしも寧ろ当然なりしならん。兎も角『帝国文学』の擁護者たる文科大学の老教授諸氏は、此一事に依りて多少の当惑を感じたる者の如く、或人は為めに恐懼し、或人は為めに憤激したり。野の人に取りて謹慎は当然の義務となりぬ。斯くて君は一種の圧迫の下に黙然委員の任を辞し、評論壇を逸し去りぬ。(92)

齋藤は『帝国文学』の編集を辞任せざるを得なくなり、以後は井上哲次郎が主宰する『東亜之光』や、『日本及日本人』に寄稿して言論活動を行なっていくことになった。また、齋藤は、イプセンの紹介、泉鏡花を評価して日本のロマンチク派の先駆と位置づけ、国民的美術作家として北斎の評価を試み、一方でケーベルの薫陶を受けながらギリシャ哲学についての内省と思索の生活に入っていった。その姿勢や熱情に跳んだ文章は、後の武者小路実篤などにも影響を与えたとされる。(93) 齋藤は、国民精神の弛緩を憂慮し、「日本的なるもの」への覚醒を主張していくことになる。

今日の芸術が全く「日本的なるもの」を忘却したる間に、今日のあらゆる社会の態制は益々芸術を堕落せしむ。例えば政府の事業にありては教育、社会の事業としては教会、あはれこの二つは確かに「日本的性情」と趣味とを破壊する最大の悪魔也。(中略)今日我国の芸術は既に早く「日本的なるもの」を忘失したると共に、今日の日本の上下の社会は尤も非日本的を極む。是に於て思想は統一を失ひ性情は滅裂し、趣味は堕落す。夫れ性情と趣味の統一を失へるはこれ国民の滅ぶるなり、あはれ今日の日本は邦土の上に立ちて其の「見えぬ日本」は亡びたる乎。真にこれ国民の精神界に係はれる最大危機に非ずして何ぞ。一二風紀問題の如き之に比ぶれば何ぞそれ小事なる。是に於て乎愛国の士は今に於て「この見えぬ日本」を救ひて之を建て更えざるべからず。然らば之を如何にすべき。答へて曰はん、そは唯自らに立ち帰りて「日本的なる者」を鼓吹する外あるべからず。而して其は固より教会乃至学校学説によりて為さるべからず、そは独り芸術の勉めのみ。(94)

日露戦争中の一体感と高揚感が戦後に失われてしまったことを嘆くものである。平岡敏夫は、田山花袋の「田舎教師」や国木田独歩の「号外」、正宗白鳥の「何処へ」などを素材に、日露戦後文学で描かれた青年像が、明治三十七、八年を境に、統一的な国民意識を失って赤の他人同士の社会秩序に巻き込まれていくこと、古い型の青年たちがみな「事業」をなしえないまま、亡びゆく存在として描かれることを指摘している。(95)この日露戦後の文学者の間に蔓延した崩壊感覚は、齋藤にも間違いなく存在していた。齋藤の「日本的なるもの」への愛着は、実兄高山樗牛が追求した「見えざる日本」の危機に対する自覚を引き継いでいたのである。齋藤は、失われた古き日本に美を見出し、〈憧憬〉していった一人といえるが、その影響は狭い範囲にとどまっていた。

日露戦後に文学・美術に関する行政の関与を強めたのは、西園寺内閣の文相を務めた牧野伸顕だった。明治三十九年は、島崎藤村の『破戒』など、自然主義文学を代表する作品や評論が続々と発表された年であったが、同年六月に、牧野はいわゆる訓令第一号を発し、「修学中ノ者ニシテ或ハ小成ニ安シ奢侈ニ流レ或ハ空想ニ煩悶シテ処世ノ本務ヲ閑却スルモノ」があることを憂い、「故ニ学生生徒ノ閲読スル図書ハ其ノ内容ヲ精査シ有益ト認ムルモノハ之ヲ勧奨スルト共ニ苟クモ不良ノ結果ヲ生スヘキ虞アルモノハ学校ノ内外ヲ問ハス厳ニ之ヲ禁遏スルノ方法ヲ取ラサルヘカラス」つまり学生の読書内容を精査し、有害なものについては積極的な取り締まりに乗り出すことを示していた。(96) 牧野文相が、厭世的な文芸作品や言論の取締りを明言したことは、「自然主義」の作者や批評家たちから猛反発を招くこととなった。「自然主義」陣営もまた、文相や教育家と敵対するところから、理論的な構築をはかっていたのである。[97]

また、牧野の在任中である明治四十年秋には、第一回文部省美術展覧会（文展）が設立されている。文展の淵源は、牧野がイタリア公使だった時分に、正木直彦、福原鐐二郎、岡田良平ら文部官僚が集まって、欧州各国の美術施設に学びつつ、美術の奨励法を談じあったことにまで遡れるようだが、[98]実際には、「現代美術界腐敗の深源を尋ぬるに所詮は美術家の人物問題に帰着し朋党分裂の弊害は勿論かの寄生虫跋扈の現象の如きも必竟技術家の無識無能自ら招くの結果に外ならずとす」[99]という大塚保治の建議なども踏まえて、情実が横行する美術作品点の審査の公平性を増すために設けられた。[100]文部大臣だった牧野自身、在任中だけでなく以後も一貫して美術行政・文化行政には力を入れ、美術関係者からの信頼も篤かったとされる。[101]

明治四十一年七月、第一次西園寺内閣が倒れ、桂太郎が組閣すると、文部大臣には小松原英太郎が就任した。小松原は、次官の留任を求めて陳情に来た東京美術学校長正木直彦に、「牧野前文相のやり方は国粋を絶滅させる事に導く大きな失敗であり、今度の内閣はこれを改革するといふ重大な使命を持つてゐるのだから、審査委員長をやつてゐた次官の留任などはもつての外だ」[102]と拒否したといい、美術制作においては、一層「国粋」の発揮が目指されていくことになった。

もう一つ、日露戦争後の文芸・美術制作との関係で重要なことは、首相や閣僚による文士招待会の開催である。[103]明治四十年の六月に開かれた西園寺首相の文士招待会は雨声会として著名であるが、姉崎が関与した形跡は全く見られない。ついで、第二次桂太郎内閣のもとでは明治四十二年一月十九日に小松原英太郎文相が、平田東助内相と一緒に文士招待を行なっている。これ以後、文芸の取り締まりを目的とする文芸院設置をめぐる議論が急速に具体化していくことになる。

日露戦後の姉崎正治

『時代思潮』の主筆を辞した後の姉崎の軌跡はやや複雑であるが、日露戦後から明治末期にかけての彼の行動のなかには、その後の思想展開の上で無視し得ない重要な要素も含まれている。そこで最後に、以上論じてきたような日露戦後の政府の文芸対策の転換のなかで、姉崎と国家との距離や、芸術に対する活動を検討しながら、彼の〈憧憬〉の思惟が向かった先を確認しておくことにしたい。

まず確認しておきたいのは、日露戦後に姉崎が芸術の再定義を行なっていったことである。明治四十年（一九〇七）五月、『美の宗教』刊行に加えて、姉崎が自らの「思想の目星」と言い続けたショーペンハウアーの主著『意志と表象としての世界』の訳出に取り組んでおり、明治四十三年に博文館から上巻を刊行している。その結果、姉崎の発想においては、第一に、現実を理想の表象と見る視点が、一層強化されていった。井上哲次郎の「現象即実在」論の純化ともいえるが、ショーペンハウアーの思想体系において、万物の根底にあって物自体とされる意志を理想に、客観的に存在する表象を現実に置き換えたとき、理想と現実をめぐる〈憧憬〉の思考は哲学的な根拠を得たことになる。

これに関係して、第二に、「芸術」の価値が、『復活の曙光』以後、雑誌『時代思潮』の言論活動のなかで示されてきたような、「宗教」の代替物という消極的な位置づけから、あらゆる因果関係を離れた「世界の本性」を示すものへと深化していることも注目される。『意志と表象としての世界』で、ショーペンハウアーの芸術論を、姉崎は次のように訳出している。

そこで総て此等の関係〔科学が提起する因果の関係〕以外に立ち、相待関係を離れ、本当に世界の本性であり、現象の真実実質であり、変化せず、何れの時にも同じ真理として知らるべきもの、一言でいへば観念、即ち物自爾にである意志の直接で又具備した客観性、此を認識する仕方は何にあらうか。――芸術、即ち天才の作にある。造形美術にしても、詩にしても、又音楽にしても、各その材料をとつて、純三昧で会得した久遠の観念を再現し、世界の現象の中で常住の本性を体現するのが芸術である。それ故その源泉は専ら観念の認識にあり、その目的は専らこの認識を他に頒つにある。(104)

理性に基づく因果律では認識することのできない「物自爾」＝物自体としての意志を把握するための方法はただ一つ、芸術に体現された理想を見るしかない。ここに姉崎の〈憧憬〉における芸術鑑賞の積極的な位置づけが与えられていくことになるのである。しかし、ショーペンハウアーが論じている通り、芸術による意志の把握は、一時的なものに過ぎない。では、一時的な「美の悦び」を超えた状態は如何なるものであろうか。姉崎がそこに見出したのは、「美の悦びに於ける如く一時でなしに、永遠に意志が沈黙し、全く消滅して、身体に残る最後の火炎も身体と共に残りなく消えるべき境に達した人の生命が、如何に霊福なるべきかは想像に余りあらう。多くの苦闘を経て、終に自分の天性を制御し得た此の如き人は、只純粋に認識するものとしてのみ存し、世界を限なく映し出す」(105)とされた「霊福な状態」だった。したがってショーペンハウアーの訳出は、姉崎に芸術の至高の価値を会得させると同時に、それを超越するものとして宗教ないし霊的価値の意義を改めて自覚させることとなったのである。(106)

日露戦後の姉崎の思想を考える上で次に重要なのが、明治四十年九月から翌年にかけての、一年間の欧米漫遊である。(107)欧米漫遊の以後の言論においては、国民性と宗教との関係が強調され、とりわけ、米国の活動性に着目した論説が際立ってくる。日露戦後の米国体験としては、原敬の米国漫遊が有名である。(108)原は米国の産業発達に驚き、物資文明の隆盛、工業化の進展が脅威になると考えて帰国したが、姉崎の目線は、米国内で暮らす人々の精神生活に注がれていった。彼は、「宗教の上で宗派の多い事、新宗教などいふもの丶多い事は蓋し世界に米国に過ぎる国はなからう」とし、「此等は有形の事柄の新流行又は、事業の勃興と同じく、新しい文明、鬱勃の気象、go ahead の気風の反映で、現在では混沌、乱雑の中にあるが、その中から終に何物かを生み出しはしまいか[109]」という希望を見出していた。

姉崎には、文明の根底に精神的価値としての人々の宗教心を位置づけていた。姉崎が米国人のなかに見たのは横溢する光明であった。ただしそのような場合でも、姉崎が「いふ迄もなく、各国民には各特別の気風があり、歴史上の事情を異にし、習慣風俗、又は思想信仰の傾向を異にしてゐる。従て其感情の発表には、各特色がある、此の特別な気風を代表して現はれた文学は国民的産物として、特殊の気風を帯びてゐる」というように、姉崎の芸術論の展開においては、「国民文学」の特性を認めつつも、それを至上のものとせず、「然しながら国民文学も亦文学として一般人類の即ち純人間的の感情を表白するものでなければならぬ。特殊のうちに遍通の現はれるのは特に文学として大切な点である[110]」と強調して、「国民文学」は、一般人類の感情の表白とも矛盾しないものと有していると考えていた。普遍的な理想と特殊の現実を絶えず往復する姉崎の〈憧憬〉においては、素朴な「国家主義」に陥らず、あくまでも人類の精神的発展に寄与する態度が終生貫かれていく。こうしたいわば人類的次元での精神的価値を尊重する発想は、姉崎の大正期の「文化主義」論へも接続していくものとして評価しうる。そのような姉崎の立場は、「形式主義」と「現実主義」の双方を根源的に批判していく「理想主義」の立場として定位されてくる。次の論説に、その論理の輪郭は明瞭にあらわれている。

一方には形式の道徳主義。而してそれに対するものは、西洋で文芸復興と宗教改革以後起つて来た個人主義、世界の開発と工業革命から生じてきた実利主義、それに加へて十八世紀の啓蒙思想とフランス革命とで爆発した現実主義。此等が集まつて今日の自然主義となつて来た。日本の自然主義にも第一義諦などいふ声はきこえるが、それはその本色でなく、世は只個人あるのみ現実あるのみ、人も信ずるに足りない、歴史も重んずる要はない、思ふ通り、欲するまゝ、見ただけ、感じただけ、それで人生は十分だとなつて来る。（中略）両極端共に批評の心もなければ、根本に遡る精神もない。保守家は単に外来の思想を呪詛し、西洋の道徳は禽獣に均しといはんばかりに頑迷になる。之に対して新思想家なるものは東洋も古代もない、只西洋の現代、今の自分あるのみで、何等の教権をも信仰をも認めない。この争ひは明治二十年代に欧化主義と国粋保存とが相争つたのを一層深刻にしたもので、一層高い解釈に進む一階段として見れば、必しも悪くはないが、その儘にしておく訳には行かない。我々の取るべき道は第一は直接に現代の二極端を批評するにある。批評の結果、彼等の思想主張には各根本のある所を知らしめなければならぬ。[111]

かかる理想主義の立場は、「思ふ通り、欲するまゝ、見ただけ、感じただけ、それで人生は十分だ」とする思潮、すなわち自然主義の運動と鋭い緊張を孕むものとなる。自然主義文学は、長谷川天渓が「今は一切の幻像、破壊せられたるなり。青春の血、湧ける若き男女の眼底に映ずるが如き美しく楽しく輝ける幻影の悉く消散したる時代なり[112]」と述べて「幻滅時代の芸術」を宣言して以降、事実に即して無理想・無解決の態度を基調としていったが、それは〈憧憬〉とは正反対の思考に立つ文学運動だったのである。しかも長谷川の「自然主義」論は、以下のように、現実のありのままの観察を出発点に置きながら、日露戦後の国家主義を無条件に肯定する論理まで胚胎させていた。

吾れ等は、日本に生れた。此の事実は動かすことは出来ぬ。五千万の同胞は、万世一系の皇室を戴き、二千六百年の歴史と、同じ空気、同じ山川、同じ思想に育てられた。此の現実の上に立てられた日本主義は、外国人にこそ合はぬかも知れぬが、吾れ等には漆合する。各個人の自我は、此の国家主義を抱いて、而も現実とは何等の衝突をも見ぬ。我れ等は日本人であるから、日本々位の種々なる運動や、思想と、必ず一致しなければならぬのである。[113]

見ただけの印象を語る文章について、姉崎は「軽薄の文、腐浅の論」だと断じ、「一瞥事物の真相を透見するは達人の事、印象直に人生の深趣を達観するは天才の業なり、細心の研究に進む勇もなく、慎重の論議に傾聴する真摯もなくして、徒に印象を云々するが如きは愚にあらずんば狂、文運の賊たるに至つては一なり」[114]と厳しい言葉で批判していく。

「自然主義」への対抗

姉崎が明治四十二年（一九〇九）四月、反自然主義団体である文芸革新会結成に参加していくことは必然的なことだった。文芸革新会の設立趣意書には次のようにある。

惟ふに現代の日本は高遠雄大なる理想が新なる文明の下に実現せられんとする途上にあり。従つて吾人の文芸は光明ある新時代の精神を基礎として人生の為にせる文芸ならざるべからず。現代英雄的日本の要求は剛健なる思想と清新なる趣味との鼓吹にあり。至醇なる新理想の建設にあり。生命ある新技巧の発揮にあり。真摯なる人生の新価値を認むるにあり、文芸革新の機運は今や方に熟せるに庶幾し、吾人同志の士は時代の要求に応じ、此機運に乗じて、沈滞せる局面の転回に一臂の力を効さん事を期す。

明治四十二年三月

文　芸　革　新　会

発起人

林田　春潮　　登張　竹風

小山　鼎浦　　中島　孤島

栗原　古城　　後藤　宙外
姉崎　嘲風　　齋藤野の人
佐々　醒雪　　笹川　臨風
樋口　龍峡[115]

発起人には東京帝国大学文科大学の関係者が多いが、後藤や中島など、早稲田系でありながら島村抱月らの「自然主義」とは合流しなかったメンバーも加わっている。同会結成の理由について、主要メンバーの笹川臨風は、都会では衰えてきた自然主義が田舎でなお大きな勢力を持っていることを指摘し、「例へば中学生などの作文を見ても直ぐ自然派のことを担ぎ出し、主張し、且つ一方には実行しやうとするやうな傾向がある。まだ志操の定まらない少年に向つて、さういふことは決して面白い結果を来さない。ところが教育家の口から自然主義は悪いと言つても、その効果はない。甚だ薄弱である。だから教育家よりも文学の先輩が立つて唱へなければこの時弊を救ふことが出来ない[116]」と語っていた。文学思潮上の対立はもとより、その背後には多分に教育的な配慮があったということも重要だろう。笹川臨風は、明治四十年まで栃木県立宇都宮中学校の校長であった。また登張竹風も、ニーチェイズムの鼓吹が災いして、明治三十九年に東京高等師範の教授職を辞しており、文芸革新会は教員経験者の多い会だったということもできる。

文芸革新会は四月二十四日に一ツ橋の学士会議所で発会式を開いた[117]。以後、メンバーによる講演会活動などを行なっていくが、同会の運動が今一つ広がりを欠いた最大の理由は、趣意書に踊る「新理想」の文字が、具体的内容を欠くものだったからであろう。機関誌の発行も検討されたらしいが、実現には至らなかったようである[118]。これは、先に見た姉崎の〈憧憬〉のもう一つの側面であるともいえる。すなわち、単純な「国家主義」に陥らず、国民性と一般人類の双方にとって有意義な価値を追求するダイナミズムを生んでいたことが〈憧憬〉の積極面だとすれば、同じ事柄の盾の反面として、具体的な創作上の指針を提供しえなくなっていくという問題があった。姉崎は『帝国文学』誌上において、「予言の芸術」という型を示し、今必要なことは「過去久遠の源泉に未来永劫の消息を汲み而して之を現在今の一生に体現する芸術を推奨するにある」[119]と語っているのだが、そのなかで素晴らしい「予言の芸術」として姉崎が推奨するのは、欧州留学や米国漫遊で接しえた寺院の伽藍やゴシック建築、あるいはダンテの「神曲」のような作品や、ベートーヴェンの第九交響曲という、いずれも常人の手に余る、文字通り天才の作ばかりであって、抽象的な理想か、歴史的な大作しか例示しない姉崎の発言が、新しい創作のヒントを得ようとする若き文学者たちの思いに十分に答えたかどうかは疑わしい。

むしろ姉崎は、「自然主義」に代わる有効な打開策を見出すに至らず、少なくとも芸術論に関しては議論が抽象化し、思想が自律的に展開していく可能性を徐々にではあるが失っていったように思われる。その意味で、この年の一月、話題になっていた文芸院設置問題について、姉崎が雑誌記者のインタビューに応じて、「暫く留守であつたのと、帰つて来て少し纏まつた研究に取り蒐つてゐますので、文芸院の話も新聞で見る位だし、又現今の文壇には遠かつて、何も読んでゐませず、実は西洋のものでも新らしいもんは読まない、クラッシックのものばかり見てゐるので、事情が分らんから、文芸院に就ては何の御話も出来ません[120]」と語っていることは無視できない。談話であるから、必ずしも文責は姉崎にないのであるが、「何も読んでゐませず」「事情が分らん」というのが謙遜や韜晦でなく事実だったとすれば、芸術による社会改良を訴えた彼の議論が空転するのは必然だったのではないか。

だがそれは姉崎個人の資質のみに帰すべき問題というよりは、明治三十九年の京都帝国大学の文科大学設置に象徴されるように、人文学の専門化が進み、学問と批評の間にあった溝が、いよいよ埋めがたいものになってきていたからだと考えられる。京都帝国大学文科大学で哲学科の教授に着任した桑木厳翼は、京都文学会の機関誌『芸文』第一号で「思想界の消極主義」について論じている。桑木によれば、経済界の勤倹貯蓄の奨励のように、思想界に消極主義が広まると、事実への執着が強まって無用の観ある思弁や大言壮語の空論が忌避され、文芸界では写実が第一義となって人生の評論や文明批評が排斥され、外国文献の輸入研究は無用どころか有害と考え、風俗の頽廃は仏国流の淫靡であるとか、米国流の射利の影響だという議論が横行する。かくして奨励されるのは「卑近な而かも健全な常識」であり、知識とは「自家に最直接な自国の事物のみ」となり、文芸や学術の代わりに「社会の実益を来すと信ぜれらる精神教育」が鼓吹され、自国の文物を尊敬させるために「過去の偉人を探出し、其遺蹟を木乃伊のやうにして長く保存しようとする」風潮が起こってくる。[121] 桑木が暗に批判しているように、偉人をミイラのようにして保存する状況は、天才を〈憧憬〉して文明を批判する精神とあり方とは決定的に異なるものであろう。「美学」が「文明批評」にとって有効な標準を提示しうる時代は、確実に終焉に向かいつつあったのである。

　姉崎自身も、ついには、「青年文学は、所謂る青年雑誌、投書雑誌の小品から乃至記事小説に現はれ、而して文壇に文士として知られて居る人の作は、所謂る中年の文学を代表するものが大部分であるのは、事実疑ひを容れない。彼等が現実だといひ、自然だと誇り、終には此が客観の印象だなど自負するものは、皆尽くこの狭い主観を唯一の標準としたもので、作る者も楽む者も、その外に弘濶な人生の舞台、深い人心の奥のあるには気がつかない[122]」といって、『時代思潮』や樗牛会の支持基盤だった少年たちの「誌友交際」の世界が、自然主義の影響を受けていることに批判を向けていくようになるのである。

　『時代思潮』廃刊後から明治末年にかけての姉崎の行動は、一見すると人生問題に悩む青年を擁護してきたそれまでの立場を変じ、政府に徐々に近接していったように見える。ただし、その思想的背景には、理想主義からくる彼なりの芸術観の深化があり、後年の思想を規定する主要な要素が出て来てもいた。大学における姉崎の宗教学講義は、明治四十年の時点でなお、肉体の堕落から逃れようとし、人生問題に煩悶する学生の希望を充たす魅力あるものだったようだが[123]、文芸批評の分野では、姉崎の発言は理想主義的に過ぎるがゆえに、次第に抽象化し、皮肉にも青年層は次第に姉崎から離れていくこととなったのである。

註

（1）樗牛生「田中智学氏の『宗門の維新』」（『太陽』七巻一三号、一九〇一年十一月）四八頁。『宗門之維新』の初版は、宗門の関係者に配布され、再版分が田中によって国内の有識者七百人以上に贈られたという。再版も非売品だったため、高山の紹介後、問い合わせが相次いだといい、田中はさらに訂正を加えて明治三十七年（一九〇四）に第三版を刊行した（田中智学「宗門之維新第三版の序」、『宗門之維新』第十一版、一九二九年、天業民報社、序一〜五頁）。

（2）田中智学『宗門之維新』増訂再版（一九〇一年、師子王文庫）二頁。

（3）大谷栄一『近代日本の日蓮主義運動』（二〇〇一年、法蔵館）六九頁。

（4）山川智応「高山樗牛の日蓮上人崇拝に就て」（姉崎嘲風・山川智応編『高山樗牛と日蓮上人』一九一三年、博文館）三五六〜三五七頁。

（5）明治三十四年六月六日付姉崎正治宛高山林次郎書簡、全集七〇八頁。

（6）無署名（清沢）「精神主義」（『精神界』三号、一九〇一年一月）三頁。

（7）高山林次郎「現代思想界に対する吾人の要求」（『太陽』八巻一号、一九〇二年一月）六〜七頁。

（8）「吾友の書信」（『太陽』八巻七号、一九〇二年六月）四九頁。引用箇所は、姉崎の書簡に付した高山自身による注記である。当該期の高山と姉崎に関する先行研究として、林正子「総合雑誌『太陽』掲載の高山樗牛と姉崎嘲風の文明評論」（『岐阜大学国語国文学』二五号、一九九八年三月）参照。

（9）姉崎正治「高山樗牛に答ふるの書」（『太陽』八巻二号、一九〇二年二月）二二〜二三頁。

（10）姉崎正治「高山樗牛に答ふるの書（承前）」（『太陽』八巻三号、一九〇二年三月）三六頁。

（11）姉崎嘲風「再び樗牛に与ふる書」（『太陽』八巻一〇号、一九〇二年八月）一六六〜一六七頁。なお、姉崎のワーグナー論の特質については、竹中亨『明治のワーグナー・ブーム』（二〇一六年、中公叢書）参照。

（12）同前、一七四頁。

（13）森林太郎「洋学の盛衰を論ず（前半）」（『公衆医事』六巻四号、一九〇二年六月）三四頁。この記事は、同年三月二十四日、福岡県小倉の偕行社で行なわれた講演筆記である。

（14）平川祐弘『和魂洋才の系譜』上巻（二〇〇六年、平凡社ライブラリー）一六七〜一六八頁。

(15) 戸頃重基『近代日本の宗教とナショナリズム』(一九六六年、冨山房)、田村芳朗・宮崎英修編『日本近代と日蓮主義』講座日蓮4(一九七二年、春秋社)、比較思想史研究会編『明治思想家の宗教観』(一九七五年、大蔵出版)、渡辺宝陽「高山樗牛の日蓮主義」(『日本仏教』五〇・五一号、一九八〇年三月)、末木文美士『明治思想家論』(二〇〇四年、トランスビュー)、徳田幸雄『宗教学的回心研究』(二〇〇五年、未来社)、金子宗徳「東山金子弥平と「日蓮主義」の時代(七)」(『国体文化』九九九号、二〇〇七年七月)などを参照。なお最近、この問題については寺田喜朗「高山樗牛と姉崎嘲風の日蓮論」(西山茂編『近現代の法華運動と在家教団』シリーズ日蓮4、二〇一四年、春秋社)が包括的な整理を行なっている。

(16) 前掲山川智応「高山樗牛の日蓮上人崇拝に就て」三八三頁。

(17) 例えば先崎『高山樗牛』(序章註(33))一九七~一九八頁。

(18) 高山林次郎「日蓮上人とは如何なる人ぞ」(『太陽』八巻四号、一九〇二年四月)四五頁。

(19) 同前。

(20) 例えば、血盟団事件の後に刊行された『樗牛全集』の序言には次のようにある。「本全集が茲に完結して、樗牛没後満三十年の忌辰を迎へるに当つて、故人を追懐すると共に、関係物故者の中、特にその実家と養家の両父母、良太、信策の二弟、遺子初子の外に友人の中、畔柳都太郎と藤井健治郎と、而してこの記念の年に不慮の最後を遂げた井上準之助の人々を追懐し、此の全集を墓前に供へると共に、此等過去精霊に対する回向としたい」(姉崎正治・笹川臨風「序言」、『改訂注釈樗牛全集』第七巻、一九三三年、博文館、五~六頁)。「日蓮主義」といっても血盟団のそれと高山の思想を直接結びつけるのは難しい。

(21) 高山樗牛「日蓮上人と日本国」(『太陽』八巻九号、一九〇二年七月)一七五~一七六頁。

(22) 高山樗牛「感慨一束」(『太陽』八巻一一号、一九〇二年九月)一八三頁。

(23) 同前、一八六頁。

(24) 『官報』五五六二号(一九〇二年一月二十一日)六頁。なお、同時に試験により文学博士の学位を授与された者に建部遯吾、桑木厳翼、姉崎正治らがいた。

(25) 明治三十五年十月六日三浦菊太郎宛高山林次郎書簡、全集八一五頁。

(26) 明治三十五年十月二日姉崎正治宛高山林次郎書簡、全集八一三頁。

(27) 赤木『人及び思想家としての高山樗牛』(第二章註(1))一一三頁。

(28) 中村孝也「〔弔辞〕」(鶴岡市教育委員会所蔵「高山樗牛資料」四九)。同史料の翻刻は工藤『文豪高山樗牛』(序章註(2))一二六頁にも掲載されている。この弔辞の差出人は、後に日本近世史家として知られる中村孝也である。

(29) 中島徳蔵先生学徳顕彰会『中島徳蔵先生』(一九六二年、中島徳蔵先生学徳顕彰会) 一五五頁。
(30) 梶山雅史「教科書国定化をめぐって」(本山幸彦編『帝国議会と教育政策』一九八一年、思文閣出版) 一四〇～一四二頁。
(31) 宮地正人「教科書疑獄事件」(我妻栄編『日本政治裁判史録』明治・後、一九六九年、第一法規出版) 三七二頁。
(32) 黒岩周六「藤村操の死について(承前)」(『万朝報』一九〇三年六月十八日一面)。
(33) 岡義武「日露戦後における新しい世代の成長」(上)(下)(『思想』五一二号・五一三号、一九六七年二月・三月) 参照。
(34) 丸山眞男「個人析出のさまざまなパターーン」(M・B・ジャンセン編、細谷千博編訳『日本における近代化の問題』一九六八年、筑摩書房) 三八三頁。
(35) 姉崎正治「現時青年の苦悶について」(『太陽』九巻九号、一九〇三年八月) 八一～八二頁。
(36) 姉崎正治『復活の曙光』(一九〇四年、有朋館) 序言一頁。
(37) 同前、九四～九五頁。
(38) 同前、二九頁。
(39) 鼎浦生(小山東助)「神秘派と夢幻派と空霊派と」(『帝国文学』一二巻二号、一九〇六年二月) 一〇六頁。小山東助は高山樗牛の実弟齋藤信策とも親友であり、内ヶ崎作三郎、吉野作造らとともに海老名弾正の『新人』にも関わっていた。
(40) 「樗牛会の事業」(『時代思潮』一巻一号、一九〇四年二月) 六五頁。
(41) 海老名弾正「宗教的人格と意志」(『時代思潮』一巻二号、一九〇四年三月) 一五頁。海老名によれば、「日本主義」への勧誘を受けたこともあるという。
(42) 石川啄木「樗牛会に就て」(『岩手日報』一九〇四年一月二十四日付一面)。
(43) 啄木の思想形成における高山からの影響については、橋川『昭和維新試論』(序章註(28))、鹿野政直「啄木の出発」(『日本歴史』二七二号、一九七一年一月)、同「啄木における国家の問題」(『季刊 科学と思想』三号、一九七二年一月) などを参照。
(44) 石川啄木「甲辰詩程」(『啄木全集』第五巻、一九六七年、筑摩書房) 三一～四九頁より抜粋。
(45) 雑誌『時代思潮』自体を対象とした研究論文は少なく、前掲岡「日露戦後における新しい世代の成長」(上)(下)が日露戦後思想史の問題として『時代思潮』の論説に言及しているほか、管見の限りでは辻橋三郎「横井時雄と『時代思潮』」(同志社大学『熊本バンド研究』一九六五年、みすず書房) が唯一のものである。辻橋論文は、横井の側から見た雑誌『時代思潮』の位置づけという点で興味深い内容をもつものであるが、残念ながら肝心の史料批判の点で問題なしとしない。辻橋は『時代思潮』思潮欄に掲載された無署名論文のうち、「領土の拡張」(七号)、「士気と戦争と修養」(六号)、「戦争と資本家」(九号)、「日本の基督教の位置」(一七号)を横井論文と推定しているが、これらは姉崎の評論集『国運と信仰』(一九〇六年、弘道館)に収録されており、姉崎筆と考えるのが妥当である。また、「日本に於ける社会主義」(二二号)も横井論文と判断しているが、これは横井・姉崎が『時代思潮』の主筆を辞した後のもので、ただちに横井筆と特定することは難しい。以上から、同論文の「二人の主筆編集といっても、実質的には、横井が主導的地位にあったことは、全誌を通観して、疑う余地のない事実であった」(三三五~三三六頁)という見解はかなりの修正を要する。

(46)「雑誌一覧表」(一九〇六年九月調査)、原敬文書研究会編『原敬関係文書』第八巻(一九八七年、日本放送出版協会)五九七~五九八頁。

(47)『時代思潮』の原本は、欠号があるが、国立国会図書館、明治新聞雑誌文庫、日本近代文学館その他の機関に所蔵されている。第一号から第二七号までは、早稲田大学図書館編集の「精選近代文芸雑誌集」の一部として雄松堂からマイクロフィッシュ版が発行されており、全号を通覧することが可能である。

(48) 姉崎『わが生涯』(第二章註(10))一一四頁。

(49) 明治三十七年一月一日付姉崎正治宛石川啄木書簡、引用は『啄木全集』第七巻(一九六八年、筑摩書房)三六頁~三七頁。同書簡で石川が「貴き誌上に、小生ら如き者の述作をも許さるゝや否や」とも聞いているのは興味深い。

(50)「精養軒に於ける時代思潮披露会の状況」(『時代思潮』一巻一号、一九〇四年二月)一〇五頁。

(51) 同前。

(52) 同前、一〇八頁。

(53) 同前、一〇九頁。

(54) 当時の新聞経営の問題については有山輝雄『徳富蘇峰と国民新聞』(一九九二年、吉川弘文館)を参照。

(55) 嘲風「ベクリンが浪の戯れ」(『時代思潮』一巻一号、一九〇四年二月)四三頁。

(56) 世紀末の画家ベックリンの画は、青木繁などの洋画家にも影響を与えていたといわれる(高坂一治「青木繁『狂女』考」、『鳥取大学教養部紀要』二七号、一九九三年十一月)。後には、『白樺』創刊号の口絵にも用いられていった。高階秀爾『日本近代の美意識』(一九九三年、青土社)も参照。

(57) 無署名(姉崎)「発行の趣旨」(『時代思潮』一巻一号、一九〇四年二月)二頁。前掲辻橋「横井時雄と『時代思潮』」では、この「発行の主旨」を横井筆であると断定しているが、姉崎の『已弁集』(一九三四年、大東出版社)に収められており、姉崎筆と判断するのが妥当である。

(58) 横井時雄「閥族政治か政党政治か」(『時代思潮』一巻一号、一九〇四年二月)五頁。
(59) 無署名(姉崎)「領土の拡張」(『時代思潮』一巻七号、一九〇四年八月)七頁。
(60) 無署名(横井と推定)「韓国政治上の改革」(『時代思潮』一巻七号、一九〇四年八月)三〜四頁。
(61) 浮田が『時代思潮』に寄稿した論説としては、「日本の外交政策」(第一号)、「日露戦争の倫理観」(第一〇号)、「戦後の国民」(第二一号)がある。浮田の思想については、神谷昌史「一九〇一年の「新日本」」(『大東法政論集』七号、一九九九年三月)、姜克実『浮田和民の思想史的研究』(二〇〇三年、不二出版)などを参照した。
(62) 無署名(姉崎)「百年の宿題、百年の大計」(『時代思潮』一巻二号、一九〇四年三月)。
(63) 同前、一〇頁。
(64) 姉崎正治「国家の運命と理想」(『時代思潮』一巻三号、一九〇四年四月)二六頁。
(65) 同前、二九頁。
(66) 岩井『西園寺公望』(第三章註(20))九八〜一〇〇頁。
(67) 無署名(姉崎)「犠牲の価値」(『時代思潮』一巻一一号、一九〇四年十二月)八頁。
(68) 同前、一一頁。
(69) 同前。
(70) 無署名(姉崎)「所謂る個人主義の風潮」(『時代思潮』一巻八号、一九〇四年十一月)三頁。
(71) 横井時雄・姉崎正治「「時代思潮」主筆を辞するの告白」(『時代思潮』二巻一九号、一九〇五年八月)一〇頁。
(72) 恵美孝三「文明批評の弁」(『時代思潮』二巻一九号、一九〇五年八月)一〇頁。
(73) 姉崎正治「大学教授ノ自由ト其ノ制裁」(『国家学会雑誌』一九巻一〇号、一九〇五年十月)四三頁以下。
(74) 姉崎正治『国運と信仰』(一九〇六年、弘道館)序言二〜三頁。
(75) 姉崎正治『停雲集』(一九一一年、博文館)八五〜八六頁。
(76) 松山巌『群衆』(二〇〇九年、中公文庫)六七頁。
(77) 例えば、井口和起『日露戦争の時代』(一九九八年、吉川弘文館)一四八〜一四九頁。住友陽文『皇国日本のデモクラシー』(二〇一一年、有志舎)一三一頁。
(78) 姉崎正治「主観の宗教と客観の宗教」(『時代思潮』二巻二四号、一九〇六年一月)二二頁。
(79) 姉崎正治「自由と教権服従」(『時代思潮』二巻二三号、一九〇五年十二月)八〜九頁。
(80) 姉崎正治「文明の新紀元(上)」(『太陽』一二巻二号、一九〇六年二月)五四頁。

(81) 当該期における煩悶青年の文学的営為については、平石典子『煩悶青年と女学生の文学誌』(二〇一二年、新曜社)を参照。
(82) 第一高等学校における校風論については、菅井凰展「明治後期における第一高等学校学生の思潮」(坂野潤治・宮地正人編『資本主義と「自由主義」』シリーズ日本近現代史2、一九九三年、岩波書店)および古川江里子「近代日本のエリート教育における内面教育の検討」(『メディア史研究』三五号、二〇一四年二月)を参照。
(83) 蒼穹生(魚住影雄)「念々感悟(日記抜抄)」(『校友会雑誌』一三二号、一九〇三年十二月)二七頁。引用箇所は魚住の日記の十一月十三日の記事からの抜粋である。
(84) 魚住影雄「個人主義の見地に立ちて方今の校風問題を解釈し進んで皆寄宿制度の廃止に論及す」(『校友会雑誌』一五〇号、一九〇五年十月)六頁。
(85) 福井利吉郎「所謂個人主義の見地に立ちたる校風観を評す」(『校友会雑誌』一五一号、一九〇五年十一月)二二～二三頁。
(86) 河合栄治郎「新渡戸稲造博士」(『学生生活』一九三五年、日本評論社)三四三頁。
(87) 和辻哲郎「霊的本能主義」(『校友会雑誌』一七一号、一九〇八年十一月)一〇頁。
(88) 和辻の思想形成については苅部『光の領国 和辻哲郎』(序章註(52))、高山と和辻との関係については、先崎『個人主義から自分らしさへ』(序章註(33))一三〇頁が示唆的である。
(89) この「思想問題」は、帝国大学出身者の就職難とも密接に関係していた。日露戦後より発生し始めた「高等遊民」に対する政府の対応については町田祐一『近代日本の「高等遊民」』(二〇一一年、吉川弘文館)参照。
(90) 「帝国文学」発行停止」(『東京朝日新聞』一九〇五年十一月十七日朝刊)二面。
(91) 齋藤野の人については、工藤恒治『齋藤野の人』(一九四七年、樗牛会)、阿部正路「齋藤野の人」(一)(二)(『國學院雑誌』六八巻四号・五号、一九六七年四月・五月)参照。
(92) 小山東助「齋藤信策君小伝」(姉崎嘲風・小山鼎浦編『哲人何処にありや』一九一三年、博文館)小伝四～五頁。
(93) 亀井志乃「〈世界〉を憂える青年」(『日本近代文学』六三号、二〇〇〇年十月)四五頁。
(94) 齋藤信策「現代我国に於ける芸術界の危機」(『太陽』一三巻二号、一九〇七年二月)一二九～一三〇頁。
(95) 平岡敏夫『日露戦後文学の研究』上巻(一九八五年、有精堂)三二八～三二九頁。
(96) 「文部省訓令第一号」(『官報』六八八二号、一九〇六年六月九日)二七三頁。
(97) この点については、木村洋「藤村操、文部省訓令、自然主義」(『日本近代文学』八八集、二〇一三年五月、のち木村

『文学熱の時代』〈序章註(33)〉に再録）参照。
(98) 正木直彦『回顧七十年』（一九三七年、学校美術協会出版部）二六一頁。
(99) 大塚保治筆「美術界刷新策」（国立国会図書館憲政資料室所蔵「牧野伸顕関係文書」二六〇）。
(100) 文展については、五十殿利治『観衆の成立』（二〇〇八年、東京大学出版会）などを参照。
(101) 茶谷誠一『牧野伸顕』（二〇一三年、吉川弘文館）四五〜四六頁。
(102) 正木直彦『十三松堂閑話録』（一九三七年、相模書房）三〇三〜三〇四頁。
(103) 文士招待から文芸取締に至る過程については、今井泰子「明治末文壇の一鳥瞰図」（『学園論集』一六号、一九七〇年三月）、和田利夫『明治文芸院始末記』（一九八九年、筑摩書房）、高橋正『西園寺公望と明治の文人たち』（二〇〇二年、不二出版）、ジェイ・ルービン（今井泰子他訳）『風俗壊乱』（二〇一一年、世織書房）などを参照。
(104) 姉崎正治『意志と現識としての世界』上巻（一九一〇年、博文館）三〇八頁。
(105) 同前、六五八頁。
(106) この点に関連して、宗教学者である姉崎が、博士論文である『現身仏と法身仏』（一九〇四年、有朋館）や『根本仏教』（一九一〇年、博文館）など、仏教研究の上でも重要な業績を残したことに触れておかねばならない。これらの著書は、初期のインド仏教史研究を受け継ぎ、「確実の歴史の中に、永遠の真理は見らるべければなり」（姉崎正治『現身仏と法身仏』序言三頁）という視点に立ち、原始仏教の原典研究を行なったものである。増谷文雄は、右の姉崎の業績を「本来の仏教への憧憬」（増谷文雄『近代仏教思想史』一九四一年、三省堂、一〇一頁）と評価している。
(107) この欧米旅行をもとに著された姉崎の紀行文『花つみ日記』（一九〇九年、博文館）に注目した研究として、スザンナ・フェスラー「姉崎とイタリア」（『立命館言語文化研究』二〇巻二号、二〇〇八年十一月）がある。同論文によると姉崎は、イタリアでルネサンス期の美術作品を見たが、装飾過多で人間中心的なものとしてあまり高く評価しなかったという。帰朝後の姉崎の美術観を考える上で示唆的な論点である。
(108) 山本四郎『評伝原敬』下巻（一九九七年、東京創元社）一九二頁。
(109) 姉崎正治「文明の新緑」（『太陽』一三巻一六号、一九〇八年十二月）一八〇〜一八一頁。
(110) 姉崎正治「ラアマ物語」（『帝国文学』一七巻九号、一九一一年九月）一頁。
(111) 姉崎正治「東西思想の根本」（『太陽』一六巻一六号、一九一〇年十二月）五二〜五三頁。この記事は大西祝の没後十周年を記念した講演がもとになっている。
(112) 長谷川天渓「幻滅時代の芸術」（『太陽』一二巻一三号、一九〇六年十月）一五三頁。

(113) 長谷川天渓「現実主義の諸相」(『太陽』一四巻八号、一九〇八年六月)一五五頁。
(114) 姉崎嘲風「横議十行」(『読売新聞』一九一〇年七月十二日付朝刊一面)。
(115) 無署名(笹川)「主張」(『新小説』一四巻四号、一九〇九年四月)三一七頁。
(116) 笹川臨風「文芸革新会の事業」(『文章世界』四巻五号、一九〇九年五月)五五頁。
(117) 後藤宙外『明治文壇回顧録』(一九三六年、岡倉書房)二四五頁。
(118) 同前、二五一頁。
(119) 姉崎正治「予言の芸術」(『帝国文学』一六巻一号、一九一〇年一月)三二頁。
(120) 姉崎嘲風「文芸雑談」(『明治評論』一二巻二号、一九〇九年二月)三一頁。
(121) 桑木厳翼「思想界の消極主義」(『芸文』一巻一号、一九一〇年四月)一一五頁。
(122) 姉崎正治「青年の文学と中年の文学」(『帝国文学』一七巻一号、一九一一年一月)四頁。
(123) 高橋原「明治期東京帝国大学宗教学科における仏教と宗教」(江島尚俊・三浦周・松野智章編『近代日本の大学と宗教』二〇一四年、法蔵館)参照。

終章——本書の成果

第一節 〈憧憬〉の終焉

「新しき美学」の要請

石川啄木は、「時代閉塞の現状」のなかで次のように語っている。

けだし、我々明治の青年が、全くその父兄の手によって造りだされた明治新社会の完成のために有用な人物となるべく教育されて来た間に、別に青年自体の権利を識認し、自発的に自己を主張し始めたのは、誰も知る如く、日清戦争の結果によって国民全体がその国民的自覚の勃興を示してから間もなくの事であった、すでに自然主義運動の先蹤として一部の間に認められている如く、樗牛の個人主義が即ちその第一声であった。(そうしてその際においても、我々はまだ彼の既成強権に対して第二者たる意識を持ち得なかった。樗牛は後年彼の友人が自然主義と国家的観念との間に妥協を試みた如く、その日蓮論の中に彼の主義対既成強権の圧制結婚を企てている。) 樗牛の個人主義の破滅の原因は、彼の思想それ自身の中にあった事は言うまでもない。即ち彼には、人間の偉大に関する伝習的迷信が極めて多量に含まれていたと共に、一切の「既成」と青年との間の関係に対する理解が遥かに局限的(日露戦争以前における日本人の精神的活動があらゆる方面において局限的であった如く）であった。そうしてその思想が魔語のごとく（彼がニイチェを評した言葉を借りて言えば）当時の青年を動かしたにも拘らず、彼が未来の一設計者たるニイチェから分れて、その迷信の偶像を日蓮という過去の人間に発見した時、「未来の権利」たる青年の心は、彼の永眠を待つまでもなく、早く既に彼を離れ始めたのである。(1)

文中の「自然主義と国家的観念との間に妥協を試みた」とされる高山樗牛の友人が姉崎を指していることは、もはや贅言を要さないだろう。日露戦後の時代状況のなかで、しきりに理想主義的な立場から文芸を変えようとしてきた姉崎の議論は、一時熱烈な支持者でもあった石川啄木の心すら、つなぎ留めることができなくなっていたのである。その石川啄木は明治四十二年（一九〇九）に次のように書いている。

▲芸術制作の最初の動機を人間の遊戯的衝動に置くといふ説は、今迄美学者の殆んど全体に認められてゐた。これは誰しも知つてゐる事である。シルレルの「遊戯動機論」の精神は美学の大成者と言はれたハルトマンによつて殆んど確定議とされた。

▲詰り芸術も亦一種の遊戯であつた。「かういふ芸術は無論今でもある。」ところが、此在来の美学は、最近三十年間に起つた種々の芸術上の出来事によつて、事実上最早何の権威も認められなくなつた。美学上の諸標準は今やもう何処へ持つて行つても当嵌らない。殊に小説や戯曲に於て然うである。我等が今日要求し、且つ幾分其要求を充たされつゝあるところの文芸上の作物は、その需要者のそれらを享受する精神状態にこそ猶多少の遊戯分子が残つてゐるものゝ、その制作上の動機乃至精神には毫もそれが無い。これは近代文芸の発達と、それを誘起した我等の内的生活の革命とに留意してゐる人の誰しも拒む能ざる所である。

▲そんなら、芸術に対する科学的研究——新しき美学といふ者の建設は全く絶望であるかといふに、決して然うではない。裏長屋の内儀を例に引くも可笑しいが、自己表現といふ事に芸術の発足点を置く事によつて恐らく今後の新らしい研究が其基礎を得る事であらう。[2]

「自己表現」に立脚した「新しき美学」の要請。それは、元号が明治から変わった大正元年（一九一二）十月、「芸術は自己の表現に始まつて、自己の表現に終るものである」[3]と書いた夏目漱石の有名な「文展と芸術」論とも響きあう。右の引用で述べられているのは、明治初期から日露戦後に至るまでの美学思想の、最も容赦ない総括でもあろう。ここでいう「新しき美学」は、高山が、国家と美術の緊張関係のなかで、ハルトマンを乗り越え、シラーの遊戯衝動やカントの所説を援用しながら模索し、また、姉崎がショーペンハウアーの翻訳を通じて〈憧憬〉した理想的な芸術とは異質な方向を目指すものだった。

内田魯庵は、大逆事件の後、次のような姉崎のエピソードを紹介している。

姉崎嘲風は頗る面白い事を云った。欧羅巴の無政府党が頻りに列国君主を覘ってるが、欧羅巴の帝王は皆封建の遺物で、大名の大きなものたるに過ぎない。所謂天下は一人の天下に非ず、草莽の英雄も亦取って代る事が出来るものである。然るに日本の天子は天から降臨したる神のみすえで人間では無い。殆どデミ・ゴッドである。無政府党の標的としては恐らくは此上も無いものであろう。然るに今日では日本が欧州人の注意を免れていたから甚だ幸いであったが、茲に無政府党なるもの現われて大逆を企だてゝ死刑になったという事が世界に伝わり、あまつさえ日本の国体上斯ういう叛罪は神人共に許す能はざるものだという理由が発表され、初めて日本の天子というものゝ性質が他の帝王と大に異なっているという歴史的の国民信仰が明かになると、無政府党員共が、之こそ主義の敵としての屈竟のものだと小躍りしてポツ〳〵

日本に渡って来ぬとも限らぬ。困った事だと。――「そんな事をいうと警察に密告されるぞ」と誰かゞ云うと、けれども理屈は爾うだろうと嘲風君は云った。姉崎君は利口な人だから宮内省や文部省の丁髷の前では如才ない事を云うだろうが、コウいう事も云う人だ。(4)

明治四十四年二月の南北朝正閏論争で、姉崎は「皇統連綿、万世一系、それのみを以て国体とし、その発表と中心とのみを見て、その実体の淵源を考へないために、世間の浅薄な国体論となり、形の上の万世一系は之を仰いでも、その霊に接せず、所謂る仏作つて魂入れずの愚を見る。今の教育社会に此の如き短見が瀰漫して居るために、終にその末に至つて名分を誤るものも出たのである。又家族主義を以て国体の究竟説明にしやうとする如き浅見に支配せられるから、南北朝問題に対しても、畏れ多くも何か単に一家族の内訌であるかの如き観察をして、南北両立などを唱へるものも出来たのである(5)」として、喜田貞吉の説を批判している。役人の前で「如才ない」姉崎と「頗る面白い事を云」う姉崎と、どちらもが彼の一面なのである。

その姉崎は、同じ四十四年五月に文芸委員に就任した。数え年で三十九歳のときである。文芸委員は、官制により「文部大臣ノ監督ニ属シ文芸ニ開スル事項ヲ調査審議ス(6)」（第一条）と定められたが、このとき委員に任命されたのは次の人々であった。

森林太郎／上田万年／芳賀矢一／藤代禎輔／上田敏／徳富猪一郎／姉崎正治／佐々政一／幸田成行／巌谷季雄／大町芳衛／饗庭与三郎／島村滝太郎／江原敏郎／塚原靖／足立荒人

姉崎は、文芸委員就任にさして違和感を覚えてはいなかったように見受けられる。彼が床次竹二郎内務次官が主催する三教会同を支えていったことも、同様に説明できよう。文芸委員会はその後大きな成果もなく、山本権兵衛内閣の行政整理で廃止された。姉崎はこのとき、国家と密接な関係を持つだけでなく、芸術論の上でも新たな方向性を示しえなかった。かつて高山や姉崎が志向していたような、理想を〈憧憬〉し、俗流言論人に反抗していこうとする発想に支えられた「美学」思想と「文明批評」の方向性を、この時期の姉崎の議論に見出すのは難しい。日露戦後社会の変化は、理論の上でもメディアの上でも、〈憧憬〉の精神を成り立たせていた条件を押し流してしまったのである。

では、高山や姉崎の〈憧憬〉は、何を残したのだろうか。石川啄木の批判は、高山や姉崎に深く感情移入していたがゆえの辛辣さを持つが、芥川龍之介や柳宗悦などのように、博文館から刊行された『樗牛全集』を耽読していたという回想も相応にある。第五章で紹介した中村孝也も、師範学校で教わる修身以外の事柄に目を向けさせてくれた人物として高山を賛美し、後年、次のように述べている。

あゝ天にあつては星、地にあつては花、人にあつては芸術と宗教と、以て世界を飾るに足る。樗牛は実に我等に、その道を教へて呉れたのであつた。(7)

また、明治三十五年に一高に進学した安倍能成は、晩年の高山に非常に感化された一人だが、「兎に角自分達は氏によつて粗笨ながらも「我」といふものを教へられ、「我」の自覚を有するに至つたと思ふ(8)」としている。芸術・宗教への〈憧憬〉と「我」の自覚、これが高山・姉崎の思想活動が青年層に与えた最大のものであった。彼らは、ときに相互に批判し合い、ときに共同しながら一貫して文芸・宗教の意義を語ってきた。他方、高山や姉崎は終始、国家を離れて個人が存在するとは考えていなかった。高山が「美的生活」を掲げた際にも、「種族的習慣」といった論理で、国家と個人との関係は、なお有機的なものとして構想されていた。それゆえ、国家と個人との関係に亀裂が生じ始めた日露戦後になると、帝国大学の教授の肩書を持つ姉崎は、「大我」を強調し、国家の側に立つ言論を展開していくことになったのである。そのような意味で、帝国大学から東京朝日新聞社に移り、「自己」に忠実な言論を展開した夏目漱石とは対照的なコースを、姉崎は歩んでいったといえよう。

「誌友交際」の崩壊

一方、姉崎の思想から次第に離れていった地方の青年層たちはその後どうなっていったのだろうか。阿部次郎が「正に魂の問題において、愛国的教育の提供する実質が私たちの渇を満に足りなかつた[9]」と回顧するように、高山の後続の世代は、かつて高山が苦しんだ「美」と「道徳」の関係や「国家」の問題に切実な関心を持たない個人主義の立場を奉じていたといえるが、そのような思想傾向は、帝国大学に学んだ知的エリートのみに限定されず、「誌友交際」のコミュニケーションによって地方にも及んでいたと考えられる。地方で文芸雑誌を発行していた多くの少年たちは、相互に交流を持ち、そのなかの何人かは、文通、投書の経験を経て中央の文壇に進出していった。

岡山県にある血汐会は、明治三十六年(一九〇三)一月に結成された文芸の同好会である。[10] 関西中学に在籍した入沢涼月、有本芳水、津山中学の美土路昌一らが中心であり、雑誌『血汐』(後に改題して『白虹』)を発行した。雑誌の寄稿者には、尾上紫舟、小山内薫、正宗白鳥、小川未明ら中央の文学者に加え、正富汪洋、さらに萩原朔太郎の名前も見える。当時は『中国新聞』の記者として田岡嶺雲も岡山におり、当地には一定の文学的な土壌が整っていた。入沢や寄稿者の尾上は、與謝野鉄幹が主宰する新詩社の岡山支部同人でもあり、同会の結成は『明星』の読者共同体を核にしたものであった。また、小木曽旭晃も、岐阜で新文芸社を起こし、明治三十七年から雑誌『新文芸』を発行して地方文学のための気焔をあげていた。『新文芸』には、埼玉『鴛鴦文学』の石島薇山も寄稿していた。同誌上において破魔王なる人物は「高山樗牛子死してよりわが評論壇絶えて偉才現はれず」[11]と言っており、地方で根強い高山人気があったことが知られる。ちなみに、『新文芸』は明治三十八年十二月発行の三巻一号をもって『山鳩』と改題している。

ところが、事態は明治四十年前後を境として、全く逆の方向に転回していった。その理由として、第一に「自然主義」の影響、第二に行政の取締強化を挙げねばならない。

日露戦後になると、行政は雑誌の発行に露骨に介入し始めた。日露戦勝記念として数多く建設されていく地方の公共図書館においても、「健全ニシテ有益ナルモノ」を選択し、「幼児ヨリ陋劣ナル書籍ヲ手ニセサルノ習慣ヲ養成セシムヘシ」[12]といったことが真剣に論じられていたが、そのような観点から、雑誌の発行停止も相次いで行なわれるようになっていった。小木曽が主宰していた『山鳩』でも、明治四十一年以降、自然主義傾向をもった小説掲載号はたびたび発売禁止となった。しばしば誌上で読者に向けて弁明を発していた小木曽も業を煮やし、次のように語っていた。

如何程神経過敏の当局者にせよ彼の非自然派小説たる「四面楚歌」の如きを以て、猶且つ風俗壊乱なりとし、発売禁止を命ずるが如きに至りては果して其当を得たるものか余は唖然として殆ど言ふ所を知らずされば余は如斯文芸の迫害に汲々たる現代政府の下に、猶且つ文芸を説くは其余りに不安にして矛盾極まれるを覚り、慷慨悲嘆して潔く積年愛撫の山鳩を一擲し、再び文芸を説かじとまで一時は覚悟したりき、されど翻つて考ふれば、現時の地方文壇は衰微の極に達して殆んど言ふべき価値だになきを思へば、吾人一時の憤激に駆られて自暴自棄するは其あまりに軽忽なるを愧ぢぬ。[13]

右のような措置は、各地で行なわれていくことになる。小木曽が紹介している例のなかで最も過激なのは、明治四十二年八月、岐阜県立師範学校の『学友会雑誌』発売禁止事件であろう。生徒が校友会雑誌にトルストイの評論の翻訳を掲げた結果、「社会主義の臭」があるとして発売禁止、生徒は停学、校閲者の教諭も懲戒処分を受けた。[14]これでは確かに地方での「誌友交際」の担い手たちは激減せざるを得ず、雑誌発行のための会費収入も停滞していくことになる。

地方文壇の逼塞に追い打ちをかけたのが、第三種郵便物認可規則の運用の厳格化だったと思われる。周知の通り、第三種郵便物は定期刊行物につき、送料を廉価に出来る制度である。明治四十年八月十七日、逓信省令第三十五号として公布された「第三種郵便物認可規則」は、明治三十三年九月に公布された同規則の全文改正である。[15]この影響により、『白虹』は明治四十年十月、「報道論議を目的に有せず」という理由で、従来認められていた第三種郵便物の認可を取り消されたという。[16]『白虹』は、その後会費確保のため賛助員を募っていくものの、努力の甲斐もむなしく、やがて廃刊に至る。木村毅によると、この頃、渡米中の幸徳秋水が、在米無政府主義者の岩佐作太郎、岡繁樹とともに、『少年世界』『文章世界』に掲載される投書家の住所に宛てて『革命』と題する雑誌を送付していたとされる。[17]この件については、明治四十年一月に内務大臣を務めていた原敬にも報告された。[18]同月四日には治安を妨害するものとして、内国における頒布が禁止され、紙冊も差し押さえられている。[19]明治四十年代以降の地方文芸雑誌に対して苛烈ともいえる取締りが行なわれた背景には、右のような社会主義対策も背景にあったのかもしれない。

同様の例は、おそらく各地で起こっていたのではないか。そして、その結果として、相対的に安定した財政基盤を持つ、東京府下の出版社が発行する投書雑誌が隆盛を極めていくことになる。明治四十年以降、地方文壇の衰退がはじまり、「誌友交際」の圏域は、例えば博文館の『文章世界』のような大手雑誌を核とする地方—中央のラインのみが存続する形で再編されていった。同人雑誌にしても、地縁よりはむしろ学校を機縁とする集団が登場してくることになる。学習院の『白樺』、東京帝国大学の『新思潮』、慶應の『三田文学』など、それぞれに次の時代の特色ある文学運動を牽引していくこととなったのである。

第二節　成果と残された課題

本書の成果

本書では、日清・日露戦争期に雑誌『太陽』等を舞台として、東西文明の衝突に対峙しうる精神的基盤を構築していくため、文学、美術ならびに宗教の分野で活発な評論活動を行なった高山樗牛と姉崎嘲風の二人を中心に、彼らの思想活動が時代状況のなかで占めた思想的位置について、とくに彼らの発想の基底にあった〈憧憬〉という思考様式を重視しつつ検討を加えてきた。

従来の研究では、高山・姉崎の個人に即して個別に研究の蓄積がなされてきたが、その思想的評価においては、高山の「日本主義」や「日蓮主義」等、論者の関心に関係するある特定の時期の思想を取り上げて論評を加えられることが多く、日清・日露戦争期の思想史のなかで両者の思想活動を位置づけようとする意識が乏しかった。本論中で見てきたように、高山や姉崎の思想においては、国家と個人との関係を調和的に捉える側面があり、その限りにおいて、国家主義や個人主義を対抗的にとらえ、どちらか一方を評価するような枠組みのもとでは、高山はたんなる思想的変節を遂げた人物として描かれることになってしまい、彼らが何を課題とし、それをどのような理論によって解決しようとしたかにまで踏み込んで解釈していくことが困難だった。また、高山や姉崎が同時代に有した思想的な影響力の大きさをはかるための有効な視座も、これまで明確には存在しなかった。本書が〈憧憬〉の思考様式に注目したのは、右の研究史上の隘路を乗り越えるためであった。

また、本書では、高山・姉崎の支持基盤の広がりを分析するため、「誌友交際」という視角を導入して、明治二十年代後半から明治四十年代初頭までの青少年層の活字文化との関わりを明らかにしてきた。地方における同人活動は、当然ながら多様な展開の可能性を秘めており、本稿で取り上げられた部分をもって全てを網羅できるわけではないが、主義や派閥によって文芸思想を語る文学史叙述からは零れ落ちてしまう多くの人々が確かに存在していたからこそ、東京府下の文士たちは自らの思うところを芸術的に結晶化しえたのであり、その実態を解明する端緒を見出したことは、本書の具体的な成果の一つといえよう。むしろ今後の思想史・文化史叙述においては、こうしたメディア論的な視点からも地方文芸メディアの存在を視野に入れつつ検討を加えていく必要がある。

ここで、序章で設定した課題と、それに対する検討の結果について整理しておきたい。

本書では第一の課題として、高山・姉崎らの著作を全集未収録のものも含めて収集することで、高山らの言論活動を具体的に跡づけることを掲げた。この点については、全集未収録の書簡や、雑誌記事などを参照することにより、近年活発になりはじめた高山樗牛研究のなかでも、独自性を主張しうる思想形成期の像が描けたのではないかと考えている。

第二の課題は、高山樗牛の「美学」の哲学的基礎についての検討であった。明治二十六年に高山や姉崎が大学に入学した彼らは、井上哲次郎や着任して間もないケーベルからドイツ哲学についての薫陶を受けた。そこで受容されたドイツ哲学は、明治十年代の進化論全盛の時代に、フェノロサがヘーゲル哲学やスペンサーを講じていたこととは趣を異にし、初期にはハルトマンの学説が大きな影響力を持ち、そのほかにはカントやあるいはショーペンハウアーの哲学が重視されるという特徴があった。二十世紀に入ると、美学の分野ではドイツ一辺倒の風潮が批判され、英米系の心理学的美学が少しずつ導入されるようになってきた。高山も新たな潮流に敏感に反応し、代表的論文である「美的生活を論ず」にも、英米系のサンタヤーナの美学思想からの影響が見られることを確認した。

第三の課題は、彼らの言論活動の舞台となったメディアの存在形態の実態解明である。本稿ではとくに「誌友交際」という分析視角を仮説的に導入し、同時代の少年層の投書文化の把握に努めた。雑誌の残存状況から、確認しえた事例は数例に留まったが、従来の研究では全く顧みられてこなかった明治三十年代の思想の流通過程の把握に一定の貢献をなし得たのではないかと考えている。他方、地方に対する中央のメディア状況の分析については、まだまだ課題を残しており、引き続いての研究課題としていきたい。

その上で、第四に掲げた、文化価値の説明の仕方と、政治との距離の二点を評価軸として、彼らの言論活動の思想史的意義を考察するという課題については、次のようにまとめられよう。文学や美術、あるいは宗教という精神的領域に関わる分野の学問の構築は、外形的な国家形成が完成しつつあった明治二十年代において新たに登場してきた思想課題であった。日清戦争を経て、パリ万国博覧会を頂点とする国際的な舞台に日本が登場してくるという時代状況のなかで、日本の文化を追求し、振興していくという課題を担った美学者の高山と、宗教学の知見を生かしつつ批評活動に従事した姉崎は、それぞれ、時代の課題と積極的に向き合いながら言論活動を行なってきた。両者の言論活動は、講壇の内部に留まることなく、またジャーナリスティックな関心に左右もされず、あくまでも自己の専門分野との関わりのなかで展開された。彼らは人々の間に国家意識が浸透した日清戦争以後、約十年もの間継続して文学、美術、宗教などの文化価値の重要性を訴えることで、精神的な文明における「国民」の理想を追求し独自の思想世界を開拓したという点で、近代日本における文化的なナショナリズムの一つの型を体現していたといえる。このことは、近代日本の思想史上で高く評価すべきものと考える。彼らの思想活動は、決して小さなものではなく、日露戦争後、明治四十年代にいたるまで、各地の青年、少年層を中心に一定の影響力を保持し続けた。それは彼らが唱えた〈憧憬〉の思想が、彼らの学問的な世界を超えて、多くの青年層の煩悶を慰謝するものとして捉えられたからにほかならない。

他方、政治との距離についていえば、高山は、明治二十年代の「欧化」と「国粋」の論争のなかで形成された「美術国」というナショナル・アイデンティティを巧みに活用しながら、パリ万博に際しても、博覧会事務局の鑑査官人事に異を唱えるなど、政治とは一定の距離を保っていた。文部省留学生として洋行内定とその挫折を経て、高山の国家批判は先鋭化し、現実の文明化を超えた無窮の世界に美を求めるようになっていった。また姉崎は、洋行から帰朝した後、煩悶する青年達を擁護し、理想を〈憧憬〉していくことの重要性を訴えて、俗流への反抗と忠君愛国主義への反対を掲げていくが、日露戦後社会における国民精神の動揺、学問自体の制度化、言論活動の基盤であるメディア環境の変容といった急激な状況変化に対応しきれず、東京帝国大学文科大学教授という地位もあって、政府への協力姿勢を徐々に強めていくことになったのである。

本書ではとくに高山・姉崎における〈憧憬〉という思考様式に注目して考察を進めてきた。やや図式的になるが、彼らの〈憧憬〉の思考様式の特質を、本書で論じたことを踏まえて整理するならば、以下の特徴を指摘できよう。

第一は、思想活動の中心となる理想と現実をめぐる解釈において、現実を顧みずに理想を振りかざすのでなく、また理想を排して現実に拘泥することもなく、両者の中間にあって、理想の実現の不可能性を認めながら、理想の実現に向けて現実を漸進的に発展させていこうとする態度である。これは高山や姉崎が、ドイツ理想主義哲学のうち、ヘーゲル弁証法ではなくカントを中心とする思想を受容したこととも関わっていよう。

第二に、理想の具体的な姿として、価値の創造者としての神、あるいは神なき時代においてはそれに代わる偉人や天才の業績が頻繁に語られることになる。これは、現実に対するときの自己の無力さ、卑小さの裏返しであり、理想と現実の人性論への反映として捉えられよう。高山の美学思想における天才賛美、姉崎宗教学における神秘主義への傾斜はこの点に対応している。

第三に、理想への接近方法として、実践よりも観照を重視する立場が採用される。序章における高山と内村の応酬で確認したが、〈憧憬〉の思考様式においては、天才の振る舞いの単純な模倣は反社会的なものとして退けられ、行為ではなくその精神を呼吸することが重要なのである。

以上の特徴を持つ〈憧憬〉の思考様式は、幾重にも張り巡らされた雑誌メディアの網の目を通じて拡散・展開していき、中央から地方に及ぶ青年層に影響を与えたのだった。このような思想把握の仕方は、第一に、相互に矛盾するかに見える高山の主張を、人生の目的である「幸福」を実現する理想追求のための方法的立場の模索として捉えることを可能にし、第二に、〈憧憬〉という思考の型を設定することで、高山や姉崎のようないわゆる頂点的思想家から、旧制高校生や地方の田舎教師までの思考の比較を可能にした。これにより、彼らの思想的影響力についてもある程度把握できるようになったのである。これは従来の高山研究ではとくに不十分だった点であり、また、観念的なナショナリズム論やロマン主義論のパラダイムに回収されずに、同時代の思想史的な評価を考えるための方法としての意義を主張できよう。現実を批判しながら理想を〈憧憬〉するという思考態度が広がっていたことは、日露戦後の時代思潮を形成していた「帝国主義」や「社会主義」あるいは文芸思潮としての「自然主義」とも異なる独自の思想領域があったことを意味している。高山・姉崎らの思索は、天才を〈憧憬〉するという思考を編み出したことで、明治二十年代の「美術国」をめぐる「欧化」と「国粋」の論争と、文化価値に重きを置きながら人格の陶冶を訴えていく大正期の哲学思想を媒介するものとして、近代日本思想史のなかに位置づけることができる。

今後の課題

しかし他方で、本書では、高山と姉崎を対比させながら、一つの時代思潮を描き出そうと努めたため、方法的に触れるべくして触れられなかった課題も残っている。今後取り組むべき課題を以下、最後に簡単にまとめておきたい。

第一は、文学、美術、宗教などの領域横断的な分析を通じて明らかにした高山や姉崎の思想像を、再び個別の領域においてどのように解釈し直せるかという問題である。本書においては、歴史学の一分野としての思想史の立場から検討を加えてきたが、具体的な作品論との関わりで高山らの批評を十分に位置づけることができなかった。この点については、今後個別研究を重ねるとともに、文学・美術の領域の研究と積極的な対話をはかっていくことにより、明治時代の文化史像を少しでも豊かにしていくことに努めたい。

第二には、「日本的なるもの」という美意識の大正・昭和以後の展開についてである。美的価値としての「日本的なるもの」は、高山の「国民文学」論や、齋藤野の人の日露戦後の活動で内容的に深められる可能性を有しながら、結局のところ、明治期には掘り下げて議論されることはなく、大正以降の和辻哲郎らによって再発見されていく経過をたどることになる。高山の実弟である齋藤野の人と高山・姉崎との思想比較も十分に行なうことができなかった。大正期以降の思想史も視野に入れつつ、あらためて「美学」の問題を考察していく必要があると感じている。

第三は、文化政策論的な論点と高山・姉崎らの活動の接点を模索することである。本書では、「美学」や「宗教学」の学問的展開と、〈憧憬〉という高山や姉崎の思考様式の転換の契機に注目してきたため、元来多岐にわたっている高山、姉崎の活動を、日清・日露戦争にかけての時期に関しても、網羅的に取り上げることができなかった。そのなかには、国語国字問題や、第十四議会における宗教法案等、当該期の重要な問題が含まれており、これらの政策史的な意義を踏まえたうえで、明治時代の文化的なナショナリズム論を再考していく必要がある。

第四は、「誌友交際」の在り方を日本近代思想史上に位置づけていくための、具体的な事例の更なる発掘である。もちろん、地方での青年たちの文学活動は無数に存在しているのであるが、複数地域の雑誌に投稿していた、当時としては有名だったはずの人物についても、生没年など基本的な事項が不明であり、本書の検討の過程で、地方の文学活動については、圧倒的に情報が不足していることが判明した。ケース・スタディを複数積み上げれば、ただちに十分な歴史像が描けるというわけではないものの、本書にうまく組み込むことができなかった地方の文芸雑誌のなかには、例えば長野県上田町の『少年文友』のように、執筆者が理想団小県支部に加わり、さらに長野県の初期社会主義運動に身を投じていくという事例もあった[20]。この点については、『文庫』など著名な投書雑誌も参照しながら、明治三十年代の青年層の実像により具体的に迫っていくため、今後も意識的に情報収集に取り組んでいきたい。

最後に、高山・姉崎の伝記について、彼らの活動にはまだまだ空白の部分が残されており、今後、本格的な検討が必要であると思われる。例えば姉崎は、大正期以後も国際的な宗教学者として活動を続けていき、第一次世界大戦後には、「文化主義」「人本主義」を唱える論客として思想界に一定のインパクトを与えて続けていった[21]。大正・昭和期になって、あらためて「文化」の価値が注目された際、姉崎らの思想内容がいかなる遺産となって後続の思想家に受け継がれていったのかを意識しながら、この点の検証を進めていくことも是非とも必要だと考えている。

以上の課題は、本書の検討を通じてようやく見えてきた課題であり、今後は本書で描きだした日清・日露戦争期の思想像を足場として、さらに研究を進めていきたいと考えている。

註

（1）石川啄木「時代閉塞の現状」（一九一〇年）引用は『時代閉塞の現状・食うべき詩』（序章註（18））一一九頁。

（2）石川啄木『汗に濡れつゝ』（一九二五年、函館啄木会）六～八頁。初出は『函館日日新聞』一九〇九年七月二十五日付。

（3）漱石「文展と芸術（一）」（『東京朝日新聞』一九一二年十月十五日付朝刊）五面。

（4）「魯庵日記」一九一一年一月二十四日条、引用は内田魯庵『魯庵日記』（一九九八年、講談社文芸文庫）二〇九～二一〇頁。

（5）姉崎正治『南北朝問題と国体の大義』（一九一一年、博文館）八七頁。

（6）「文芸委員会官制」（明治四十四年五月十六日勅令第一六四号。『官報』八三六八号、一九一一年五月十七日）四二二頁。

（7）中村孝也「高山樗牛」（大日本雄弁会講談社編『近世名人達人大文豪』一九二八年、大日本雄弁会講談社）五〇九頁。

（8）安倍能成「自己の問題として見たる自然主義的思想」（『ホトトギス』一三巻四号、一九一〇年一月）付録三頁。

（9）阿部次郎「日本と親しくなつた話（二）」（『東京朝日新聞』一九三四年一月十二日朝刊）九面。
（10）入沢泰邦『血汐、白虹と涼月及び涼月の周辺』（一九六八年）参照。著者は入沢涼月の甥にあたる。なお、『血汐』などの雑誌発行費は、投稿者や協力者が東京から雑誌を持ち込み、それを学校内で転売する形で賄っていたという指摘がある（一二頁）。
（11）破魔王「文芸時評」（『新文芸』二巻六号、一九〇四年五月）二一頁。以下、『新文芸』『山鳩』の引用は岐阜県立図書館所蔵本による。
（12）「図書館設立ニ関スル注意事項」（一九一〇年二月三日）、引用は文部省編『図書館管理法』（一九一二年、金港堂書籍）附録一二～一三頁。
（13）小木曽旭晃「再び発売禁止に就て」（『山鳩』五一号、一九〇八年九月）一頁。
（14）「豆鉄砲」（『山鳩』六〇号、一九〇九年十月）二四～二五頁。
（15）「第三種郵便物認可規則（逓信省令第三五号）」（『官報』七二四一号、一九〇七年八月十七日）三六五～三六六頁。
（16）『白虹』四巻一号（一九〇七年十一月）掲載の「編輯便より」による。
（17）木村毅『私の文壇回顧録』（一九七九年、青蛙房）二四～二六頁。
（18）「原敬日記」一九〇七年一月四日条。引用は原奎一郎編『原敬日記』第二巻（一九六五年、福村出版）二一九頁。
（19）「内務省告示第一号」（『官報』七〇五三号、一九〇七年一月四日）二頁。
（20）雑誌『少年文友』は、国立国会図書館が所蔵する布川文庫のなかに第四号（一九〇一年）が一冊だけ現存する。
（21）長尾宗典「一九二〇年代～三〇年代における「文化主義」と図書館」（『史境』六一号、二〇一一年九月）参照。

あとがき

小さい頃から絵を描くことが好きで、大きくなったら画家になりたいとある時期まで思っていた。長じるにつれて、自分の志望にも変化が生じたが、卒業論文のテーマに高山樗牛の思想を選び、日本近代における芸術と国家との関係についてもっと掘り下げて考えたいという問題意識を抱く過程で、いつか捨ててきた夢に自分なりの決着をつけたいという気持ちが働かなかったといえば、きっと嘘になる。

本を読み、人と話すことで、新たな知見を得るのは楽しいことにちがいない。しかし、こと歴史の勉強に関しては、果たしてそれだけでよいのかとの思いが消えずにある。過去に生きた人々の様々な想いを乗せ、夢も、希望も、憧れも押し流してしまうような無情な歴史の進行を、興味本位では描けない。日頃、高い問題意識を持った友人たちのなかで、引け目を感じてばかりの私は、自分に本当に歴史を書く資格があるのかどうか、呆れるほど長い間、思考することを余儀なくされた。そうするうち、書くことは祈ることに通じるかもしれないと、いつとはなしに思うようになっていた。

様々な方の協力を得て刊行するパブリックな研究の成果を、「祈り」と呼んでしまってよいかという疑問はある。また、いかに綺麗事を並べたところで、私が、反論することのできない故人の想いを一方的に忖度し、生前に公開を望まなかったかもしれない私的な書簡や日記を用いて語っていることも否めない。結局それは偽善者の振る舞いなのではないか。お前は何様のつもりなのか。歴史の研究に携わる者は、多かれ少なかれ、こうした問いの前に立ちすくむものなのかもしれないが、人並み以上に延々と自問自答を繰り返し、立ち止まっなければならないのだと思う。

てしまう性分の私が、誠実に歴史に向き合っていくためには、これからも書くことの意味を、絶えず問い続けなければならないのだと思う。

最晩年の高山が発表した論説のなかに、「今の人は祈ることを忘れた。是れこそは今の世の最も大いなる禍と謂ふべきであらう」（高山樗牛「評論」、『太陽』八巻一四号、一九〇二年十一月、一七一頁）という一節がある。本書で取り上げたように、威張るために勉強すると豪語する傲岸不遜さと、自己矛盾を矛盾のまま曝け出すようなナイーブさが同居する高山樗牛のパーソナリティに、私はどこかで共感を抱いてきた。そのなかで、病床の高山が祈りについて考えていたことの意味は何だろうという疑問も、常に私の頭を離れなかったものである。洋行の夢を抱いて果たせず、大学教授の地位を求めて叶わず、「本能」の充足を「美的生活」だとして高らかに唱えながら、病気の彼の身を案じて洋行を止める家族に対しては「我意」を貫けずに苦しむ。高山は、自らの力でどうすることも出来ない現実に遭遇したとき、祈るような気持ちで何かを書き遺そうとしていたのではないか。そんなことを考えていくうちに、本書の書名に用いた〈憧憬〉が、高山樗牛や姉崎嘲風の思想を理解するキーワードになるのではないかと思い至ったのである。

本書は、二〇一四年十二月に筑波大学に提出し、翌年三月に博士（文学）の学位を授与された博士論文「高山樗牛・姉崎嘲風における「美学」思想と「文明批評」――明治期日本における〈憧憬〉をめぐる精神史」に、読みやすさの便を考えて小見出しを付し、若干の加筆修正を施して刊行するものである。各章は既発表論文をもとにしているが、一本の論文にまとめるに際して大幅に修正を加えている。また、論考の一部は、日本学術振興会特別研究員として受けた科学研究費補助金（特別研究員奨励費）による成果を含んでいる。本書刊行にあたり転載を許可いただいた各位に感謝の意を表し、初出一覧を対応する章節とともに掲げておきたい。

①「『樗牛全集』の史料学的検討」（『近代史料研究』三号、二〇〇三年十月）→序章第三節

②「高山樗牛の「日本主義」思想」（『日本歴史』六六七号、二〇〇三年十二月）→第三章第一節
③「雑誌『時代思潮』に関する予備的考察」（『近代史料研究』四号、二〇〇四年十月）→第五章第二節
④「高山樗牛における「美学」の転回」（『年報日本史叢』二〇〇四、二〇〇四年十二月）→第三章第四節
⑤「「日本美術史」の試み」（『季刊日本思想史』六七号、二〇〇五年十月）→第四章第二節
⑥「姉崎正治と雑誌『時代思潮』」（『メディア史研究』二〇号、二〇〇六年）→第五章第三節
⑦「高山樗牛と「田舎教師」」（『社会文化史学』五一号、二〇〇九年）→第四章第一節
⑧「書評 先崎彰容『高山樗牛』」（『図書新聞』二九九六号、二〇一一年一月）→序章第二節
⑨「「誌友交際」論序説」（『近代史料研究』一二号、二〇一二年十月）→第一章第四節、第二章第一節
⑩「ケーベルの哲学講義」（『史境』六八号、二〇一四年九月）→第二章第三節
⑪「美 高山樗牛と姉崎嘲風」（河野有理編『近代日本政治思想史』二〇一四年、ナカニシヤ出版）→第一章第一節、第二節

途中、二〇〇七年の国立国会図書館への就職を挟んで、十五年近く研究を続けてきたことになる。貧しい成果であるが、本書刊行まで、多くの方々からご指導とご支援をいただいたからこそ、ここまで辿り着くことができた。

まずは、中野目徹先生に感謝を申し上げたい。中野目先生には、大学の推薦入試の面接試験で初めてお目にかかって以来、今日に至るまで公私にわたりご指導をいただいている。博士論文審査にあたっては主査をお引き受けいただき、本書出版についても仲介の労をお取りいただいた。振り返れば、日本史学の卒業論文で美学思想を扱いたいと言い出した私に、先生はさぞ困惑されたのではないかと思うが、あるとき、歴史研究者は、歴史学の本だけでなく、何でも読まなければならないのだと仰っていただいたことが、今も耳に残っている。

先生ほどの多読家の域にはなかなか到達できない気がするが、縁あって図書館に職を得た今、この言葉の重さを改めて感じている。先生にはご迷惑をおかけしてばかりで、感謝の念も筆舌に尽くしがたいが、少しでも学恩に報いることのできるよう、今後も研究を続けていきたい。

千本秀樹先生、伊藤純郎先生、平石典子先生にも御礼申し上げたい。お三方には、博士論文審査の副査にお入りいただき、それぞれ有益なコメントをいただいた。日本近現代史がご専門の千本先生と伊藤先生には、筑波大学大学院在学中から演習などを通じて多くのことを教わった。在学中は、とかく議論を小さくまとめがちな私を叱咤いただくことばかりであったが、博士論文の最終審査の段階で、千本先生から面白く読んだとのコメントをいただき、伊藤先生からは今後の大正・昭和期への展開に期待するとのコメントをいただけたことはありがたかった。また、比較文学がご専門の平石先生には、引用史料の訳の誤りをご指摘いただいた上、ご多用中にも関わらず訳文についての相談の機会を作ってくださった。改めて御礼申し上げたい。もちろん、最終的な文責は筆者にあることはいうまでもない。

筑波大学大学院在学中、日本史コース全教官が集まる「全体ゼミ」は、専門の時代やテーマを異にする先生方が集う緊張の場であった。しかし、元々風変わりな研究テーマを抱えて出発した私の場合、この場で小さな疑問に至るまで徹底的に吟味していただいたからこそ、歴史研究者としての基礎が固まったのだと感じている。とくに池田元先生には、卒業論文、修士論文の審査でご指導をいただいた。先生が筑波大学を退官された後も、抜刷をお送りするたびに丁寧なお返事をいただき、自分なりの「思想史のスタイル」を確立するよう激励していただいた。ドイツ精神史がご専門の水野建雄先生には、筆者が筑波大学第一学群人文学類在学中からお世話になり、就職後も研究の進捗を気にかけていただいた。学外では、有山輝雄先生が主宰されているメディア史研究会をはじめ、梧陰文庫研究会、日本史研究会、日本思想史学会などで発表する機会を得、参加された先生方から貴重なコメントをいただくことができた。また、筑波郡伊奈町（現つくばみらい市）の町史編纂のお手伝いをさせていただくなかでも、多くのことを学ばせていただいた。これまでご指導いただいた先生方に心より御礼申し上げたい。

日本近代史研究会のメンバーにも感謝申し上げたい。中野目先生にお誘いいただき、初めて研究会に参加したのは、私がまだ大学二年生の頃だった。先輩の報告の後、未熟な私の繰り出した質問にも丁寧にお答えいただき、さらにそれを受けて先輩方が史料に基づいた議論を展開していく様子を間近に見て、自分のなかで新しい世界が開けていくような感動があったことを鮮明に覚えている。紙幅の関係で全員のお名前を挙げることはできないが、筑波大学の中野目ゼミの卒業生を中核とする同研究会は、今なお私にとってのかけがえのない拠り所である。研究会を通じて、高橋禎雄、昆野伸幸、木村直恵、真辺将之の各氏の面識を得、私自身の研究の方向性に示唆をいただけたことも得がたい経験だった。

同世代の研究者からも大きな刺激をいただいてきた。先崎彰容氏の高山樗牛論は、本書執筆過程で絶えず意識せざるを得ないものだっただけに、学会発表の折、同氏から示唆に富むコメントをいただけたのは嬉しかった。河野有理氏には、ご自身が編者となった論集に誘っていただいたが、高山と姉崎を対比させながら論じてほしいという執筆依頼が、本書全体を構想する大きなきっかけとなった。また、中川未来、與那覇潤の各氏は、とくに年の近い研究者として、次々と発表される論考に触発され続けてきた。論文抜刷の交換等を通じて、拙稿への感想を寄せてくださった多くの方々にも励ましていただいた。勤務先である国立国会図書館の諸先輩・同僚を含め、諸氏からこれまでいただいたご厚意に感謝申し上げたい。

高山樗牛のご遺族にあたる高山昌久・裕子両氏、姉崎嘲風のご遺族にあたる姉崎正平氏からは、温かい励ましのお言葉をいただき、大いに勇気づけられた。高山樗牛の墓地のある観冨山龍華寺の小倉弘運師にも、貴重な史料を拝見させていただく機会を作っていただいた。そのほか史料の閲覧にあたっては、現在の職場である国立国会図書館のほか、神奈川県立近代文学館、加茂市立図書館、行田市立図書館、京都大学附属図書館、同文学研究科図書館、同吉田南総合図書館、京都大学大学文書館、国立公文書館、埼玉県立文書館、三康図書館、筑波大学附属図書館、鶴岡市郷土資料館、鶴岡市致道博物館、鶴岡市立図書館、東京大学総合図書館、東北大学文書館、東北大学附属図書館、日本近代文学館をはじめとする各機関（五十音順）にお世話になった。電話やメール等でのレファレンスに応じてくださった機関もあり、全ての方を挙げることはできないが、担当者の方に行き届いたご配慮をいただいたお蔭で本書がある。特に記して感謝申し上げたい。

出版事情の厳しい折にも関わらず、本書の刊行をお引き受けくださったぺりかん社と、編集部の藤田啓介氏にも感謝申し上げたい。本書が形となって世に出るまでの間、装訂や印刷・製本に関わってくださった方にも、御礼申し上げる。

最後に、私事にわたるが、家族への感謝を記すことをお許しいただきたい。とりわけ、物心両面にわたり惜しみない支援をくれる両親と、専門を異にするものの、研究者として学問の世界に向かう気持をいつも奮い立たせてくれる妻の眞希には心から感謝したい。

近年、高山樗牛や姉崎嘲風に関する研究成果の発表が相次ぎ、関心が高まっているように思われるが、そのようななかで、本書がいくらかでも議論の活性化に寄与するところがあれば幸いである。私自身も、今後も継続して高山・姉崎の研究に取り組んでいくつもりであり、読者諸賢からの御叱正をいただき次なる飛躍を期したいと念じている。

二〇一六年八月

長尾宗典

索　引

人　名

ア行

サ行

タ行

マ行

ヤ行

ラ行

ワ行

事　項

ア行

カ行

サ行

ナ行

ハ行

著者略歴

長尾　宗典（ながお　むねのり）

1979年，群馬県生まれ。筑波大学第一学群人文学類卒業。筑波大学大学院博士課程人文社会科学研究科歴史・人類学専攻単位取得退学。博士（文学）。国立国会図書館司書，城西国際大学准教授を経て，現在，筑波大学人文社会系准教授。

専攻―日本近代思想史・メディア史・図書館史

著書・論文―『帝国図書館――近代日本の「知」の物語』（中公新書），「高山樗牛と雑誌『太陽』」（『近代史料研究』第15号），「高山樗牛・姉崎正治の〈憧憬〉と宗教意識」（『現代と親鸞』第42号）

装訂――高麗隆彦

〈憧憬《しょうけい》〉の明治精神史《めいじせいしんし》
高山樗牛・姉崎嘲風の時代

2016年10月15日　初版第 1 刷発行
2024年11月10日　初版第 2 刷発行

著　者　長尾 宗典

発行者　廣嶋 武人

発行所　株式会社 ぺりかん社
〒113-0033 東京都文京区本郷1-28-36
TEL 03(3814)8515
http://www.perikansha.co.jp/

印刷・製本　創栄図書印刷

Printed in Japan

ISBN 978-4-8315-1451-6

「江戸」の批判的系譜学　樋口浩造著　二八〇〇円

昭憲皇太后からたどる近代　小平美香著　一八〇〇円

萩原朔太郎＊詩人の思想史　渡辺和靖著　三二〇〇円

大江義塾＊一民権私塾の教育と思想　花立三郎著　二四〇〇円

自己超越の思想＊近代日本のニヒリズム　竹内整一著　二四〇〇円

日本思想史辞典　子安宣邦監修　六八〇〇円

◆表示価格は税別です。